Ich
Wolkenstein
1377 – 1445
Katalog Bd I

Anonymus: Vorzeichnung zum Brustbild Oswalds von Wolkenstein · Basel, 1432 · Graphit oder Tuschfeder (vgl. Kat.IV.1.2)

Ich Wolkenstein
1377 – 1445

Herausgegeben im Auftrag des
**Südtiroler Landesmuseums
für Kultur- und Landesgeschichte
Schloss Tirol**

Hans-Dieter Mück
Begleitbuch · Band I

SCHLOSS TIROL
CASTEL TIROLO

VERLAGSANSTALT ATHESIA | BOZEN

VORWORT

Südtirol hat, was Oswald von Wolkenstein betrifft, einiges nachzuholen. Denn wie die Rezeptionsgeschichte (vgl. Begleitbuch Band II) zeigt, haben sich zwar einzelne Gelehrte, Literaten und Künstler schon im 19. Jahrhundert mit der Gestalt des einäugigen Ritters und Sängers auseinandergesetzt, aber eine ›offizielle‹ Anerkennung Oswalds als bedeutendster Dichterkomponist, den unser Land je hervorgebracht hat, ist ausgeblieben. Warum man es bevorzugte, dem zweifellos unübertroffenen, aber schwer faßbaren Walther von der Vogelweide partout einen Tiroler Stammbaum anzudichten, statt sich mit dem zwar weniger erhabenen, aber mit einer nachweislich erztirolischen Abstammung ausgestatteten Oswald zu beschäftigen, kann wohl nur aus dem jeweils herrschenden Zeitgeist erklärt werden.

Damit der Wolkensteiner überhaupt erst ins Bewußtsein der Südtiroler kommen konnte, bedurfte es der grundlegenden Publikationen von Anton Schwob und Dieter Kühn sowie der 600-Jahrfeier Oswalds von Wolkenstein 1977 in Seis am Schlern. Gewissermaßen im Stillen haben die gelehrten Mitglieder der Oswald von Wolkenstein-Gesellschaft – eine 1980 gegründete, internationale Vereinigung von Mediaevisten aller Disziplinen – an der fundierten Erforschung, Interpretation und angemessenen Wertschätzung Oswalds und seiner Lieder gewirkt. Im November 2009 fand auf Schloss Tirol eine Tagung über Oswald von Wolkenstein statt, deren Ergebnisse in das von Ulrich Müller und Margarete Springeth herausgegebene Studienbuch (2011) eingeflossen sind.

Auch Tiroler Künstler haben sich mit dem Wolkensteiner auseinander gesetzt. So wollte zum Beispiel die ›Innsbrucker Liedertafel‹ im Jahre 1960 eine Bronzebüste Oswalds von Claudius Molling im Innsbrucker Hofgarten aufstellen – doch Oswald mußte sich letztendlich mit einem Platz im Eingangsbereich des Liedertafel-Vereinshauses zufrieden geben. Eine Pionierleistung im Bereich der Kunst vollbrachte Markus Vallazza, der sich Anfang der 70er Jahre eingehend mit Oswald beschäftigte; daraus ging sein herausragender, Oswalds Weltbild und dessen Lieder erhellender Zyklus ›Oswald von Wolkenstein. 25 Radierungen‹ (1973) hervor.

Danach geschah in Oswalds Heimat lange Zeit nichts. Es war die Bevölkerung des Schlern-Gebietes, die 1983 mit dem Oswald von Wolkenstein-Ritt den großen Sänger zu neuem Leben erweckte; die Initiative hat sich mittlerweile von einem kleinen zu einem Großereignis entwickelt. Die Gründerväter dieses Spektakels dürfen für sich das Verdienst beanspruchen, Oswald den Südtirolern in den letzten 30 Jahren kontinuierlich in Erinnerung gebracht zu haben.

Im Jahre 2006 wurde in Gais im Ahrntal ein Kulturweg ins Leben gerufen, bei dem sich die Künstler Julia Bornefeld & R. Odenwald, Will-ma Kammerer und Annnemarie Laner mit zwei mit Schloss Neuhaus verbundenen Dichtergestalten auseinandergesetzt haben: Mit Oswald von Wolkenstein und mit Ezra Pound.

Über 600 Jahre, nachdem Oswald von seiner Pilgerreise nach Jerusalem als ›Ritter des Heiligen Grabes‹ nach Tirol zurückgekehrt ist, wird ihm auf Schloss Tirol eine umfassende Sonderausstellung als längst überfällige Hommage gewidmet. Der Mitbegründer der Oswald von Wolkenstein-Gesellschaft, Hans-Dieter Mück, hat dafür das wissenschaftliche Konzept erarbeitet und ist der Autor der beiden Katalogbände zur Ausstellung. Darin sind nicht nur der letzte Stand der Forschung, sondern v.a. neue Erkenntnisse des Autors eingeflossen, was diese Publikationen zu wichtigen Tirolensien macht.

Trotz der immer schwieriger werdenden Leihgabenpolitik der Museen weltweit, ist es gelungen, eine erhebliche Anzahl herausragender Exponate nach Schloss Tirol zu holen, wie – um nur wenige zu nennen – Richentals Chronik des

Konstanzer Konzils aus der Nationalbibliothek Prag mit der Darstellung Oswalds auf dem Konstanzer Fischmarkt, sein Rodenegg-Innsbrucker Liederbuch aus der Universitäts- und Landesbibliothek Tirol, seine Harfe von der Wartburg in Eisenach, sein Porträt in der Petrarca-Handschrift aus der Herzog August-Bibliothek in Wolfenbüttel, den Reichsapfel König Sigmunds aus dem Ungarischen Nationalmuseum in Budapest und das Porträt Kaiser Sigmunds von Albrecht Dürer aus dem Deutschen Historischen Museum in Berlin.

Die zeitgenössische künstlerische Gestaltung der Ausstellung durch Annemarie Laner und Heinrich Schwazer vermittelt vor allem die Persönlichkeit Oswalds und schlägt eine Brücke zwischen seinem Leben und der Gegenwart. Und Thomas Riffesers akribische Rekonstruktion der Rüstung Oswalds, wie sie auf seinem Stifter-Bildnisstein von 1408 in Brixen dargestellt ist, bringt den streitbaren Ritter direkt ins Leben der Ausstellung.

Unser Dank geht an alle, die zur Realisierung dieses anspruchsvollen Projektes beigetragen haben. Möge Oswalds Stimme in Südtirol wieder laut und klar erschallen.

Luis Durnwalder
Landeshauptmann und Präsident des Verwaltungsrates

Siegfried de Rachewiltz
Direktor   Schloss Tirol, 2011

Anonymus: Oswald von Wolkenstein • 1425 • Deckfarbenmalerei; Innenseite des Vorderdeckels seines Mitte April 1425 in Wien fertiggestellten ersten Liederbuches (Wien, Österreichische Nationalbibliothek: Cod. Vindob. 2777; vgl. IV.1.1)

Martin Schongauer (Um 1450 – 1491): Der Müller treibt den Maulesel mit dem gemahlenen Korn an • 1474/1475 • Kupferstich, 11,2 x 16 cm (Berlin, SMB, Kupferstichkabinett: 586-1)

INHALT

TEIL I: Ich Wolkenstein leb sicher klain vernünftiklich mit toben, wüten ...

Hans-Dieter Mück

Oswald von Wolkenstein 1377 – 1445
Eine Biographie nach Lebenszeugnissen und Liedtexten
Katalog der ausgestellten Werke

IN DEN TIROLER ADEL HINEINGEBOREN

- Vorfahren väterlicherseits und mütterlicherseits 13. / 14. Jhdt ... 11
- Eltern 1371 – 1386 ... 15
- Oswalds von Wolkenstein Geburt 1377 ... 18
- Kindheit 1377 – 1384 ... 19
- Elementarbildung 1384 – 1385 ... 21
- Geistliche Erziehung 1385 – 1387 ... 22

ADEL UND ERBE VERPFLICHTEN

- Ritterliche Erziehung 1387 – 1400 ... 24
- Frühe Reisen 1387 – 1400 ... 30
- Fromme Stiftungen 1400 ... 36
- Das Erbe des Zweitgeborenen 1401 ... 38

AUFSTIEGSVERSUCHE DES ZWEITGEBORENEN

- Vermögensverwalter 1402 – 1405 ... 41
- Im Dienst des Bischofs von Brixen 1403 – 1404 ... 41

ADEL UND ERBE VERPFLICHTEN

- Das Erbe des Zweitgeborenen 1404 ... 43
- Landesherren gegen – Landesherr – gegen Landesherren 1406 – 1407 ... 47
- Das Erbe des Zweitgeborenen 1407 ... 50
- Fromme Stiftungen 1407 – 1408 ... 55

AUFSTIEGSVERSUCHE DES ZWEITGEBORENEN

- Im Dienst des Bischofs von Brixen 1408 – 1415 ... 60

ADEL UND ERBE VERPFLICHTEN

- Frauendienst 1407 – 1409 ... 64
- Pilgerreise ins Heilige Land 1409 – 1410 ... 67
- Asyl im Kloster Neustift 1411 ... 74
- Fromme Stiftungen 1419 ... 78
- Im Dienst des Propstes von Neustift 1433 – 1434 ... 79

AUFSTIEGSVERSUCHE DES ZWEITGEBORENEN

- Diener und Rat König Sigmunds 1415 – 1420 ... 82
- Hussitenkämpfer 1420 – 1431 ... 96

ADEL UND ERBE VERPFLICHTEN

- Das Erbe des Zweitgeborenen: Der ›Hauensteinische Erbschaftsstreit‹ 1418 – 1427 102
- Landesherren gegen – Landesherr – gegen Landesherren 1423 117
- Das Erbe des Zweitgeborenen: Der ›Hauensteinische Erbschaftsstreit‹ 1418 – 1427 120

AUFSTIEGSVERSUCHE DES ZWEITGEBORENEN

- Freischöffe der westfälischen Feme 1428 – 1430 130

FARBTEIL 137

AUFSTIEGSVERSUCHE DES ZWEITGEBORENEN

- Im Dienst des Bischofs von Brixen 1429 – 1437 185
- Diener und Rat König Sigmunds 1430 – 1434 190
- Diener und Rat des Grafen von Görz 1434 201
- Diener und Rat König Sigmunds 1430 – 1434 201
- Landespolitiker 1439 – 1445 203

ADEL UND ERBE VERPFLICHTEN

- Das Erbe des Zweitgeborenen:
  Der ›Villanderer-Rittner Almstreit‹ 1441 – 1442 206

AUFSTIEGSVERSUCHE DES ZWEITGEBORENEN

- Landespolitiker 1439 – 1445 220

ADEL UND ERBE VERPFLICHTEN

- Krankheit • Tod in Meran • Bestattung in Neustift 1445 225

Teil II: Ich Wolkenstein leb sicher klain vernünftiklich mit tichten, singen mangerlei …

Hans-Dieter Mück
Oswald von Wolkenstein 1377 – 1445
Dichterkomponist • Sänger • Musiker
Die Überlieferung seiner Lieder und Gedichte
Katalog der ausgestellten Werke

HAUPTHANDSCHRIFTEN (15. JHDT)

- Liederbücher 1425 und 1432 232

STREUÜBERLIEFERUNG (15. / 16. JHDT)

- Handschriften 1428 – 1575 233
- Frühdrucke 1566 – 1575 238

POSTSKRIPTUM 241
IMPRESSUM BEGLEITBUCH • AUSSTELLUNG 242

Abb. S. 9: [Abb.I.1] Matthias Burg(k)lechner: DIE FÜRSTLICH GRAFSCHAFFT TIROL • 1629 • Kupferstich von Andreas Spängler (Kat.I.1)
Abb. S. 10: [Abb.I.2] Warmund Ygl: COMITATUS TIROLIS. DIE FÜRSTLICHE GRAFFSCHAFFT TYROL • 1630 • Kupferstich, koloriert (Innsbruck, Tiroler Landesarchiv)

TEIL I: Ich Wolkenstein leb sicher klain vernünftiklich mit toben, wüten ...

Hans-Dieter Mück

OSWALD VON WOLKENSTEIN 1377 – 1445
EINE BIOGRAPHIE NACH LEBENSZEUGNISSEN UND LIEDTEXTEN
KATALOG DER AUSGESTELLTEN WERKE >>

I. IN DEN TIROLER ADEL HINEINGEBOREN

I.1 Geboren ze Tyrol

I.1; Abb.I.1, S. 9

Matthias Burg(k)lechner (1573 – 1642):
Die Fr. [Fürstlich] Grafschafft Tirol. Innsbruck 1629
Kupferstich von Andreas Spängler, 163 x 159 cm
Innsbruck, Tiroler Landesarchiv: Karten & Pläne 5009

Die erste kartographische Darstellung Tirols fertigte Nikolaus von Kues (1401 – 1464) auf seiner um 1440 entstandenen Deutschland-Karte (vgl. II.1.6.2 b).

Die erste Gesamtdarstellung Tirols, *Rhetiae alpestris descriptio, in qua hodie TIROLIS COMITATVS*, lieferte der Wiener Humanist Wolfgang Lazius 1561 für den ersten Spezialatlas Österreichs (vgl. Abb. I.3, S. 12).

Zu den bedeutendsten Kartenwerken des frühen 17. Jhdts zählen jedoch die Tirol-Karten des Warmund Ygl (geb. um 1560 zu Hall) von 1630 (vgl. Abb. I.2, S. 10) und des Innsbrucker Geographen und Historikers Matthias Burg(k)lechner von ca 1608 (Holzschnitt).

I.2 Denen got genedig sey

VORFAHREN

Das Bergedelgeschlecht der Landherren von Vilanders mit Stammsitzen am Villanderer Berg: Einfache, dem Tiroler Adel angehörende Ritter, *erbar und vest*, die von ihren Lehensherren – den Grafen von Tirol bzw. von Görz und den Bischöfen von Brixen – als *unsere lieben getreuen*, d.h als niederadelige Lehensleute, bezeichnet wurden, die es mit Cleverness, Tüchtigkeit, Zähigkeit und mit Ausdauer zu einigem Wohlstand brachten, den sie jedoch nicht mit üppigen Festen oder mit glänzenden Turnieren öffentlich zur Schau trugen, sondern in aller Bescheidenheit in fromme Stiftungen für ihren Seelenfrieden sowie zu ihrem Nachruhm investierten.

I.2.1 Die Edlen von Vilanders zu Pardell

VORFAHREN VÄTERLICHERSEITS — 13. / 14. JHDT

Urgroßvater: Randolt von Vilanders zu Pardell / zu Wolkenstein († 1344)
War 1292 bis 1296 Burghüter und Richter auf der fast gegenüberliegenden, strategisch wichtigen *vest Trostperg* (Trostburg; vgl. I.3.2; Abb. I.4 und I.10), die das Eisack- und das davon abzweigende Grödnertal sowie die Ortschaften, Ansitze und Burgen des Kastelruther Berges sicherte – und deshalb im Jahre 1290 von Meinhard II. [IV.], Graf von Tirol (1238-1295), von einer Seitenlinie der Herren von Kastelruth erworben und als Amtssitz des landesfürstlichen Richters von Villanders vergeben wurde.

Der ab 1293 auch als Burggraf auf Säben bezeugte Randolt von Vilanders zu Pardell kaufte 1293, April 25 (Tag der Lehensaufgabe), von Ruprecht III. Maulrapp von Kastelruth (und von dessen Brüdern Fritz und Ulrich) für 64 Mark Berner die kleine Burg Wolkenstein (vgl. I.3.2; Abb. I.5) samt zugehörigem Hochgerichtsbezirk am Ende des Grödner- und am Eingang des Langentals – und nannte sich deshalb zukünftig auch *Castellan von Wolckenstain* (1306) bzw. *Herr ze Wolkenstain [in] meinem Gericht zu Wolkenstein* (1310/11), obwohl angeblich Taegen von Vilanders († vor 1344) *daz hous ze Wolkenstein [ein Lehen der Grafen von Tirol] halben chaufte mitsampt Randolde von dem Maulrappen* (Notiz, um 1325).

Großvater: Konrad von Vilanders zu Säben / von Wolkenstein († vor 1379 oder 1386)
Randolts von Vilanders ältester Sohn Konrad, wie sein Vater Burggraf auf Säben, wurde 1319 mit der in 1720 m Höhe

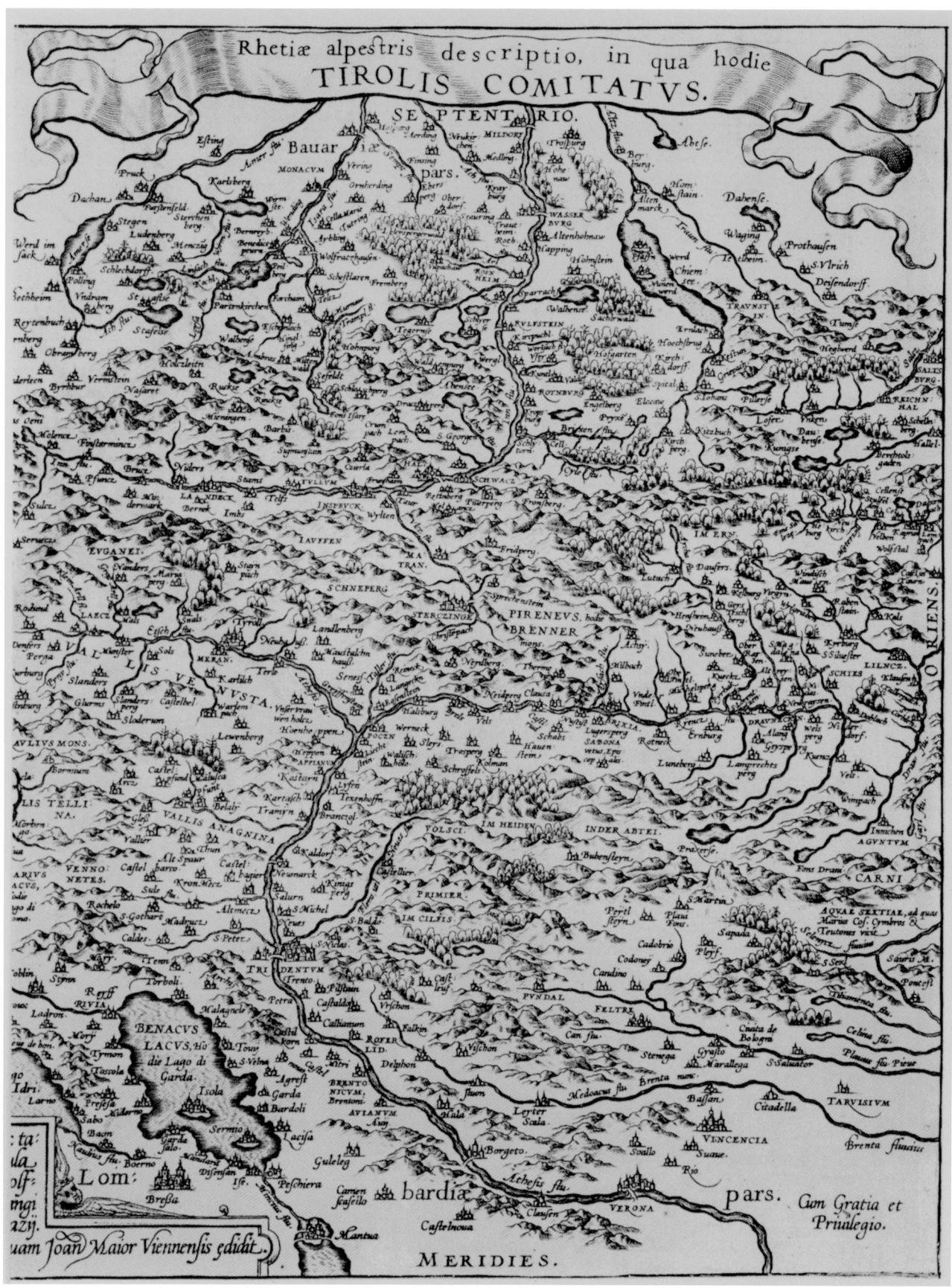

VORFAHREN 13./14. JHDT

▲ [Abb.I.5] Die Burgruine Wolkenstein am Fusse der Steviawand • Foto, 1977 (Privatbesitz)

◄ [Abb.I.4] Johann Georg Martini: Bergveste Trostberg in Tyrol • 1836 Stahlstich (Privatbesitz). – Ansicht von Süden

◄ ◄ [Abb.I.3] Wolfgang Lazius: Rhetiae Alpestris Descriptio, in qua hodie Tirolis Comitatvs • 1561 • Kupferstich (Innsbruck, Tiroler Landesarchiv)

gelegenen Burg Wolkenstein (vgl. I.3.2; Abb. I.5) samt Hochgerichtsbezirk (umfassend das innere Gröden und Colfuschg im Gadertal) belehnt und fügte deshalb im Jahre 1328 dem Wappen der Edlen von Vilanders zu Pardell (drei Spickel im Schild) das (aus den Mauerzinnen der Maulrappen von Kastelruth entwickelte) Wappen der Herren von Wolkenstein bei – mit drei schieflaufenden Wolkeneinschnitten (s.u., II.2.4; Abb. I.88, S. 59 und 157).

Konrad, der 1336/37 und 1366 auch die vom Brixener Bischof zu Dienstrecht und auf Widerruf vergebene Stelle des Richters zu Brixen und zu Salern innehatte, nannte sich ab 1370 auch Konrad von Wolkenstein.

Er hatte mit Ursula von Enn zwei Töchter, Agnes und Barbara, sowie vier Söhne: Friedrich (Oswalds von Wolkenstein Vater; s.u., I.3); Etzel († vor 1394, April); Wilhelm († vor 1394) und Hans (um 1400 Generalkapitän von Trient und ab Frühjahr 1400 Familienältester).

I.2.2 Die Edlen von Vilanders zu Pardell

VORFAHREN MÜTTERLICHERSEITS »»»»»»»»»»»»»»»»»»»»»»»»»»»»»»»» 13. / 14. JHDT

Ururgroßvater: Eckhard I. von Vilanders († 1301)
War Balistarius des Klosters Neustift und nutzte ab 1280 den *ansidel zu Mezan, gelegen auf Vilanders*.

Er hatte mit Elisabeth von St. Michaelsburg sieben Söhne: Eckhard von Vilanders-Munkenum; Auto (Verwalter von Feltre und Belluno, später auf Rodenegg); Griffo († 1357; Verwalter von Feltre und Belluno); Georg († 1341; Richter zu Brixen und Gufidaun; Erbauer von Sumersberg); Engelmar († 1348; Söldner in Oberitalien, Vikar und Kapitän von Padua, Reichsvikar zu Feltre und Belluno, der es auch in Tirol zu ansehnlichstem Besitz brachte und die wichtigsten Gerichtssitze als Lehen oder als Pfand innehatte: Rodeneck, Gufidaun, Schöneck, Michelsburg, Neuhaus [vgl. I.3.2], Stein am Ritten, Gries bei Bozen sowie die Feste Pieve und das Tal Cadore. Der mit Speronella von Castelbarco [† 1361] verheiratete Inhaber des Kelleramtes zu Tyrol und Hauptmann an der Etsch wurde jedoch als Hochverräter gegen die Wittelsbacher im Jahre 1348 enthauptet); Jakob (1302 Burghüter und Richter auf der *vest Trostperg*; vgl. I.3.2) sowie Heinrich (s.u.)

Urgroßvater: Heinrich von Vilanders zu Pardell († 1321)
War 1311 Burghüter und Richter auf der *vest Trostperg*, 1317/18 Söldner in Oberitalien, weshalb er den Ansitz Mezzan auf Villanders und – kurz vor seinem Tod – die am gegenüberliegenden Hang stehende *vest Trostperg* (vgl. I.3.2; Abb. I.4 und 10) samt zugehörigem Gericht Kastelruth erwerben konnte.

Mit Diemut Teufl von Mühlbach (der Witwe Gerolts von Gufidaun) hatte er zwei Söhne: Gottschalk und Eckhard (s.u.)

Großvater: Eckhard von Vilanders, genannt *von Trostperg* († 1385, Juni 12)
Wurde 1322 vom Landesherrn, Heinrich VI., König von Böhmen und Polen, Herzog von Kärnten und Graf von Tirol (um 1270-1335 Schloß Tirol), mit der *vest Trostperg* (vgl. I.3.2; Abb. I.4 und 10) samt den Gerichten Villanders und Kastelruth belehnt, was 1341 von Heinrichs VI. Tochter (aus zweiter Ehe mit Adelheid von Braunschweig-Lüneburg), Margarete ›Maultasch‹, Gräfin von Tirol (1318-1369), bestätigt wurde.

Er baute die Trostburg aus, stiftete unterhalb der Feste eine Kapelle, *ze sand jost* (I.3.1), heiratete Zwenna von Castelbarco-Castelnuovo († 1375) und erwarb zahlreiche Höfe und Güter in den Gerichten Kastelruth, Rodeneck und Mühlbach.

Wie sein Onkel Engelmar von Vilanders (s.o.) wurde auch er in die intrigenreichen und wechselvollen Auseinandersetzungen der um die Grafschaft Tirol rivalisierenden Luxemburger, Wittelsbacher und Habsburger verwickelt, weshalb er nach Engelmars Enthauptung (1348) das Gericht Villanders (an die Herren von Gufidaun) sowie seine Pfandgüter in den Gerichten Rodeneck und Mühlbach (an Konrad von Teck) verlor – und deshalb, als Vorsichtsmaßnahme, seiner Ehefrau 400 Mark Witwengut und 1000 Mark überschrieb, da er *die weil in vngnaden des Margrafen* [Ludwig d.Ä. von Brandenburg, um 1312-1361; ab 1342 Landesherr von Tirol] *und des herczogen von Tegg* [Herzog Konrad von Teck] *was* (I.3.1).

Durch den Tod Ludwigs d.Ä. von Brandenburg (1361) und den Tod von dessen Sohn, Graf Meinhard III. von Tirol (1363), verbesserte sich seine Position, denn als einer der adeligen Tiroler Ratgeber begünstigte auch er bei den Verhandlungen zur Übergabe Tirols den Habsburger Rudolf IV. (1339-1365), der ihm dafür bereits 1363, Jan. 19, in Brixen die Rückgabe seiner Pfandgüter *in der Herschaft und den Gerichten ze Rodnik und ze Mulbach* bestätigte.

Als erster Tiroler Landherr – nach den drei Inhabern der obersten landesfürstlichen Ämter: Vogt Ulrich von Matsch (Hauptmann an der Etsch), Heinrich von Rottenburg (Hofmeister zu Tyrol) und Petermann von Schenna (Burggraf auf Tyrol) – siegelte auch Eckhard von Vilanders, genannt *von Trostperg*, die Übergabeurkunde der Margarete ›Maultasch‹ von 1363, Jan. 26, mit dem Vilanders-Trostburger Wappen (Doppelsturzsparren; s.u., II.2.4; Abb. I.88, S. 59 und 157), wofür ihm diese im April 1363 alle Lehen, über die er alte Lehensbriefe vorweisen konnte, sowie Erb- und von ihm selbst käuflich erworbene Eigengüter bestätigte.

[Abb.I.6] Die Burgruine Hauenstein • Foto, 2010 (Privatbesitz). – Am Fuße des *runden kofel smal* die 1890 angebrachte Gedenktafel (vgl. Bd II: 1890)

Wenn auch das Gericht Villanders vorerst bei den Herren von Gufidaun verblieb, so war doch sein gesellschaftliches Ansehen wiederhergestellt und er gehörte erneut zu den maßgeblichen Landespolitikern – die 1365 als Abgesandte Tirols an der Hochzeit Leopolds III. (1351-1386) mit Viridis Visconti (1365, Febr.23) in Mailand teilnahmen und mit immerhin zehn (!) Kriegsknechten für den Brixener Bischof ihren Solddienst ableisteten.

Zur Kompensation des verlorenen Gerichts Villanders kaufte Eckhard von Vilanders, genannt *von Trostperg*, im Jahre 1367 von den Herren von Hauenstein – einem Seitenzweig der Herren von Kastelruth, Ministeriale des Brixner Bischofs, mit ausgedehnten Besitzungen auf dem Kastelruther Berg – für 23 Mark Berner ca **ein Drittel** der Burg Hauenstein (oberhalb von Ratzes am Schlern in der Malgrei St. Valentin; vgl. Abb. I.6) samt zugehörigen Gütern (die er durch Zukäufe bis zu seinem Tod 1385 vermehrte).

I.3 Kathrey von Vilanders, genant von Trostperg, vnd Fridreich von Wolkenstain

ELTERN 〉〉〉 1371

Im Jahre 1371 heiratete der älteste Sohn Konrads von Vilanders zu Säben / von Wolkenstein (s.o.), Friedrich von Wolkenstein († 1400, vor Mai 2) – der erstmals 1358 urkundlich bezeugt ist – die einzige Tochter Eckhards von Vilanders, genannt *von Trostperg* (s.o.), Katharina von Vilanders, genannt *von Trostperg* († 1410).

Herrn Ekarts von Vilanders Aidam Fridreich von Wolkenstain mußte sich bis zum Tod seines Schwiegervaters (1385, Juni 12) als *Pfleger und haubtmann* (Stammbaum. Um 1615 / Vor 1618; vgl. Bd II) auf der Burg Schöneck im Pustertal in Diensten der Grafen von Görz sein Auskommen verdienen – während seine *hausfraw kathrein vnd ire kinder* höchstwahrscheinlich unter der Obhut ihres Vaters bzw. deren Großvaters auf der *vest Trostperg* verblieben.

Denn: Eckhard von Vilanders, genannt *von Trostperg*, wollte spätestens nach dem Tod seiner Ehefrau, Zwenna von Castelbarco-Castelnuovo († 1375), nicht auf die Fürsorge seiner einzigen Tochter und auf seine Enkelkinder verzichten, zumal er sich, wohl krankheitsbedingt, schon im Jahre 1359 vom Propst des Augustiner Chorherrenstiftes Neustift (vgl. Abb. I.113) sein Begräbnis im Familiengrab der Herren von Vilanders im Turm der dortigen Klosterkirche (beim Marienaltar im ›Paradies‹) schriftlich bestätigen ließ.

Daß zudem Friedrich von Wolkenstein, der zwischen 1373 und 1378 als Burggraf auf Schöneck urkundlich bezeugt ist, als *eleicher wirt kathreins* nicht gerade das volle Vertrauen seines Schwiegervaters als dessen *Aidam* genoß, bekräftigt unsere obige Annahme.

Offen brieff Ekharts von Vilanders genant von Trostperg

DAS VERMÄCHTNIS DES TROSTBURGER GROSSVATERS 〉〉〉〉〉〉〉〉〉〉〉〉〉〉〉〉〉〉〉〉〉〉〉〉〉〉〉〉〉〉 1382

I.3.1; Abb.I.7, S. 16

Neustift, 1382 April 9

(In dorso:) *1382 Lit(er)a Testamenti d(omi)ni Ekhardi de vilanders*

Orig.urkunde; Pergament, 28 x 41 cm; Plica, 3,4 x 41 cm
Zwei Siegel: Von Eckhard von Vilanders, genannt *von Trostperg*, und des Brixner Bischofs, Friedrich von Erdingen (1376-1396); grün ø 2,8 cm; rot ø 3 cm
Neustift, Augustiner Chorherrenstift, Stiftsarchiv: EE.6.3.
[Schwob: *Lebenszeugnisse*. Nr 1]

Eckhard von Vilanders, genannt *von Trostperg*, bekennt mit *gesuntem leib vnd mit gúten sinnen – als ob* [er] *iczund von diser welt schaiden solt – vor dem erwirdigen fürsten und vater in got, herren Fridreichen Bischo*[f]*fen ze Brixen,* [s]*einem liben genádigen herren, vnd vor den erbern vnd geistleichen heren, Niklas dem Probst ze der Newnstift, herren Hermann dem Techant* [und] *hern jorgen von Vels, korherren daselb* [Domkapitel], *daz* [er] *mit gúter vorbetrachtung vnd mit zeitigem rat* [der] *erbárr herren vnd* [s]*einer guten freunt* [u.a. seines Schwagers Nikolaus von Castelnuovo] [s]*ein geschäfte also geórnt vnd getan ha*[t]:

> *Des ersten schaff ich mein vest Tros*[t]*perg, leut vnd gút*[er] *vnd all mein hab, meiner lieben tochter kathrein, Fridreichs hausfraw von Wolchenstain, vnd iren kinden* [darunter Oswald von Wolkenstein], *daz die nach meinem tod* [1385, Juni 12] *an si geuallen vnd erben mit allen rechten, ern vnd wirden, die da zu gehórnt. Aber all*

[Abb.I.7] Das Testament des
Eckhard von Vilanders • 1382
Pergament-Urkunde (Kat.I.3.1)

die weil ich leb, sullen si sich kains gewalts da annemen [sic!], wann ich den gewalt in meinen henden haben wil, all die weil mir got des lebens gan. Vnd wenn ich abgen, das Got lang spar, so sol si der vorgenant, mein aydem Friedrich von Wolchenstain, getrewleich da bey schirmen vnd halten, als er der vorgenanten, seiner hausfrawn, vnd seinen Chinden schuldich vnd gepunten ist. Darnach schaff ich, daz der egenant, mein aydem, sein hawsfraw und irew Chind staet hab vnd getrewleich volfúren alles ander mein geschaeft, daz ich durch meiner sel willen [...] getan hatt.

Was seinem ›Seelenheil‹ (und dem seines 1321 verstorbenen Vaters, Heinrich von Vilanders zu Pardell; s.o.) dienen soll, wird durch genau definierte Schenkungen (Einkünfte, Fahrhabe und Bargeld) an Klöster (in Brixen, Neustift und in Bozen), an Kirchen (in Brixen, Villanders, Kastelruth und in Tagusens), an seine Kapelle unterhalb der Trostburg und an Spitäler (in Brixen, Bozen und in Meran) aufgeführt – zusammen mit den dafür erwarteten Gegenleistungen: Begräbnisrecht im Kloster Neustift (s.o.) und Messen zu den Jahrtagen und/oder in der Karwoche.

ELTERN 1371 – 1386

I.3.2; Abb.I.8, S. 137

Anonymus:
Engelhard Dietrich Freiherr von Wolkenstein–Trostburg. 1644
Tafelgemälde, 215 x 118 cm
Privatbesitz

Engelhard Dietrich Freiherr von Wolkenstein-Trostburg (1566-1647) verfolgte historische und genealogische Interessen (vgl. Bd II: 1608) und erhielt im Jahre 1594 die Trostburg zugewiesen, die er bis kurz vor seinem Tod nach den fürstlichen Mustern von Ambras und Brixen zum Residenzschloß umbaute, zum repräsentativen Schaustück höfischer Wohn- und Lebenskultur des frühen 17. Jhdts.

Von besonderem Interesse sind die Darstellungen seiner Burgen im linken oberen Teil des Gemäldes: In der Bildmitte die ihm bei der Erbteilung 1595 als alleinige Residenz zugefallene Trostburg mit dem sog. Römerturm (rechts oben), darüber die von ihm in seinem geerbten Gericht Wolkenstein erbaute Fischburg in St. Christina in Gröden und, am oberen Bildrand (Mitte), die Burg Wolkenstein. Gegenüber der Fischburg (am linken oberen Bildrand) die ihm von 1622 bis 1629 von den Habsburgern verpfändete Burg Neuhaus bei Gais im Tauferer-Ahrntal, die schon Oswald von Wolkenstein (1421) als Pfandschaft der Grafen von Görz besessen hatte.

In lehens weise, mit allen rechten, eren, wirden vnd gewohnhaiten

LEHENSVERGABE DES MÜTTERLICHEN ERBES ⟩⟩ 1386

I.3.3; Abb.I.9, S. 17

Bozen, 1386 März 1
(In dorso:) *Lehenbrieff vmb Tros[t]perg vnd annd(er) guetter vnnd vogtleut*

Orig.urkunde; Pergament, 23,7 x 40,7 cm; Plica, 4,5 x 40,7 cm
Nürnberg, Germanisches Nationalmuseum, Historisches Archiv, Familie Wolkenstein-Rodenegg: Perg.Urk. 1386 März 1
[Schwob: *Lebenszeugnisse*. Nr 2]

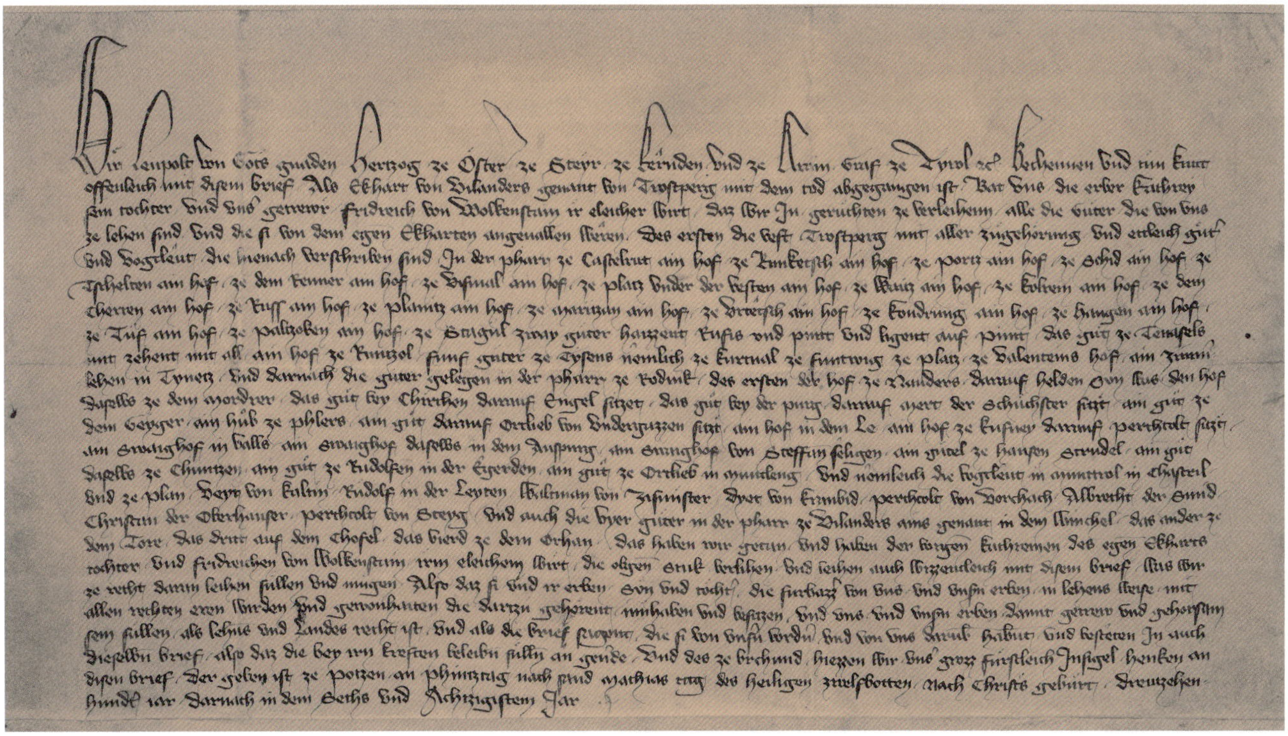

[Abb.I.9 Lehensbrief für Katharina von Vilanders und Friedrich von Wolkenstein • 1386 • Pergament-Urkunde (Kat.I.3.3)

Nachdem *Ekhart von Vilanders genant von Trostperg* [1385, Juni 12] *mit dem tod abgegangen ist* und gemäß seines Vermächtnisses (vgl. I.3.1) von seiner Tochter und von seinem Schwiegersohn auf deren Kosten nach Neustift gebracht und in der dortigen Klosterkirche in seines *vater grab* gelegt und bestattet worden war – *erleich als man einem erbern Ritter pilleich tun sol* (I.3.1) – erfolgte, dem Willen des Erblassers entsprechend, auch die Lehensverleihung an seine Erbtochter Katharina und an deren Ehemann, Friedrich von Wolkenstein, durch Herzog Leopold III. von Österreich (1351-1386), seit Teilung der habsburgischen Länder (1379) auch *Graf ze Tyrol*:

Wir Leupolt von Gots gnaden, Hertzog ze Österreich [...], Graf ze Tyrol [etc.], *Bechennen vnd tun kunt offenleich mit disem brief: Als Ekhart von Vilanders, genant von Trostperg, mit dem tod abgegangen ist, bat vns die erber Kathreý, sein tochter, vnd vnser getrewr Fridreich von Wolkenstain, ír eleicher wirt, daz wir In gerúchten ze verleihenn alle die Gúter, die von vns ze lehen sind, vnd die si von dem egenanten Ekharten angeuallen weren:*

Des ersten die vest Trostperg mit aller zugehórung und ettleich gúter vnd vogtleut, die hienach verschriben sind: In der pharr ze Castelrut [20 Höfe, 8 Güter, 1 Zimmerlehen], *in der pharr ze Rodnik* [Rodeneck; 4 Höfe, 9 Güter, 3 Schwaighöfe, 8 Vogtleute] *und auch die vyer gúter in der pharr ze Vilanders* [...] *Also daz si und ir erben, Svn* [darunter Oswald von Wolkenstein] *vnd tóchter, die furbazzer von vns vnd vnsern erben in lehens weise mit allen rechten, eren, wirden vnd gewonhaiten, die dartzu gehórent, innehaben vnd besitzen, vnd vns vnd vnsern erben damit getrew vnd gehorsam sein súllen als lehens vnd Landes recht ist.*

Die *Svn vnd tóchter* [...] *der vorgenanten Kathreinen, des egenanten Ekharts tochter, vnd fridreichen von Wolkenstain, irm eleichen wirt*, waren zum Zeitpunkt der Lehensvergabe noch zu jung, um namentlich aufgeführt zu werden:

Die drei Söhne Michael († 1443), Oswald (1377 – 1445) und Leonhard († 1426) sowie die vier Töchter Anna (?), Ursula († vor 1440, März), Barbara († vor 1425) und Martha († vor 1443).

I.4 Ain slecht geboren edel man

OSWALDS VON WOLKENSTEIN GEBURT ⟩⟩ 1377

Oswald von Wolkenstein wurde (höchstwahrscheinlich) auf der *vest Trostperg* (vgl. I.3.2; Abb. I.4 und 10) als zweiter Sohn (nach Michael) der Eheleute Friedrich von Wolkenstein und Katharina von Vilanders, genannt *von Trostperg* (vgl. I.3.1 und I.3.3), im Frühjahr (April/Mai) 1377, vermutlich im Sternzeichen Stier (vgl. Abb.I.11), geboren:

Venus, der wune haile,
sein menschen waidenlich:
die Wag, des Stieres gaile,
si machet gogelreich
mit saittenspil und singen,
was die natur erfreut,
zu bulen tanzen springen
si niemand übergeut.
Dick hals, klain houbt, vil löcke,
swarz ougen, stieren brait,
lanck krumb der nasen schöcke,
groß zend, schön hend gemait,
kurz arm, klain dicke füsse,
nach der person wol lanck,
die unkeusch ist in süsse,
das nachst ir liebster gedanck.
(Kl.22,113/128)

[Abb.I.10] Julius Lange: TROSTBURG UND KOLLMANN • 1848 Lithographie von Johann G. F. Poppel (Bozen, Landesbibliothek Dr. F. Teßmann). – Ansicht von Norden.

Oswald von Wolkenstein hatte allerdings zwei äusserst tragische Geburtsfehler: Er kam als Zweitgeborener zur Welt – dazu noch mit einer Lähmung seines rechten Augenlides (Ptosis):

Ser ich engalt, das mein gestalt fürt halbs gesicht (Kl.41,29)

Si geswier oder ich wer plind,
darumb das ich nit wol gesich
zur rechten seitten ungelich (Kl.122,44/46)

Ain andre, die zaigt mir den weg
mit ainer feust zum oren,
Das mir das besser aug verging (Kl.123,19/21)

Friedrich von Wolkenstein, ab 1387 auch Pfandinhaber der landesfürstlichen Pfandherrschaft, des Landgerichtes Kastelruth, mit dem schon sein Schwiegervater (1322 und 1341) belehnt worden war (s.o.; Großvater mütterlicherseits; I.3.3), wählte nicht nur beim erstgeborenen Sohn, Michael, und beim drittgeborenen Sohn, Leonhard, deren Namen nach Namenspatronen der Kirchen der danach benannten ›Malgreien‹ (Höfegruppen) des Gerichtes Kastelruth, sondern auch bei seinem zweitgeborenen Sohn – wobei dessen Einäugigkeit sicherlich die Namenswahl auf St. Oswald lenkte, einen der Vierzehn Nothelfer (!), dem die kleine Kirche der gleichnamigen ›Malgrei‹ oberhalb der Trostburg, un-

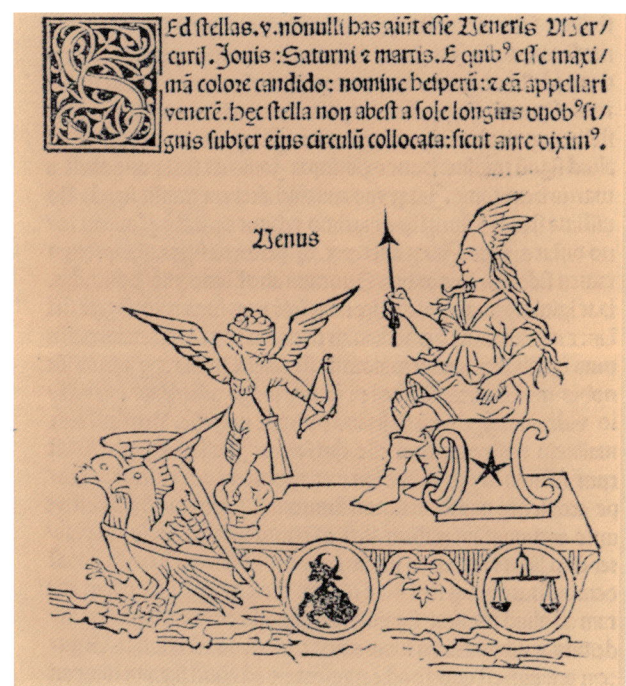

[Abb.I.11] STERNZEICHEN VENUS (MIT STIER UND WAAGE) • 1482 • Holzschnitt in C. Julius Hyginus: *Poeticon astronomicon*. Venedig: Erhard Ratdold, 14. Okt. 1482 (Prag, Nationalmuseum, Abt. Schloßbibliotheken)

terhalb von Seis am Schlern, geweiht war und dessen Fest am 5. Aug. begangen wird (Kl.28,44: *Oswaldus*; Kl.67,45: *künig Oswalt*).

I.5 Ie zarter kind, ie grösser rut

KINDHEIT 1377 – 1384

In der enzyklopädischen und medizinischen Fachliteratur des Spätmittelalters wurde die erste Lebensphase von der Geburt bis zum Ende der zweijährigen Stillzeit (die Säuglingszeit) als ›infantia‹ bezeichnet, als Zeit der Sprachlosigkeit – die folgende Entwicklungsphase, bis zum 7. Lebensjahr, als ›dentium plantativa‹: »Denn solange die Zähne noch nicht richtig ausgebildet sind, mangelt es an sprachlicher Ausdrucksfähigkeit.« (Isidor von Sevilla: *Etymologiae*. XI.2)

I.5.1 Mit aller hendlin lustlich spil

KINDERSPIELE 1377 – 1380

Nach diversen Quellen des Spätmittelalters galt das Kind als ein Wesen sui generis und nicht als ›kleiner Erwachsener‹; trotzdem kam Kinderspielen und v.a. Kinderspielzeug ein hoher Stellenwert zur spielerischen Einübung späterer Rollen zu.

Abb.I.12, S. 20

Israhel van Meckenem d.J. (Meckenheim um 1430/1450 – 1503 Bocholt):
Kinderbad und Kinderspiel. Um 1490
Kupferstich
Nürnberg, Germanisches Nationalmuseum: Inv.- Nr 64

Was Oswald von Wolkenstein schon als Kind mit seinen Geschwistern genossen haben dürfte, kostete er ab 1419 mit seiner jungen Ehefrau, Margarethe von Schwangau, *in merzischem bad* (Kl.67,15) in vollen Zügen aus:

> *In das bädli,*
> *Ösli, Gredli!*
> *Plumen plüde*
> *wendt uns müde.*
> *Laubes decke*
> *rauch bestecke.*
> *Metzli, pring den buttern,*
> *laß uns kuttern:*
> *»Wascha, maidli,*
> *mir das schaidli!«*
> *»Reib mich, knäblin,*
> *umb das näblin!*
> *Hilfst du mir,*
> *leicht vach ich dir das retzli!«* (Kl.75,26/39)

[Abb.I.12] Israhel van Meckenem d. J.: Kinderbad und Kinderspiel • Um 1490 • Kupferstich (Nürnberg, Germanisches Nationalmuseum)

[Abb.I.16] *Gut nützliche Lehre und Unterweisung, wie ein junger Mensch sich halten soll* • 1476 • Holzschnitt. Augsburg: Johann Bämler 1476 (Archiv ARTeFACT). – Häusliche Erziehung der Kinder gemäß tradierter Rollenverteilung: Die Mutter lehrt der Tochter das Spinnen, der Vater dem Sohn das Lesen und Rechnen.

I.5.1.1; Abb.I.13, S. 139

Hund. Anfang 15. Jhdt
Bronze, 4,2 x 2,5 x 1,2 cm
Berlin, Stiftung Stadtmuseum Berlin: Inv.- Nr II 73/17 E

Spielzeug zur frühzeitigen Vorbereitung der adligen Knaben auf die Jagd mit *lieben hund* (vgl. dazu Oswalds von Wolkenstein Jagdallegorie *Wolauff, gesell! Wer jagen well;* Kl.52)

I.5.1.2; Abb.I.14, S. 139

Nackter Knabe mit Vogel. Ende 14./Anfang 15. Jhdt
Ton, 6 x 2 x 1,2 cm
Berlin, Stiftung Stadtmuseum Berlin: Inv.- Nr II/73/20 B

Spielzeug zur frühzeitigen Vorbereitung der adeligen Knaben, *ainen vogel ze vahen* (Kl.19,17; vgl. jedoch auch die erotische Variante des *voglen* in der Pastourelle *Ain jetterin, junck, frisch, frei, frut;* Kl. 83!)

I.5.1.3; Abb.I.15, S. 139

Pärchen. Ende 14./Anfang 15. Jhdt
Ton, 7,2 x 3,3 x 2,2 cm
Berlin, Stiftung Stadtmuseum Berlin: Inv.- Nr II 73/19 B

Spielzeug zur frühzeitigen Vorbereitung der adeligen Knaben auf den höfischen ›Minnekult‹ (*amour courtois*; vgl. II.5), der den Ritter durch seinen Dienst für die zum Inbegriff höfischer Vollkommenheit stilisierte ›Minneherrin‹ ethisch steigert und damit, kraft der ›Heilsmacht der Minne‹, zu seiner Vervollkommnung sowie zu seinem Glück beiträgt.

Auch Oswald von Wolkenstein knüpfte in seinen frühen Liedern der Jahre 1407/08 an die aristokratische Gesellschafts-Kunstübung des ›Minnesangs‹ an, der in Deutschland in der 2. Hälfte des 12. Jhdts auftauchte, sich um 1200 zur höchsten Blüte entfaltete und dieses eigentümliche Liebeskonzept des Hochmittelalters in höfischen Kreisen propagierte, die darin das Ideal ihrer adeligen Lebensform überhöht widergespiegelt sahen.

I.6 Das lernt man inn der schul

ELEMENTARBILDUNG »»» 1384 – 1385

Für den zweitgeborenen, dazu noch einäugigen Oswald von Wolkenstein wurde sicherlich seitens seiner Eltern und auch seines Großvaters, Eckhard von Vilanders, genannt *von Trostperg*, auf eine gute Elementarbildung ab seinem 7. Lebensjahr größter Wert gelegt, um *in diser werlt* (Kl.95,20) bestehen und darin *gelück und hail ain michel schar* (Kl.61,1) finden zu können.

Den ersten Elementarunterricht im Lesen, Rechnen und Singen – wahrscheinlich auch im Schreiben – dürfte ihm (wie schon seinem älteren Bruder Michael) *der Priester [der] kappelen gelegen vnder Tros[t]perg ze sand jost* (I.3.1) erteilt haben:

Zuerst lernte er durch Hören und Nachsprechen einfache Gebete und Verse des Psalters in der Volkssprache *teutsch* (Kl.18,22) auswendig (vgl. Abb. I.17).

Im Leseunterricht mußte er zuerst das Alphabet erlernen, dann Buchstaben zu Silben zu verbinden, danach die Bildung von Silben zu Wörtern und aus Wörtern Sätze, wobei Wort- und Satzbildung an den auswendig gelernten Texten erlernt wurde (vgl. Abb. I.18).

Parallel dazu mußte er in Fragen und Antworten *latein* (Kl.18,22) im aktiven Gebrauch erlernen (vgl. Abb. I.19).

Im Rechnen lernte er wohl nicht viel mehr als Kardinal- und Ordnungszahlen sowie einfache Additionen und Subtraktionen (vgl. Abb. I.16).

Es darf vermutet werden, daß ihm der Unterricht im *singen fa, sol, la* (Kl.26,127; vgl. Abb. I.24) die größte Freude bereitete, zumal er wohl schon als Kind mit einfach herzustellenden Musikinstrumenten *trummen, paugken, pfeiffen* (Kl.18, 24) erlernt haben dürfte.

I.6.1; Abb.I.20, S. 138

Wachstäfelchen und Pritschholz. 14. Jhdt
Holz und Wachs, je 8 x 16 cm; Holz, Länge: 54 cm
Lübeck, St. Annen-Museum: Inv.- Nr 1582-4; 1582; 1582 B; 1582 c

---

I.6.2; Abb.I.21, S. 138

Schreibgriffel. 14. Jhdt
Holz, Längen: 6,7; 7,2; 7,6 cm
Lübeck, Museum für Archäologie: Inv.- Nr 30/67; 30/69; 30/123

Da Oswald von Wolkenstein in späteren Jahren ein großer Freund *des geschriben wort* war, dürfte er neben Lesen, Rechnen und Singen (dem eigentlichen Elementarunterricht) in der ihm eigenen, selbstbewußten Art auch auf das Schreibenlernen (vgl. Abb. I.22) gedrungen haben.

Oben, von links nach rechts: **[Abb.I.17** Lehrer mit Pritschholz vor drei Schülern 1486 • Holzschnitt in: *Opusculum quintupartitum grammaticale pro pueris in lingua latina breviter erudiendus.* Gouda: Gottfried de Os 1486 (Archiv ARTeFACT)

[Abb.I.18 Unterricht im Lesen und in Chorgesang • 1479 • Holzschnitt in Rodericus Zamorensis: *Speculum vitae humanae.* Augsburg: Johann Bämler 1479 (Archiv ARTeFACT)

[Abb.I.19 Lateinunterricht • 1498/99 • Titelholzschnitt des Handbüchleins: *Es tu scolaris?* Ulm: Johannes Zainer d.J., um 1498/99 (Archiv ARTeFACT)

[Abb.I.22 Der Meister diktiert seinem Schüler • 1493 • Titelholzschnitt des *Lucidarius.* Ulm: Johannes Zainer d.Ä. 1493 (Archiv ARTeFact)

Der sicherlich sehr aufgeweckte Knabe, bildbar ›wie weiches Wachs‹, erlernte nach dem Leseunterricht, zuerst mal mit den Schreibutensilien (Wachstäfelchen und Schreibgriffel mit Spachtel zum Glätten des Wachses und zum Tilgen des Geschriebenen) umzugehen und versuchte sich dann an einfacher zu schreibenden, danach an komplexeren Buchstaben, Silbenreihen und Schreibversen (mit möglichst geringer Zahl diverser Buchstaben), die auf seiner Alphabettafel auf Pergament (an der Wand) vorgegeben waren.

Weil Oswald von Wolkenstein später als Vater seiner eigenen Kinder nicht zögerte, *di kind zu einem zelten* (Kl.44,57) zu schlagen, da er die Meinung vertrat, daß zu deren *zucht* die *rutte* (Kl.30,38/39) gehöre, wird er selbst des öfteren mit dem Pritschholz (vgl. Abb. I.17) seines Lehrers schmerzliche ›Bekanntschaft‹ gemacht haben.

I.7 Mein tummes leben wolt ich verkeren

GEISTLICHE ERZIEHUNG ≫≫≫≫≫≫≫≫≫≫≫≫≫≫≫≫≫≫≫≫≫≫≫≫≫≫≫≫≫≫≫≫≫≫≫ 1385 – 1387

Der Priester der Trostburger Kapelle dürfte Oswald von Wolkenstein lediglich ein Jahr den ersten Elementarunterricht erteilt haben und nach dem Tod seines Großvaters (1385, Juni 12) den mit der Realisierung von dessen Vermächtnis (vgl. I.3.1) vollauf beschäftigten Eltern zu einer geistlichen Erziehung des einäugigen, aber musisch überaus begabten Zweitgeborenen geraten haben: Entweder in der Stiftsschule des mit der Familie eng verbundenen Klosters Neustift (vgl. I.3.1) oder in der Schule des Hochstiftes Brixen, zu dem gleichfalls beste Beziehungen bestanden (vgl. I.3.1).

Sofern man Oswalds von Wolkenstein Hinweis, daß er *ain halber beghart wol zwei ganze jar ward* (Kl.18,50), ernst nimmt und dahingehend deutet, daß er von 1385 bis 1387 (dem Jahr seines Aufbruchs aus dem Elternhaus; s.u.) im Kloster Neustift oder im Hochstift Brixen den auf der Trostburg begonnenen Anfangsunterricht fortsetzte, mit dem Ziel (wie z.B. der 1365 verstorbene Friedrich von Vilanders) Dompropst (oder wie sein späterer, *zweigeborener* Sohn Michael, Domherr!) zu Brixen zu werden, so wird man nicht fehlgehen, ihn in diesen beiden Jahren als Schüler in der Brixener Domschule zu vermuten, zumal sich Joachim von Vilanders von 1381 bis 1383 als Hauptmann um das Gotteshaus Brixen besonders verdient gemacht hatte.

In der dortigen Schule des Bischofs sollte/wollte der wissbegierige Oswald [s]*ein tummes leben [...] verkeren, das ist war* (Kl.18,49), und *mit andacht was der anfangk sicherlichen zwar* (Kl.18,51), aber – trotz Vervollständigung seiner Schreib- und Lateinkenntnisse (durch Grammatikunterricht mithilfe der Lektüre der Schulautoren; vgl. Abb.I.23) sowie des Unterrichtes in Mathematik (Fingerrechnen und Berechnung kirchlicher Festtage; vgl. Kl.28 und 67!) und in Musik (vgl. Abb. I.24), d.h. in liturgischem Gesang (für Offizium und Messe; vgl. z.B. seine Übertragungen *Benedicte* und *Gratias*; Kl.14 und 15; *Mundi renovatio* und *Mittit ad virginem*; Kl. 129 und 130) – *fur die andacht mit kurzer schnur* [nach zwei Jahren, 1387] *zum gibel aus* (Kl.18,61), denn er wollte ab 1387 lieber *besehen, wie die werlt wer gestalt* (Kl.18,2).

In der im Frühjahr 1417 entstandenen ›Lebensballade‹ des inzwischen 40-jährigen Oswald von Wolkenstein wurden diese beiden Jahre (Kl.18, 97) von den *vierzig jar [...] mit toben, wüten, tichten, singen mangerlai* (Kl.18,97/98) bewußt abgezogen, denn sie dienten seiner geistlichen Erziehung durch den langjährigen bischöflichen Schulmeister Hans Hausmann (von 1369 bis 1408 als Bürger und Schulmeister zu Brixen, im Jahre 1385 zusätzlich als zeitweiliger Brixener Bürgermeister belegt), dem schon Friedrich von Wolkenstein (!) als Hauptmann der Burg Schöneck eine Urkunde gesiegelt hatte – und dessen Tochter, Anna, ab Mitte 1407 Oswalds von Wolkenstein ›Minnedame‹ wurde, mit der er *dreuzehenthalb jar* (Kl.9,11) sein *zeit so lang vertriben [...] in treuen stet beliben zu willen nach irs herzen ger, das* [ihm] *auf erd kain mensch nie liebers ward* (Kl.1,20;22/24), bis sie sich im Okt. 1421 als seine Fehdegegnerin outete (s.u.; II.3.2).

Notabene: *Die bulschaft kam mich sawer an; do sis verbott, hett* [hätte] *ichs gelan* (Kl.55,39/40) – aber nicht schon 1387 (!), wie Oswald von Wolkenstein seinen Zuhörern 1417 als Ursache (*die minn*) für *das ende* (Kl.18,52) seiner zweijährigen *andacht* als *halber beghart*, sprich seiner geistlichen Ausbildung von 1385 bis 1387 bei Anna Hausmanns Vater in der Brixener Domschule, vorgaukelte!

[Abb.I.23] Lehrer und Schüler bei der Lektüre der Schulautoren • Um 1475 • Einblattholzschnitt. Straßburg, um 1475 (Archiv ARTeFACT). – In der Bibliothek stehen die Bücher nicht nebeneinander, mit dem Rücken zum Betrachter, sondern sind übereinandergeschichtet oder stehen auf den Innenkanten.

[Abb.I.24] Die Musik • 1504 • Holzschnitt in Gregor Reisch: *Margarita philosophica*. Straßburg: Johannes Schott 1504 (Prag, Nationalmuseum, Abt. Schloßbibliotheken). – Die Musik wird im System der *Septem artes liberales* zur 2.Gruppe, zu den rechnenden Künsten des *Quadriviums*, gezählt.

II. ADEL UND ERBE VERPFLICHTEN

II.1 Ich wolt besehen, wie die werlt wer gestalt

FRÜHE JUGEND · RITTERLICHE ERZIEHUNG · FRÜHE REISEN ▶▶▶▶▶▶▶▶▶▶▶▶▶▶▶▶ **1387 – 1400**

Zwai ganze jar (Kl.18,50), von 1385 bis 1387, hielt es der ›puer‹ Oswald von Wolkenstein als *halber beghart* (Kl.18,50; vgl. Abb. I.25) in der Brixener Domschule und beim Schulmeister Hans Hausmann aus – dann hatte er vom Gottes*minne*-Dienst und von dieser Gemeinschaft (*minn*; Kl.18,52) sichtlich genug, weshalb *mit kurzer schnur die andacht fur zum gibel aus* (Kl.18,61).

Über die wirklichen Gründe des *erstöret ende* (Kl.18,52) seiner geistlichen Erziehung schwieg sich Oswald von Wolkenstein 30 Jahre später aus; wir sind deshalb auf Vermutungen angewiesen, warum ›es sich fügte‹ – *do [er] was von zehen jaren alt* [Frühjahr 1387] – daß er *wolt besehen, wie die werlt wer gestalt*:

1] Aus Ritterromantik, wegen *Rait[en] und ritterliche spil* (Kl.18,53).
2] Trotz seines *halbs gesicht* (Kl.41,29) kein *gaistlich vatter* (Kl.112,155) und ›ganzer‹ *beghart* (Kl.18, 50) werden zu müssen, sondern ein *weltlich Ritter vein* (Kl.112, 139), der als *knecht* (Kl.112,146) das Reiten, *turnieren und ouch stechen* (Kl.25,81) erlernen und v.a. *vil aubenteur* (Kl.106,20) erleben kann.
3] Die Ahnung – nach der Lehensvergabe 1386 (vgl. I.3.3) – als Zweitgeborener künftig *in diser werlt* (Kl.95,20) auf eigenen Füßen stehen und sein *gelück und hail* (Kl.61,1) ›erkämpfen‹ zu müssen.
4] Erzählungen seines Vaters oder Großvaters über die Vorfahren mütterlicherseits (vgl. I.2.2), die in Oberitalien als Söldner dienten und mit dem Sold ansehnlichsten Besitz – u.a. die *vest Trostperg* – in Tirol erwerben konnten.

[Abb.I.25 *Ain halber beghart wol zwai ganze jar* 1385/87 • Holzschnitt in: *Des Todes Tanz*. Lübeck: Mohnkopf-Druckerei 1498 (Archiv ARTeFACT)

Wie auch immer: Bereits vier Jahre vor dem Ende der ›pueritia‹ (7. bis 14.Lebensjahr) und vor dem Beginn der ›adolescentia‹ (14. bis 18. Lebensjahr), der Jugendzeit, drängte es den erst 10-jährigen, noch unmündigen und nur eingeschränkt handlungs- und straffähigen Oswald von Wolkenstein sowohl aus Brixen als auch aus dem Elternhaus, weshalb er *[s]ein vatter und mutter erenreich vertragen ba[t] mit uberlast* (Kl.39,11/12), denn er entzog sich damit auch der Schutz- und Verfügungsgewalt seines Vaters – eine *sünd und schuld* (Kl.39,1), die er später (in Konstanz, vor März 1415) *schamrot, forchtlich [und] durch andacht nasser ougen* (Kl.39,3/4) den Priestern klagte, mit dem *fürsatz, nimmer mer mit vleiß zu sünden* (Kl.39,5/6).

II.1.1 Ich loff ze fuß mit swerer buß

RITTERLICHE ERZIEHUNG ▶▶▶▶▶▶▶▶▶▶▶▶▶▶▶▶▶▶▶▶▶▶▶▶▶▶▶▶▶▶▶ **1387 – 1400**

Eingedenk seiner späteren Beichte (s.o.), daß er mit seiner Entscheidung, die geistliche gegen eine ritterliche Erziehung einzutauschen, seinen Eltern eine schwere Bürde aufgeladen hatte – und in Kenntnis seines biographischen Musters der Flucht (s.u.; 1409 Juni/Juli; 1411 Nov.; 1422 Aug.; 1427 März) – dürfte Oswald von Wolkenstein auch im Frühjahr 1387, bei Nacht und *nebel* (Kl.18,62), von der *vest Trostperg* geflohen sein, weshalb er *nur drei pfenning in dem peutel und ain stücklin brot […] von baim [als sein] zerung* (Kl.18,5/6) mitnehmen konnte.

Rait[en] und ritterliche spil (Kl.18,53) entpuppten sich gleich zu *anfangk* (Kl.18,51) als romantische Illusionen, denn als *knecht* (Kl.113,41) eines ›Herrn‹, eines *Ritter[s] vein* (Kl.28,34), *loff [er meist] ze fuß* (Kl.18,9) wie ein Büßer (*armiger*), weshalb *vil mancher kittel was [s]ein bestes klaide* (Kl.18,16) – nicht jedoch der erträumte Reiterharnisch oder wenigstens ein

Knechtsharnisch samt gesichtsfreiem Helm (Eisenhut, Sturm- oder Beckenhaube), mit der Folge, daß seither [s]*ein leib mit leid vortreib* [für sein Begehren, Ritter werden zu wollen] *hat vil mangen strauß gelitten* (Kl.18,63/64):

> *Von fremden, freunden so hab ich manchen tropfen rot*
> *gelassen seider, das ich wand verschaiden* (Kl.18,7/8)

Völlig ahnungslos *loff* [er] *in not* (Kl.18,6), und es ist ihm deshalb *halb* [s]*ein freud erfröret* (Kl.18,64) wegen *all* [s]*ein not* (Kl.18,65):

> *Mit ellend, armut mangen winkel, haiß und kalt*
> *hab ich gebawt bei cristen, Kriechen* [Orthodoxen], *haiden*
> *[...]*
> *Ich loff ze fuß mit swerer buß, bis das mir starb*
> *mein vatter* [1400, vor Mai 2], *zwar wol vierzen jar nie roß*
> *erwarb,*
> *wann eines roupt, stal ich halbs zu mal mit valber varb,*
> *und des geleich schied ich da von mit laide.*
> *Zwar renner, koch so was ich doch und marstaller,*
> *auch an dem ruder zoch ich zu mir, das was swer,*
> *in Kandia* [Kreta] *und anderswo, ouch widerhar*
> (Kl.18,3/4; 9/15)

Zur Ausbildung eines Edelknechtes (Knappen; lat. *famulus* oder *serviens*) im Dienste eines Ritters (zu Pferd) gehörten die von Oswald von Wolkenstein aufgezählten Dienstleistungen: Er mußte als Reit- und Stallknecht für die Pferde sorgen, den Transport von Teilen der ritterlichen Bewaffnung übernehmen, dem Ritter beim Anlegen der Rüstung helfen, ihn verpflegen (vgl. Abb. I.26) und Botendienste (vgl. Abb. I.55) verrichten. Kurzum: Er gehörte zum Fußvolk – das oft mit Füßen getreten und kleingehalten wurde, damit das tradierte Herr-Knecht-Dienstverhältnis funktionierte – und dadurch zur untersten Stufe der *hoveleut* (Kl.39,57):

[Abb.I.26] Der Kellner • Um 1450 • Holzschnitt, koloriert; Karte *Böhmen-Fünf* des südwestdt. *Hofämterspieles* (Wien, Kunsthistorisches Museum)

> *Kain ermer vich*
> *under allen tieren kund ich nie ervaren*
> *neur aines, haißt ain hofeman,*
> *der geit sich gar für aigen*
> *dem herren sein umb klainen sold.*
> *Das tet ain esel nicht und wer er frei.*
> *Reit, slach und stich* [vgl. II.1.2.1/3],
> *zuck, raub und brenn, den menschen tu nicht sparen,*
> *nim roß* [s.o.; Kl.18,11] *und wagen, henn und han,*
> *gen niemand tu dich naigen;*
> *gedenck, dein herr der werd dir hold,*
> *wenn er von dir sicht solche stampanei* [Wüterei].
> *Du ste vor im, tritt hinden nach*

> *und kapf den langen tag* [...]
> *sprech er zu dir ain freuntlich wort,*
> *das nemst du für des himel fürsten hort!*
> (Kl.11,37/50; 53/54)

Der *klaine sold* bestand in der Verpflegung des Edelknechtes – v.a. aber in seiner militärischen (wohl kaum in seiner ›höfischen‹) Ausbildung zur Ausübung des Waffenhandwerks als Krieger, mit dem Ziel, zu *töten* (Kl.39,13) oder *leib, er und gut* [der] *menschen* (Kl.39,14) selbst an Feiertagen mit *brand* (Kl.39,19) zu bedrohen, denn *fremder hab wird* [ein Knecht] *nicht vol* (Kl.39,17), da der *roub* (Kl.39,13) sein eigentlicher und alleiniger *sold* (in Naturalien) war.

II.1.2 Waffen, mit scharpfer schneid und grauselichem spitze

TRUTZ- UND SCHUTZWAFFEN 〉〉〉〉〉〉〉〉〉〉〉〉〉〉〉〉〉〉〉〉〉〉〉〉〉〉〉〉〉〉〉〉〉〉〉〉〉〉〉 1350 – 1450

II.1.2.1; Abb. I.28, S. 141

Werkstatt der lombardischen Malerfamilie Bembo:
Zwei Jünglinge im Nahkampf mit Dolchen. Cremona, um 1440/50
Tavoletta da soffitto: Tempera auf Lindenholz, 31,3 x 27 x 2 cm
Linz, Oberösterreichisches Landesmuseum: Inv.- Nr G.403

Erst ab dem 13. Jhdt kam der Dolch als zweischneidige, axial symmetrische Blank- und Stichwaffe bei Rittern und Knechten in Mode – gestaltet (vgl. II.1.2.1) nach Art eines verkleinerten Schwertes (vgl. II.1.2.3).

Als *Tavolette de soffitto* werden jene kleinformatigen Tafelbilder bezeichnet, die in Palazzi der Spätgotik und Frührenaissance in Oberitalien, v.a. in der Lombardei (*lampart:* Kl.18,18; 27,86; *lumpardie;* Kl.103,4), die Querbalken der Deckenkonstruktionen herrschaftlicher Prunkräume schmückten.

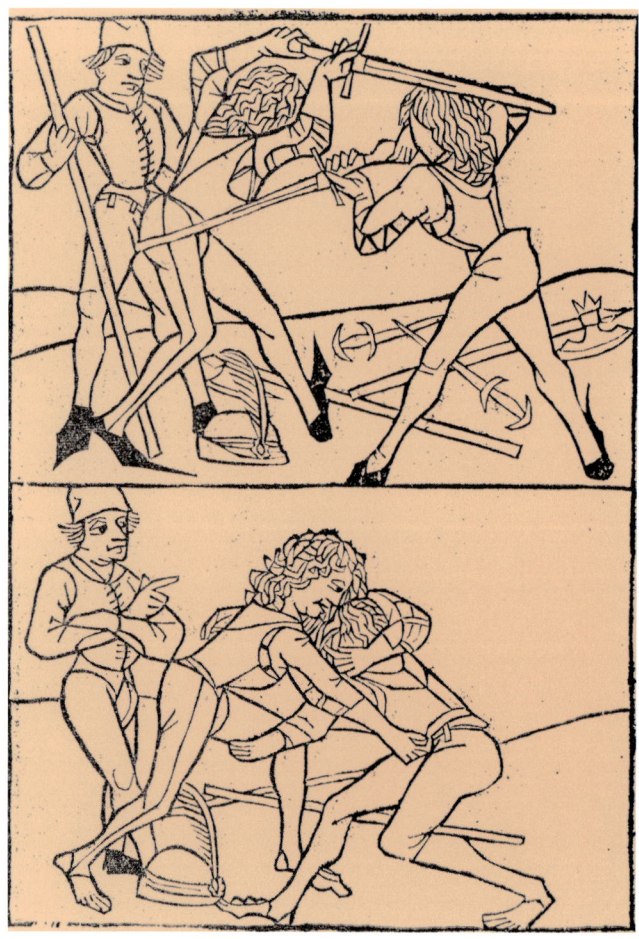 

Links: **[Abb.I.27** Zweikampf mt Stossschwertern / Ringkampf • Um 1483 • Holzschnitt in: *Der Helden Buch, das man nennt den Wolfdietrich.* Straßburg: Johannes Prüss d.Ä., um 1483 (Archiv ARTeFACT)
Rechts: **[Abb.I.31** Zweikampf mit Helmbarten • 1486 • Holzschnitt in Thomas Lirer: *Chronica von allen Königen und Kaisern.* Ulm: Konrad Dinckmut 1486 (Leipzig, Universitätsbibliothek)

II.1.2.2; Abb.I.29, S. 140

Basilard-Dolch. Süddtld, 2. Drittel 14. Jhdt

Eisen; kantige Klinge mit doppeltem Hohlschliff, 41 x 6 x 1 cm
Wien, Kunsthistorisches Museum, Hofjagd- und Rüstkammer: Inv.- Nr A 31a

Mit Doppelbalkengriff und aufgenieteten Griffschalen, aber ohne Parier-Stangen (vgl. II.1.2.1; II.1.2.3), wurde der Basilard-Dolch im 14. Jhdt auch zur Wehr der Bürger, denn damit erzielte man *ritterliche[n] stich* (Kl.25,80) – zum Erstaunen und Entsetzen der *hoveleut* (Kl.39,57).

II.1.2.3; Abb.I.30, S. 140

Stoßschwert. Süddtld oder Oberitalien, 2. Hälfte 14. Jhdt

Mit kurzer keilförmiger Klinge mit Hohlschliff und mit Resten einer goldtauschierten Inschrift; mit flachen Parier-Stangen, an den Enden verbreitert, und mit Scheiben- oder Diskusknauf; 87,5 x 17 x 4 cm
Wien, Kunsthistorisches Museum, Hofjagd- und Rüstkammer: Inv.- Nr A 53

Das Stoßschwert als zweischneidige, axial symmetrische Blankwaffe mit Parier-Stangen und Scheibenknauf wurde von Knechten im Infanteriekampf (in geschlossener Formation) als sekundäre Seitenwaffe (neben Schlag- und Stangenwaffen; vgl. Abb. I.31) zum Brechen der Panzer mit der keilförmigen Klinge eingesetzt, aber auch zum einfach Draufschlagen auf den Gegner (vgl. Abb. I.27) – *slach und stich!* (Kl.11,43).

Mit einem ganz ähnlichen Stoßschwert ließ sich Oswald von Wolkenstein auf dem Brixener Stifter-Bildnisstein von 1408 abbilden (vgl. II.2.4; Abb. I.88, S. 59 und 157).

II.1.3 Banzer und armbrost, darzu die eisenhut

HELME >>> ENDE 14. JHDT

II.1.3.1; Abb. I.32, S. 140

Trauner Topfhelm. 1. Hälfte 14. Jhdt

Replik des Eisenhelmes (Leder, Papiermachee), 30 x 20,5 x 27,5 cm
Linz, Oberösterreichisches Landesmuseum: Inv.- Nr C 1765

Der Topfhelm saß über der Ringelkapuze und einem halbrunden, eisernen ›Häubel‹, dessen Erhöhung in der 2. Hälfte des 13. Jhdts zu einer röhrenförmigen Erhöhung des Topfhelmes führte. Anfang des 14. Jhdts nahm er in der Tiefe zu und hatte meist einen spitzen Scheitel. Die Ausbildung einer Beckenhaube als Unterhelm (anstelle des ›Häubels‹) führte in der 1. Hälfte des 14. Jhdts zu einer weiteren Erhöhung des Topfhelmes, dessen Wände deshalb verlängert werden mußten, so daß er auf den Schultern aufsaß.

Das in der Traun bei Linz gefundene Original aus Eisen wurde aus nur drei genieteten Platten zusammengesetzt. Sein Unterteil besteht aus der auf beiden Gesichtshälften durch rechteckige Schlitze und runde Luftlöcher durchbrochenen Vorderplatte, die mit der Hinterplatte vernietet wurde. Der gesamte Oberteil (Helmglocke und leicht gewölbter Scheitel mit Steckerbügel für die Helmzier) wurde aus einem Stück geschmiedet und mit einem Eisenstreifen verstärkt.

II.1.4 Ain werfen und ain schießen, ain groß gepreuß
HANDFEUERWAFFEN UND GESCHÜTZE 〉〉〉〉〉〉〉〉〉〉〉〉〉〉〉〉〉〉〉〉〉〉〉〉〉〉〉〉〉〉〉〉〉〉〉〉〉〉 15. JHDT

II.1.4.1; Abb. I.33, S. 142

Handbüchse in Bündelform. 15. Jhdt
Eisen, Länge: 30 cm, ø 5 cm
Linz, Oberösterreichisches Landesmuseum: Inv.- Nr C 3520

Wichtigste waffentechnische Innovation des Spätmittelalters war die Erfindung der Handfeuerwaffe, die den Bogen und die Armbrust im Laufe des 15. Jhdts verdrängte.

Früheste Form der Handfeuerwaffen (Haken- und Lotbüchsen), die im Gegensatz zum Geschütz (s.u.) von einem einzelnen Mann bedient werden konnte.

II.1.4.2; Abb. I.34, S. 143

Steinbüchse auf Lafette. 1. Hälfte 15. Jhdt
Eisen auf Holzkonstruktion, 100 x 60 x 150 cm
Wien, Heeresgeschichtliches Museum: Inv.- Nr 0000/33/NI 81523

Aus den Feuertöpfen des 14. Jhdts entwickelte sich im 15. Jhdt eine mächtige Artillerie, die im Feld und bei der Belagerung von Bauwerken (vgl. Abb. I.37) die dominierende Rolle spielte. Im Gegensatz zu den Handfeuerwaffen (s.o.) konnten die meist sehr schweren Geschütze nur von Zugtieren bewegt und nur von mehreren Männern bedient werden.

Zur Belagerung und Zerstörung von Bauwerken wurde zunächst die Steinbüchse eingesetzt, aus der Steinkugeln (abhängig vom Rohrkaliber) bis zu einem Durchmesser von 80 cm (!) verschossen wurden. Das in der Stab-Ring-Technik aus Eisen geschmiedete (oder später aus Bronze gegossene) Rohr bestand im vorderen Teil aus dem ›Flug‹, im hinteren Teil aus der im Durchmesser kleineren Kammer zur Aufnahme der Pulverladung, die durch das am oberen Ende der Kammer befindliche Zündloch gezündet wurde.

II.1.4.3; Abb. I.35, S. 143

Tarrasbüchse auf Lafette. Mitte 15. Jhdt
Eisen auf Holzkonstruktion, 145 x 80 x 315 cm
Wien, Heeresgeschichtliches Museum: Inv.- Nr 1937/NI 81599

Seit Beginn des 15. Jhdts zählte die Tarrasbüchse (Terrasbüchse; von Terrasse = Wall, Bastei, Damm) zur leichteren Festungsartillerie. Das aus Eisen geschmiedete (oder später aus Bronze gegossene) Rohr war auf beweglicher ›Lade‹ befestigt (oder in fahrbarer Lafette gelagert) und verschoß, je nach Größe seines Kalibers, Stein- oder Bleikugeln. Hinter Schießscharten auf Mauern bzw. Türmen aufgestellt, übernahmen die Tarrasbüchsen die Funktion

[Abb.I.37 BELAGERUNG EINER BURG MIT GESCHÜTZEN • 1486 • Holzschnitt in Thomas Lirer: *Chronica von allen Königen und Kaisern*. Ulm: Konrad Dinckmut 1486 (Leipzig, Universitätsbibliothek)

der bisherigen Standarmbrüste zur Sperrung der Anmarschwege des Angreifers.

II.1.4.4; Abb. I.36, S. 142

Kammerschlange, in Gabel mit Pivotzapfen drehbar gelagert, auf Lafette. 2. Hälfte 15. Jhdt
Eisen, achtkantig und rund, Kaliber 4,8 cm, auf Holzkonstruktion,
145 x 80 x 15 cm
Wien, Heeresgeschichtliches Museum: Inv.– Nr 0000/33/NI 81436

Geschützgattung (Hinterlader), die im Verhältnis zu ihrem Kaliber besonders lange Rohre (und auswechselbare Pulverkammern) hatte und als Flachbahngeschütz mit großer Durchschlagkraft von der Feldartillerie (Feldschlange) eingesetzt wurde. Die kleinsten Feldschlangen verschossen Blei- oder Eisenkugeln von 2,5 bis 5 cm Durchmesser und wurden von einem Pferd gezogen.

Kammerschlangen dagegen dienten wegen ihrer bequemen und raschen Bedienung zur Bewaffnung enger Räume in Befestigungsanlagen und auf Schiffen.

II.1.5 Turnieren und ouch stechen

REPRÄSENTATIVE WAFFENÜBUNG 〉〉〉〉〉〉〉〉〉〉〉〉〉〉〉〉〉〉〉〉〉〉〉〉〉〉〉〉〉〉〉〉〉〉〉〉〉〉 14./15. JHDT

Das Turnierwesen entstand im romanischen Bereich, von wo aus es sich (incl. seiner Terminologie) ab der Mitte des 11. Jhdts in Mittel- und Westeuropa ausbreitete (erster dt. Beleg: Würzburg 1127).

Das Turnier (mhdt. *turnei* von altfranz. *tournoi*) war Mittel der Waffenübung sowie der hofisch-ritterlichen Repräsentation (die dann im Spätmittelalter vom Stadtpatriziat nachgeahmt wurde):

1] Turnier: Sportlich-spielerische Simulation einer Schlacht zwischen zwei Reiterscharen. Der ursprüngliche Übungscharakter (Vorbereitung für den Ernstfall) ging bald verloren zugunsten einer exklusiven, stil- und prunkvollen Unterhaltungsveranstaltung mit ›Spielregeln‹, bei der die beiden Parteien auf freier Fläche (oder in abgegrenztem Gelände, ›in den Schranken‹) mit stumpfen Lanzen oder (meist) mit stumpfen Schwertern (vgl. II.1.2.3) bzw. mit hölzernen Kolben miteinander kämpften.
2] Beim *Tjost* (altfranz. *jouste*) lieferten sich zwei Kämpfer, zu Pferd oder zu Fuß, mit Lanzen (vgl. Abb. I.38), Schwertern oder mit Schlagwaffen einen Zweikampf – entweder mit scharfen Waffen (›Rennen‹) oder mit stumpfen (›Stechen‹).

Zu den Regularien dieser Kampfspiele zählten förmliche Einladung, Einhaltung und Überwachung zuvor festgelegter Kampfbestimmungen sowie die schiedsrichterliche Ausrufung des Siegers, wobei die Preisverleihung (›Turnierdank‹) aus der Hand einer Dame das förmliche Ende des Turniers markierte. Wichtiger als materieller Gewinn war für den Sieger jedoch der Zuwachs an ritterlicher Ehre und die Erhöhung seines Sozialprestiges in der ritterlich-höfischen Gesellschaft.

Da das Turnier nur dem Landadel (nicht dem Niederadel) zustand, wurde der Turnierhelm (Stechhelm) zum Kennzeichen von dessen adeligen Wappen (vgl. Darstellung auf Oswalds von Wolkenstein Stifter-Bildnisstein von 1408; II.2.4).

In seinem ›Lied von den sieben Todesgefahren‹ (Kl.23) berichtete Oswald von Wolkenstein *mit warhait* (Kl.23,33) von seiner Teilnahme (1403, vor seinem Schiffbrucherlebnis; s.u.) an einem *stechen* (s.o.) und von seiner daraus folgenden *not* (Kl.23,34) als einäugiger Kämpfer:

Mit ainem pflag ich ze stechen
auff rossen groß und valt [zielte daneben];
ain tür von klafters klimme
und dreier füsse weit,
da fur ich durch mit grimme,
dannocht was es nicht zeit [zu sterben]:
Wol vier und zwainzig staffel
tieff in ains kellers grund,

die [f]iel ich ab mit raffen,
mein roß zerbrach den slund.
Mich daucht, ich wolt versinken
in ainem vas mit wein,
jedoch bott ich ze trinken
den guten freunden mein. (Kl.23,35/48)

II.1.5.1; Abb. I.39, S. 144

Turniersattel der Paulsdorfer. Regensburg, um 1400

Holz, Leder, Fell, Gewebe, Pergament, Papier, Stroh, gedrehte Schnur, Birkenrinde, Eisen; grundiert und farbig gefaßt, 91 x 89 x 60 cm
Regensburg, Historisches Museum: Inv.– Nr HV 1416

Dieser Sattel ist ein Teil des ›Deutschen Gestechs im hohen Zeug‹, bei dem der Reiter in den Steigbügeln stand und hinten von einem starken Eisenband am Herunterfallen vom Pferd bewahrt wurde. Der hohe, weite Vorderbogen bedeckte und schützte beide Beine und den

[Abb.I.38 LANZENSTECHEN • 1480 • Holzschnitt in: *Historie von den sieben weisen Meistern.* Augsburg: Anton Sorg 1480 (Archiv ARTeFACT)

Körper bis zur Höhe der Brust. Ein Bügel am oberen Rand des Bogens bot der linken Hand weiteren Halt.

II.1.6 *Was ich in jungen tagen geaubenteuert han*

FRÜHE REISEN 》》》 1387 – 1400

Als Oswald von Wolkenstein im Frühjahr 1387 zuerst aus Brixen und kurz danach von der *vest Trostperg* floh, geschah dies (wohl) wegen seiner Suche nach ›ritterlichen Spielen‹ (Kl.18,53). Als *knecht* (Kl.113,41) und als *renner* (Kl.18,13) mußte er jedoch – für seine Flucht *mit swerer buß* (Kl.18,9) beladen (!) – *durch ain moß* [Kot] *in der straßen watten* (Kl.19,123/124).

Als *marstaller* (Kl.18,13) konnte er sich nur um die Pferde seines ›Herrn‹ kümmern, sie verpflegen und satteln, denn ein eigenes *roß* (Kl.18,10) konnte er mit lediglich *drei pfenning in dem peutel* (Kl.18,5) – *do* [er] *loff in not* (Kl.18,6) – natürlich *wol vierzen jar nie erwerben* (Kl.18,10)!

Immerhin – wenn auch *mit ellend, armut* (Kl.18,3) und im *kittel* (Kl.18,16), anstatt im *harnasch* [zu] *roß* (Kl.19,121) – hat er *in jungen tagen geaubenteuert mit kristan, reussen* [Orthodoxen], *haiden* (Kl.23,131/133) und als Söldner dabei auch *besehen, wie die werlt wer gestalt* (Kl.18,2):

1] Er hat bis Frühjahr 1400 *gewandelt manig her gen Preussen, Reussen* [Rußland], *über mer* (Kl.123,45/46) bzw. *gen Preussen, Littwan* [Litauen], *Tartarei, Türkei, über mer* (Kl. 18,17):
   a] Um (z.B. im Herbst 1399) im Heer des ›Deutschen Ordens‹ (Hauptsitz: Marienburg) bei einer *Preussen vart* (Kl.26,52) gegen *ain teil der haidenschaft* (Kl.112,6) in Litauen oder in Rußland bzw. in der Tartarei zu kämpfen, *als dann aim ritter zu gebiert* (Kl.112,7).
   b] Er hat wohl (im Sept. 1396), *über mer* (s.o.), im Kreuzfahrerheer (bestehend aus dt., ungarischen, englischen, italienischen und v.a. französischen ›Kreuzrittern‹) unter schwacher Führung des Luxemburgers Sigmund (seit 1387 König von Ungarn) als Söldner gedient und wurde in der Schlacht von Nikopol an der Donau von den Reitern des türkischen Sultans Bajazet (Bajesid) mit überrollt, wobei er *manchen tropfen rot gelassen* (Kl.18,7/8), aber des für ihn gezahlten Lösegeldes wegen noch nicht mußte *verschaiden* (Kl.18,8), weil er (wohl) mit König Sigmund auf einem venezianischen Boot flüchten konnte und dafür an dessen *ruder* (Kl.18,14) ziehen mußte.

FRÜHE REISEN 1387 – 1400

2] Er hat *sich der welde manig jar zu guter maß ervaren* (Kl.112,2/3) und dabei *manig kungkreich, lant und stet* (Kl.112,4) bis Frühjahr 1400 kennengelernt:

a] Er erlebte *in kriechen* [Griechenland] *gute zeit* (Kl.23,134); *auch an dem ruder zoch* [er], *das was swer, in Kandia* [Kreta] *und anderswo* (Kl.18,14/15) – und *vierhundert weib und mer an aller manne zal / vand* [er] *ze Nio* [Nios], *die wonten in der insell smal; / kain schöner pild besach nie mensch in ainem sal* (Kl.18,81/83).

b] Er bereiste wohl mehrfach das Gebiet des ›Deutschen Ordens‹, Preussen (Kl.18,17; 21,92; 44,7; 123,46), und von dort aus: Die Nehrung (*strant*; Kl.21,93; 44,8), Litauen (*Littwan*; Kl.18,17; *Litto*; Kl.44,8), Livland (*Liffen*; Kl.44,8), Estland (*Eifen*; Kl.21,93; *Eiffenlant*; Kl.44,7) und Rußland (*Reussen*; Kl.21,93; 44,7; 123,46).

c] Wenn man seinen zahlreichen ›Länderkatalogen‹ Glauben schenken darf, dann führten ihn seine frühen Reisen außer in die Türkei (Kl.18,17; *Türggia*; Kl.44,4) auch nach Byzanz (*Romani*; Kl.44,4), nach Georgien (*Ibernia*; Kl.44,5), in die Tartarei (Kl.18,17; *Tartari*; Kl.44,3) und über Armenien (*Hermani*; Kl.44,2) sogar bis nach Persien (*Persia*; Kl.44,2).

d] Durchaus möglich, daß Oswald von Wolkenstein vor Frühjahr 1400 – und nicht erst im Zusammenhang mit seiner Pilgerreise (Juni 1409 – Sommer/Herbst 1410) bzw. seiner Gesandtschaftsreise (Frühjahr 1415 – Frühjahr 1416) – *auff scheffen gros* (Kl.18,26) *über mer* (Kl.18,17; 123,46) *fuhr* und dabei hat *umbfarn insel*[n] (Kl.18,25) wie Kreta (*Kandia*; Kl.18,15), Zypern (*Cippern*; Kl.12,5; 21,96) und Sizilien (*Cecilie*; Kl.12,5), um sowohl Syrien (*Suria*; Kl.17,10; 20,4; 35,1; 44,3) mit Damaskus (*Thomasch*; Kl.12,56) und Arabien (*Arabia*; Kl.44,1) als auch Ägypten (*Soldans kron*; Kl.12,6; *Soldans lant*; Kl.21,92) sowie das nordafrikanische ›Berberland‹ (*Barbarei*; Kl.12,56; 23,102; 26,11; 44,1; *Barbaria*; Kl.20,6) mit Tripolis (*Trippel*; Kl.12,56) besuchen zu können.

e] Wo auch immer *ain groß krieg* (Kl.102,41) ausbrach – ob in Südosteuropa gegen die Türken, ob in Nordafrika gegen die Berber und ob in Ägypten gegen die Mamelucken – Oswald von Wolkenstein dürfte beim ›Schlagen und Stechen, beim Rauben und Brennen‹ (Kl.11,43/44) mit vielen anderen deutschen und westeuropäischen niederadeligen Söldnern mit von der Partie gewesen sein, allerdings wohl meist *umb klainen sold* (Kl.11,41).

[Abb.I.41] Erhard Reuwich: TÜRKISCHE REITER • 1488 • Holzschnitt, koloriert, in Bernhard von Breidenbach: *Fart über mer zu dem heiligen grab* (Kat.II.6.2)

3] Von den *zehen sprach* (Kl.18,23), mit denen er im Frühjahr 1417 prahlte – *franzoisch* [französisch], *mörisch* [arabisch], *katlonisch* [katalanisch] *und kastilian* [kastilisch], *teutsch, latein, windisch* [slowenisch], *lampertisch* [lombardisch = italienisch], *reuschisch* [russisch] *und roman* [griechisch] (Kl.18,21/22) – war Deutsch seine Muttersprache; Latein hatte er bis 1387 in der ›Schule‹ gelernt (s.o.) und auf seinen frühen Reisen erwarb er Elementarkenntnisse in Arabisch, Slowenisch (vgl. III.2 zu 1403 Mai 13), Russisch und in Griechisch. *NB*: Die anderen aufgeführten Fremdsprachen erlernte er bis Frühjahr 1417; zudem hat er *gebraucht* (Kl.18,23): Ungarisch, Holländisch und Provenzalisch sowie die deutschen Dialekte Schwäbisch und Niederdeutsch (vgl. dazu u.a. die beiden polyglotten Lieder Kl.69 und 119 sowie das niederdt. Lied Kl.96).

4] Da Oswald von Wolkenstein in diesen *jungen tagen* (Kl.23,131) von 1387 bis 1400 sich wohl kaum in *fürsten höfen* (Kl.112,5) aufgehalten haben dürfte, waren die Möglichkeiten, zusätzlich zum *trummen, paugken, pfeiffen* (Kl.18,24), das *fidlen* (Kl.18,24) zu erlernen, eher gering.

Als audiovisuell besonders sensibler Zeitgenosse, dazu noch musikalisch überdurchschnittlich begabt, dürfte er jedoch unterwegs *baide oren* (Kl.26,96) weit geöffnet haben, um Liedtexte und Melodien aufnehmen und memorieren zu können – um diese später für Kontrafrakturen oder Übertragungen wieder ›aufzurufen‹.

[Abb.I.42 Erhard Reuwich: RHODOS • 1488 • Holzschnitt in Bernhard von Breidenbach: *Fart über mer zu dem heiligen grab* (Kat.II.6.2). – Ausschnitt der linken Hälfte.

II.1.7 Gestalt der werlt
KARTOGRAPHIE ⟫⟫⟫⟫⟫⟫⟫⟫⟫⟫⟫⟫⟫⟫⟫⟫⟫⟫⟫⟫⟫⟫⟫⟫⟫⟫⟫⟫⟫⟫⟫⟫⟫⟫ 15. JHDT

II.1.7.1; Abb.I.43, S. 33 und 147

Andreas Walsperger (*Radkersburg/Steiermark, um 1415):
Weltkarte. Konstanz 1448
Faksimile (Zürich 1981), 90 x 65 cm
Privatbesitz

Die Weltkarte des Benediktinermönches des Klosters St. Peter in Salzburg (1434 – 1442) vom Typ der Rad- oder Rundkarte (Durchmesser mit Ringsystem der Sphären und der Elemente: 57,5 cm) stellte einen Höhepunkt der Mönchskartographie des Spätmittelalters dar und ist das einzige erhaltene Zeugnis seiner Art im dt. Sprachraum (bis 1622 Biblioteca Palatina, Heidelberg; heute Biblioteca Apostolica Vaticana, Rom). Die ›mappa mundi‹ zeigt eine idealisierte Darstellung der damals (dem Kartographen Walsperger) bekannten Welt – mit dem Mittelpunkt Jerusalem und (ganz links) mit dem Paradies (als Burg mit vier Türmen und mit einer Rundkirche). Die topographisch willkürlich und freihändig gezeichnete Karte zeigt das Rund der Erde, die gesüdet ist (d.h., der Norden liegt ›unten‹) und vom Ozean umgeben wird, bis dort, wo Afrika bis zu den Sphären reicht.

Die lateinische Legenda lautet in Übersetzung:

In dieser Figura ist die Weltkarte oder geometrische Beschreibung der Erde enthalten, aufgestellt nach der Kosmographie des Ptolemaeus [100 n. Chr.] *je nach den Längengraden, Breitengraden und Klimaunterteilungen, und mit einer wahrheitsgetreuen* [sic!] *und vollständigen* [sic!] *Karte der Navigation auf den Meeren. So kann jeder hier genau* [sic!] *ersehen, wie viele Meilen eine Gegend oder Provinz von einer anderen entfernt ist oder welche Fläche sie besitzt von Osten nach Westen und von Süden nach Norden. Die Erde ist weiß* [pergamentfarbig], *das Meer grün, die Süßwasserströme sind blau, die Gebirge verschiedenfarbig. Und die roten Punkte bezeichnen die christlichen Städte, die*

FRÜHE REISEN 1387 – 1400

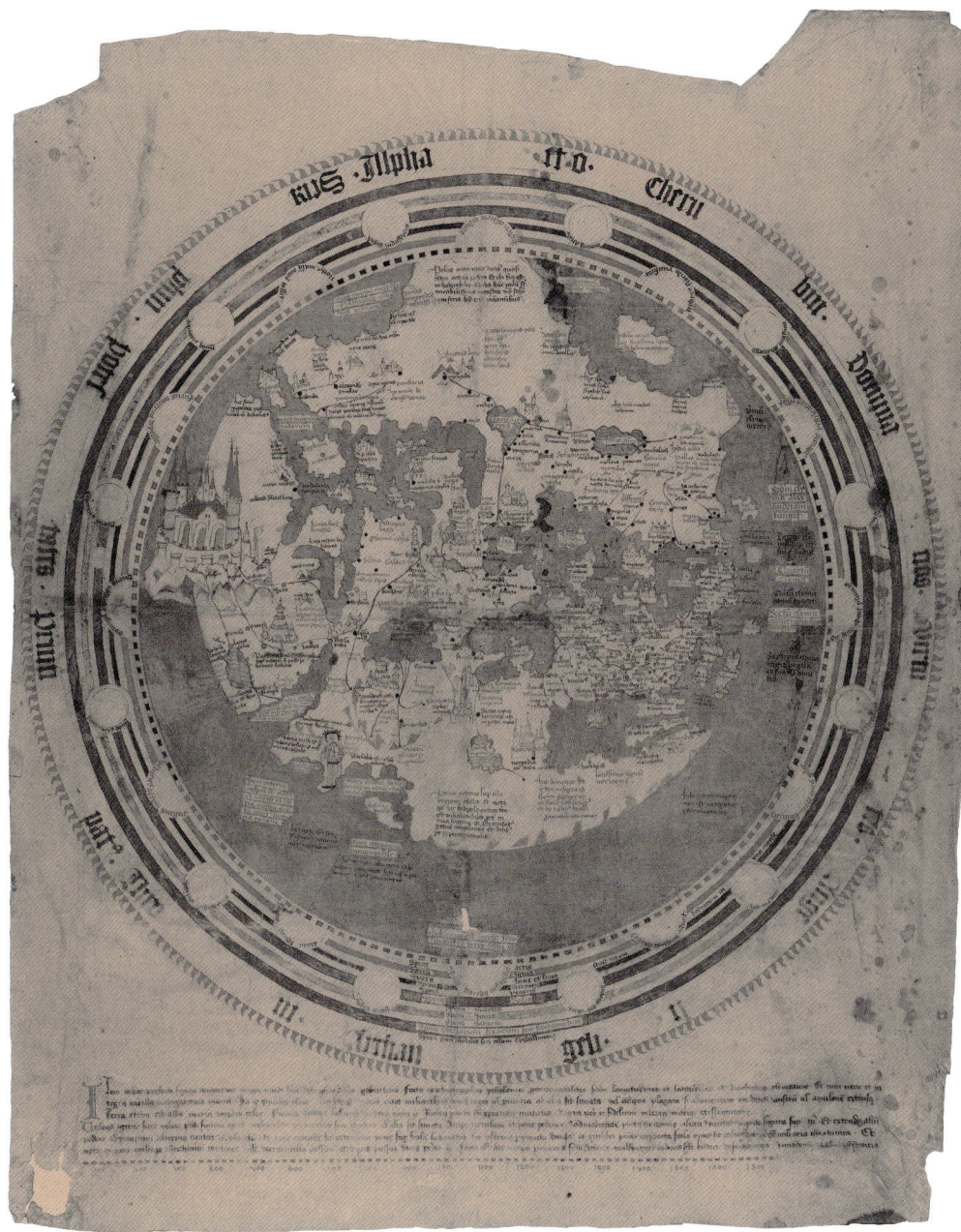

[Abb.I.43] Andreas Walsperger: WELTKARTE
1448 • Tempera auf Pergament (Kat.II.1.7.1). – Vgl. Farbabb. I.43, S. 147.

schwarzen Punkte die Städte der Ungläubigen auf dem Land und im Meer [sic!].

Wer also auf dieser Zeichnung messen will, wie viele Meilen ein Gebiet oder eine Stadt von einer anderen entfernt ist, nehme einen Zirkel und setze eine seiner Spitzen in die Mitte des Punktes [...], der durch den Namen einer Stadt gekennzeichnet ist, und die andere Spitze auf den Punkt der anderen gewählten Stadt. Dann setze er den offenen Zirkel auf die untenstehende Skala; auf dieser Skala entspricht jeder Strich, unabhängig von seiner [roten oder schwarzen] *Farbe*, zehn deutschen Meilen, wobei zu beachten ist, daß eine deutsche Meile zehntausend Schritt enthält und ein Schritt zwei Fuß.

Walsperger ging von der Erdscheibe als Mittelpunkt der Schöpfung aus, die umgeben ist von sieben himmlischen Sphären und von einem ›Himmel aus Kristall‹: In der äußeren Sphäre werden die Namen der ›Himmlischen Heerscharen‹ genannt, nach innen (zur Weltkarte hin) folgen die Sphären der Fixsterne, der Planeten und der Sonne; dazwischen sind die Namen der Tierkreiszeichen und der Winde aufgeführt.

[Abb.I.45 Hieronymus Münzer: DEUTSCHLANDKARTE • 1493 • Holzschnitt (Kat. II.1.7.2b)

II.1.7.2 a/b; Abb.I.44/45, S. 146 und S. 34

Hartmann Schedel (Nürnberg 1440 – 1514 Nürnberg):
Liber cronicarum cu(m) figuris et ymagi(ni)bus ab inicio mu(n)di:
[Deutsch:] *Buch der Croniken und geschichten mit figure(n) und pildnussen von anbegin(n) der welt bis auf dise un(n)sere zeit*

Nürnberg: Anton Koberger (12. Juli; lat. Fassung; 23. Dez.; dt. Fassung) 1493
326 Blätter (lat. Ausgabe) bzw. 297 Blätter (dt. Ausgabe), 44 x 32 cm
Innsbruck, Universitäts- und Landesbibliothek Tirol: Sign. 105 A 3

- **a]** Fol. 12 verso – 13 recto (Abb. I.44, S. 146):
  Hartmann Schedel (Konzeption) **und Michael Wolgemut** (1434/37 – 1519; Zeichnung):
  Weltkarte (nach Karte des Pomponius Mela der *Cosmographia* des Ptolemaeus. Venedig 1488). Nürnberg 1493
  Holzschnitt von Michael Wolgemut (oder seines Stiefsohnes Wilhelm Pleydenwurf), 31 x 49 cm
  Die Weltkarte folgte noch der Tradition des Ptolemaeus und betrachtete die Welt aus zwei Hälften und drei Erdteilen bestehend: Die östliche Hälfte (Asien) verkörpert den Aufgang der Sonne, die westliche Hälfte (Europa und Afrika) deren Untergang, umgeben von 12 personifizierten Winden.

- **b]** Unnummeriertes Doppelblatt am Schluß (Abb.I.45, S. 34):
  Hieronymus Münzer (1437 – 1508):
  Deutschlandkarte. Nürnberg 1493
  Holzschnitt von Michael Wolgemut (oder seines Stiefsohnes Wilhelm Pleydenwurf), 39 x 57 cm

Erste im Buchdruck erschienene Deutschlandkarte des Vorarlberger Arztes und Kosmographen, der seit 1480 Nürnberger Bürger war und außerordentliche geographische Kenntnisse besaß.
Vorbild: Die um 1440 von Nikolaus von Kues (1401-1464) gezeichnete Deutschlandkarte (1491 in Eichstätt in Kupfer gestochen, aber erst zu Beginn des 16. Jhdts gedruckt), die auch Martin Behaim für seinen 1492 in seiner Heimatstadt Nürnberg entstandenen ›Erdapfel‹ (den ältesten erhaltenen Globus) nutzte.

II.1.8 *Zwar wol vierzen jar nie roß erwarb*

HEIMKEHR MIT PFERD >>> 1400

Ze fuß (Kl.18,9) im Frühjahr 1387 von der *vest Trostperg* weggelaufen (Kl.18,6), dürfte Oswald von Wolkenstein sicherlich im Frühjahr 1400 voller Stolz auf eigenem, von Sold (oder mit Kredit vom Königsberger Hauskomtur des ›Deutschen Ordens‹; vgl. Schwob: *Lebenszeugnisse*. Nr 5 von 1399 Vor Nov.22) erworbenem *roß* (Kl.18,10) in die Trostburg eingeritten sein, um seiner Familie damit beweisen zu können, daß er als Zweitgeborener, dazu noch einäugig, es in der Zeit seiner 13-jährigen Abwesenheit zu etwas gebracht hat.

Ob er bei seiner Rückkehr seinen seit Sommer 1399 schwerkranken und vor dem 2. Mai 1400 verstorbenen *vatter* (Kl.18,10) noch antraf und um Vergebung für seine alte *sünd und schuld* (Kl.39,1) bitten konnte (vgl. II.1), wissen wir nicht.

II.1.8.1; Abb.I.47, S. 148

Radsporn. Oberitalien, um 1400

Feuervergoldeter Gelbguß; am langen Hals: Achtstrahliges Rad; am Sporenabsatz: Eingravierte Zackenmuster; am Bügel: Eingravierte Inschrift *amor*, 22,5 x 9,6 x 4 cm
Wien, Kunsthistorisches Museum, Hofjagd- und Rüstkammer: Inv.- Nr A 2131

Reithilfe, mit beweglich angehängten Riemenbeschlägen (hier fehlend), zum Antreiben des Pferdes.
Auf dem Stifter-Bildnisstein von 1408 (vgl. II.2.4; Abb. I.88, S. 59 und 157) ist Oswald von Wolkenstein mit solchen Radsporen abgebildet.

II.1.8.2; Abb.I.48, S. 148

Stachelradsporen. Süddtld, 1. Hälfte 15. Jhdt

Messingplattiertes Eisen; profilierter geschwungener Bügel; langer Hals mit Resten eines Stachelrades; je 22,5 x 8,5 x 6 cm
Provenienz: 1878 erworben aus dem Augustinerchorherrenstift Neustift bei Brixen
Wien, Kunsthistorisches Museum, Hofjagd- und Rüstkammer: Inv.- Nr A 148

[Abb.I.46 Ritter zu Pferd vor dem Einritt in die Stadt • 1486 • Holzschnitt in Thomas Lirer: *Chronica von allen Königen und Kaisern*. Ulm: Konrad Dinckmut 1486 (Leipzig, Universitätsbibliothek) ▶

II. ADEL UND ERBE VERPFLICHTEN

II.2 Jarteg, die gestift sindt oder noch gestiftet werdent

FROMME STIFTUNGEN 〉〉 1400

Vnnser styfft brieff Ad sanctum Cristofferum

SANKT CHRISTOPHORUS-KAPELLE IN BRIXEN 〉〉〉〉〉〉〉〉〉〉〉〉〉〉〉〉〉〉〉〉〉〉〉〉 1400

II.2.1; Abb.I.49, S. 36

[Brixen, 1434 Herbst]

(In dorso:) *vnnser styfft brieff Ad s(an)ct(u)m Cristofferum fúr beleichtung / P(ro) 4. Censib(us) ad S. Chr(istoph)or(um)*

Orig.urkunde; Pergament, 16 x 26 cm; Plica, 2,6 x 26 cm
Siegel von Oswald von Wolkenstein; schwarz ø 3 cm
Brixen, Diözesanarchiv, Domkapitelarchiv: Lade 68, B 1
[Schwob: *Lebenszeugnisse*. Nr 259]

Lediglich durch den Vermerk (in dorso) auf der Pergamenturkunde von 1407, Mai 29 (s.u.; II.2.3) – *Stiftbrief pro duobus Beneficiis ad St. Oswaldu(m) et Christophoru(m)* – und durch diese undatierte Aufstockung (wohl im Zusammenhang mit der Notiz, Oswald von Wolkenstein *sey* vor 1434, Sept.29, *vnderwegen krangk worden vnd seyder In Ieibs not geIrrt habe*; LZ Nr 257) wissen wir, daß Oswald von Wolkenstein am Kreuzgang (vgl. Abb. I.50) des Brixener Domes, in der Ecke zwischen Langhausmauer und Westseite des südlichen Querschiffes, eine dem Patron der Reisenden gewidmete Kapelle gestiftet hatte, die er jetzt, im Herbst 1434, mit Einnahmen (Wein und Geld) aus einem *weyngart*, zwei Höfen in Lüsen und einem Haus in Mühlbach aufbesserte:

> [Zugunsten] *zu meyner Cappeln, die ich gepawt han Inn den eren sant Cristoffels vnd allen selen zu hilff vnd zu trost, die gelegen ist Inn [an] dem krewtzgang zu brichsen – zu eynem ewigen liecht, das man all nacht zúnden sol [...] Inn dem selben múnster da pey.*

Da bei der Stiftung des St. Oswald-Benefiziums (1407, Mai 29; vgl. II.2.2 und II.2.3) das St. Christophorus-Benefizium bereits bestanden hat, darf davon ausgegangen werden, daß Oswald von Wolkenstein die St. Christophorus-Kapelle nach seiner Rückkehr 1400 hat bauen, oder zumindest renovieren, lassen – vermutlich mit finanzieller Unterstützung seiner Mutter (die auch 1407 und

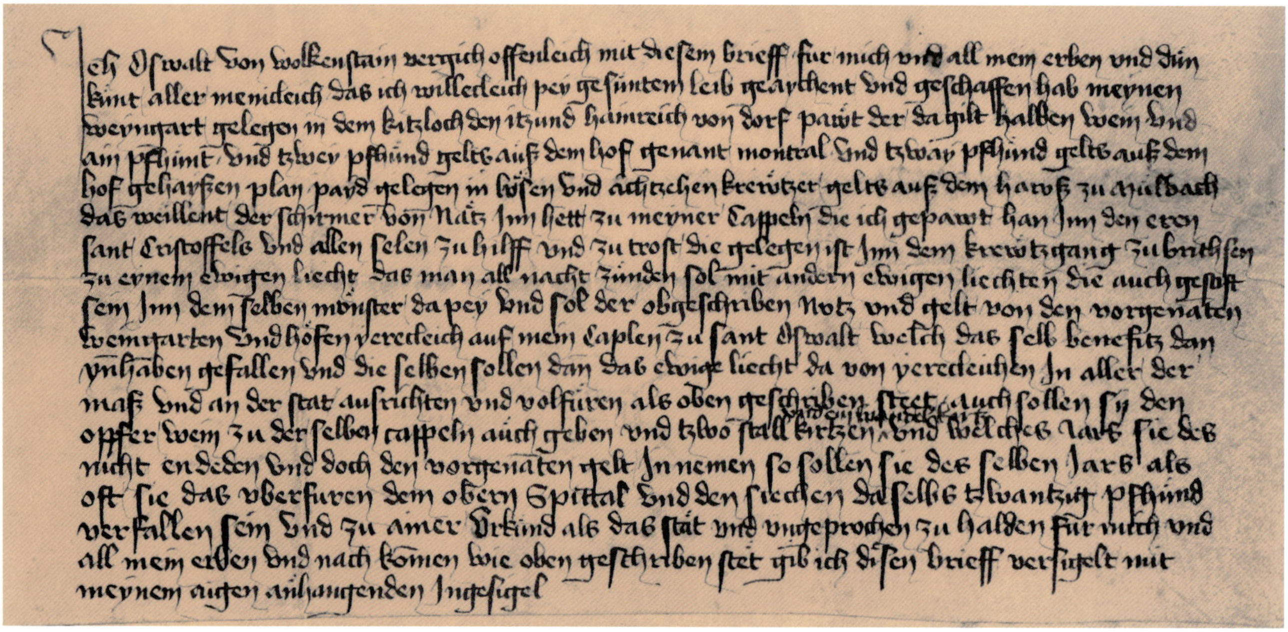

[Abb.I.49 Aufstockung des St. Christophorus-Benefiziums · 1434 · Pergament-Urkunde (Kat.II.2.1)]

nochmals 1410 zum St. Oswald-Benefizium ihres Sohnes 33 Pfund Berner und 4 Kreuzer bzw. 7 Mark beisteuerte; vgl. II.2.2).

Gründe für Oswalds erste fromme Stiftung:

1] Als Dankeszeichen an den Patron der Reisenden, daß dieser als einer der Vierzehn Nothelfer den jugendlichen Krieger (Christophorus wurde in der byzantinischen Kunst als Soldatenheiliger dargestellt) während der zurückliegenden 13 Jahre nicht *verschaiden* (Kl.18,8) ließ – und ihm als Patron der Schiffer half, daß er *auff scheffen gros [...] genos von sturmes band* (Kl.18, 26), als er *über mer* (Kl.18,17) fuhr.
2] *Zu hilff* (s.o.), zur Bewahrung vor Unheil und vor plötzlichem Tod bei künftigen Kriegszügen, aber auch bei Reisen zu Land oder per Schiff – und bei der wohl bereits geplanten Pilgerreise nach Jerusalem (s.u.), um dort zum ›Ritter des Heiligen Grabes‹ geschlagen zu werden.
3] Zur *buß* (Kl.18,9), daß er seine geistliche Erziehung in der Brixener Domschule 1387 abgebrochen hatte.
4] Als weitere ›Visitenkarte‹ für den Brixener Bischof Ulrich I. Reicholf von Wien (1396-1417), denn Oswald von Wolkenstein dürfte nicht ohne Grund im selben Jahr (1400) mit dem Hochstift Brixen zwei kleine Häuser in Klausen und den Oberlechnerhof in Klerant nebst Zubehör gegen andere Güter getauscht haben (vgl. Schwob: *Lebenszeugnisse*. Nr 6), wenn er nicht auf der Suche nach einem neuen ›Herrn‹ – und nach einer lukrativen Aufgabe als Brixener ›Gotteshausmann‹ gewesen wäre (s.u.)!

II.2.1.1; Abb.I.51, S. 37

Martin Schongauer (Colmar, um 1450 – 1491 Colmar):
Der Heilige Christophorus. Colmar, 1475/85

Kupferstich, 16 x 11,2 cm
Berlin, Staatliche Museen zu Berlin, Kupferstichkabinett: Inv.- Nr 586-1

Der Hauptmeister der dt. Spätgotik und bedeutendste Kupferstecher vor Albrecht Dürer (1471-1528), der in Colmar eine Malerwerkstatt gründete, stellte auf seinem phantasiereichen und gestaltungskräftigen Kupferstich den Heiligen als flußdurchschreitenden, riesenhaften Christusträger (Übersetzung des griech. Namens *Christophorus*) dar, dem der Einsiedler vom linken Ufer aus mit der Laterne leuchtet, damit er beim nächtlichen Durchqueren des Flusses das auf seinem Nacken sitzende Jesuskind (mit einer Weltkugel in seiner linken Hand) wohlbehalten ans Ufer bringen kann.

[Abb.I.50] Georg Petzolt (1810-1878): Kreuzgang am Dome zu Brixen 1837 • Kupferstich; Druck und Verlag: Josef Oberer, Salzburg (Bozen, Landesbibliothek Dr. F. Teßmann)

[Abb.I.51] Martin Schongauer: Der heilige Christophorus • 1475/85 Kupferstich (Kat.II.2.1.1)

II.2.1.2; Abb.I.52, S. 149

Doppelkerzenleuchter mit dem Heiligen Christophorus. 2. Hälfte 15. Jhdt
Bronze (Kupferschmiedekunst), 42 x 15 cm
Meran, Landesfürstliche Burg: Inv.- Nr 6737

Der Heilige, der nicht nur das Jesuskind auf seinem Nacken trägt, sondern dessen Stab (Baumstamm) verlängert wurde, damit er auch die beiden Kerzenleuchter tragen kann, welche die Funktion der Laterne des Einsiedlers (vgl. II.2.1.1) zu übernehmen haben.

II. ADEL UND ERBE VERPFLICHTEN

II.3 DAS ERBE DES ZWEITGEBORENEN

Daz Sy dieselben gúter vnd lehen fúrbasser in lehens weis innhaben

BELEHNUNG MICHAELS VON WOLKENSTEIN UND SEINER BRÜDER ≫≫≫≫≫≫≫≫ 1401

II.3.1.1; Abb. I.53, S. 39

Innsbruck, 1401 Juni 13
(In dorso:) [Lehen] *priff vmb die Vesten Trostp(er)g vnd etlich hóff vnd gúether / 1401*
Orig.urkunde; Pergament, 22,5 x 31 cm; Plica, 6,5 x 31 cm
Innsbruck, Tiroler Landesmuseum Ferdinandeum, Urkundensammlung: Inv.- Nr U 114
[Schwob: *Lebenszeugnisse*. Nr 9]

Nachdem Friedrich von Wolkenstein vor dem 2. Mai 1400 verstorben war – sein Anteil an den Wolkensteinischen Gütern aber von seinem Bruder, Hans von Wolkenstein, als Familienältestem und damit offiziellen Lehensträger der Herren von Wolkenstein verwaltet wurde (vgl. Schwob: *Lebenszeugnisse*. Nr 8) – drängte Michael von Wolkenstein Herzog Leopold IV. von Österreich (1371-1411) und Graf ze Tyrol zur Ausfertigung dieses Lehensbriefes, damit er als ältester der drei Brüder wenigstens der offizielle Vermögensverwalter der Güter und Lehen aus dem mütterlichen Erbe (vgl. I.3.3 und 1.3.1) werden konnte:

> *Wir Leupolt von gots gnaden Hertzog ze Österreich [...] Tun kunt. Daz fur vns kom vnser lieber getrewr Michel von wolkenstain vnd bat, daz wir Im, Oswalten vnd lienharten, seinen gebrúdern, die nachgeschriben gúter vnd lehen gerúchten ze verleihen, wan die ire lehen von vns, vnd Sy von weilent Fridreichen von Wolkenstain, irem vater, an erstorben weren, als er* [Michael] *das mit desselben seins vaters vnd anders seiner vordern brief* [vgl. I.3.3 und Urkunden von 1341 und 1363 für Eckhard von Vilanders, gen. *von Trostperg*; s.o.] *fúrbracht* [hat]. *Wir [...] haben den vorgenanten Micheln, Oswalten, vnd lienharten, geprúdern von wolkenstain vnd iren erben, die nachgeschriben gúter vnd lehen alle mit irer zugehórung verlihen [...] Also daz Sy dieselben gúter vnd lehen* [die vest Trostperg; in der phar ze Castelrut; in der pharr ze Rodnikk; in der pharr ze Vilanders] *fúrbasser von vns, vnsern brúdern vnd erben in lehens weis innhaben vnd* [gemeinsam!] *niessen sullen, als lehens vnd lands recht ist, vnd daz Sy vns dauon getrew vnd dienstper sein* [sullen] *als lehenslút iren lehenherren von solichen lehen pilleich tun sullen vnd gepunden sind ane geuerde.*

Daß Michael als Familienältester und damit offizieller Lehensträger und Vermögensverwalter der vom Vater (d.h., vom Großvater mütterlicherseits) geerbten Güter und Lehen – die allen drei Brüdern zu *gemeinsamer* Hand verliehen wurden! – just im Frühsommer des Jahres 1401 auf diesen *priff* drängte, dürfte einen ganz triftigen Grund gehabt haben:

Daß Oswald von Wolkenstein wohl die *zeitt pey dem land nicht gewesen ist* – denn er hatte sich am 5.März 1401 von Kaspar von Schlandersberg 91 Mark geliehen (vgl. Schwob: *Lebenszeugnisse*. Nr 7), um *auf [s]eines aigen geldes wer* (Kl.18,19) *im her [von] kung Ruprecht* (Kl.18,18/20), d.i. König Ruprecht I. (Pfalzgraf Ruprecht III.; 1352-1410; seit 21. Aug.1400 dt. König), unter des Reichs*adlers streiffen* (Kl.18,20) im Frühsommer gen Italien ziehen zu können, da ihm der Papst die Approbation verweigerte. Trotz finanzieller Hilfe von Florenz scheiterte Ruprechts ›Romfahrt‹ bereits im Herbst 1401 an starken Widerständen in Italien, so daß nach der verlorenen Schlacht vor Brescia

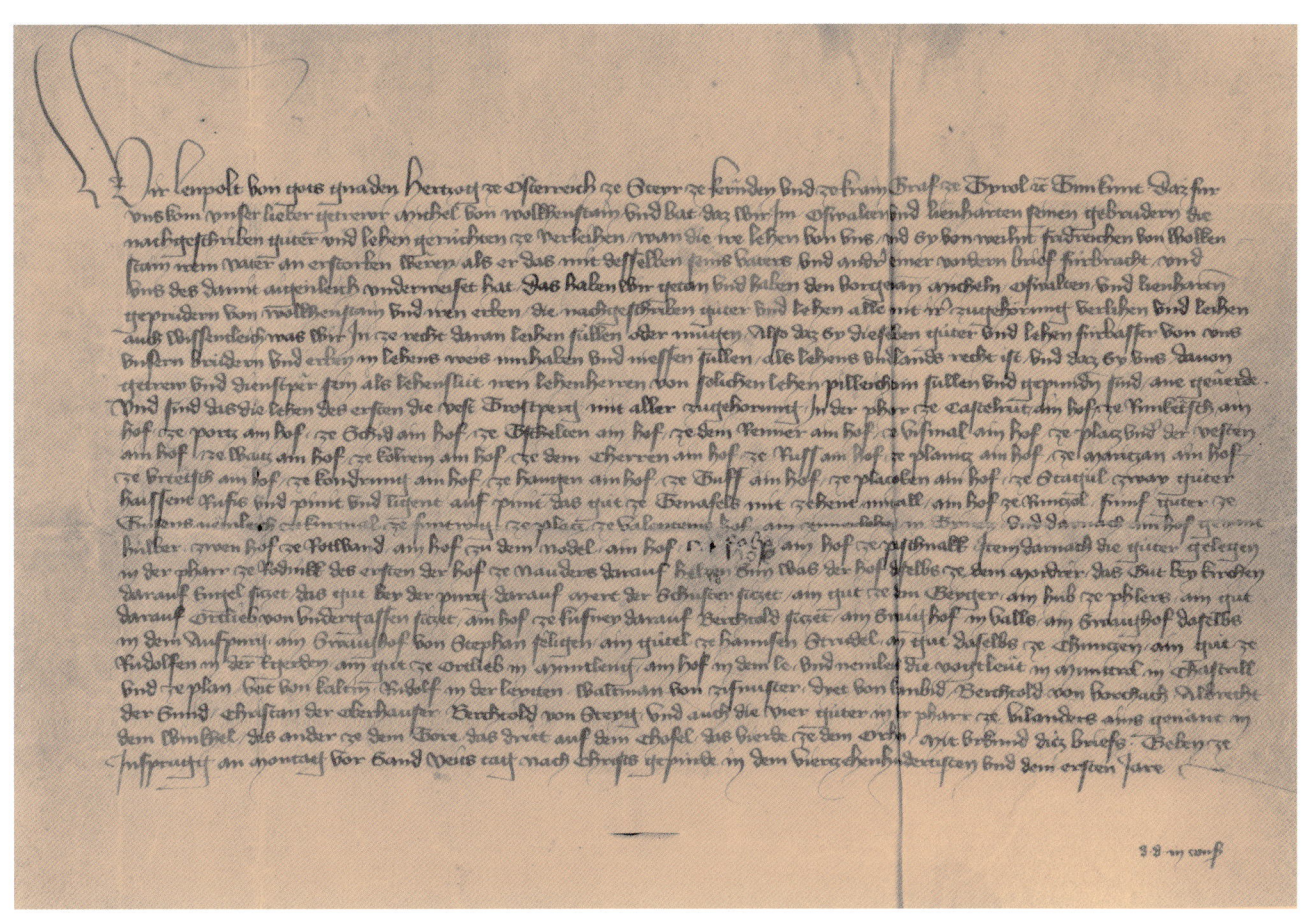

[Abb.I.53] LEHENSBRIEF FÜR MICHAEL VON WOLKENSTEIN UND SEINE BRÜDER • 1401 • Pergament-Urkunde (Kat.II.3.1.1)

allgemeiner Rückzug Parole war – sodaß für den Söldner Oswald von Wolkenstein wohl nicht genügend Sold blieb, um seinen Kredit an die Schlandersberger zurückzahlen zu können.

III. AUFSTIEGSVERSUCHE DES ZWEITGEBORENEN

Als zweitgeborener Sohn des 1400 (vor Mai 2) verstorbenen Vaters mußte Oswald von Wolkenstein nach seiner Heimkehr nach Tirol (Frühjahr 1400) mit Einfallsreichtum (vgl. II.2.1) versuchen, zu etwas Reichtum durch neue Dienstverhältnisse mit neuen ›Herren‹ zu kommen, zumal abzusehen war, daß sich sein älterer Bruder Michael (als Familienältester und damit offizieller Lehensträger) nicht in absehbarer Zeit zur Vermögensaufteilung des von ihm seit Frühjahr 1400 verwalteten mütterlichen Erbes (vgl. II.3.1.1) bereit erklären wird.

Da seine taktischen Investitionen des Jahres 1400 und 1401 – Stiftung der St. Christophorus-Kapelle in Brixen (vgl. II.2.1) und Teilnahme am Italienfeldzug König Ruprechts I. (vgl. Kommentar zu II.3.1.1) – nicht (bzw. im Falle des Gotteshauses Brixen noch nicht) die erhofften ›Zinsen‹ abwarfen, mußte er sich wenigstens um eine zeitlich befristete Vermögensverwaltung bemühen, die ihm noch genügend Spielraum für ›Nebentätigkeiten‹ (s.u.; Kommentar zu III.1) in seiner Warteposition auf ein Zeichen des Brixener Bischofs ließ.

[Abb.I.54] Jakob von Völs setzt Oswald von Wolkenstein als seinen Vermögensverwalter ein • 1402 • Papier-Urkunde (Kat.III.1)

[Abb.I.60] Fassnöte • 1491 • Holzschnitt in: *Hortus sanitatis*. Mainz: Jacob Meydenbach 1491 (Archiv ARTeFACT)

◄ [Abb.I.55] Der Bote • Um 1450 • Holzschnitt, koloriert; Karte *Böhmen-Zwei* des südwestdt. *Hofämterspieles* (Wien, Kunsthistorisches Museum)

III.1 Zu einem gewaltigen gerhaben geseczet

VERMÖGENSVERWALTER 〉〉〉〉〉〉〉〉〉〉〉〉〉〉〉〉〉〉〉〉〉〉〉〉〉〉〉〉〉〉〉〉〉〉〉〉〉〉 1402 – 1405

III.1; Abb.I.54, S. 40

1402 März 30

Orig.urkunde; Papier, 20,2 x 21,5 cm
Siegel des Jakob von Völs; grün ø 3 cm
Bozen, Südtiroler Landesarchiv, Archiv Wolkenstein-Trostburg: Inv.– Nr Cassa 12, Nr 5 (162)
[Schwob: *Lebenszeugnisse*. Nr 12]

Jakob von Völs – vermutlich identisch mit Jakob Plüt von Kastelruth (auch Jäcklein von Kastelruth), einem angesehenen Hausbesitzer in Kastelruth (1393), der zwischen 1377 und 1398 mehrfach in Kastelruther Urkunden erwähnt wurde, u.a. als Pächter Hauensteinischer Güter (1380), und 1386 als Zeuge bei einem Verkaufsabschluß von Oswalds von Wolkenstein Eltern fungierte – bestätigte mit *dysem brief*:

Daz ich mein lieben genaedigen heren [sic!]*, her oswald von wolchenstain, zu einem gewaltigen gerhaben geseczet han* […] *durch meiner* [sic!] *fleizzigen pet willen, vnd han ihm auch allez mein gut in geantwurtt vnd geben, ez sey vrbar oder lechen oder pawrecht oder varndew hab oder vnvarndew hab* […] *vnd mag mein Egenanter her mit dem Egenanten gut, daz oben verschriben stett, tun vnd lazzen als ein gewaltiger gerhab drew ganczew iar* […]*, daz sein trewen wol an stet vnd mir núczleich ist.*

Bereits ab spätestens Sept. 1402 (bis maximal Anfang Mai 1403) war Oswald von Wolkenstein dennoch erneut *dieczeit nicht bey dem land* (LZ 15: 1402 Okt.29 – LZ 17: 1402 Nov.1), denn es trieb ihn erneut gen *Preussen*: Als Bote (vgl. Abb. I.55) des Bozener Landkomturs des ›Deutschen Ordens‹ – allerdings gegen geringe Bezahlung (aber mit der Spekulation auf weitere und lukrativere Dienste).

III. AUFSTIEGSVERSUCHE DES ZWEITGEBORENEN

III.2 Der Wolkenstainer als ain erber Gotshawsman ze Brichsen

IM DIENST DES BISCHOFS VON BRIXEN 〉〉〉〉〉〉〉〉〉〉〉〉〉〉〉〉〉〉〉〉〉〉〉〉〉〉〉〉〉 1403 – 1404

Der mit der frommen Stiftung von 1400 (vgl. II.2.1) verbundene ›fromme Wunsch‹ nach irgendeiner Art von ›Dienst‹ für das *Gotshaws ze Brichsen* wurde Oswald von Wolkenstein nach Rückkehr aus Marienburg (wo ihm der Hauskomtur des ›Deutschen Ordens‹ Mitte Nov. 1402 Herbergskosten erstattete) nach genau dreijähriger Wartezeit erfüllt:

Am 13. Mai 1403 trat er in der Enklave Veldes (Bled; Slowenien) in Krain, zusammen mit Adeligen und Amtleuten des Hochstiftes Brixen, als Zeuge auf, und zwar bei der Bestätigung der Beleihung Hermanns des Esels mit der Eisengrube auf der Vellacher Alpe durch den Brixener Bischof Ulrich I., der Oswald von Wolkenstein wohl wegen dessen Elementarkenntnissen der *windisch sprach* (Kl.18, 22/23) mit dieser Aufgabe betraut – wenn nicht sogar bereits in festeren ›Dienst‹ (und sei's nur temporär oder ›probeweise‹) genommen hatte.

III.2.1; Abb. I.56/59, S. 42 und 150

Brixen, 1404 Februar 26

(In dorso:) *schuldbr(ief) / Von her Oswalten dem Wolkenstain(er) vmb xlv M(e)r(aner) / Aev 1404* (Abb. I.57)

Orig.urkunde; Pergament, 19 x 31 cm; Plica, 5 x 31 cm
Zwei Siegel (vgl. Abb. I.58/59): Von Oswald von Wolkenstein und von Sebastian Stempfl, Dechant des Brixener Domkapitels; grün ø 3 cm; rot, spitzoval, 6 x 4 cm
Brixen, Diözesanarchiv, Hofarchiv, Oberes Archiv: Inv.– Nr 541
[Schwob: *Lebenszeugnisse*. Nr 21]

Immer in Geldnot (s.o.), versuchte sich Oswald von Wolkenstein (nach 1403 Mai 13 und vor 1404 Febr.26) auch als *koufman* (Kl.18,30), sprich als Weinhändler:

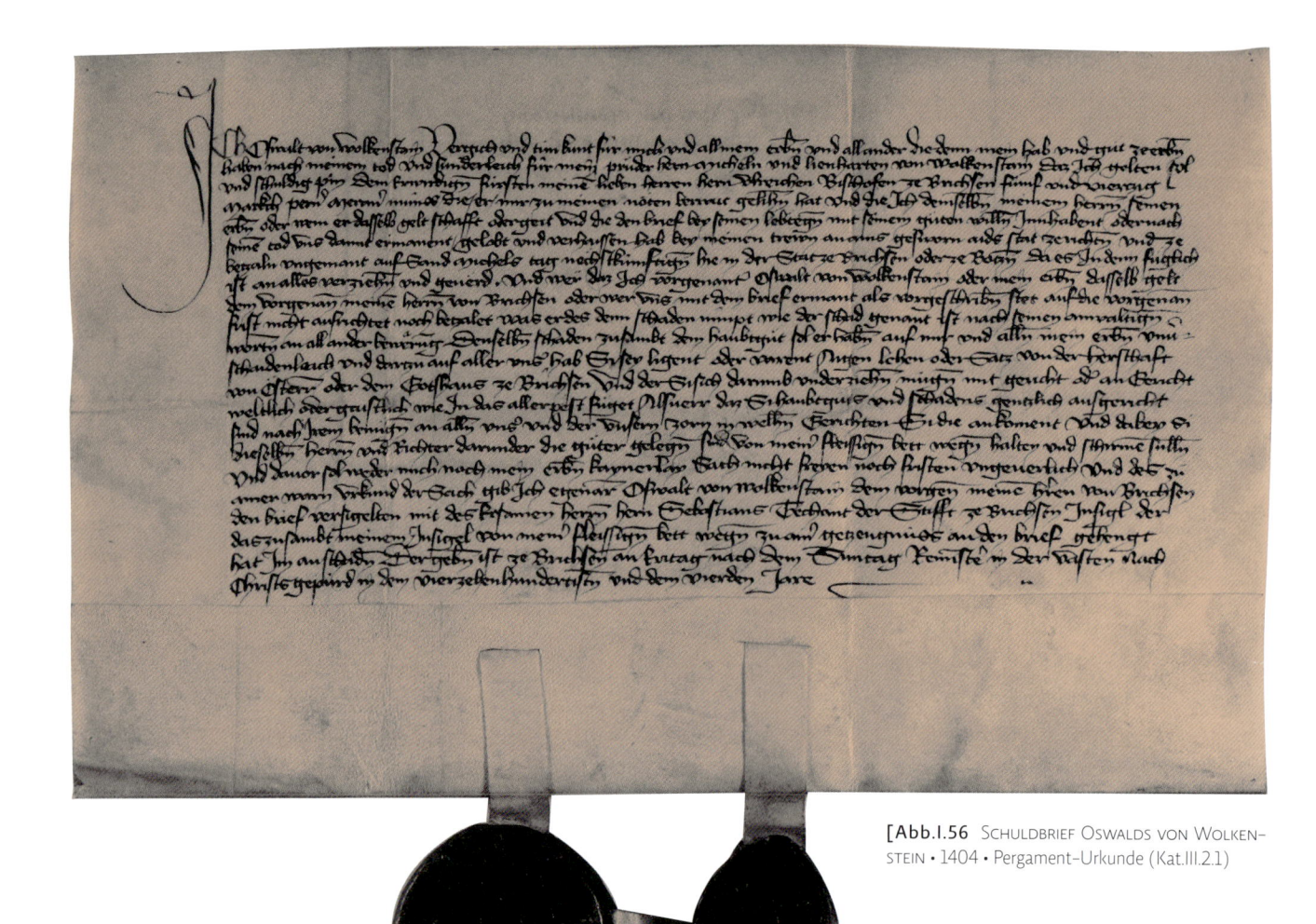

[Abb.I.56] SCHULDBRIEF OSWALDS VON WOLKENSTEIN • 1404 • Pergament-Urkunde (Kat.III.2.1)

Ich hab umbfarn insel[n] *und arn* [Halbinseln], *manig land,*
auf scheffen gros, der ich genos von Sturmes band,
des hoch und nider meres gelider vast berant;
die swarzen see lert mich ain vas begreiffen,
Do mir zerbrach mit ungemach mein wargatein [Brigantine],
ain koufman was ich, doch genas ich und kom hin,
ich und ain Reuß [Russe]; *in dem gestreuß houb*[t]*gut, gewin,*
das sucht den grund und swam ich zu dem reiffen [Ufer]
(Kl.18,25/32)

In seinem späteren ›Lied von den sieben Todesgefahren‹ (Kl.23) berichtete Oswald von Wolkenstein seinen Zuhörern darüberhinaus, daß er dabei *ler*[n]*t ain vas begreiffen mit gutem malvisir!* [Vgl. zur Darstellung seines Schiffbrucherlebnisses im Schwarzen Meer und/oder vor der nordafrikanischen Küste den Kommentar zu II.2.2/3 und Bd II: Vor 1608.]

Da er bei diesem Abenteuer *houbtgut* und *gewin* (Kl.18,31) eingebüßt hatte, mußte er sich (gemäß dieses Schuldscheines) nach Rückkehr – zur Bezahlung von *schaden zusambt dem haubtgut* (s.u.)! – von [s]*einem lieben herren* [sic!], *hern Vlreichen Bischofen ze Brichsen, dem Erwirdigen fürsten, fümf und vierczig Markch perner Meraner münss leihen,* die ihm sein ›Dienstherr‹ zur Linderung von [s]*einen nóten berrait gelihen hat,* mit der Auflage, diese Schulden bis spätestens 29.Sept. des Jahres (1404) *ze betzaln vngemant* [sic!] *in der Stat ze Brichsen oder ze Botzen, da es In denn fúglich ist an alles verziehen* [sic!] *und geuerd:*

Vnd wer, daz Ich vorgenanter Oswalt von Wolkenstain [sunderleich fúr mein prúder, hern Micheln vnd lienharten von Wolkenstain!] dasselb gelt dem vorgenanten, meinem herren von Brichsen [...] auf die vorgenante frist nicht ausrichtet noch betzalet [hab], Was er des denn schaden nimpt [...], Denselben schaden zusambt dem hauptgut [vgl. Kl.18,31!] sol er haben auf mir und allen mein erben vnuerschaidenleich vnd dartzu auf aller vnser hab [sic!], Si sey[n] ligent oder varent, Aigen lehen oder Satz von der herschaft von Österreich [vgl. II.3.1.1] oder dem Gotshaus ze Brichsen [...], Alsuerr daz Si haubtguts [vgl. Kl.18,31!] vnd schadens gentzlich ausgericht sind.

Da seine beiden Brüder Mitschuldner waren – und mit dem gesamten, noch ungeteilten Familienbesitz (sprich, mit dem mütterlichen Erbe) mithafteten – war ein spannender ›countdown‹ (und ›showdown‹; s.u.; II.3.1.2) zu erwarten.

II. ADEL UND ERBE VERPFLICHTEN

II.3 DAS ERBE DES ZWEITGEBORENEN

Ain ledlin dar Jn herr Michels und Jr gelt vnd klainat waren

DER KLEINODIENRAUB AUF DER TROSTBURG ≫≫≫≫≫≫≫≫≫≫≫≫≫≫≫≫≫≫≫≫≫≫≫≫ 1404

II.3.1.2; Abb. I.61, S. 43

Brixen, 1430 Dezember 12

(In dorso:) *Und ain Sanndtbrieff vo(n) meins Veters Berchtold(e)n Wolke(nstain)*
Orig.urkunde; Papier, 38 x 32 cm
Siegel (Reste und Fettspuren) von Bartholomäus von Gufidaun; grün ø ca 2 cm
Nürnberg, Germanisches Nationalmuseum, Historisches Archiv, Familie Wolkenstein-Rodenegg. Fasz. 9
[Schwob: *Lebenszeugnisse.* Nr 218]

Das Gedächtnisprotokoll des Bartholomäus von Gufidaun († vor Okt. 1431) wurde im Auftrag von Michael von Wolkenstein gefertigt (und von dessen ältestem Sohn, Berthold, an Oswalds von Wolkenstein ältesten Sohn, Oswald d.J., geschickt).

Es informiert uns über Vorgänge auf der Trostburg (vor dem 8. Juli 1404) und auf dem im Dorf Kastelruth gelegenen Hof zum Lächler (vor der Vermögensaufteilung, d.h. vor 1407 April 22; vgl. II.3.1.14) – die uns zum einen zeigen, in welchen Geldnöten Oswald von Wolkenstein als Schuldner des Brixener Bischofs Ulrich I. (vgl. III.2.1) im Frühsommer des Jahres 1404 gesteckt haben muß, und die uns zum anderen eine Vorstellung davon vermitteln, zu welchen Mitteln die beiden jüngeren Brüder Oswald und Leonhard greifen mußten, um (nach bereits vierjähriger Wartezeit!) ihren älteren Bruder Michael zur Vermögensaufteilung zu zwingen:

ICH Barthlome von Gaufudaun Ritterr Tuon kundt allermániglichen mit dem Brief: Das mir wars kundt vnd wissenntlich ist, das Sich vor etlichen Jaren [vor 26 Jahren!] *hat gefúgt, das der Edel vest Ritter herr Michel von wolkenstain nit dahaim was. Jndem ains tags* [vor dem 8. Juli 1404] *wolt herr Michels weib* [Anna von Suppan] *an Meran reyten; do Sey vntz gen plúmnáw* [Blumau] *kam, da gedacht Sy erst an ain ledlin* [Kästchen], *dar Jn herr Michels vnd Jr gelt vnd klainat* [Kleinodien] *waren, das Sy das nit alweg gesperrt*

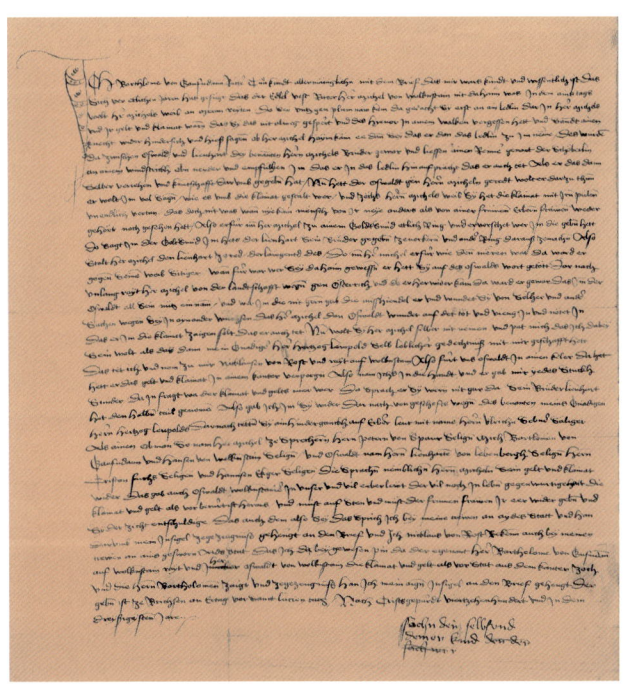

[Abb.I.61] Gedächtnisprotokoll zum Kleinodienraub • 1430 • Papier-Urkunde (Kat.II.3.1.2)

[Abb.I.62] Doppelte Rache – mit dem Schwert und durch Steinigung
Um 1473 • Holzschnitt in: *Speculum humanae salvationis.* Augsburg: Günther Zainer, um 1473 (Archiv ARTeFACT)

vnd [...] Jn ainem walken vergessen hett vnd Sanndt ainen knecht [den Informanten der beiden Brüder!] *wider hindersich* [auf die Trostburg] *vnd hiesz* [dort] *sagenn, ob her Michel haym kám ee dann Sey, das er dan das ledlin zu Jm néme. Des wurden dazwischen Oswald und lienhart, dey benanten herrn Michels Brúder, gewar und liessen ainen Renner, genant der Schóberlin, an ainem windstrickh* [Seil] *oben neyder vnd empfúlhen Jm, das er Jn das ledlin hinaufprácht, das er auch tét, Als er* [der Schöberlin] *das dann Selber veriehen vnd kunntschafft darvmb gegeben hat.*
Nun hett der Oswaldt gen herrn Micheln geredt [und] *wolt Jm vol Sagen, wie es vmb die klainat gestalt wer, vnd zéchs* [bezichtigte] *herrn Michels weib, Sy het die klainat mit Jren púlern* [Liebhabern] *vnendlich vertan, das doch nit was, wann nye kain mensch von Jr neye anders als von einer frummen Erberen frawenn weder gehórt noch gesehen hett. Also erfur nun her Michel [von] ainem GoldtSmid* [Peter in Brixen, daß] *etlich Ring* [bei diesem wären] *vnd ervorschet, wer Jm die geben hett. Do Sagt Jm der GoltSmid, Jm hets der lienhart, Sein Bruder, gegeben ze uerkeren vnd ander Ring darausz ze machen. Also Stalt her Michel den lienhart ze red, der láwgentd des.*
Do nun her michel erfur, wie denn méren [Mären] *was* [Oswalds üble Nachrede], *da ward er gegenn Seinem weib Sitiger* [nachsichtiger], *wann fúr war, wer Sey dahaim gewesen, er hett Sy* [damals] *auf des oswalds wort gétött.*
Dar nach vnlang, rayt her Michel, von der landschafft wegen, gen Österrich, vnd do er her wider kam, da ward er gewar, das Jmm der Oswaldt all Sein nutz einnamen [alle seine Einkünfte kassiert hatte]*, vnd wer* [von den Bauern] *Jm die nit geren gab, die misshiendel* [mißhandelte] *er vnd wundet Sy.*
Von Solher vnd ander Sachen wegen [Einnahmen- und Kleinodienraub] *Seyn* [die beiden] *Jn aynander wuchsen* [aneinander geraten], *das her Michel den Oswaldt wundet auf de[n] tot vnd vieng Jn* [nahm ihn gefangen] *vnd nótet* [nötigte] *Jn, das er Jm die klainat* [Oswalds Anteil am Kleinodienraub] *zeigen solt, das er auch tet.*
Nun wolt Sy her Michel selber nit nemen, vnd pat mich [Bartholomäus von Gufidaun]*, das Jch dabey Sein* [s]*olt [...] Das tet ich vnd nam zu mir Nicklausen von Rost vnd rayt auf wolkenstein. Also fúrt vns oswalt Jn ainen keler, da hett er das gelt vnd klainat Jn ainem kanter verporgen. Also nam Jchs Jn die handt vnd er gab mir yedes Stuckh.*
Sunder da [ich] Jn fragt, wo der klainat vnd gelts mer wer, do sprach er, Sy weren nit gar da, [denn] *Sein Bruder lienhart hat den halben tail genomen. Also gab Jch Jm Sy wider.*

Ein im Auftrag des Landesherrn, Herzog Leopold IV., zusammengestelltes Schiedsgericht sprach Michael *sein gelt vnd klainat* wieder zu, die Oswald von Wolkenstein vor vielen Zeugen herausgeben mußte – und er

must auf Sten vnd must der frummen frawen Jr eer wider geben vnd Sy der zicht [und sich wegen ihrer Bezichtigung] *entschuldigen.*

Was wir diesem vielsagenden Dokument nicht entnehmen können: Ob auch Leonhard seinen *halben tail*, bzw. die noch verbliebenen Reste an Ringen, herausgeben – und sich seinerseits bei seiner Mutter entschuldigen mußte, denn *alle klainot, die zu Petern dem Goltsmid sint ze Brichsen* (1404 Juli 8; s.u.; II.4), standen laut Schiedsspruch im Streit um ihr Witwengut Katharina zu, und sollten ihr (zusammen mit einbehaltenem Tafelsilber) unverzüglich von ihren Söhnen ausgefolgt werden!

Oswalds retrospektiver ›Kommentar‹ in seinem späteren ›Lied von den sieben Todesgefahren‹ – direkt nach seinem ›Bericht‹ über sein Schiffbrucherlebnis (nach 1403 Mai 13 und vor 1404 Febr.26; s.o.):

Und nach derselben raise
so was mein erste gab:
gevangen und ain waise
ward ich all meiner hab [vgl. Kl.18,31 und II.2.1]*;*
mein houbt hett volgesungen,
von slegen ward es krank,
ouch ward [von Michael] *in mich gedrungen*
ain swert nach halbes lanck (Kl.23,57/64)

Klainat: Guldin ring

Schmuck aus kostbaren Metallen (Gold oder Silber) wurde im Spätmittelalter hauptsächlich zu Festen zur Betonung der Persönlichkeit der Trägerin und zur Kennzeichnung von deren sozialer Zugehörigkeit getragen. Deshalb griffen bereits ab der 2. Hälfte des 13. Jhdts Luxus- und Kleiderordnungen reglementierend ein, aus moralischen Gründen, aber auch zur Festschreibung der sozialen Ordnung und zum Schutz der Privilegien des Adels (in Abgrenzung von den Bürgern).

Ringen kam die magische und symbolische Funktion des Kreises zu (Bindung, Gemeinschaft, Ewigkeit und Abwehr von Unheil); Verlobungs- und Eheringe erfüllten eine vertragliche Funktion als Standes- und Rechtssymbole.

Edelsteine hatten sowohl repräsentative als auch magische Funktion: Lapidarien (Steinbücher) berichten von deren dämonenabwehrenden und heilenden Wunderkräften (vgl. Abb. I.63), die das Tragen von Ringen mit Edelsteinen empfehlenswert machte.

II.3.1.3; Abb. I.64, S. 151

Fingerring. 15. Jhdt
Gold; Breite: 7 mm; ø 27 mm
Wien, MAK – Österreichisches Museum für angewandte Kunst / Gegenwartskunst: Inv.– Nr F 636

II.3.1.4; Abb. I.65, S. 151

Fingerring. 15. Jhdt
Gold; Breite: 5 mm; ø 19 mm
Wien, MAK – Österreichisches Museum für angewandte Kunst / Gegenwartskunst: Inv.– Nr F 650

II.3.1.5; Abb. I.66, S. 151

Fingerring. 15. Jhdt
Gold; Breite: 5 mm; ø 24 mm
Wien, MAK – Österreichisches Museum für angewandte Kunst / Gegenwartskunst: Inv.– Nr F 632

II.3.1.6; Abb. I.67, S. 151

Herren-Fingerring. 15. Jhdt
Bronze, vergoldet, mit Bergkristall; 42 x 14 mm; ø 29 mm
Wien, MAK – Österreichisches Museum für angewandte Kunst / Gegenwartskunst: Inv.– Nr F 658

II.3.1.7; Abb. I.68, S. 151

Fingerring. Italien, 2. Hälfte 15. Jhdt
Gold mit Hessonit; 21 x 11 mm; ø 22 mm
Wien, MAK – Österreichisches Museum für angewandte Kunst / Gegenwartskunst: Inv.– Nr 652

II.3.1.8; Abb. I.69, S. 151

Siegelring. 14./15. Jhdt
Bronze, vergoldet; Breite: 14 mm; ø 28 mm
Wien, MAK – Österreichisches Museum für angewandte Kunst / Gegenwartskunst: Inv.– Nr 622

Mit dem Abdruck des vertieft geschnittenen Siegelringes in Wachs wurde eine Urkunde beglaubigt (und mit diesem Siegel auch verschlossen). Ein Siegel wurde als abhängendes (sigillum pendens; vgl. Abb. I.7; I.56/59) oder als aufgedrücktes (sigillum impressum; vgl. Abb. I.54) auf Rechtsdokumenten angebracht.

[Abb.I.63 HEILUNG VON AUGENLEIDEN MIT EINEM OPAL • Um 1499 • Holzschnitt in: *Hortus sanitatis*. Straßburg: Johannes Prüss d.Ä., um 1499 (Archiv ARTeFACT)

Mit gürtel umbevangen, von adelicher art

Gürtel zählten zum Schmuck der Kleidung adeliger Träger, denn sie symbolisierten Kraft, Stärke, *vreude* und *wîsheit*. Bei jungen Frauen symbolisierte ein Gürtel deren Jungfräulichkeit; das Lösen des Gürtels folglich deren Ende. Als Zeichen der Herrschaft und Würde wurde jungen Rittern bei der Ritterweihe (Ritterschlag) auch ein Rittergürtel verliehen (vgl. Oswalds von Wolkenstein Stifter-Bildnisstein von 1408; II.2.4), an dem Waffen getragen wurden (vgl. Abb.I.70).

II.3.1.9; Abb. I.71/72, S. 152

Rittergürtel. Ungarn, 1420/40

Gürtelbeschläge und Schnalle: Silber, teils vergoldet, getrieben, gegossen, graviert; auf Leder, 47,8 x 8,4 cm und 18,3 x 8,4 cm
Budapest, Ungarisches Nationalmuseum: Inv.- Nr 1887.122.1.a-e

Aus 42 Stücken bestehend:
1] Schnalle mit zwei gezackten Platten an beiden Rändern; lange Reife mit Stift (vgl. Abb. I.71).
2] Fünf rechteckige Platten mit gravierter gotischer Blattornamentik (Akanthusdecor; vgl. Abb. I.72).
3] Fünf Scheiben mit Bauchung in der Mitte (vgl. Abb. I.71).
4] Achtundzwanzig dreieckige Eckbeschläge, an zwei Seiten bogenförmig, an einer Seite gerade, mit Bauchung in der Mitte (vgl. Abb. I.71).
5] Zwei halbrunde Schlußglieder mit gravierter gotischer Blattornamentik (Akanthusdecor) und mit Masken (vgl. Abb. I.71).

Nach Darstellungen der höfischen Mode des 1. Drittels des 15. Jhdts wurden die gravierten Platten und die Scheiben vorne getragen (vgl. Stifter-Bildnisstein; II.2.4; Abb. I.88, S. 59 und 157). Mit diesen Gürteln wurden die über der burgundischen *houppelande* oder über dem kurzen Wams getragenen langen Mäntel zusammengehalten.

[Abb.I.70 Junger Ritter mit Schwert am Rittergürtel • 1499 • Holzschnitt in: *Herr Dietrich von Bern*. Erfurt: Hans Sporer 1499 (Archiv ARTeFACT)

II.3.1.10; Abb. I.73, S. 153

Gürtelschnalle. Anfang 15. Jhdt

Bronze, 7,5 x 5,6 cm
Budapest, Ungarisches Nationalmuseum: Inv.- Nr D.3027

Hohe, schmale Platte mit gotischen Minuskelbuchstaben *m* verziert, dazwischen vier dreiblättrige Pflanzenornamente; auf größerer Platte gravierte Kreise, die ein Blättermuster ergeben, und kleine Sterne.

II.3.1.11; Abb. I.74/75, S. 152/153

Beschläge eines Gürtels aus Nagytállya. Ungarn, 1420/40

Silber, gegossen, graviert; auf Leder, 31,5 x 7,5 cm und 26,5 x 7,5 cm
Budapest, Ungarisches Nationalmuseum: Inv.- Nr 1900.79.1-9

Vom einstigen Gürtel sind erhalten: Sieben Platten, die Schnalle und der Beschlag der Riemenzunge (vgl. Abb. I.74), die aus einem Silberrahmen mit Lilienfries und einer Platte besteht (vgl. Abb. I.75), in die eine Falknerin in langer, umgürteter (!) *houppelande* graviert wurde, die auf der linken Hand den Falken trägt und in der rechten Hand einen Blütenzweig hält, umgeben von stilisiertem, floralen Dekor.

II. ADEL UND ERBE VERPFLICHTEN

II.4 LANDESHERREN GEGEN – LANDESHERR – GEGEN LANDESHERREN >>>>>>> 1406 – 1407

Herzog Leopold IV. von Österreich, *Graf ze Tyrol*, hatte 1404 – gemeinsam mit seinem Bruder, Herzog Friedrich IV. von Österreich – eine neue Landesordnung für Tirol erlassen.

Obwohl dieser erst 1406 (Sept.12) zum Landesherrn Tirols designiert wurde, fungierte Herzog Friedrich IV., ein konsequenter Vertreter des Hauses Österreich, bereits im Juli 1404 in Innsbruck als *Graf ze Tyrol* – als Vorsitzender des landesfürstlichen Gerichtes, bei dem Katharina von Wolkenstein die Durchsetzung ihrer Witwenrente gegen den Widerstand ihrer drei Söhne eingeklagt hatte!

Um seine Entschlossenheit und Tatkraft unter Beweis zu stellen, ordnete der Herzog *von der Stózz wegen* die Einberufung eines Schiedsgerichtes mit adeligen Urteilern (darunter Hans von Wolkenstein) an, das Katharinas berechtigte Ansprüche bestätigte. Am 8. Juli 1404 (vgl. LZ Nr 23) forderte Herzog Friedrich IV. deshalb ihren Sohn Michael als Verwalter der Wolkensteinischen Besitzungen auf – unter Androhung eines hohen Bußgeldes – seiner Mutter zusätzlich zur 1402 vereinbarten Witwenrente von jährlich 100 Mark Berner weitere 10 Mark für ihre Morgengabe zu geben, ausstehende Schulden umgehend zu begleichen und *alle klainot, die zu Petern dem Goltsmid sint ze Brichsen* (vgl. oben, II.3.1.2), unverzüglich an sie auszufolgen.

Oswald von Wolkenstein und auch seine beiden Brüder hatten am Beispiel der landesfürstlich angeordneten Beilegung ihrer innerfamiliären Erbstreitigkeiten also bereits einen Vorgeschmack auf die Durchsetzungskraft des zukünftigen neuen Landesherrn gegen aufmüpfige und streitbare Landherren bekommen.

Auch wenn Herzog Friedrich IV. von Österreich den adeligen Tiroler Landherren im Februar 1406 ihre früher verbrieften Rechte und Freiheiten bestätigte (und sogar neue hinzufügte), so war doch Wachsamkeit gegenüber den Souveränitätsansprüchen eines jungen, herrschaftswilligen Landesherrn der ›Herrschaft Österreich‹ geboten, von dem (mit Recht!) zu befürchten war, daß er die ›österreichischen Gewohnheiten‹ auch in Tirol durchsetzen wolle, um seine landesfürstliche Verfügungsgewalt in Politik, Finanzverwaltung und v.a. in der Gerichtspflege (s.o.) auf- und ausbauen zu können.

Mit ainem zaychen mit helffant wider vnser genedig herschaft

GRÜNDUNG DER ›GESELLSCHAFT MIT DEM ELEFANTEN‹ >>>>>>>>>>>>>>>>>>>>>> 1406

II.4.1; Abb. I.77, S. 48

1406 August 23

(In dorso:) *Etleich(er) h(er)r(en) Ritt(er) vnd knecht Buntnuezz an de[r] Etsch / 1406.*

Abschrift aus der 1. Hälfte des 15. Jhdts; Pergament, 59,5 x 28,5 cm
Bozen, Südtiroler Landesarchiv, Archiv Wolkenstein-Trostburg: Cassa 62, Nr 65
[Schwob: *Lebenszeugnisse*. Nr 28]

Drei Wochen vor Herzog Friedrichs IV. Designation zum künftigen Landesherrn Tirols gründeten 21 ritterliche Knechte – darunter, an vierter Stelle, *Oswalt von Wolkchenstain* – unter Führung des hochfreien Vogtes, Ulrich von Matsch d.Ä., eine *pruederliche gesellschafft* bzw. *geselliche pruederschaft* [...] *mit* [10] *púnten vnd Artikeln*, die sie, mit ihren *Insigeln* beeidet, *von yetzund* [1406 Aug. 23] *über fünf gancze Jar* [...] *vest vnd stet ze halten* versprachen:

> *Auch haben wir erdacht ain zaychen diser vnserer gesellschaft, ainen helffant, mit ganczer seiner lidemazz, den vnser yeglicher von silber tragen sol.*

Eigentlicher Zweck und Ziel der ›Gesellschaft mit dem Elefanten‹: Der *genedig herschaft* schon vorab zu signalisieren, daß v.a. die jüngeren – und wie Oswald von Wolkenstein noch nicht mit Besitz und Herrschaftsrechten

[Abb.I.76] König Anthyochus setzt beim Kampf Elefanten ein • Um 1478 • Holzschnitt, koloriert, in: *Niederdeutsche Bibel.* Köln: Bartholomäus von Unckel, um 1478 (Weimar, Klassik Stiftung, Anna Amalia Bibliothek)

gut ausgestatteten – *Ritter vnd knecht* auf Wahrung des Landrechtes und der verbrieften adeligen Rechte gegenüber dem Landesherrn bestehen werden.

Die zehn *púnt vnd Artikel* – gegenseitige Rechtshilfe, Verhinderung von Fehden, Achtung der Standesehre, gemeinsamer Totenkult, Gehorsam gegenüber dem *erwelten Öbristen* etc. – waren nur tarnendes ›Beiwerk‹, ebenso das Besonnenheit signalisierende Abzeichen mit einem Elefanten (vgl. Abb. I.76).

Herzog Friedrich IV. durchschaute diese Art elastischer ideologischer Missionstaktik – und eilte deshalb sofort nach Tirol, um diesem »Kampfbündnis zur Verteidigung adeliger Interessen« (Anton Schwob) die für seine künftige Herrschaft gefährliche realpolitische Spitze brechen zu können.

Für den immer noch besitz- und eigentlich auch arbeitslosen 29-jährigen Oswald von Wolkenstein dürfte dieser *williche, mit wolbedachtem muote* vollzogene Schritt zur Einmischung in die Landespolitik hauptsächlich aus sozialem *notdurft willen* geschehen sein, um mit diesem geglückten Versuch des Aufstiegs in die ›Landesliga‹ der nach Besitz und Macht strebenden jungen *Ritter vnd knecht* auch gegen die *herschaft* seines Bruders Michael eine Trumpfkarte in der Hand zu haben, die dieser nicht hatte – denn als Verwalter des mütterlichen Erbes und (seit 1406 auch) Inhaber der Pfandschaft des Gerichtes Kastelruth wäre dessen Mitgliedschaft im ›Elefantenbund‹ in mehrfacher Hinsicht inopportun gewesen.

Um seinerseits für vorprogrammierte weitere Auseinandersetzungen mit dem machtwilligen und durchsetzungsfähigen neuen Landesherrn vorbereitet zu sein, verpachtete Michael von Wolkenstein Mitte Nov. 1406, derzeit Burggraf auf Tirol, einem Innsbrucker Bürger ein Haus mit Hofstatt (das Eckhaus Herzog Friedrich-Straße 17 / Hofgasse) – gegenüber der späteren Residenz Herzog Friedrichs IV. – als künftige Herberge für die streitbaren Wolkensteiner (samt deren Gesinde und Pferde).

NB: Das Feindbild Oswalds und Michaels von Wolkenstein hatte seit Juli 1404 (s.o.) solch deutliche Konturen bekommen, daß im Sommer 1406 das adelige ›Kampfspiel: Landherren gegen Landesherr‹ (vice versa) beginnen konnte …

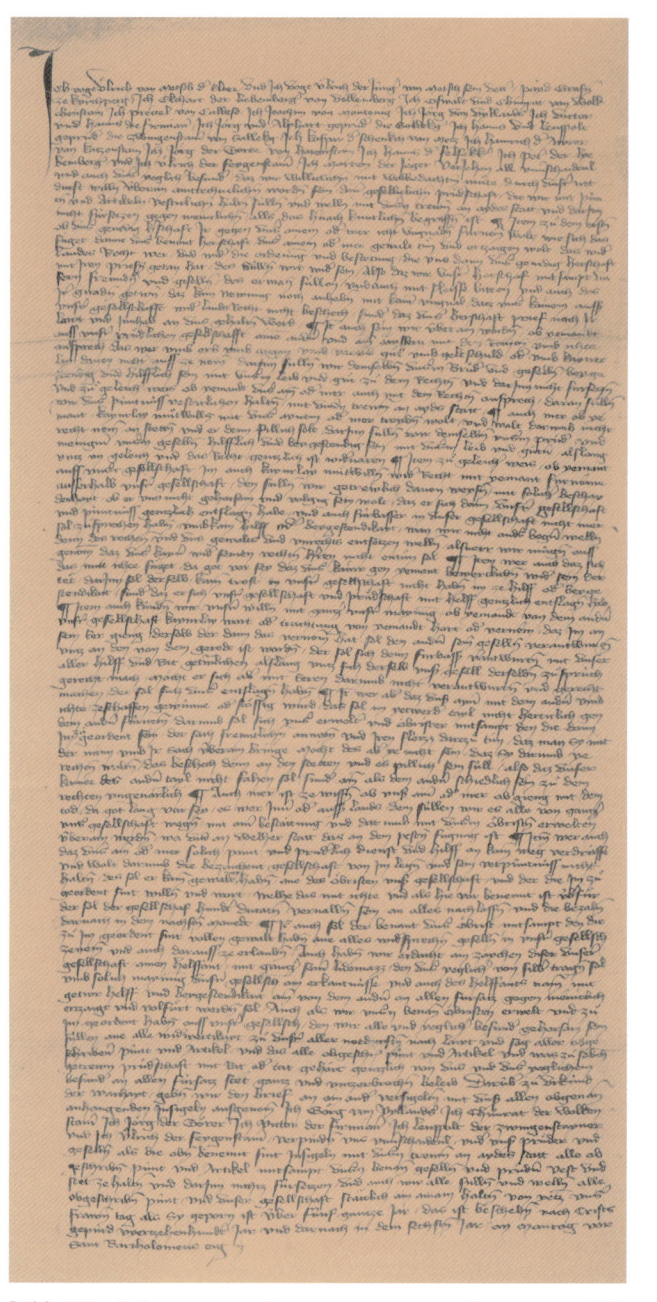

[**Abb.I.77** Gründung der ›Gesellschaft mit dem Elefanten‹ • 1406 Abschrift, 1. Hälfte 15. Jhdt; Pergament (Kat. II.4.1)

Púntnúss mit willen vnd verlaub vnsers genedigen lieben herren herczog Friderichs
GRÜNDUNG DES ›BUNDES AN DER ETSCH‹ GEGEN ALLE LANDESFEINDE 〉〉〉〉〉〉〉〉〉〉 1407

II.4.2; Abb. I.79/80, S. 154

Bozen, 1407 März 28
(In dorso:) **Ain puntnus der lanntsch(aft) an d(er) Etsch (…) / 1407** [Vgl. Abb. I.80]

(In dorso:) *1407 Bündnus der Landsherr(en) am Tyrol mit wissen vnd mitfertigung nach Consens das herz. Friderichs wider alle Land(e)sfeind* [Vgl. Abb. I.80]
Orig.urkunde; Pergament, 45 x 70,7 cm; Plica, 11 x 70,7 cm
51 Siegel (darunter die Siegel Herzog Friedrichs IV. und Oswalds von Wolkenstein), in zwei versetzten Reihen an der Plica befestigt
Wien, Österreichisches Staatsarchiv, Haus-, Hof- und Staatsarchiv: Inv.- Nr AUR 1407 III 28
[Schwob: *Lebenszeugnisse*. Nr 31]

Am Ostermontag des Jahres 1407, d.h. vier Monate vor der offiziellen Übergabe der Grafschaft Tirol an den (seit 1406 Sept.12) designierten Herzog Friedrich IV. von Österreich, verbündeten sich in Bozen (vgl. Abb. I.78) 135 namentlich aufgeführte Vertreter der Tiroler Landstände (sowie Abgeordnete aus Tirol, Meran, Tramin, dem Burggrafenamt, vom Nonsberg und aus dem Fleims- und Persental) – unter Führung von Heinrich von Rottenburg, *hofmaister auf Tyrol, hauptman an der Etsch vnd des Bistúmbs ze Tryent* – *über zehen gancze Jar* zu einem *puntnus der lanntschaft an der Etsch*.

Dem ›Bund an der Etsch‹ – der im Gegensatz zum ›Elefantenbund‹ (vgl. oben; II.4.1) nicht gegen die *genedig herschaft* in Innsbruck gerichtet war, sondern gegen die äußeren Feinde des neuen Landesherrn (Appenzeller, Bayern und Lombarden) – traten deshalb nicht nur Herzog Friedrich IV. von Österreich selbst bei, sondern auch *Michel, Hanns vnd Lyenhart wolkchenstainer* (die ›Herren‹ auf der *vest Trostperg* und auf Wolkenstein seit Frühjahr 1400; Leonhard war seit 1405 ein ›halber Herr‹ auf Aichach).

Da die Statuten des neuen politischen Bündnisses die Mitgliedschaft in anderen (konkurrierenden) Bündnissen des Landes ausschlossen, dürften die in dieser Urkunde mit aufgeführten ›Elefantenbündler‹, *Oswald vnd Chúnrat wolkchenstainer*, dem neuen *puntnus der lanntschaft an der Etsch* wohl erst dann beigetreten sein, nachdem ihnen ihr *erwelt Öbrist*, Vogt Ulrich von Matsch d.Ä., für einen Übertritt ›freies Geleit‹ erteilt hatte.

Denkbar und naheliegend: Daß außerdem Michael von Wolkenstein seinen Bruder Oswald (aber auch Leonhard) damit zum Beitritt animierte, daß er ihnen die (tatsächlich!) einen Monat später erfolgte Vermögensaufteilung (1407 April 22; vgl. II.3.1.12/14) dafür in Aussicht stellte – weil er als Vertreter einer der inzwischen einflußreichsten Adelsfamilien des Landes (die in vorliegender Urkunde den Platz 13 einnimmt) bei den anderen Vertretern der Tiroler *lanntschaft* wegen seiner offenkundigen Verzögerungstaktik in Erbangelegenheiten sicherlich nicht ins Gerede kommen wollte, denn auch er hatte die *púnte vnd Artikel* des ›Bundes an der Etsch‹ einzuhalten, die da lauteten: Wahrung von Recht, Besitz, Ehre und Frieden – untereinander und nach außen.

[Abb.I.78] J. Benz: Ansicht von Botzen • Um 1870 • Lithographie; Verlag: Wagnersche Buchhandlung, Innsbruck (Bozen, Landesbibliothek Dr. F. Teßmann)

II. ADEL UND ERBE VERPFLICHTEN

II.3 DAS ERBE DES ZWEITGEBORENEN

Recht vnd redleich mit gueten willen haben wir vnsere hab geteilt

VERMÖGENSAUFTEILUNG ≫≫≫≫≫≫≫≫≫≫≫≫≫≫≫≫≫≫≫≫≫≫≫≫ 1407

Exakt drei Monate vor der offiziellen Übergabe der Grafschaft Tirol an Herzog Friedrich IV. von Österreich (1407 Juli 22) war Michael von Wolkenstein (nach sieben Jahren seit Friedrichs von Wolkenstein Tod!) endlich zur Vermögensaufteilung des mütterlichen Erbes (wohl nicht, wie dann in der Urkunde für Oswald von Wolkenstein zu lesen ist, des *veterleichen erbes*; vgl. II.3.1.12) bereit, um die familieninternen *stózz* des Jahres 1404 (vgl. II.3.1.2 und II.4) gemäß den Statuten des ›Bundes an der Etsch‹ (s.o.; II.4.2) friedlich und rechtmäßig per *brief* (vgl. II.3.1.12) zu beenden – um bei eventuellen Beschränkungen des Tiroler Landrechtes durch den neuen, mit Argwohn ins Visier genommenen Vertreter und Verfechter österreichischer Rechtsgewohnheiten gemeinsam, mit vereinten Kräften, reagieren und agieren zu können!

Möglicherweise wurde die *erbtheilung am freitag vor sand Jorgen tag* sogar am 30.Geburtstag Oswalds von Wolkenstein angesetzt, damit auch diesem endlich die rechtliche Stellung eines Grundherren zukommen konnte – mit standesgemässem Adelssitz (vgl. aber unten; II.3.1.13), mit Höfen, Gütern und Einkünften – zur Befriedigung des Wunsches nach seinem Anteil und, damit verbunden, auch am adeligen Standesrecht.

Nu ist vnserm bruder Oswald von Wolkenstein vom erb angevallen

OSWALDS VON WOLKENSTEIN ANTEIL AM ERBE ≫≫≫≫≫≫≫≫≫≫≫≫≫≫≫ 1407

II.3.1.12; Abb. I.81, S. 51

1407 April 22

(In dorso:) *Ain tail brieff / 1407*

(In dorso:) *Wolkenstein erbtheilung*

Orig.urkunde; Pergament, 16,5 x 26 cm; Plica, 4 x 26 cm
Innsbruck, Tiroler Landesarchiv: Inv.– Nr Urk. II 5639
[Schwob: *Lebenszeugnisse*. Nr 33]

Ich Michel und lienhartt, gebrüder von wolkenstain, [b]*ekennen öffentleichen an dem brief vnd tun kund* [...], *das wir Recht vnd redleich mit guetem willen vnd wolbedochten mut geteilt haben vnsere hab.*

Nu ist vnserm bruder Oswald von wolkenstain mit rechtem teil von veterleichem [wohl nicht zutreffend!] *vnd müterleichem erb angeuallen zu seinem tail alle die hóf, güter vnd Stúck* [mit aller ir zugehórung], *als sy hernoch mit namen geschryben stennd,* [mit Einnahmen:] *es sei phennig gelt, korn gelt, wein gelt oder kes gelt, nichcz davon aus ze nemen* [sic!], *als sy von alders her geczinst vnd gedint habent, dopei es hinfür ganczleich* [b]*eleiben sol on als widerruffen von vns vnd vnseren erben.*

[Hawenstain; vgl. Abb. I.82:] *Item zu dem Ersten der hof zifig; dornoch Rosselgay; dornoch der hof Stackiten* [Stangkitten]*; dornoch der hof fontani; der hof zum aindlein; das gut ze Schoberstain; der hof ze fall; das gut zum Nuspawm;* *kalkadui; der hof ze Gorboni; der hof zum Muczen; der hof zum Mulser; der hof ze palmai* [zum pallmer]*; In curfer* [Curffár] *der hof zu*[m] *wunbar* [vmbár]*.*

[Layen:] *der hof ze porcz; der sabadin; der hof ze prad; kostamúl; Condrung Im Ried; vordasen* [Erhart von verdasen]*; der hof zum Rewter; Marckadretsch; aportz ze layann; Mitterfulters; ligód.*

Item das sint die lehenn: Item der [hof] *zehent ze Tacusens; der hof ze planicz; Gurtnal; vnter Rufis;* [vgl. Abb. I.83:] *der hof* [ze] *palczock; der hof* [ze] *plaiz* [ze Tisenns]*; Marenzann; valt*[e]*ins hof; lartschnyck.*

Item das wismad [vgl. Abb. I.83:] *falbay vff der alben; Ober welkáf; Pederlung* [porlungk]*; der pawmgartt vor der swerczin* [swártzlin] *von eim mader.*

Item die weinhóff [vgl. Abb. I.83:] *der hof in der grueben, da der vólkel auff siczt; der Suezz ze perbiann; aus dem Mulack* [Múlacker]*, den hans von aportz pawet; der Toner; der volpioler* [valpioler]*; des Österreichers hoff;* [der] *vntertscheltenn* [Vnnttertschéltner].

Item die Swaig [vgl. Abb. I.83:] *ze gutin* [gutten]*; Runsoel* [Ransoler]*; die Swaig aus fals* [des Hofes zu Fall]*.*

Summa summarum: 23 Höfe (12 zu Hauenstein gehörend, 11 in Lajen), 2 Güter (zu Hauenstein gehörend), 9 Lehen(höfe), 7 Weinhöfe, 3 Schwaighöfe und 4 Wiesen –

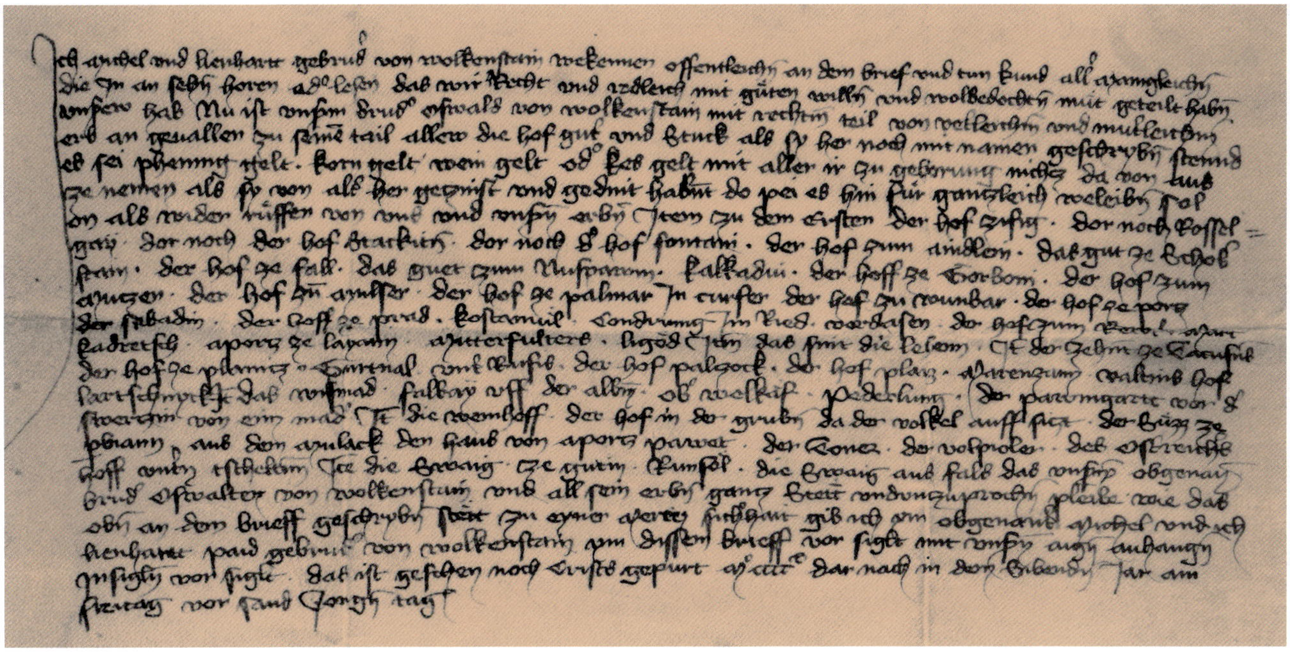

[Abb.I.81] Teilbrief für Oswald von Wolkenstein • 1407 • Pergament-Urkunde (Kat. II.3.1.12)

Streubesitz: Unterhalb und gegenüber der Burg Hauenstein; in den Kastelruther Malgreien St. Valentin (Seis), St. Magdalena (Tagusens), St. Peter (Dorf Kastelruth), St. Nikolaus (Tisens) und St. Vigil; in den Gerichten Villanders, Gufidaun und Rodeneck sowie in Corvara.

Genau besehen: Quantitativ und qualitativ eine eher magere Ausbeute mit lediglich ganz bescheidenen Einkünften in der Zukunft!

Es ist verständlich, daß Oswald von Wolkenstein noch am selben Tag den Erbteiler Michael (samt Bruder Leonhard) zu einer Absichtserklärung bezüglich noch fehlender, ungeteilter (!) Güter verpflichtete (vgl. II.3.1.14), zumal Michael – und das war der casus knaxus der von ihm vorgenommenen, alles andere als *redleichen* Erbteilung – die *vest Trostperg* ungeteilt als seinen künftigen Adelssitz beanspruchte, Oswald dagegen die mit einem noch unausgeglichenen jahrzehntelangen Rechtsstreit belastete Waldburg Hauenstein als nicht gerade standesgemäßen Adelssitz zuteilte, den er darüberhinaus gar nicht nutzen konnte, denn er erbte nur ca ein Drittel der Burg samt Zubehör (d.h. also auch nur ein Drittel der Einkünfte aus den aufgeführten 12 Burgfriederhöfen und 2 Burgfriedergütern)! [Vgl. dazu II.3.1.13]

Herr Oswalts tail auff hawenstain

ZINSVERZEICHNIS >> 1407

II.3.1.13; Abb. I.82/83, S. 52

1407 [April 22]

(In dorso:) *Tailczedlln Zwischen h(ern) Michaeln Oßbalden und Li[enha]rten von wolckhenstain etlich zinß vnd gúlt(en)*

(Überschrift, Fol.1 recto:) *Anno d(omi)ni Millesimo Quadringentesimo Septimo haben die drey prúder, herr Michel, herr Oswald vnd Lienhart vo(n) Wolcknstain tailung tan als hernach volgt*

Orig.urkunde; Papier (5 Bögen zu einem Heft gefaltet und mit Faden geheftet; Pergamentstreifen außen und in der Mitte als Verstärkung; beschrieben: Fol. 1 recto bis 9 recto; fol. 10 verso: Dorsalvermerke), 30,5 x 10,6 cm
Nürnberg, Germanisches Nationalmuseum, Historisches Archiv, Familie Wolkenstein-Rodenegg: Fasz. 5
[Schwob: *Lebenszeugnisse*. Nr 35]

Das Gesamtverzeichnis der *tailung* enthält nicht nur das Zinsverzeichnis von *Herr Oswalts tail auff hawenstain* (Fol. 1 recto bis 3 recto), sondern (im Anschluß daran) auch die Zinsverzeichnisse von Michael auf der Trostburg (die ihm schon 1401 verliehen wurde; vgl. II.3.1.1) und von Leonhard auf Aichach (Wohnsitz seit 1405 als Pflegschaft Heinrichs von Rottenburg; nach dessen Tod 1411 als Pfandschaft erworben).

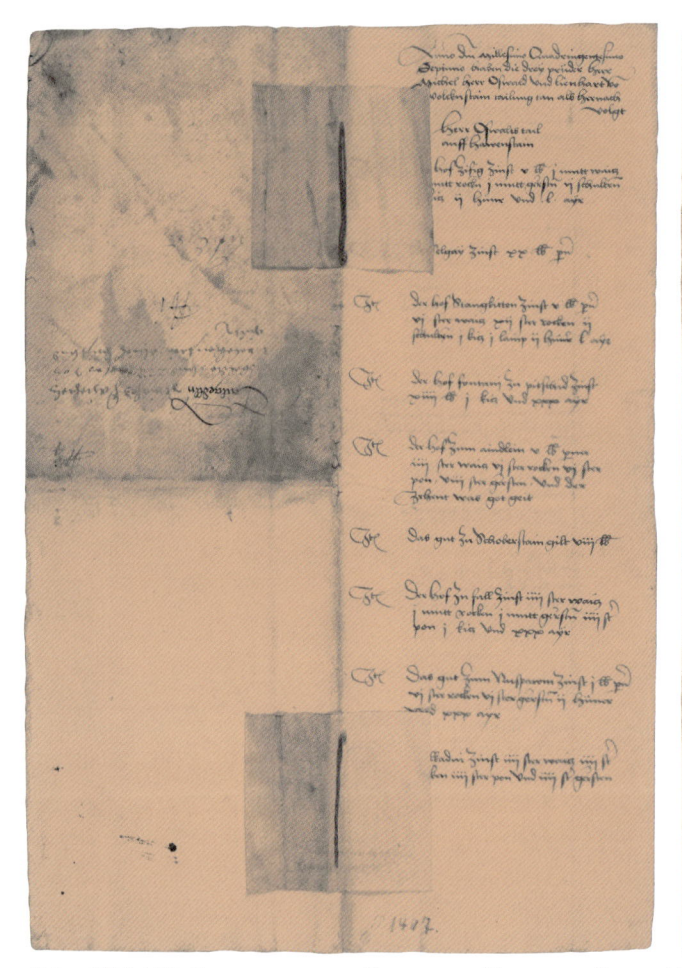

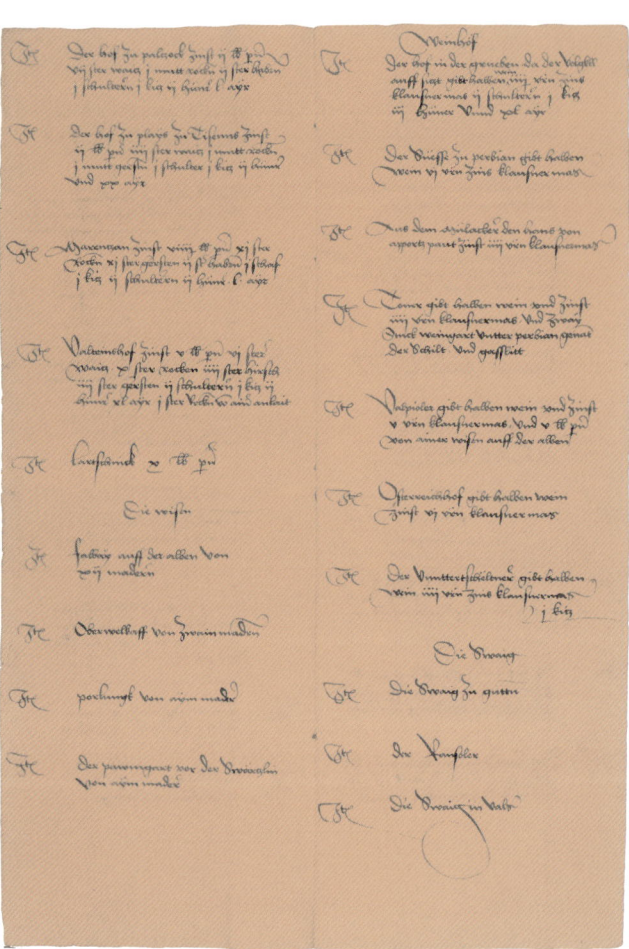

Links: [**Abb.I.82**] Zinsverzeichnis von Oswalds von Wolkenstein Teil auf Hauenstein • 1407 • Papier-Urkunde (Kat. II.3.1.13). – Fol. 1 recto.
Rechts: [**Abb.I.83**] Zinsverzeichnis von Oswalds von Wolkenstein Teil auf Hauenstein • 1407 • Papier-Urkunde (Kat. II.3.1.13). – Fol. 2 verso bis 3 recto.

Da Oswald von Wolkenstein aus der nur zu ca einem Drittel geerbten Burg *hawenstain* keine Einkünfte beziehen konnte, wurde sie weder im *tail brieff* (II.3.1.12) noch in diesem Zinsverzeichnis aufgeführt – lediglich die dazugehörigen Burgfriederhöfe und -güter (von deren Abgaben er ebenfalls nur ca ein Drittel beanspruchen konnte).

Abgesehen von der isolierten Lage der Burg Hauenstein – *in Races vor Saleren, auff ainem runden kofel smal, mit dikkem wald umbfangen* (Kl.44,18; 22/ 23) – war diese Waldburg (samt Zubehör), zehn Jahre vor seiner Geburt von seinem Großvater Eckhard von Vilanders, genannt *von Trostperg*, zu ca einem Drittel erworben (Zukäufe bis 1383 Sept.25), schon für Oswalds Vater ein von Unrecht kontaminierter Erbteil gewesen. Denn:

1] Aufgrund von Unklarheiten bezüglich des komplizierten Besitzstandes hatte sich dessen Schwiegervater bereits ab 1367 rechtswidrige Übergriffe auf Einkünfte aus Burgfriederhöfen der Herren von Hauenstein (Seitenzweig der Herren von Kastelruth) ›erlaubt‹.

2] Nachdem der letzte männliche Hauensteiner, Heinrich, 1393 verstorben war und dessen Schwester Barbara von Hauenstein, Ehefrau des Martin Jäger aus Tisens, Erbin der zwei Drittel wurde, nutzte Oswalds Vater *sofort* die einmalige Chance – weibliche Erbfolge sowie unbemannte Burg – zu unrechtmäßigen Übergriffen seinerseits auf Barbara von Hauenstein und Martin Jäger zustehende Einkünfte aus deren Burgfriederhöfen und (später) zu Verwüstungen im Hauensteiner Wald (1396).

3] Die seit Anfang 1394 aktenkundigen Klagen Martin Jägers (für seine Ehefrau Barbara) führten im Sept. 1397 zur Bestätigung eines Schiedsspruches durch den Lehensherrn, den Brixener Bischof Ulrich I., demzufolge *dem Jäger und seiner hausfrauen die zway tail und dem von Wolkenstein und seiner hausfrauen der drittayl* zugesprochen wurden.

DAS ERBE DES ZWEITGEBORENEN 1407

4] Dieser letztlich sehr unpräzise Schiedsspruch konnte allerdings die seit 30 Jahren ungelöste Streitfrage nicht klären und die ursächlichen Unklarheiten beseitigen – weshalb sich Martin Jäger und dessen Ehefrau Barbara nach dem Tod Friedrichs von Wolkenstein erneut genötigt sahen, den Bischof um dessen Hilfe zu bitten. Bischof Ulrich I. forderte deshalb am 2. Mai 1400 (per Brief) *fridrichs von Trostberg eliche Witwe*, Katharina von Wolkenstein, auf, zu ihm nach Brixen zu kommen, um den immer noch unausgeglichenen ›Hauensteinischen Erschaftsstreit‹ endgültig zu beenden – was allerdings (leider!) nicht geschah.

5] Um die bereits komplizierten Besitzverhältnisse noch zu toppen, hatte Oswalds Vater im Jahre 1386 (ein Jahr nach dem Tod seines Schwiegervaters) von den geerbten Hauensteinischen Gütern einige an Ulrich den Säbner von Reifenstein verkauft – der damit ebenfalls Teilhaber an der Burg samt Zubehör wurde.

NB: Oswald von Wolkenstein erbte nicht nur das für ihn ganz und gar nicht zu nutzende Drittel von Hauenstein, sondern v.a. auch den seit nunmehr 40 Jahren (!) unausgeglichenen ›Hauensteinischen Erbschaftsstreit‹ – eine tikkende Zeitbombe, die im Herbst 1421 von seinen Fehdegegnern gezündet wurde (s.u.; II.3.2), ihn beinahe sein Leben gekostet hätte und ihn sehr sehr teuer zu stehen kam (vgl. 1427 Mai 1; II.4.9).

Die gúeter, die noch vngetailt sein
ABSICHTSERKLÄRUNG ≫≫≫≫≫≫≫≫≫≫≫≫≫≫≫≫≫≫≫≫≫≫≫≫≫≫≫≫≫≫ 1407

II.3.1.14; Abb. I.84, S. 54

1407 April 22

(In dorso:) *vmb h(ern) Oßbolt von Wolkhestai(n) vnthailte gúet(er)*
Orig.urkunde; Papier, 19,5 x 21,7 cm
Zwei Siegel von Michael und Leonhard von Wolkenstein auf der Textseite; beide grün ø 2,5 cm
Nürnberg, Germanisches Nationalmuseum, Historisches Archiv, Familie Wolkenstein-Rodenegg: Fasz. 6,7
[Schwob: *Lebenszeugnisse*. Nr 36]

Oswald von Wolkenstein konnte mit der von Michael von Wolkenstein – dem Besitzer der wichtigsten Wolkensteinischen Güter, der Trostburg und der Pfandherrschaft über das Gericht Kastelruth – verfügten Erbteilung (natürlich) in keiner Weise zufrieden sein, denn sie war seiner (und auch meiner) Meinung nach weder *recht* noch *redleich*, geschweige denn *mit guetem willen vnd wolbedochten mut* [ge]*tan* (vgl. II.3.1,12/13). Unabhängig davon, daß er als Zweitgeborener keinen Anspruch auf die *vest Trostperg* hatte (wohl auch nicht auf ein Drittel), und daß die Burg Wolkenstein (samt Zubehör) als ein Teil des väterlichen Erbes 1407 noch gar nicht zur (weiteren) *tailung* anstand, da auch die Vettern der drei Brüder daran Anteil hatten – weshalb die diesbezügliche Angabe in der Urkunde (vgl. II.3.1.12) irreführend war! – wurde Oswald von Wolkenstein (im Vergleich mit dem jüngeren Bruder Leonhard) ungerecht behandelt, letztlich als *nur* Einäugiger schimpflich abgespeist (s.o.; II.3.1.13)

Ein weiterer Affront: Michael von Wolkenstein hatte bei der *tailung* nicht alle Güter berücksichtigt, sie einfach unterschlagen, weshalb der erneut benachteiligte – aber für ihn wichtige Fakten memorierende – Oswald von Wolkenstein ihm (und Leonhard) wenigstens vorliegende Absichtserklärung zur *getrewleich*[en] *vnd brúderleich*[en] *tailung noch vngetailt*[er] *gúeter* abringen konnte.

Aufgeführt sind verstreut gelegene Höfe und deren zinspflichtige Inhaber (auch im Grödnertal): 1. *Der Mayrhof zu layan* mit Erträgen *aus kúsman*. 2. *Der hof zw Rossik ob gufidawn*. 3. *Der mesner zw sand vlreich* mit Erträgen *aus dem haws, gelegen in villnes, das Jánisin inn hat*. 4. *Die vogtey in greden* [sic!], *das der peter in hat, des franczisken swager von ortisein* [sic!] 5. *Der hof zu der buwen* 6. *Die wein garten, gelegen in dem schilt*. 7. *Der hof zu dem lóchler* [vgl. II.3.1.2].

Interessant:

vj fuder salcz aus dem pfanhaws zw hall vnd darzu all die gúter, stúk vnd gelt, die vnser múeter in gesacz sein [zugesprochen sind], *und vnsern swestern* [sic!] *vnd vlreich dem sewner* [s.o.; II.3.1.13!] *vnd darzu all die gúeter und stúk, wie die genant wárn oder wo si sich hernach* [in weiteren Urkunden!] *erfunden, die in den tail briefen* [der drei Brüder; vgl. II.3.1.12/14] *nicht* [b]*egriffen wáren vnd wo sich die noch erfunden* [sic!], *das sullen wir getrewleich vnd brúderleich mit ein ander tailen, trewlich.*

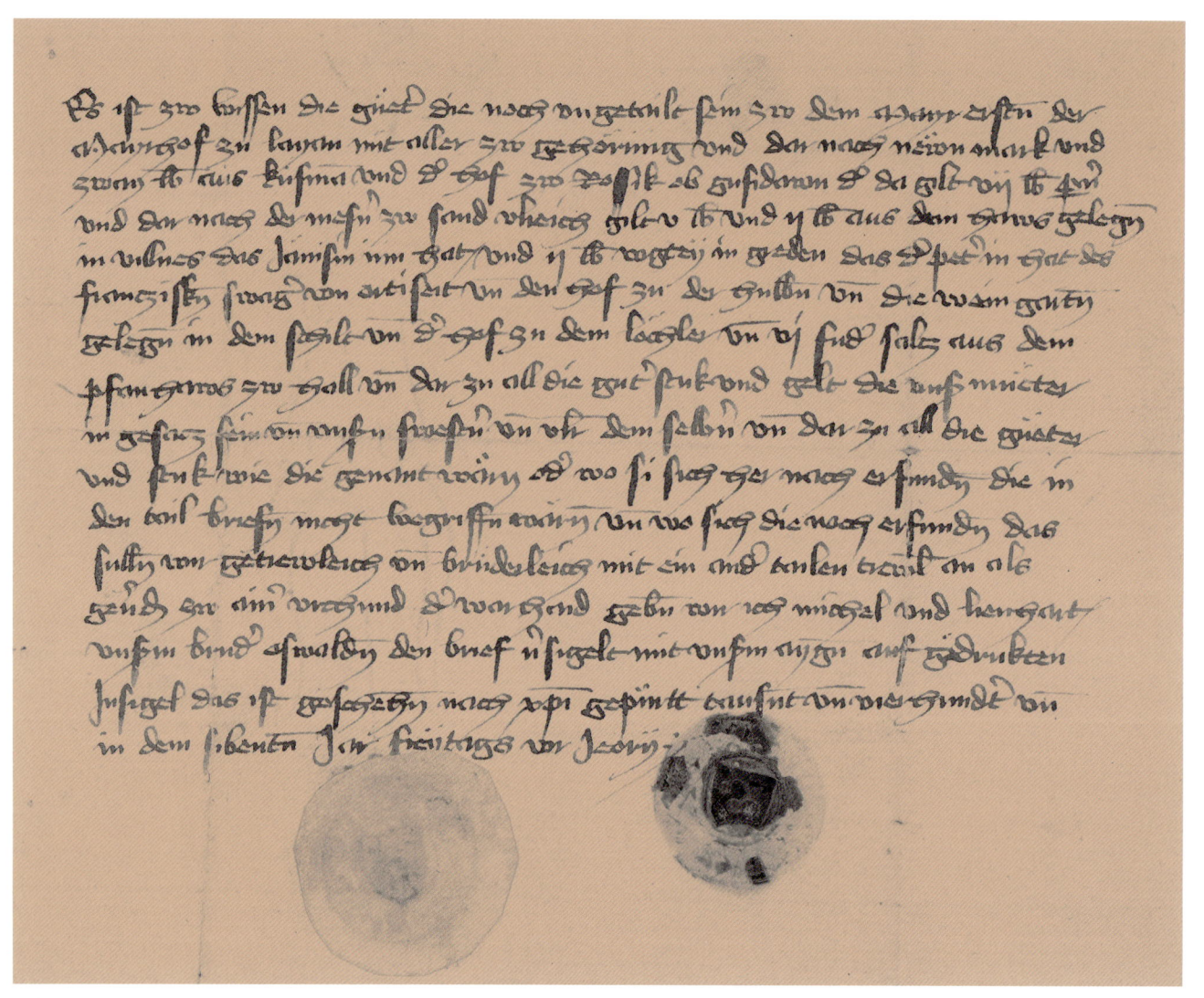

[Abb.I.84] Die Oswald von Wolkenstein noch zustehenden ungeteilten Güter • 1407 • Papier-Urkunde (Kat. II.3.1.14)

Bei Licht besehen ein weiteres Trostpflaster des Trostburgers, denn Michael stellte sowohl Einnahmen aus dem Grödnertal (wohl aus Höfen des noch ungeteilten väterlichen Erbes) als auch *gúter, stük vnd gelt* seiner Mutter (aus deren Witwenversorgung!), seiner Schwestern (aus deren Heimsteuer!) und sogar Ulrich Säbners (s.o.) zur Disposition, auf die er noch gar keinen Zugriff hatte (wenn überhaupt je welchen bekommen wird) – ganz zu schweigen von den ›Zufallsfunden‹ in weiteren Urkunden!

NB: Das recht hat gar ain wechsin nas! (Kl.112,123) – oder anders gewendet: *Kain ermer vich under allen tieren, neur aines, haisst: Ich Wolkenstein* (Kl.11,37/38; 18,107).

II. ADEL UND ERBE VERPFLICHTEN

II.2 Jarteg, die gestifft sindt oder noch gestiftet werdent

FROMME STIFTUNGEN 〉〉〉 1407 – 1408

Durch die am 22. April 1407 erfolgte Erbteilung (vgl. II.3.1.12/14) avancierte der inzwischen 30-jährige Oswald von Wolkenstein (wenigstens rechtlich) zum Grundherrn – allerdings ohne standesgemäßen Adelssitz, denn das geerbte Drittel der Waldburg Hauenstein war für ihn als Wohnsitz absolut nicht nutzbar, folglich auch die 12 Hauensteiner Burgfriederhöfe und 2 Burgfriedergüter letztlich von geringer Bedeutung für seine weitere Lebensplanung als immer noch Unverheirateter, der nicht für eine eigene Familie sorgen mußte und deshalb mit wenig *korn, wein und kes* auskam.

Nach dem Motto: Wenn schon kein standesgemäßer Adelssitz, dann wenigstens eine standesgemäße Aufgabe im Dienst des *Gotshaus ze Brichsen*, investierte Oswald von Wolkenstein – wohl beraten vom Domdechanten Sebastian Stempfl – ein zweites Mal nach 1400 (vgl. II.2.1) in eine opulente ›Visitenkarte‹, um sich bei Bischof Ulrich I. erneut, und mit Nachdruck, als dienstwilliger ›Diener‹ in Erinnerung zu bringen, da das lockere Dienstverhältnis ab Mai 1403 (vgl. vor III.2.1) wohl nach Ende Sept. 1404 (vgl. III.2.1) kaum fortbestanden haben dürfte!

Wie wichtig Oswald der angestrebte Dienst als *Gotshaws man* und v.a. als *haubtman des Erwirdigen Gotshaws ze Brichsen* (1409 Mai 25; vgl. II.5.2; vgl. Abb. I.85) gewesen sein muß, zeigt uns die Qualität und Quantität seiner zweiten ›Frommen Stiftung‹ vom 29. Mai 1407 – für die er von seinem erst fünf Wochen zuvor zugeteilten Anteil am mütterlichen Erbe genau die Hälfte seiner 36 zinspflichtigen *aigen gůter* (II.2.2) *mit wolbedochten mut brúderleich und redleich* (vgl. II.3.1.12/14) mit dem Brixener Domkapitel teilte – *als dann aim frumm ritter zu gebiert* (Kl.112,7)!

[Abb. I.85] Georg Petzolt (1810-1878): Dom und Pfarrkirche in Brixen 1837 • Kupferstich; Druck und Verlag: Josef Oberer, Salzburg (Bozen, Landesbibliothek Dr. F. Teßmann). – Auf der Empore zwischen den beiden Türmen des alten Domes stiftete Oswald von Wolkenstein die St.Oswald-Kapelle und ließ darin seinen Stifter-Bildnisstein (Abb. I.88) errichten.

Stiftbrief Beneficium ad St. Oswaldum

ST. OSWALD-BENEFIZIUM 〉〉 1407

II.2.2; Abb. I.86, S. 56

[Brixen] 1407 Mai 29

(In dorso:) *1407 / Noua fundatio Capelle Sa(ncti) osualdi In monasterio Eccl(es)ie Brixinen(sis) facta per Osualdu(m) de wolkenstain Militem pro duobus Cappellanis*

Orig.urkunde; Pergament, 35 x 54 cm; Plica, 6,5 x 54 cm
Brixen, Diözesanarchiv, Domkapitelarchiv: Inv.– Nr Lade 68, A Nr 2 [LZ 37]

ICH Oswalt von Wolkenstain, Bekenn offenleich mit disem brief [...], das ich mit gutem aigen willen [sic!]*, mit woluerdachtem mut* [s.o.] *vnd auch mit gunst, wort, willen vnd Rat* [sic!] *Der Erwirdigen herren, hern Sebastian Stempfleins, Techants, vnd der Chorherren vnd des gantzen Capitels des Tuems* [Doms] *ze Brichsen, Meiner besundern lieben herren* [:] *Das obrer gewelb* [Empore] *In Irem Múnster ob der Ristúr*

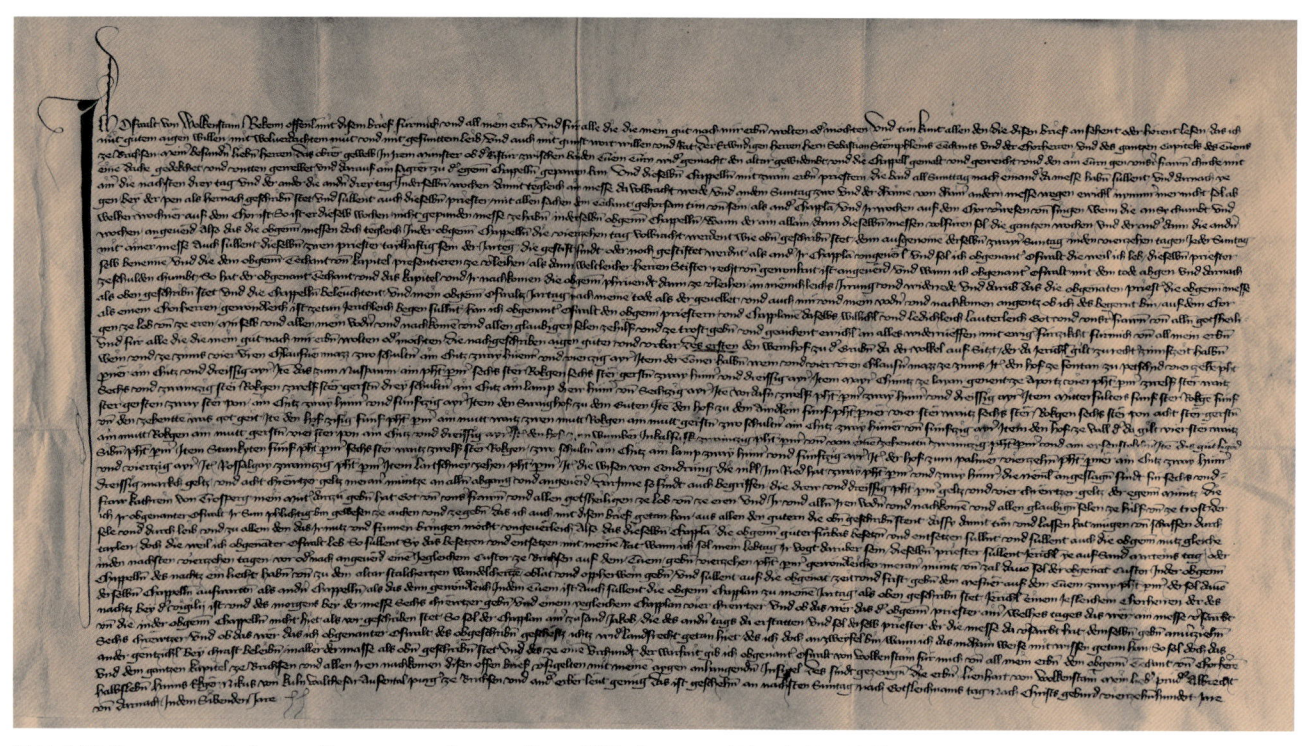

[Abb.I.86] STIFTUNG DES ST. OSWALD-BENEFIZIUMS IM BRIXENER DOM • 1407 • Pergament-Urkunde (Kat.II.2.2)

[über Eingangstüre in die Vorhalle im EG], *zwischen baiden Tuem Túrn* [Domtürmen] *wider gemacht* [hab' restaurieren lassen], *den altar* [St. Oswald] *gewidembt* [habe] *vnd die* [St. Oswald-] *Chappell* [auf der Empore zwischen den beiden Türmen] *gemalt* [hab' ausmalen und mit einem Votivbild mit Darstellung seiner ›wundersamen‹ Errettung nach seinem Schiffbrucherlebnis 1403/04 ausstatten lassen; vgl. III.2.1 und Bd II: Vor 1608] *vnd geweicht* [geweiht / eingeweiht habe],

vnd den ain Turn [Turm] *gen vnser frawen chirche mit einem dache gedekchet vnd vntten gewelbet vnd darauf ein sagrer zu der egenanten* [St. Oswald-] *Chappellen gepawet han, Vnd dieselben* [St. Oswald-] *Chappellen mit zwain erbern priestern* [Kaplänen ausgestattet habe], *die baid all Sunttag nach einander da messe haben sullent, vnd darnach, ye ainer, die nächsten drey tag, vnd der ander die andern drey tag In derselben wochen, damit tegleich ain messe da volbracht werde* [...].

Vnd sullent auch dieselben priester mit allen sachen dem Techant gehorsam tun vnd sein als ander Chapplan und Ir wochen auf dem Chor verwesen vnd singen [...]. *Vnd sol ich obgenanter Oswalt, die weil ich leb, dieselben priester selb* [sic!] *benennen, vnd die dem obgenanten Techant vnd kapitel presentieren ze verleihen, als dann weltleicher herren Stifte*[r] *recht vnd gewonhait ist an geuerd.*

Vnd wann ich obgenanter Oswalt mit dem tode abgen vnd darnach ze schulden chumbt, So hat der obgenant Techant vnd das kapitel, vnd Ir nachkomen, die obgenanten phrúend dann ze verleihen [...], *darumb das die obgenanten priester die obgenante messe* [...] *vnd die* [St. Oswald-] *Chappellen beleuchtent vnd mein* [...] *Oswaltz Jartag nach meinem tode* [...] *Jerichleich begen sullent.*

Zu sand Oswaltz Chappellen In dem Tuem ze Brichsen ob der Ristúr, die Oswalt, mein Sun, da gestiftet hat (1410 Aug.24; LZ Nr 46), *hat fraw Kathrein von Tros*[t]*perg, mein Muter, darczu geben* [...] *drew vnd dreissig phunt perner geltz vnd vier chrewtzer geltz* [II.2.2].

Daß ein Mann im Alter von erst 30 Jahren, und nach sieben Jahren zum zweiten Mal (vgl. II.2.1), für sein Seelenheil und den *Jartag nach* [s]*einem tode* mit solch umfänglichen Stiftungen wie der St. Christophorus-Kapelle und (nun) mit der St. Oswald-Kapelle (samt zwei Meßpriesterstellen, dem St. Oswald-Benefizium) sorgte, war weder in seiner Familie noch im *Gotshaus ze Brichsen* die Regel – und dürfte schon aus diesen beiden Gründen nicht nur seiner besonders ausgeprägten Frömmigkeit bzw. seinen Lebens- und Jenseitsängsten geschuldet gewesen sein, sondern hatte wohl weitere Ursachen (abgesehen von seiner Investition als Arbeitsbeschaffungsmaßnahme; s.o.):

1] Die zweite Kapelle nun dem eigenen Namenspatron (s.o.; I.4) zu widmen, war nahe liegend – aber auch zwingend, denn auch dieser zu den Vierzehn Nothelfern zählende Heilige hatte ihn in den vergangenen sieben Jahren, auf ›wundersame‹ Weise, aus mindestens zwei Todesgefahren errettet: Als *her Michel den Oswaldt wundet auf den tot* (1404; vgl. II.3.1.2) und 1403/04 (vgl. III.2.1), als ihm als *koufman* (Kl.18,30) *ain schiff ward [...] zerbrochen / auff wilden meres flut* [und er] *lert ain vas begreiffen / mit gutem malvisir – da lech* [ihm] *got seinen hut –* und *das Faß zoch* [ihn] *zu dem reiffen* (Kl.23,51/54; 50; 55).

Abgesehen davon, daß ihn St. Oswald als Schutzpatron der Kreuzfahrer bereits bei seinen frühen *Preussen vart*[en] gegen *ain teil der haidenschaft* (vgl. II.1.6) beschützt hatte, scheint das Schiffbrucherlebnis die bis dato schlimmste seiner ›Sieben Todesgefahren‹ (vgl. Lied Kl.23) für ihn gewesen zu sein, denn als Dank für seine wirklich ›wundersame‹ Errettung ließ er die St. Oswald gewidmete Kapelle zusätzlich mit einem (verschollenen) Votivbild (*gemált*) in Fresko-Technik ausstatten, dieses Erlebnis (und *nicht* Michaels Todschlagversuch!) darstellend:

Er [O.v.W.] *ist auch auff dem mór in barbaria* [Mittelmeer vor nordafrikanischer Küste; vgl. dagegen Kl.18: *swarze see* = Schwarzes Meer!], *als ehr ein Schiffbruch Erlüten, 3 tag auff dem mór auff ein malfasier Panzen sich Erhalten, vnd durch der Heitenschafft widter heraus komben, wie noch auff dem Port Kirch* [in Brixen] *in Thurn als gemált zu sehen ist, so Er baut* [St. Oswald-Kapelle], *ein mess gestúft* [St. Oswald-Benefizium], *und malhen hat lassen.* (Marx Sittich Frhr von Wolkenstein-Trostburg: *Chronik von Tirol.* 1600/1619)

2] St. Oswald sollte dem auf seinem Stifterstein von 1408 (vgl. II.2.4) in Standestracht als *miles christianus* (mit Kreuz- bzw. Kreuzfahrer-Standarte) dargestellten *Oswald d' Wolkenstain* auch bei künftigen *vart*[en] im Zeichen des Kreuzes – d.h. auch im ›Dienst‹ des *Erwirdigen Gotshaws ze Brichsen!* – seinen erbetenen Schutz nicht verweigern (wobei die doppelte Appellstruktur der an zwei ›Empfänger‹ gerichteten Bitte von den *erwirdigen herren des capitels des tuems ze Brichsen mit gunst* verstanden wurde; s.u.; III.2.2/4).

3] Seit genau zwei Monaten im ›Bund an der Etsch‹ (vgl. II.4.2) zu den 135 wichtigsten Vertretern der Tiroler Landstände zählend – und dabei, nach dem *hauptman an der Etsch*, Heinrich von Rottenburg, bereits die 21.Position in der VIP-Rankingliste einnehmend – war diese opulente Stiftung für Oswalds von Wolkenstein Prestigedenken als adeliger Landherr und Lehensmann des Bischofs von Brixen ein Akt der *öffenleichen* Selbstrepräsentation zur Steigerung seines Ansehens bei *allen den, die disen [...] altar vnd die Chappell [...] ansehent* [und] *teglich da ain messe [...] hórent lesen* (II.2.2).

4] Der bei der Vermögensaufteilung (vgl. II.3.1.12/14) vor fünf Wochen von seinem ältesten Bruder Michael willentlich getäuschte und übervorteilte zweitgeborene *und* einäugige Oswald von Wolkenstein konnte (im Gegensatz zu Michael mit der *vest Trostperg*) mit keiner standesgemäßen Burg (dazu noch gelegen in *Races vor Saleren, mit dickem wald umbfangen,* und *von kelber, gaiß, böck, rinder und knospot leut, swarz, hässeleich, vast rotzig,* umgeben; Kl.44,18;23;46/48) renommieren – aber ohne Zweifel mit dieser ungewöhnlichen und auffälligen Stiftung von gleich *zwei* Benefizien im alten Brixener Dom!

5] Zudem: Der sehr selbstbewußt nach außen auftretende ICH WOLKENSTAIN (Kl.27,90; II.2.2, Anfang), der sogar fortan seine Kapläne selbst aussuchen wollte (s.o.; II.2.2), benötigte nach 20 Jahren mit *toben, wüten, reiten, slagen, stechen* und *turnieren* nicht nur ein Erfolgserlebnis in der Öffentlichkeit, sondern ebenso in seiner Familie – um endlich der auch ihm gebührenden Anerkennung bei seiner Mutter und bei seinen Brüdern teilhaftig werden zu können.

NB: Von seiner Mutter erhielt er diese Anerkennung Ende Aug. 1410 (kurz vor ihrem Tod) durch deren Zustiftung von Eigengütern im Wert von 7 Mark zu seinem St. Oswald-Benefizium für ihren Jahrtag.

6] Und: Der immer noch Unverheiratete wollte mit der St. Oswald-Kapelle und mit seinen eigenen Kaplänen (Zeichen seines ›Reichtums‹!) auch bei Anna Hausmann, seiner ›Minnedame‹ ab Mitte 1407 (!), renommieren – und ihrem Vater, Hans Hausmann, seinem Schulmeister von 1385 bis 1387 (vgl. I.7) imponieren. [Vgl. dazu II.5.2]

Bestettung vnd urchundt der warhait

BESTÄTIGUNG DER STIFTUNG 〉〉〉 1407

II.2.3; Abb. I.87, S. 58

Brixen, 1407 Mai 29

(In dorso:) *1407. / Stiftbrief pro duobus Beneficiis ad St. Oswaldu(m) et Christophoru(m)* [Irrtum des Schreibers!]

Orig.urkunde; Pergament, 33 x 54 cm; Plica, 6,8 x 54 cm
Brixen, Diözesanarchiv, Domkapitelarchiv: Inv.– Nr Lade 68, A Nr 2
[Schwob: *Lebenszeugnisse*. Nr 38]

Sebastian Stempfl († 1418), *Techant, die Chorherren gemainichleich, vnd das gantz kapitel des Tuems ze Brichsen Bekennen offenleich* mit diesem vom Domdechanten gesiegelten *brief*, was der

Edel, erber vnd weyse, vnser besunder lieber frewndt [sic!], *Oswalt von Wolkenstain*, am 29. Mai 1407 verfügte (vgl. II.2.2):

Renovierung des Gewölbes der Empore, zwischen den Domtürmen und über der Eingangstüre (in die Vorhalle im EG) des Brixener Domes; Stiftung einer (St. Oswald gewidmeten) Kapelle auf der Empore, zwischen den Domtürmen, mit (St. Oswald-) Altar und Fresko sowie Votivbild samt Einweihungsfeierlichkeit; Stiftung eines (St. Oswald-) Benefiziums mit zwei Meßpriester-Stellen; weitere Renovierungsarbeiten an einem der beiden Domtürme.

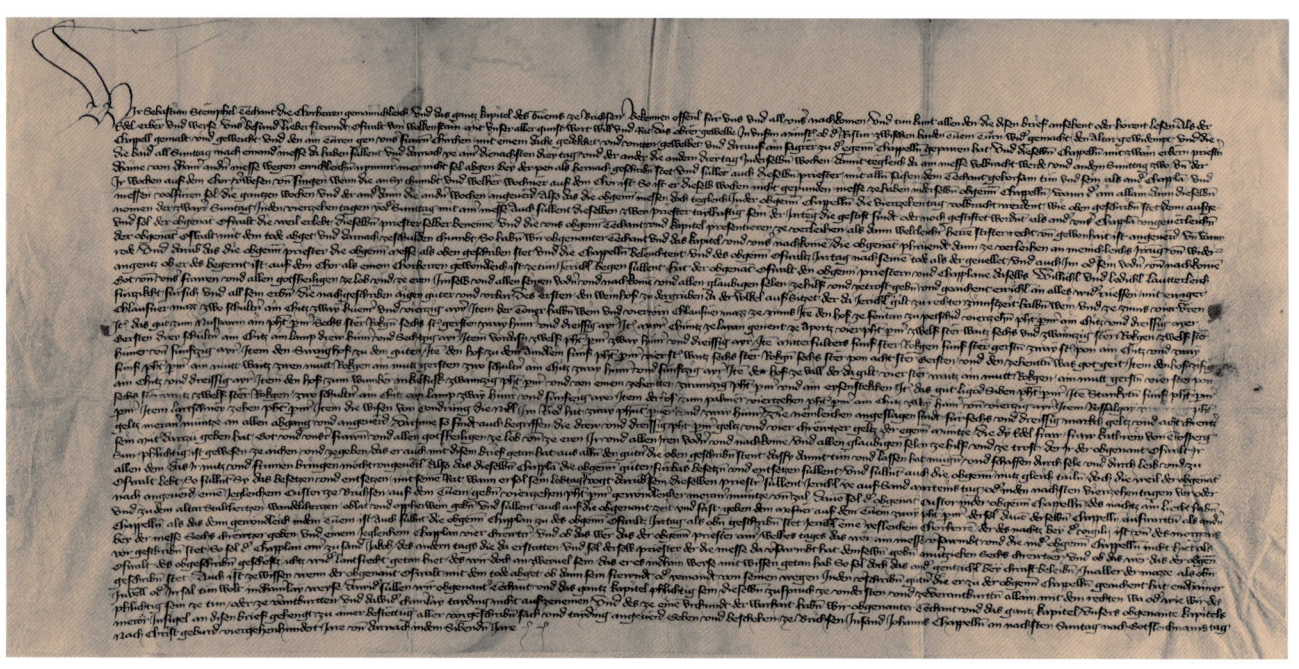

[Abb.I.87] BESTÄTIGUNG VON OSWALDS VON WOLKENSTEIN STIFTUNG • 1407 • Pergament-Urkunde (Kat.II.2.3)

oswald d' wolkenstain – in ein Márblstain in Kyrass

STIFTER-BILDNISSTEIN 〉〉 1408

II.2.4; Abb. I.88, S. 59 und 157

Brixen, 1408

(Umschrift, linke Seite:) **anno • d**[o]**m**[ini] **• m • cccc • viij**
[Abstand] **oswald • d' • wolkenstain**

Ratschinger weißer Marmor, 235 x 101 cm (Replik in Gips)
Brixen, Östliche Umfassungsmauer des alten Friedhofs, zwischen Dom und Pfarrkirche [LZ 41]

Zur Einweihung (1408) seiner 1407 (Mai 29; vgl. II.2.2/3) gestifteten St. Oswald-Kapelle auf der Empore des Brixe-

ner Domes, zwischen den beiden Türmen und über der darunterliegenden Eingangstüre in die Vorhalle im EG, ließ Oswald von Wolkenstein (wohl von der Brixener Werkstatt für Sepulkralplastik) einen Stifterstein (in der Literatur unpräzise: ›Gedenkstein‹) fertigen und vor bzw. in Sichtweite des darin befindlichen St. Oswald-Altares errichten, wie wir Engelhard Dietrichs Freiherrn von Wolkenstein-Trostburg (1566-1647; vgl. I.3.2; Bd II: 1608) Bericht entnehmen können:

Auf der Bortkhirchen zu Brixen ist Er [O.v.W.] *in ein Márblstain in Kyrass. In der hendt ein Fan ausgehaut, neben dise Jar Zal 1408; bin ich d*[er] *mainung, weil Er die Portkhirchen Paut vnd 2 Priester gestúfft* [St. Oswald-Benefizium]*, damals mit dem Paw in selben Jar* [1408] *fórtig word*[en]*. Zur gedechtnuss den Márblstain hinsetzen lassen.* (Engelhard Dietrich Frhr von Wolkenstein-Trostburg: *Sammlung genealogischer Nachrichten.* Um 1590/1600)

Darstellung des 30-jährigen Stifters in Relieftechnik als Ganzfigur (in Überlebensgröße!): Als *miles christianus*, in Standestracht:

Mit Brustpanzer (Eisenbrust mit Mittelgrad) über knielangem (wohl kurzärmeligen) Waffenrock, in Hüfthöhe leicht gerafft von einem Rittergürtel (vgl. II.3.1.9/11) mit Gürtelbeschlägen (Mitte: Kreuzwappen der *militia Christi*, des Ritterordens; rechts und links davon: Rosettendekor-Beschläge) und daran befestigtem Schwertgehänge (Stoßschwert mit Parier-Stangen und Diskusknauf; vgl. II.1.2.3; in Scheide).

Schutz der Beine durch (obere und) untere Beinrohren und Eisenschuhe mit Radsporen (am langen Hals mit achtstrahligen Rädern; vgl. II.1.8.1); Schutz des (nur zu sehenden) rechten Armes durch (obere und) untere Armröhre, die die Hand freiläßt, mit der er eine bis zum rechten Eisenschuh reichende Standarte mit unterhalb der oberen Spitze befestigter Fahne mit dem griechischen Kreuz der *militia Christi* (des Ritterordens – aber auch der Kreuzfahrer!) hält.

Von nicht sichtbarer linken Hand gehalten: Ein (proportional zu Oswalds Kopf viel zu kleiner) Turnierhelm (Stechhelm; vgl. II.1.5) mit Helmdecke – und mit (deshalb übergroßem) Kleinod (Helmzimier: Zwei Büffelhörner mit je vier seitlichen Pfauenspiegeln und aus den Hörnerspitzen herauswachsenden Pfauenfedern in vier Stufen).

Unterhalb der Eisenschuhe: (Heraldisch rechts) das Wappen der Familie Vilanders-Pardell mit drei Spickel, (heraldisch links) das Wappen der Familie Wolkenstein mit drei schieflaufenden Wolkeneinschnitten und (Mitte, unten) das Wappen der Familie Vilanders-Trostburg mit (falsch wiedergegebenem) Doppelsturzsparren (M statt W).

Ebenso realistisch und detailgetreu wie die Darstellung seiner Standestracht – als *miles christianus* bzw. als Kreuzritter – gelang dem Brixener (?) Bildhauer die Wiedergabe von Oswalds von Wolkenstein (noch dreieckigem) Kopf: Mit seinem geschlossenen rechten Auge, mit seiner (noch hochgeschorenen) üppigen Lockenpracht und mit seinem bis zur Brust reichenden (geflochtenen oder ondulierten) Kinnbart samt breitem, an den Enden innengewelltem Schnurrbart.

[**Abb.I.88**] Stifter-Bildnisstein: Oswald von Wolkenstein • 1408 • Marmor (Kat.II.2.4)

Der eindeutig als Stifterstein konzipierte Bildnisstein hatte bei seiner Errichtung (1408) eine noch freie rechte Seite – für die spätere Anbringung von Oswalds von Wolkenstein Todesjahr bzw. Todesdatum, womit der Stifter-

auch zum Memorialstein geworden wäre. Warum seine Witwe und seine Söhne diese Aktualisierung nach seinem Tod 1445 unterließen (obwohl sein Sohn Michael Domherr daselbst war), wissen wir nicht.

[1. Gegen die Annahme der Forschung, daß dieser Stifterstein nach dem Tod des Stifters als Kenotaphdeckel oder als Grabstein (schon von Oswald von Wolkenstein) vorgesehen gewesen wäre, sprechen zwei Fakten: Erstens hätte das Domkapitel dieser Umfunktionierung eines aufgrund des Stifterwillens zur St. Oswald-Kapelle gehörenden Stiftersteines sicherlich nicht zugestimmt; zweitens (als gewichtigeres Gegenargument) war schon die Grablege von Oswalds Vorfahren die Klosterkirche in Neustift (vgl. I.3 und I.3.1) – wo sich Oswald von Wolkenstein deshalb ebenfalls (1445) bestatten ließ und wofür er einen eigenen Grabstein anfertigen ließ (vgl. II.8.4 und Bd II: 1608; Um 1615 / Vor 1618).

2. Zur weiteren Geschichte des Stifter-Bildnissteines vgl. Bd II: Um 1615 / Vor 1618; 1845.]

II.2.5; Abb. I.89, S. 156

Stifterfigur: Otto von Machland. Oberösterreich, um 1500/1515

Salzburger Marmor mit Fassung; Höhe: 71,5 cm; ø ca 32 cm
Linz, Oberösterreichisches Landesmuseum: Inv.- Nr S 316

Die Stifterfigur stammt aus der Stiftskirche von Waldhausen, deren Stifter Otto von Machland († 1148) war, und zeigt ihn in Rüstung, mit Mantel, Kette und Hut; in der rechten Hand hält er das Modell der von ihm gestifteten Kirche, in der linken Hand seinen Wappenschild mit der Urform des oberösterreichischen Landeswappens (des Landes ob der Enns: Adler und Pfähle, seitenverkehrt).

Der wolgeporen herr, graf Ott von Machlant, stiffter des gotzhaus (Epitaph in der ebenfalls von ihm gestifteten Klosterkirche von Baumgartenberg) in Waldhausen, gab dafür im Jahre 1147 seinen gesamten Besitz im Lungau und behielt nur noch die Burg *Lewenstein* (Leostein) bei Moosham (Land Salzburg).

III. AUFSTIEGSVERSUCHE DES ZWEITGEBORENEN

III.2 Der Wolkhenstainer als ain erber Gotshawsman ze Brichsen

IM DIENST DES BISCHOFS VON BRIXEN 〉〉〉〉〉〉〉〉〉〉〉〉〉〉〉〉〉〉〉〉〉〉〉〉〉〉〉〉〉 1408 – 1415

Wie schon 1400 (vgl. II.2.1 und III.2) wurde der mit der frommen Stiftung (vgl. II.2.2/4) verbundene ›fromme Wunsch‹ Oswalds von Wolkenstein nach irgendeiner Art von ›Dienst‹ für das *Erwirdige Gotshaws ze Brichsen* (wohl mit ›Nachhilfe‹ vom Domdechanten, Sebastian Stempfl) vom Brixener Bischof Ulrich I. erhört – diesmal allerdings umgehend, aber wieder (wie schon im Mai 1403) Angelegenheiten in der Brixener Pfandschaft Veldes (Bled; Slowenien) in Krain betreffend, da der Wolkensteiner die *windisch sprach* (Kl.18, 22/23) einigermaßen beherrschte und weil er zu beiden Parteien enge Beziehungen hatte. Diese Konstellation dürfte die Inanspruchnahme von Oswalds von Wolkenstein (erstmalig bezeugtem) ›Dienst‹ als Schiedsrichter bei Streitigkeiten im Hoheitsbereich des Hochstiftes Brixen befördert und beschleunigt haben.

[Abb.I.90 Siegel des Brixener Bischofs Ulrich I. • 1408 • Abhängend an Pergament-Urkunde [Abb.I.91]

IM DIENST DES BISCHOFS VON BRIXEN 1408 – 1415 • 1408

Als sprecher ain spruchbrieve gesprochen

ALS SCHIEDSRICHTER >> 1408

III.2.2; Abb. I.90/91, S. 60/61

[Brixen oder Veldes] 1408 Juli 9

(In dorso:) *Ain heyratbrief gemacht vnd beschehen zwischen Gothart Kreyger vnd Hannsen von Vilande(rs) / 1408*

Orig.urkunde; Pergament, 24 x 43 cm; Plica, 6 x 43 cm
Siegel des Brixeners Bischofs Ulrich I. (vgl. Abb. I.90); rot ø 5 cm [Oswalds von Wolkenstein Siegel fehlt]
Brixen, Diözesanarchiv, Hofarchiv, Oberes Archiv: Inv.- Nr 555
[Schwob: *Lebenszeugnisse.* Nr 42]

WIr Vlreich, von gots gnaden [sic!] *Bischof ze Brichsen* [1396-1417], *Vnd ich, Oswalt von Wolkenstain, Bekennen vnd tun kunt* [:] *Als die edlen vnd Vesten, her Gothart der Kreyger, Ritter, unser haubtman ze Veldes, und Hanns von Vilanders* [Oswalds von Wolkenstein Vetter und von 1422 bis zu seinem Tod dessen ›Angstgegner‹; s.u.], *vnser haubtman ze Praunegg* [Bruneck] *vnd ze Buchenstain, mit freuntschaft vnd* [wegen] *heyrat zu ainander gekeret haben in der mass, daz der Kreyger* [Gotthard von Kreyg] *dem vorgenanten* [Hans] *von Vilanders die erbern Claren* [Klara von Kreyg], *sein Tochter, zu der ee gegeben hat, Vnd derselben, seiner tochter, er* [Gotthard von Kreyg] *nicht mer maynet ze haymsteur ze geben denn Vierhundert pfunt Wienner, als er andern seinen tóchtern gegeben hiet,* [samt]

Sechshundert guldin, die er [Gotthard von Kreyg] *Ir* [Klara von Kreyg] *gemorgengabt hat* […], *als denn gewónlich were, Vnd daz darzú auch die egenant Clara ainen verzeichbrieve* [Verzichtbrief] *gebe, als die andern sein tóchter geben hetten –*

da wollte Hans von Vilanders weder die Höhe von Klaras von Kreyg Heimsteuer und Morgengabe akzeptieren noch die Regelung der Widerlage *nach den landes rechten ze Nidernlanden* (Oberkrain).

Damit ihre *freuntschaft ain fúrgang gewúnne,* wandten sich Gotthard von Kreyg und sein Schwiegersohn, Hans von Vilanders, *ze baider seit genczlaich hinder Vns,* d.h. an den Bischof und an Oswald von Wolkenstein, um eine einvernehmliche Klärung herbeizuführen.

Nach Hinzuziehung eines Beirats, bestehend aus dem Domdechanten Sebastian Stempfl (vgl. III.2.1; II.2.2/3), zwei Chorherren und dem *alten Gerharten,* beurkundeten die beiden *sprecher* (Schiedsrichter), d.h. der Bischof und Oswald von Wolkenstein, das *ainhelliklich*[e] Urteil mit vorliegendem *spruchbrieve,* wonach u.a. die Heimsteuer von bisher 400 Pfund Wiener auf *tausent guter guldin* aufgebessert werden mußte.

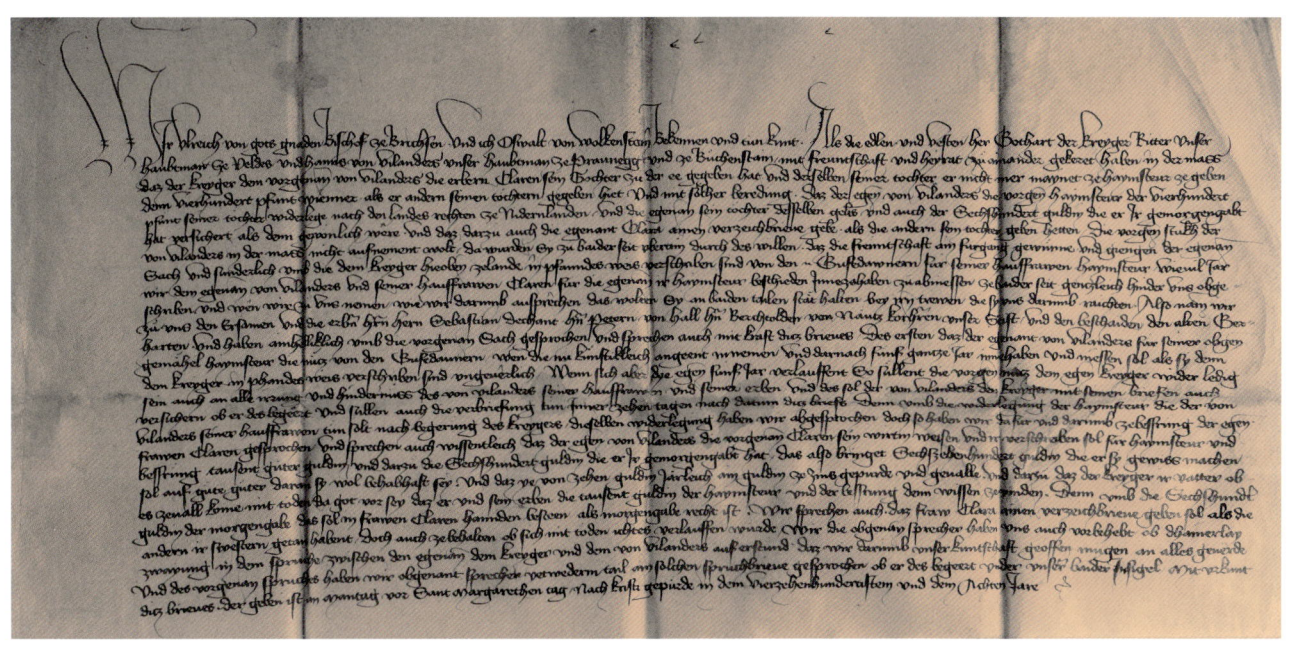

[Abb.I.91] EIN SPRUCHBRIEF DES BRIXENER BISCHOFS UND OSWALDS VON WOLKENSTEIN • 1408 • Pergament-Urkunde (Kat.III.2.2)

Etlich stózz vnd zwayung zwischen Vlrichen Bischofen ze Brichsen vnd Oswalden von wolkenstain

FEHDEHANDLUNGEN GEGEN DEN BISCHOF UND ZWANGSFRIEDEN 〉〉〉〉〉〉〉〉〉〉〉〉〉〉〉〉〉 1411

III.2.3; Abb. I.92, S. 155

Innsbruck, 1411 Januar 21
(In dorso:) *A(nno) 1411 / Concordia fact(a) int(er) Ep(iscopu)m Brix(inensem) et Oswaldum de Wolkenstein*
Orig.urkunde; Pergament, 24,5 x 29,3 cm; Plica, 5,4 x 29,3 cm
Siegel Herzog Friedrichs IV. von Österreich; rot ø 3 cm
Bozen, Staatsarchiv, Bischöfliches Archiv Brixen, Urkunden: Nr 1486
[Schwob: *Lebenszeugnisse.* Nr 47]

Rekurs: Nicht nur Hans von Vilanders dürfte über das (1408) von seinem Vetter als Schiedsrichter mitbeurkundete Urteil (vgl. III.2.2) erfreut gewesen sein, sondern auch der Bischof – der darüberhinaus mit dessen ›Dienst‹ so zufrieden war, daß er den erst 32-jährigen, *lieben getrewen Oswalden von wolkhenstain* spätestens Mitte Mai 1409, als Nachfolger Georgs von Gufidaun, sogar zum *haubtman des Erwirdigen Gotshaws ze Brichsen* (vgl. II.5.2) ernannte, der während des Bischofs (befristeter) Abwesenheit als dessen Statthalter die weltlichen Geschäfte des Hochstiftes (Verwaltung, Rechtswahrung und Rechtsprechung) zu führen und zu verantworten hatte.

Nach Oswalds von Wolkenstein Rückkehr von seiner Pilgerreise (vgl. II.6) schloß Bischof Ulrich I. von Brixen (am 29. Sept. 1410) mit diesem Hochstiftsadeligen sogar einen 10-jährigen Dienstvertrag (vgl. III.2.4) mit einem festen Gehalt, *in yegleichem Jar hundert guldein.*

Kurz nach Vertragabschluß kam es (aus bisher nicht bekannten Gründen) zu *etlich Stózz vnd zwayung zwischen dem Erwirdigen Vlrichen Bischofen ze Brichsen vnd Oswalden von wolkhenstain* – und zu Fehdehandlungen, bei denen beide Parteien Leute der anderen Partei gefangen nahmen, mit der Folge, daß der Ende Sept. 1410 abgeschlossene Dienstvertrag Makulatur zu werden drohte.

Um diesen Streit nicht weiter eskalieren zu lassen, beorderte *Fridreich, von gots gnaden* [sic!] *Herczog ze Österreich [...], Graf ze Tyrol, [...] de*[n] *Erwirdigen, vnser*[n] *lieben frewnd, hern Vlrichen, Bischofen ze Brichsen, vnd vnser*[n] *lieben getrewen, Oswalden von wolkhenstain,* zu sich und seinen Räten nach Innsbruck, um beide zu verhören – und ihnen am 21. Januar 1411 den vorliegenden *versigelt Spruchbrief* auszuhändigen:

1] *Vnd sol der von Brichsen des egenanten Oswalds gnediger herr* [weiterhin] *sein,* [deshalb] *sol Im der Oswald hinwider den handel auserdienen und Im tun, was Im lieb ist, als denn vor zwischen den wolkhenstainern vnd dem Gotshaus ist herkomen.*
2] *Es sol auch der egenant Oswald hinfür mit kainen des Gotshauss mannen, leuten, Burgern noch pawern nichtz ze schaffen haben, noch zu ln greiffen* [sic!]
3] *Von der gevangen wegen, die der Bischof Innhat, vnd auch vmb des von Brichsen kúchenmair* [Küchenmaier, die der bischöflichen Mensa Lebensmittel und Heizmaterial liefern mussten]*, die der Oswald in der von Górcz krieg* [Görzer Krieg] *hat gevangen [...], Sprechen wir, daz dieselben kúche*[n]*mair all, und auch die gevangen, die der von Brichsen Innhat, zu unsern handen vnverzogenlich sulln geantwurt* [ausgeliefert] *werden.*

Daz vnser herr von Brichsen dez Wolkhenstainers gnediger herr sein sol die néchsten zway Jar
VORZEITIGE BEENDIGUNG DES DIENSTVERTRAGES MIT DEM BISCHOF ▶▶▶▶▶▶▶▶▶▶▶▶▶ 1413

III.2.4; Abb. I.93, S. 155

Brixen, 1413 Oktober 9
(In dorso:) *L(itte)ra concordie fact(a) int(er) Ep(iscopu)m Brix(inense)m et Oswald(um) de wolkenst(ain) p(ro) s(er)vitiis suis /*
1413

Orig.urkunde; Pergament, 20,5 x 34 cm; Plica, 4,5 x 34 cm
Drei Siegel von Propst Berthold von Neustift, vom Brixener Domdechanten Sebastian Stempfl sowie vom Brixener Chorherr und Pfarrer zu Hall, Peter von Lenzburg; schwarz, ø 2,7 cm; rot, spitzoval, ø 3,7 cm; grün, ø 3 cm
Bozen, Staatsarchiv, Bischöfliches Archiv Brixen, Urkunden: Nr 1487
[Schwob: *Lebenszeugnisse*. Nr 63]

Rekurs: Nach den *stózz vnd* [*der*] *zwayung* (vgl. III.2.3) dürfte das Vertrauens- und Dienstverhältnis zwischen dem Brixener Bischof Ulrich I. und seinem ›Diener‹ Oswald von Wolkenstein – trotz (oder wegen) Herzog Friedrichs IV. Eingreifen und Friedensstiftung – stark belastet gewesen und für beide Seiten zum Problem geworden sein, wie aus dem Fortgang zu schließen ist:

1] Der für seine schlechte Zahlungsmoral bekannte Bischof – der es meist auf einen Prozeß seiner Gläubiger ankommen ließ – zeigte sich Ende Sept. 1411 auch gegenüber Oswald von Wolkenstein zahlungsunwillig (aus Zahlungsunfähigkeit oder wegen der Fehdehandlungen seines eigenmächtigen Angestellten; vgl. III.2.3).
2] Oswald von Wolkenstein sah sich deshalb im Herbst 1411 gezwungen, ein günstiges Asyl in der Nähe von Brixen zu suchen – weshalb er sich mit seinen beiden Knechten im Kloster Neustift einpfründete (1411 Nov.2; vgl. II.7).
3] Da ihm der Bischof Ende Sept. 1412 sowohl sein Jahresgehalt für 1410/11 als auch für 1411/12 vorenthielt, mußte er auf *aigen geldes wer* (Kl.18,19) am Kriegszug des seit 1410 regierenden deutschen Königs Sigmund gegen Venedig teilnehmen (Herbst 1412 bis Frühjahr 1413).
4] Bei König Sigmunds Besuch in Bozen, in Brixen (zur Belehnung Bischof Ulrichs I. am 28. Juli 1413) und auch in Meran wird ihm Oswald von Wolkenstein erneut (wie schon im Sept. 1396; vgl. II.1.6; und im Venedig-Krieg; s.o.) seine *getrúe*[n], *willige*[n], *unverdrossne*[n] *vnd anneme*[n] *dienst* (Konstanz, 1415 Febr. 16; vgl. III.3.1) als Kenner der Tiroler Szene angeboten haben – in der Hoffnung auf ein künftiges Dienstverhältnis mit dem König.
5] Da ihm König Sigmund wohl ein solches in Aussicht gestellt haben dürfte, und da zu befürchten war, daß sich der Bischof Ende Sept. 1413 erneut zahlungsunwillig zeigen würde, setzte Oswald von Wolkenstein alles auf eine Karte, um aus seinem 10-jährigen Dienstvertrag mit dem Brixener Bischof vorzeitig herauszukommen – und forderte deshalb von diesem *Tausent guldein von seiner dinst wegen von zehen* [sic!] *Jarn,* [obwohl erst] *drew Jar vergangen* waren.

Der Bischof wandte sich deshalb an Propst Berthold von Neustift, an den Brixener Domdechanten Sebastian Stempfl (Oswalds ›Freund‹ seit 1404; vgl. III.2.1; II.2.2/3 und III.2.2) sowie an den Brixener Chorherr, Peter von Lenzburg (zugleich Pfarrer in Hall), um Oswalds von Wolkenstein unberechtigten Anspruch auf Vorauszahlung rechtlich prüfen zu lassen. Ihr Urteil lautete gemäß des vorliegenden *spruchbrief*[es]:

1] *Der Edl vnd vest Junchher Oswald von Wolkhenstain habe einen zuspruch* (Anspruch) auf die Bezahlung von 300 Gulden für die vergangenen drei Jahre *dinst*.
2] *Daz vnser herr von Brichsen dez Wolkhenstainers gnediger herr sein sol* – aber nur noch *die néchsten zway Jar* (bis 1415 Sept. 29).

[**Abb.I.94** Erhard Reuwich: GELDWECHSEL • 1488 • Holzschnitt, koloriert, in Bernhard von Breidenbach: *Fart über mer zu dem heiligen grab* (Kat.II.6.2)

3] *Daz der Wolkhenstainer als ein erber Gotshaws man vnserm herrn, dem Bischof,* [in den kommenden zwei Jahren] *getrewleich diene vnd warte, warczu er sein*[er] *bedúrffe oder Im emphelhen werde, Es sein Empter oder gericht.*

4] Danach solle Oswald von Wolkenstein nur noch als Lehensmann seinem Lehensherrn ohne Entlohnung *dienstleich vnd gewertig sein als* [auch] *ander sein Gotshawslewt.*

II. ADEL UND ERBE VERPFLICHTEN

II.5 Was ich der minn genossen hab

FRAUENDIENST ≫≫≫≫≫≫≫≫≫≫≫≫≫≫≫≫≫≫≫≫≫≫≫≫≫≫≫≫≫≫≫ **1407 – 1409**

Was uns die Oswald von Wolkenstein betreffenden ›Lebenszeugnisse‹ als öffentliche Dokumente verschweigen – und was auch nicht aus seinen der literarischen Tradition verpflichteten, mit tradierten literarischen Mustern spielenden, stark stilisierten frühen ›Minneliedern‹ der Jahre 1407/08 als Realie ›herausgefiltert‹ werden kann: Wem Oswalds von Wolkenstein Frauen- bzw. Minnedienst (vgl. Abb. I.95) *tatsächlich* gegolten hat, denn zur aristokratischen Gesellschafts-Kunstübung des ›Minnesangs‹ (um 1200) gehörte ja gerade das Verbergen des Namens der umworbenen *frouwe.*

Wohl erst ab Mitte 1407 (nach der Vermögensteilung; vgl. II.3.1.12/14; und seiner Stiftung des St. Oswald-Benefiziums; vgl. II.2.2/3) dürfte der inzwischen 30-jährige, immer noch unverheiratete adelige Landherr – nach 20 mit *toben* und *wüten* verbrachten Jahren – überhaupt Zeit (und Gelegenheit) gefunden haben, auch *zu willen ainer frauen* [zu] *dienen* (Kl.18,54), die er natürlich im Liedtext ›verhehlte‹ (*des ich hil;* Kl.18,54), um die festen ›Spielregeln‹ des Frauen- bzw. Minnedienstes nicht zu verletzen (realiter, um die *bulschaft* in der kleinen und engen Bischofsstadt Brixen möglichst lange ›verhehlen‹ zu können).

Das *frauen pild, / mit der ich han mein zeit so lang vertriben, / wol dreuzen jar und dennocht mer* [in dreuzehenthalben jaren; Kl.9,11] */ in treuen stet beliben / zu willen nach irs herzen ger, / das mir auf erd kain mensch nie liebers ward* (Kl.1,19/24), wurde erst 1977, d.h. 570 Jahre nach Beginn der *bulschaft* (Kl.55,39), von Anton Schwob ›enthüllt‹ und als ›Porträt‹ von Oswalds von Wolkenstein ›Minnedame‹ Anna Hausmann, wohnhaft in Brixen, identifiziert.

Auf die Tochter seines ehemaligen Schulmeisters, Hans Hausmann (vgl. I.7), hat Oswald von Wolkenstein (ab Mitte 1407) wohl sein *ain oug* (Kl.57,4; an dieser Stelle aber auf Margarethe von Schwangau bezogen!) geworfen; um sie hat er wohl mit *tichten* und *gesangk* (Kl.9,18) wie ein Minnesänger des 13. Jhdts geworben – aber sie *wolt*

[Abb.I.95 RITTER VOR BÜRGERIN • 1491 • Holzschnitt in Stephan Fridolin: *Schatzbehalter.* Nürnberg: Anton Koberger 1491 (Zwickau, Ratsschulbibliothek)

[sein] *nie genaden ainer nussen vil* (Kl.18,55), obwohl der adelige Landherr mit seiner gestifteten St. Oswald-Kapelle, mit eigenen Kaplänen, und v.a. mit seinem Stifter-Bildnisstein (!) der bürgerlichen Schulmeistertochter sicherlich imponieren (incl. bei ihrem Vater renommieren) konnte (vgl. dagegen II.5.1).

II.5.1; Abb. I.96, S. 159

Junges Paar. Straßburg (Elsaß), um 1510

Bildteppich (Wolle, Leinen, Seide, Silberlahn), gewirkt; mit gebündelten Fransen an den Seitenkanten (aus neu eingezogener Kette), 73,5 x 97 cm
Wien, MAK – Österreichisches Museum für angewandte Kunst / Gegenwartskunst: Inv.- Nr T 9121

Die Wirkerei stellt ein junges Paar auf einer blühenden Wiese zu beiden Seiten einer Eiche dar, über dessen Köpfen sich zwei Spruchbänder mit gegenseitigen Liebesbezeugungen wölben.

In den vier Ecken: Elsässische Wappen als Ahnenprobe des Paares; am Fuß der Eiche: Das Allianzwappen (mit gemeinsamer Helmzier) – heraldisch rechts (mit Stern) der Straßburger Familie Zorn von Eckerich; heraldisch links (mit springendem Bock) der Böcklin von Böcklinsau.

Das junge Paar hat 1475 geheiratet – die Wirkerei dürfte aus stilistischen Gründen jedoch erst um 1510 entstanden sein. [Beschreibung nach freundlicher Mitteilung von Dr. Barbara Karl, der Leiterin der Textilabteilung im MAK, Wien.]

ICH, Anna Hawsman, han den Edeln und vesten Oswalten von Wolkenstain fleissichleich gebeten

SIEGELBITTE ANNA HAUSMANNS AN HAUPTMANN OSWALD VON WOLKENSTEIN 〉〉〉〉 1409

II.5.2; Abb. I.97/98, S. 65/66

Brixen, 1409 Mai 25

(In dorso; vgl. Abb. I.97:) *Anna Hausmans Tochter vmb das gútl am see zu nácz das d(er) taub(er) In hat. / Stifft Brief 1409*

Orig.urkunde; Pergament, 24 x 51 cm; Plica, 3,4 x 51 cm
Nürnberg, Germanisches Nationalmuseum, Historisches Archiv, Familie Wolkenstein-Rodenegg: Perg.Urk, 1409 Mai 25
[Schwob: *Lebenszeugnisse.* Nr 45]

Die Jahrtagsstiftungsurkunde zugunsten des Brixener Bürgerspitals der Laienbruderschaft ist in zweifacher Hinsicht von Interesse: Daß der 32-jährige Oswald von Wolkenstein erstmals als *haubtman des Erwirdigen Gotshaws ze Brichsen* (s.o.; III.2.3) bezeugt ist – und erstmals gemeinsam mit *Anna, weylent Hannsen des Hawsmans seligen tochter*, d.h. mit seinem seit Mitte 1407 wie eine adelige ›Minnedame‹ umworbenen bürgerlichen *bul* (vgl. Verzierung der Initiale ihres Vornamens in Abb. I.97!), das den *Edeln vnd vesten herren, hern Oswalten von Wolkenstain fleissichleich gebeten* [hat], *das er sein Insigel an den brief* [*vrchund der warhait*] *gehengt hat – Im vnd sein erben an allen schaden.*

Daß *ICH, Anna Hawsman*, zur Bezeugung ihrer letztlich äußerst bescheidenen frommen Stiftung – eines von ihrem kurz zuvor (wohl 1408) verstorbenen Vater (dem langjährigen bischöflichen Schulmeister und zeitweiligen Brixener Bürgermeister; vgl. I.7) geerbten kleinen *aigen gútel, gelegen ze Naetz* [Naz] *am lawgen, am See* – nicht weniger als neun (!) Zeugen (den aus Neustift stammenden Pfarrer der Brixener Stadtpfarrkirche samt zwei Kaplänen und dem *leser am Chor* sowie noch *fúnf purger ze Brichsen*) aufbot, gibt zu denken:

1] Wollte die alleinstehende, unverheiratete Tochter des verstorbenen Brixener Schulmeisters mit dieser neunköpfigen bürgerlichen ›Ehrengarde‹ dem *Edeln vnd vesten haubtman* imponieren?

2] Wollte die Bürgerstochter damit zugleich ihre bescheidene fromme Stiftung zugunsten des Brixener Bürgerspitals aufwerten?

3] Wollte sie mit auch einer frommen Stiftung, verbunden mit der Verpflichtung, daß nach ihrem Tode alle *Jare Jerichleich vnd ewichleich* in der Brixener Stadtpfarrkirche ihr *Jartag des nachtz* [...] *vnd des morgens* mit Vigil, Grabgang, Seelenamt und mit drei Messen begangen werden soll, der opulenten frommen Stiftung des siegelnden *Edeln vnd vesten herren* in der Domkirche (vgl. II.2.2/3) Paroli bieten?

4] War die Verpflichtung zur öffentlichen Kanzelverkündigung des Namens der verstorbenen Stifterin ihre ›Antwort‹ auf den öffentlich zugänglichen Stifter-Bildnisstein (vgl. II.2.4) des *oswald d' wolkenstain* in dessen St. Oswald-Kapelle?

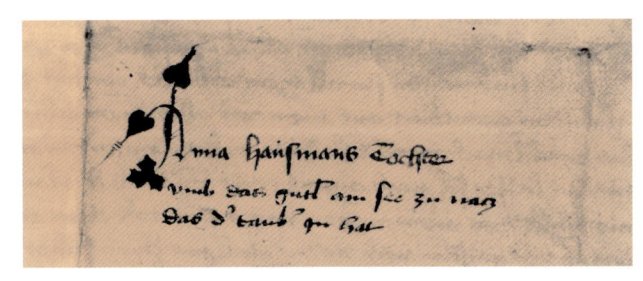

[Abb.I.97] Verzierte Initiale A von Anna Hausmanns Vornamen • 1409
In dorso-Vermerk auf Rückseite der Pergament-Urkunde [Abb.I.98]

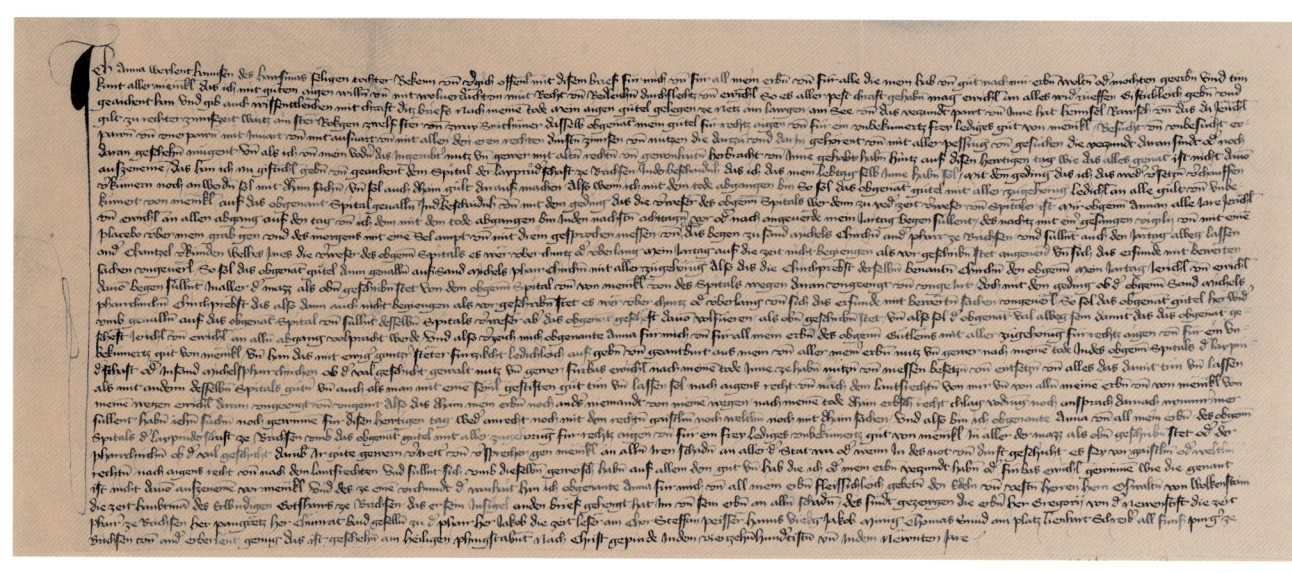

[Abb.I.98]   JAHRTAGSSTIFTUNG DER ANNA HAUSMANN • 1409 • Pergament-Urkunde (Kat.II.5.2)

5] NB: Geschah die Bitte um Beurkundung gerade durch diesen *haubtman* nicht ›mit Fleiß‹ – und nicht *an allen schaden* für ihn?

Oswalds von Wolkenstein unmißverständliche Antwort (im Rückblick, im Frühjahr 1422, in Gefangenschaft; s.u.):

*Ich hab gedacht
der slangen houbt* [vgl. Abb. I.99], *davon Johannes schribet,
wie in der werlt kein böser frucht
sich auf der erden scheibet:
Vil schnöder ist unweiplich zucht,
von ainer schönen,* [aber] *bösen frauen plag* [...],
*ir üble gifft ist aller werlde gram.
Wirt si geert,
so kan si niemt mit hoffart überwüten;
ist si versmächt, so tobt ir mut
geleich des meres fluten;
armt si an wirden oder an gut,
so ist si doch der boshait allzeit reich.* [...]
Ain schön, [aber] *bös weib
ist ain gezierter strick, ain spies des herzen*
(Kl.3,7/12; 18/24; 37/38)

Einen deutlichen Hinweis auf das eigentliche Problem dieser *bulschaft* zwischen dem adeligen Werber – mit immerhin zwei Kapellen im Dom, *aber ohne* standesgemäße Burg und *auch ohne* angemessene Barschaft – und seiner bürgerlichen Umworbenen (die gerade nach dem Tod ihres Vaters auf bürgerliche ›Sicherheiten‹ großen Wert gelegt haben dürfte!) können wir einem *zu Brixsen in dem*

[Abb.I.99]   ADAM UND EVA MIT DER SCHLANGE • Um 1473 • Holzschnitt in: *Speculum humanae salvationis*. Augsburg: Günther Zainer, um 1473 (Archiv ARTeFACT)

krais (Kl.25,30) stattgefundenen fiktiven Streitgespräch zwischen einem *burger* und einem *hofman* entnehmen (hinter dem wir unschwer den selbstironischen Oswald von Wolkenstein erkennen), bei dem es darum ging, wer von beiden *bas möcht geben den freulin hohen mut*:

*Do sprach der hofman gut:
»Ich bin ain jüngling küne,
kraws, weiß* [blond] *ist mir das har,
[...] wol kan ich singen, schallen
und schreien frischlich ju,
solt ich nit bas gevallen
den freulin rain wann du?«
»Ich sei ain burger weise,
gar still ist mein gevert,
mit süssen worten leise*

wirt mir vil liebs beschert;
und trag ain swere taschen,
die ist der pfenning vol,
darinn so laß ich naschen,
des tut den freulin wol [...].«

»Ich pflig nit grosser witze,
mein barschafft, die ist klain [sic!],
[aber] *ich bin hübsch* [sic!] *und rain* [edel, adlig];
solt mir nicht bas gelingen?
Nu tun ich mir so we
mit reitten, tanzen, springen
vil durch den grünen kle.«

»Ich bul mit guten sitten,
daran bin ich nicht laß;
hab ich nicht vil geritten,
leicht mag ich dester bas
mit gut und an dem leibe [mit zwei Augen!],
wann ir, vil röscher knab,
auch füg ich mangem weibe
mit kostberlicher gab.«

»Rain frau von hohn eren,
der ist dein gab enwicht [...],
ich hoff, si tu verhengen,
send ich ir meinen brieff.« [...]

»Her jünglingk, eu möcht friesen,
ir habt verschrotten zwier [zweimal danebengehauen],
[...] *und mügt mir nit geleichen,*
ir werdt dann recht getoufft.«

»Das müsst der valant schaffen [mit dem Teufel zugehen],
ich sei von cristen art
und weiß das mit dem pfaffen [dem Domdechanten!],
der mich töfflich [und mit meinen Stiftungen] *bewart.*
Auch wil ich des geniessen

gen freulin weit für dich,
wenn ich mein sper laß fliessen
mit ritterlichem stich.«

»Turnieren und ouch stechen,
das war mir nie bekant.
Ich hab ain peutel frechen,
darin stoß ich mein hand,
gold, silber, edel gestaine
zeuch ich daraus genug
und tail den freulin raine,
dasselb ist bas ir fug.«
(Kl.25,8/10; 13/24; 33/34; 36/50; 55/56; 65/66; 71/88)

Der *obman* des Ständestreites – *ain alte diern / keue / kamer zitze / die Grieswärtlin* (Kl.25,4; 25; 35; 58) – entschied sich (natürlich!) für den *burger*, denn den *freulin raine* (Kl.25,87), wie auch ihr selbst, ist nicht an des *hofmans not* (Kl.25,96), an dessen *barschafft klain* (Kl.25,34) gelegen, sondern an *silber oder gold* (Kl.25,92), weil *kain besser lieb nicht walte* (Kl.25,91) als zu Edelmetallen aus der Meraner Münze oder vom Brixener Silber- und Goldschmied!

Da auch Anna Hausmann (als nichtadelige Frau) mit Oswalds von Wolkenstein *brieff* (Kl.25,56) und mit seinem ›altmodischen‹ *singen und schallen* (Kl.25,13) wohl wenig anfangen konnte, denn »*was sol man daraus machen?*« (Kl.25,59), dürfte auch Oswald von Wolkenstein (zumal auch noch einäugig), wie der ›blonde‹ *hofman*, schlechte Karten gehabt haben – denn: Diese *bulschaft* (Kl.25,60) brachte auch ihr nichts ein, *bat nicht inn* (Kl.25,60)!

NB: Anna Hausmann ging es weniger um *hohen mut* (Kl.25,6), sondern – wohl schon zu Beginn dieser *bulschaft*, und nicht erst im Herbst 1421 (s.u.) – um Oswalds von Wolkenstein *barschafft* (Kl.2,45), weshalb sie *an weiplich zucht* ihm ständig in den Ohren lag, ihn versuchte, *betoren* (Kl.2,46).

II. ADEL UND ERBE VERPFLICHTEN

In Suria stet mein gedanck zu fronem grab

II.6 PILGERREISE INS HEILIGE LAND ≫≫≫≫≫≫≫≫≫≫≫≫≫ 1409 – 1410

Den wohl eigentlichen Grund für Oswalds von Wolkenstein kostspielige, beschwerliche und wegen der ›heidnischen‹ Straßenräuber (s.u.; II.6.4) nicht ungefährliche Pilgerreise zu den heiligen Stätten der *cristenhait* (Kl.27,32) in Palästina – außer in der Grabeskirche in Jerusalem (vgl. Abb. I.109) zum ›Ritter des Heiligen Grabes‹ geschlagen zu

[Abb.I.100] DIE DURCH NEIDER GESTÖRTE LIEBESNACHT • Um 1489 • Holzschnitt in Johannes von Capua: *Directorium vitae humanae*. Straßburg: Johannes Prüss, um 1489 (Prag, Nationalmuseum, Abt. Schloßbibliotheken)

werden – können wir aus den besonderen ›Umständen‹ seiner *bulschaft* mit Anna Hausmann erschließen (zumal er sie in einigen Liedern als ›Ursache‹ für seine *vart über mer* indirekt apostrophierte):

Um an obige Ausführungen anzuschließen, darf davon ausgegangen werden, daß ihn nicht nur Anna Hausmann wegen seiner *barschafft* (Kl.2,45) *betorte*, sondern bis zu seinem Tod auch deren auf Verheiratung seiner einzigen Tochter bedachte Vater, Hans Hausmann – und nach dessen Tod Annas Brüder Heinrich, Hans und Georg (vgl. II.4.10)!

Deren gemeinsamem massiven Druck auf Oswald von Wolkenstein, auch ohne große *barschafft* endlich, nach zweijähriger *bulschaft*, diejenige zu heiraten, *mit der ich mich versündet han* (Kl.1,15), weil *in freuden si mir manig nacht verlech ir ermlin blos* (Kl.1,33/34; vgl. Abb. I.100), konnte sich dieser von vier Kindern Hans Hausmanns *betorte* und in die Enge getriebene 32-jährige nur noch durch spontane Flucht aus Brixen entziehen – in einer grauen Pilger*kutten*, mit dem sie [s]*einen leib bedoret* (Kl.18,56), mit der Folge:

Vil manig ding mir do gar ring zu handen ging,
do mich die kappen mit dem lappen [Kapuze/Filzkappe und Kutte] *umbefing,*
zwar vor und leit mir nie kain meit [sic!] *so wol verhing*
(Kl. 18,57/59)

Diese Aktion entsprach Oswalds von Wolkenstein biographischem Muster der Flucht bzw. doppelter Flucht (vgl. auch 1411 Nov.; 1422 Aug. und 1427 März):

1] Im Jahre 1387 floh er aus Brixen und aus dem Elternhaus, um die zwei Jahre als *halber beghart* und den Gottes*minne*-Dienst bei Hans Hausmann zu [be]*ende*[n] (Kl.18,50; 52; vgl. dazu II.1 und II.1.1).

2] Jetzt, im Juni oder Juli 1409, floh er erneut aus Brixen, um den *frauen dienst* (vgl. Kl.18,54) bei dessen Tochter zu [be]*ende*[n], denn Anna Hausmann (mit Hilfe ihrer drei Brüder) *het* [ihm] *die minn erstöret* – weshalb er sich bei Nacht und *nebel* (Kl.18,62), getarnt mit einer *kappen mit dem lappen*, wie ein *ganzer beghart* (!), ganz spontan aufmachte, um *die rechten straß* [nach] *Suria zu fronem grab* (Kl.17,2; 10/11) zu finden.

3] *NB*: Seiner Aussage, daß ihn der *leib* [eines] *zart minnikliche*[n] *weib*[es] *schreibt und treibt gen Josophat* (Kl.51,4/5) – zur Grabstätte Mariens (!) – darf unter Berücksichtigung der wahren ›Umstände‹ (s.o.) also dahingehend Glauben geschenkt werden, daß ihn die angemahnte *barschafft* für zweijährige *bulschaft* aus Not *gen Josophat* trieb, in den Schutz Mariens.

II.6.1; Abb. I.101, S. 158

Legende Herzog Heinrichs des Löwen von Braunschweig. Mitteldeutschland, 3. Viertel des 15. Jhdts

Von rechts nach links:
Abschied des Herzogs von der Herzogin am Stadttor
Fahrt über Meer ins Heilige Land
Der nach der Strandung in eine Pferdehaut eingenähte Herzog wird von einem Greifen entführt
Der Herzog schneidet sich im Greifennest aus der Pferdehaut
Bildteppich (Wolle, Seide), 90 x 200 cm
Basel, Historisches Museum: Inv- Nr 1902.7.a

Vorlage: Gedicht *von dem edeln hern von Bruneczwigk als er über mer fuore* von Michel Wyssenherre (98 Strophen; handschriftlich überliefert 1471/1474).

Inhalt: Der Herzog von Braunschweig erfährt im Traum, daß er das Heilige Land besuchen soll. Er setzt einen Verweser ein und hinterläßt seiner Gemahlin die Hälfte eines Ringes als Erkennungszeichen (vgl. Darstellung Szene 1). Stürmische See verschlägt ihn mit seinem Schiff (vgl. Darstellung Szene 2) an einen Ort, wo das Schiff manövrierunfähig liegen bleibt (Darstellung Szene 3). Alle Reisebegleiter sterben den Hungertod – bis auf einen Knecht, der den Herzog samt dessen Schwert in eine Pferdehaut einnäht. Ein Greif holt den eingenähten Herzog (Darstellung Szene 3) in sein Nest, der sich aber mit seinem Schwert aus der Pferdehaut befreien kann (Darstellung Szene 4).

Da die Teppichwirkerin wohl des Lesens unkundig war, hat sie den Entwurf eines Künstlers umzudrehen vergessen, weshalb die Abfolge samt Schriftband spiegelverkehrt geworden ist.

II.6.2; Abb. I.41/42; 94; 102/110, S. 31/32, 63, 69, 71/73

Bernhard von Breidenbach (um 1440 – 1497 Mainz):
[Opus transmarine peregrinationis ad venerandum et gloriosum sepulcrurn dominicum in Iherusalem... Mainz: Erhard Reuwich, 11. Febr.1486]
[Fart über mer zu de[m] heiligen grab vnsers herren ihesu cristi gen Jerusalem... Mainz: Erhard Reuwich, 21. Juni 1486]
Augsburg: Anton Sorg 1488; 28 x 21 cm
Innsbruck, Universitäts- und Landesbibliothek Tirol: Sign. 157 D 3

Dr.iur. Bernhard von Breidenbach, Mitglied des Mainzer Domkapitels (1477-1491 Kämmerer des Erzbischofs), plante seit 1482 mit dem jungen Grafen Johann(es) zu Solms-Lich (1464-1483) eine gemeinsame Reise ins Heilige Land, wobei frühhumanistischer Wissensdrang das eigentliche Motiv dafür gewesen sein dürfte.

Um Land und Leute kennenzulernen, begaben sich im Frühjahr 1483 der Graf, dessen Lehensmann und Beschützer, Ritter Philipp von Bicken, Bernhard von Breidenbach – *jeder mit sampt synem knecht* – sowie der Utrechter Maler, Zeichner und Drucker Erhard Reuwich, als ›Bildberichterstatter‹ von Merk-Würdigkeiten, für ein 3/4 Jahr auf Pilger- und Bildungsreise: Von Mainz nach Venedig (vgl.

Links oben: [**Abb.I.102**] Erhard Reuwich: TÜRKEN • 1488 • Holzschnitt, koloriert, in Bernhard von Breidenbach: *Fart über mer zu dem heiligen grab* (Kat.II.6.2); *Rechts oben:* [**Abb.I.103**] Erhard Reuwich: ABESSINIER ODER INDIANER • 1488 • Holzschnitt, koloriert, in Bernhard von Breidenbach: *Fart über mer zu dem heiligen grab* (Kat.II.6.2)
Links unten: [**Abb.I.104**] Erhard Reuwich: GRIECHEN • 1488 • Holzschnitt, koloriert, in Bernhard von Breidenbach: *Fart über mer zu dem heiligen grab* (Kat.II.6.2);
Rechts unten: [**Abb.I.105**] Erhard Reuwich: SYRER • 1488 • Holzschnitt, koloriert, in Bernhard von Breidenbach: *Fart über mer zu dem heiligen grab* (Kat.II.6.2)

Abb. I.106), mit einer Galeere *über mer* nach Palästina, weiter nach Jerusalem (vgl. Abb. I.108), wo sich der Reisegruppe der Ulmer Felix Fabri und Paul Walther aus Guglingen anschlossen. Rückreise über das Sinai-Gebirge (Kloster St. Katharina) und Kairo nach Alexandria (wo der Graf starb).

Nach der Rückkehr beauftragte Breidenbach den Pforzheimer Dominikaner Martin Rad (Röth/Roth), seit 1484 Rat der Theologischen Fakultät in Mainz, mit der Ausarbeitung und Gesamtredaktion seiner (und anderer) Reiseaufzeichnungen für die 1486 erfolgten Erstausgaben der lat. und dt. Fassung (unter Breidenbachs Namen!), der bis 1522 weitere 10 Ausgaben folgten (auch in niederländischen, französischen und spanischen Übersetzungen) – wegen der kenntnisreichen und genauen Schilderung von Land und Städten, v.a. aber wegen der vorzüglich gezeichneten und gedruckten Reuwichschen Illustrationen: Holzschnitte von Städten (vgl. Abb. I.42; 106; 108), Landschaften, von Figurengruppen in ihrem alltäglichen Ambiente (vgl. Abb. I.41; 94; 102/105; 107) und von orientalischen Alphabeten.

Zwischen 1334 und 1531 sind allein 154 Reiseberichte von Jerusalem-Pilgern aus dem dt.sprachigen Raum gefertigt worden und überliefert – doch keiner erreichte eine solche Verbreitung wie der von Bernhard von Breidenbach & Martin Rad aus Mainz.

II.6.3; Abb. I.111, S. 70

Neusser Pilgerzeichen. 15. Jhdt
Blei-Zinn-Medaille, ø 8 cm
Wien, Kunsthistorisches Museum, Münzkabinett: Inv.- Nr MK_028809_1914 B

Um sein Wallfahrtsziel sicher erreichen zu können, bediente sich *ain bilgerin* (Kl.90,1) einer ›Schutzkleidung‹, bestehend aus der grauen Pilger*kutten* (Kl.18,56; 62; *lappen*; Kl.18,58; *höggen* = Mantel; Kl. 90,10) mit den *zwai zum Kreuz draufgenät stäbichin* (Kl.90,9), aus der Pilgerkapuze (*die kappen mit dem lappen*; Kl.18, 58) bzw. der breitkrempigen Filzkappe mit daran befestigtem Pilgerzeichen – sowie aus Pilgerstab, Pilgerflasche und aus einem Pilger-Reisesack.

Das vorliegende Pilgerzeichen (eine Mischung aus christlicher Frömmigkeit und heidnischem Aberglauben) stellt den Heiligen Quirinus von Neuss (Diözese Köln) als Ritter in Rüstung, weitem Mantel und mit Barett dar, in der Rechten eine Lanze mit Fahne haltend, in der linken einen Setzschild (Tartsche) mit Wappen.

Diesem Helfer bei Bein- und Fußleiden, Pocken, Geschwulsten und Drüsenerkrankungen zu Ehren entwickelte sich Neuss im 15. Jhdt zum Wallfahrtsort.

[Abb.I.111] Neusser Pilgerzeichen • 15. Jhdt • Blei-Zinn-Medaille (Kat.II.6.3)

PILGERREISE INS HEILIGE LAND 1409 – 1410

Im hailigen land wellen falsch haiden die cristen vbervallen vnd ermorden

RATSCHLÄGE EINES ERFAHRENEN PALÄSTINA-REISENDEN (1409–1410) ⟩⟩⟩⟩⟩⟩⟩⟩⟩⟩⟩ 1426

II.6.4; Abb. I.112, S. 71

Neuhaus, 1426 September 9

(In dorso:) *It(em) slecht sandbrief*

Konzept; Papier, 21,5 x 30,5 cm
Nürnberg, Germanisches Nationalmuseum, Historisches Archiv, Familie Wolkenstein-Rodenegg: Fasz. 19
[Schwob: *Lebenszeugnisse.* Nr 163]

Von Oswalds von Wolkenstein eher unfreiwilligen (s.o.) als freiwilligen ›Pilgerreise‹ (Bußfahrt? Sühnewallfahrt? Oder lediglich ›Kavalierstour‹?) zwischen (frühestens) Juni 1409 und (spätestens) Mitte September 1410 (vgl. III.2.3) erfahren wir aus seinen Liedtexten nur Bruchstückhaftes, das sich aber aufgrund des vorliegenden Briefkonzeptes des erfahrenen Palästina-Reisenden zu einem ungefähren Itinerar seiner Reise kompilieren läßt.

Der Sohn König Ruprechts I. (vgl. II.3.1.1), Ludwig III., der Bärtige (1378-1436), Pfalzgraf bei Rhein, Herzog von Bayern und Kurfürst von der Pfalz – seit Oswalds von Wolkenstein Teilnahme am Konstanzer Konzil (s.u.; III.3.10) mit diesem fast Gleichaltrigen befreundet – trat am 28. August 1426 in Heidelberg (in Begleitung seines Hoftheologen und Rats, Johannes von Frankfurt, und des

[Abb.I.106] Erhard Reuwich: VENEDIG • 1488 • Holzschnitt, koloriert, in Bernhard von Breidenbach: *Fart über mer zu dem heiligen grab* (Kat.II.6.2). – Ausschnitt.

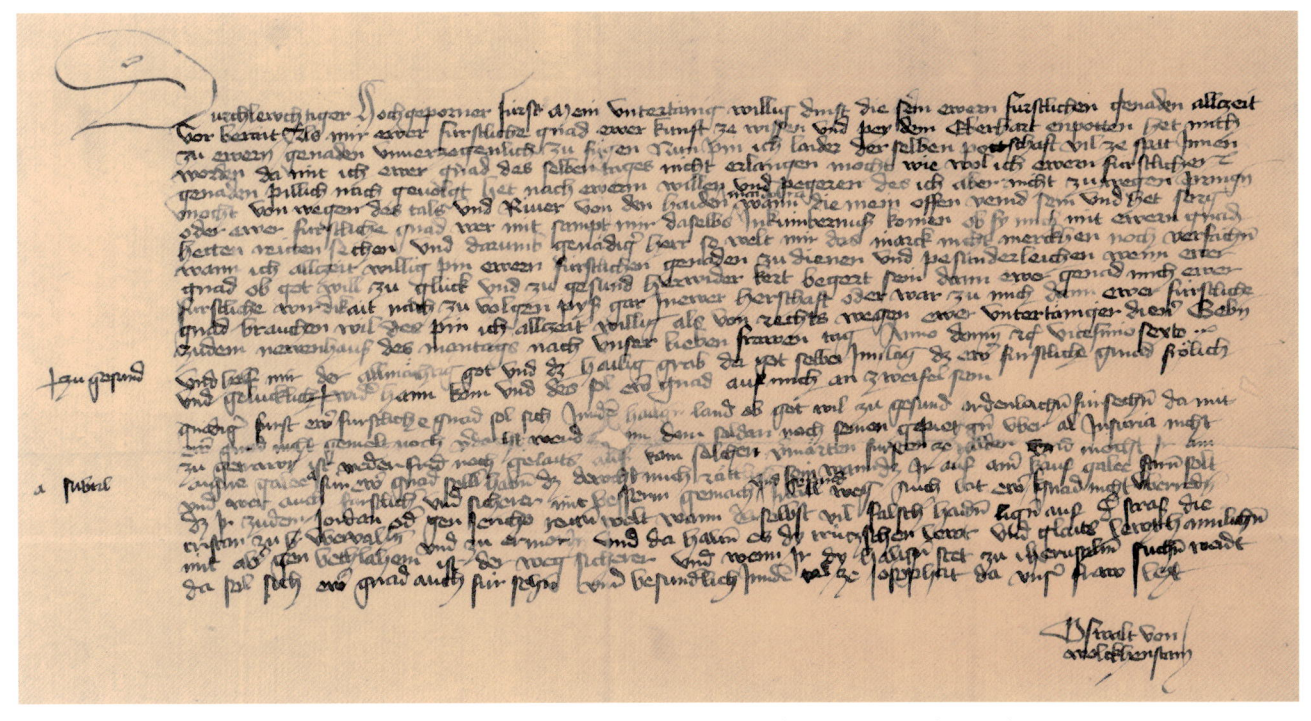

[Abb.I.112] OSWALDS VON WOLKENSTEIN ERFAHRUNGEN ALS PALÄSTINA-REISENDER (1409/1410) • 1426 • Konzept (Kat.II.6.4)

Grafen Johann von Sponheim u.a.) eine Palästina-Reise mit Ziel des *bailig grab, da got selber Inn lag*, an.

In Bruneck angekommen, schickte er einen Boten zu Oswald von Wolkenstein, um diesen Landes- und Sprachkundigen um dessen persönliches ›Geleit‹ durch die Dolomiten (möglicherweise sogar bis Venedig oder gar bis nach Palästina) zu bitten. Da Oswald von Wolkenstein, derzeit auf der Görzer Burg Neuhaus weilend, die Nachricht zu spät erhielt – zudem die *haiden* [Ampezzaner] [s]*ein offen veind sein* – kann er dem *Durchlewchtige*[n] *Hochgeporne*[n] *Fürst* als [s]*ein vntertänig willig dinst* lediglich Ratschläge für dessen Weiterreise erteilen:

Gnädiger fürst, ewer fürstliche gnad sol sich Inn dem hailigen land, ob got wil, zu gesund ordenl[ei]chen fürsehen, damit ewer gnad nicht gemelt [als Kurfürst erkannt] *noch verdacht werd* [von Lösegelderpressern], *wann dem soldan* [Sultan] *noch seinen gepietigern* [Stammesfürsten] *vber al Insuria* [Vereinbarungen] *nicht zu getrawn ist, weder frid noch gelaits, [...] ze halden;*
vnd möcht Ir [in Venedig; vgl. Abb. I.106] *ain aigne galee subtil* [Galeere mit Dreierriemengruppen] *für ewer gnad selber* [alleine] *haben, d[a]z dewcht mich* [aus leidvollen Erfahrungen mit überfüllten Pilgerschiffen] *rättlich sein, wann d[a]z Ir auf einer kauf galee* [gewöhnliche Pilgergaleere mit schlechtem Essen und faulem Wasser] *faren solt, vnd wer auch fürstlicher vnd* [wegen Piraten] *sicherer, mit besserm gemach* [Unterkunft] *vnd gesund In all weis.*
Auch lat ewer gnad nicht [von Dolmetschern und Fremdenführern] *vberreden, d[a]z Ir zu dem Jordan* [wegen eines Bades darin] *oder gen Jericho* [auf Eseln der Sarazenen] *raiten welt, wann daselbst vil falsch haiden* [Sarazenen; vgl. Abb. I.107] *ligen auf der strasz* [Straßenräuber], *die cristen zu vbervallen vnd zu ermorden, vnd da halten es dy trüczschen lewt* [Dolmetscher] *vnd glaits lewt* [Begleiter] *haimlichen mit* [stehen mit den Straßenräubern im Bunde];
aber gen bethlahem [vgl. Kl.35,9/12: *zu Betlaheme ob der*

[Abb.I.107] Erhard Reuwich: SARAZENEN • 1488 • Holzschnitt, koloriert, in Bernhard von Breidenbach: *Fart über mer zu dem heiligen grab* (Kat.II.6.2)

grufft, die spalt (in ain mauer, tieff ain klufft) hab ich gesehen; Kl.126,5/6: *In ainer stat, ist mir wechannt, und haisset Bethlehem genant*] *ist der weg sicherer;*
vnd wenn Ir dy haligen stet zu iherusalem suchen werdt, da sol sich ewer gnad auch für sehen vnd besunderlich Inn dem tal ze Josophat [vgl. Kl.51,5: *dein leib mich schreibt und treibt gen Josophat*], *da unser fraw* [Maria, begraben] *leyt.*

Für Oswalds von Wolkenstein Reiseverlauf ergibt sich wohl folgende mögliche Rekonstruktion (analog II.6.2):

Er nahm im August 1409 in *Venedigk* (Kl.12, 56; vgl. Abb. I.106) eine venezianische *kauf galee* zur (August-) *vart über mer* (von Venedig über Pula, Korfu, Modon, Rhodos nach Jaffa) – wobei er (ein) Aug, aber ganz Ohr bezüglich nautischer Fachausdrücke und Kommandorufe sowie der Windnamen war:

[Anna Hausmann:] »*Var* [sic!], *heng* [da ich dich] *laß, halt in der maß* [sic!],
bis das du vindst die rechten straß;
und kanstu das, so bis dus, morner, weise.

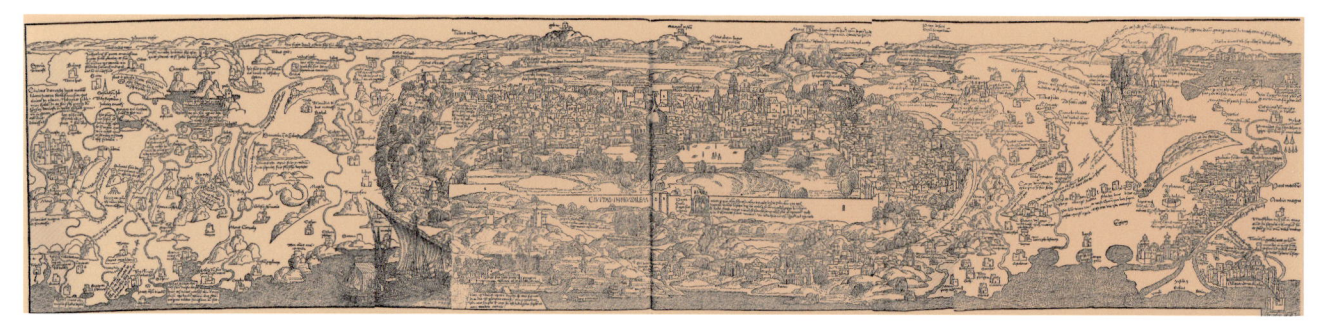

[Abb.I.108] Erhard Reuwich: JERUSALEM UND DAS HEILIGE LAND • 1488 • Holzschnitt, koloriert, in Bernhard von Breidenbach: *Fart über mer zu dem heiligen grab* (Kat.II.6.2).– Ausschnitt.

72

Links: **[Abb.I.109]** Erhard Reuwich: Tempel des Heiligen Grabes in Jerusalem · 1488 · Holzschnitt, koloriert, in Bernhard von Breidenbach: *Fart über mer zu dem heiligen grab* (Kat.II.6.2)

Rechts: **[Abb.I.110]** Erhard Reuwich: Krokodil, Giraffe, Einhorn, ›Capre de India‹, Löwe, Salamander und Kamel 1488 · Holzschnitt, koloriert, in Bernhard von Breidenbach: *Fart über mer zu dem heiligen grab* (Kat.II.6.2)

Sag mir, wo hin stet dir dein sin?
ob ich dir raten [sic!] *kund darinn?* […].«

[Oswald von Wolkenstein:] »*In Suria stet mein gedanck*
zu fronem grab nach deinem rat [sic!] *gar sunder wangk,*
nach deinem dankh [sic!] *so wil ich teglich achten* [sic!].«

[Anna Hausmann:] »*Var hin* [sic!] *mit sitten,*
hüt dich vor [den] *kalamiten,*
seid ich dir raten [sic!] *sol.*«

[Auf der Galeere:]
»*Die bruff ze hant, ker in* ›levant‹ [Ostwind]
und nim ze hilf an allen tant
den wint ›ponant‹ [Westwind] *mitten in dem poppen.*
Des Segels last zeuch an dem mast
hoch auf dem giphel, vach den gast [den Westwind],
timun halt vast und la das schiff nicht noppen.
›*Maistro provenz*‹ [Nordwestwind] *hilft dir voran*
mit gunst des klugen elemente ›trumetan‹ [Nordwind],
›grego‹ [Nordostwind], *man, vor dem so mustu orzen.*
›*Challa potzu, karga*‹ [Cazza poggia! Carga!], *behend!*
Mit der mensur und nach des kimpas firmament
den magnet lent, ›levant‹ [Ostwind] *la dich nicht forzen.*
›*Wassa alabanda!*‹ [Bass alla banda!] – *springen*
teuff in die sutten hinab!
Forton la dich nicht dringen,
du var ee in die hab!
Mag dir die porten werden,
so hütt dich vor der erden,
du wirf den ancker ab. (Kl.17,1/5; 10/12; 17/38)

Nach 5- bis 6-wöchiger Überfahrt (abhängig von den Winden; s.o.) ging die Galeere in Jaffa vor Anker und er wurde (in ca 1 Woche) auf einem Esel von Sarazenen (vgl. Abb. I.107) nach Jerusalem (vgl. Abb. I.108) geleitet – wo er es sich höchstwahrscheinlich nicht entgehen ließ, in der Grabeskirche (vgl. Abb. I.109) von Franziskanern zum ›Ritter des Heiligen Grabes‹ geschlagen werden zu können.

Nach dem Besuch der heiligen Stätten in Jerusalem ritt er nach *Bethlehem* (s.o.) – sicherlich auch nach Jericho (s.o.) und zum Jordan (s.o.) – auf alle Fälle aber zum Grab Mariens im Tal von *Josophat* (vgl. Abb. I.108).

Schon einmal in *Suria*, besuchte er wohl auch *Thomasch und Trippel* (Kl.12,56; Damaskus und Tripolis im nördlichen Syrien) sowie das Katharinenkloster im Sinai-Gebirge – auf seinem Rückweg durch *soldans lant* (Kl. 21,92) nach Alexandria, um von dort aus wieder die *vart über mer* antreten (und sich auf dem Schiff endlich seiner *Pilgerkutten* entledigen) zu können.

II. ADEL UND ERBE VERPFLICHTEN

II.7 Phruentner des Gotshaus ze der Newnstifft

ASYL IM KLOSTER NEUSTIFT ›› 1411

Spätestens Mitte Sept. 1410, nach über einjähriger unfreiwilliger Abwesenheit (vgl. II.6), nach *Brixsen in dem krais* (Kl.25,30) zurückgekehrt, stand Oswalds von Wolkenstein *gedanck* (Kl.17,10) sicherlich nicht nach *dankh* (Kl.17,12) von/bei Anna Hausmann, daß sie (incl. ihre Brüder) ihn *gen Josophat* (Kl. 51,5) ›trieben‹ (!), sondern nach *dankh* des Brixener Bischofs Ulrich I. für seine Dienste (ab Mitte Mai 1409; vgl. II.5.2) als *haubtman des Erwirdigen Gotshaws ze Brichsen* – in der konkreten Form eines Dienstvertrages, der ihm tatsächlich (am 29. Sept. 1410) für 10 Jahre (vgl. III.2.4) ausgestellt wurde.

Wegen *etlich Stózz vnd zwayung* zwischen Dienstherr und Dienstmann sah sich Herzog Friedrich IV. von Österreich, *Graf ze Tyrol*, am 21. Jan. 1411 (vgl. III.2.3) genötigt, ›Zwangsfrieden zu stiften‹ – mit dem Nebenef-

[Abb.I.113] August Podesta (1813-1858): PRAELATUR NEUSTIFT • 1840
Lithographie (Bozen, Landesbibliothek Dr. F. Teßmann)

fekt, daß Bischof Ulrich I. von Brixen seinem selbstbewußten, aber auch eigenmächtig handelnden Angestellten Oswald von Wolkenstein Ende Sept. 1411 das vereinbarte Jahresgehalt von 100 Gulden vorenthielt (vgl. III.2.4).

Durch den diktierten ›Frieden‹ (sowohl vom Herzog als auch vom Bischof) mächtig unter Druck gesetzt (und wohl auch unter ständiger Beobachtung durch deren ›Spione‹), dazuhin in der mißlichen Zwangslage, weder das geerbte Drittel der bischöflichen (!) Burg Hauenstein noch eines seiner Brixener Häuser (weiterhin) als Wohnsitz (bzw. als Zufluchtsort) nutzen zu können (denn damit hätte er sich sofort dem direkten Zugriff des Bischofs unwillentlich ausgesetzt!) – darüberhinaus wohl weiterhin von Anna Hausmann und deren Brüdern wegen verweigerter *barschafft* für *bulschaft* (wenn nicht gar wegen verweigerter Eheschließung) verfolgt – blieb dem wohnsitz- und *barschafft*slosen 34-jährigen Oswald von Wolkenstein (im Herbst 1411) wieder mal nur die Möglichkeit zur Flucht aus dem für ihn mehrfach negativ belasteten und gefährlichen Brixen – diesmal allerdings nicht *über mer gen Josophat*, in den Schutz Mariens, sondern nur über die Rienz *gen dem Chloster Newnstift*, in den Schutz des dortigen Propstes Nikolaus II. von Neustift (1379-1412) und dessen Konvent der Augustiner Chorherren, um diese um Asyl zu bitten.

II.7.1; Abb. I.114, S. 75

[Neustift], 1411 November 2

(Überschrift:) *L(ite)ra p(ro) p(rae)b(e)nda d(omi)no Oswaldo Wolk(e)nstain(er) danda*

Registereintrag (1. Hälfte des 15. Jhdts); Papier, 30,5 x 22,8 cm
Neustift, Augustiner Chorherrenstift, Stiftsarchiv: Codex 5 c, Registratura vetus III, Liber literarum III. Fol. 254 verso – 255 recto
[Schwob: *Lebenszeugnisse*. Nr 55]

Aufgrund *sein, seiner brúder vnd frewnde* [vgl. I.3.1] *fúdrung vnd dienst willen, so si vns vnd dem Chloster erzaigt vnd getan habent* – aber wohl v.a. wegen der *von Im enphangen vnd Ingenomen Anderthalb hundert march perner guter meraner múntz* [...] *ze nucz vnd ze frum vnserem Gotshaus ze der Newnstifft* – gewährten Nicklas, von gots verhengnusz [sic!] Brobst ze der Newnstift, Christan, Techant, vnd der gancz Convent daselben [...], dem Edlen vnd vesten,

herrn Oswalten von Wolkenstain, am 2. November 1411 das in seiner Not (aus politischen und persönlichen Gründen) von ihnen erbetene Asyl in dem Mitte des 12. Jhdts (*ad gracias sanctae Mariae!*) gegründeten Augustiner Chorherrenstift Neustift bei Brixen.

Mit dem nur als Registereintrag überlieferten *offen brief bechennen die obgenanten*, daß sie

In [O.v.W.] *vnd zwen chnecht in genomen haben zu phruentnérn vnd haben im auch sein lebtag vnser haws* [Pfründnerhaus] *vnd hofstat gelassen, daz da leit zwischen sand Margreten Capellen vnd hern Jórgen des Sebnérs haws* [ident. mit *Jörg, dem Sebner*, Anna Hausmanns Siegler von deren Verkaufsbrief bezügl. eines halben Eigengutes in der Malgrei St. Johannes von Völs am Schlern vom 5. Juli 1416?!]

vnd sol der egenant herr Oswalt alweg die Wal haben, [ob] er ezze mit vns obgenantem Brobst Niklasen, oder wer dan Brobst ist, auz vnser schüssel, vnd darzu so sollen wir Im dan altag tágleich zwo mass wein geben zwischen malen [sic!], vnd sein zwen chnecht, die sullent mit vnsern Chamreren vnd dienern essen vnd trinkchen [...].

Wér aber, das er selb mit vns nicht essen wolt, so sol man Im ausz vnser chuchen alltag des morgens vyer [!] essen geben vnd des nachtes drew [!] vnd prots genug [...] vnd drew [!] mass wein auf den tag [...].

Vnd [wir] sullen Im auch holcz genug geben auf den herd vnd In den ofen [...].

Wér auch, daz der obgenant herr Oswalt das egenant haws [sein Pfründnerhaus] *pawen* [ausbauen] *oder pessern* [renovieren] *würde, so sullen wir den arbaitern ze essen vnd ze trinkchen geben [...], vnd er sol den Zeug* [Material] *vnd den lon auszrichten vnd bezahlen [sic!].*

Ob der obgenant herr Oswalt [incl. seine beiden Knechte] *dhaim In dem Chloster nicht wér vnd die phrúnde* [Essen, Trinken, Holz] *nicht Innéme [...], so sein wir in* [den Dreien] *nicht schuldig dafúr icht ze geben* [sic!]*.*

Wér aber, das er seiner chnecht ainen oder die zwen In dem Chloster liezz, so er nicht dahaim in dem Chloster wér, so sullen wir in [den Knechten] *dannocht die phrúnt geben sein lebtag in aller der masz [...].*

[Abb.I.114] Aufnahme im Kloster Neustift als Pfründner • 1411 • Registereintrag, 1. Hälfte 15. Jhdt (Kat.II.7.1)

[Abb.I.115] Das Pfründnerhaus des Klosters Neustift • Foto, 2010 (Privatbesitz)

Vnd also haben wir [...] herrn Oswalten das sein lebtag versprochen vnd verhaissen [...], Im sein lebtag getrewleich ze volfúren vnd ze volbringen an alles geuérd.

Daß sich Oswald von Wolkenstein gerade dieses Kloster zur Einpfründung aussuchte, hatte (abgesehen von der Nähe zu seinem ›Dienstort‹, dem *Gotshaws ze Brichsen*) wohl weitere triftige Gründe:

1] Besaß dieses Kloster ein altes Asylrecht innerhalb seiner Mauern (vgl. II.7.8); darüber hinaus war Propst Nikolaus II. von Neustift ein streitbarer Vertreter seines Klosters und *kein* ›Vertrauter‹ des Bischofs – und das Augustiner Chorherrenstift gehörte nicht zum Hochstift Brixen, sondern zur Grafschaft Tirol, dessen Landesherrn er zahlreiche Privilegien abtrotzen konnte.

2] War das Kloster durch das vom Papst (1143) verliehene Begräbnisrecht für Fremde (vgl. I.3.1) zu großem Reichtum gelangt und verfügte über beträchtlichen Grundbesitz im Eisack- und im Pustertal, von dessen Einkünften (der meist in Erbpacht vergebenen Güter) das ›Personal‹ und die Aufgaben des Klosters (u.a. die Stiftsschule, die Musikschule für Choralgesang, das Skriptorium und die Bibliothek) finanziert werden konnten.

3] War das Kloster aufgrund landwirtschaftlicher Eigenbetriebe relativ autark und konnte auch Pfründnern ausreichend Essen und Trinken (s.o.) gewährleisten.

4] War es für Oswald von Wolkenstein darüberhinaus von großem Interesse, da ihm gerade dieses

Kloster nicht nur einen einigermaßen sicheren Wohnsitz samt täglicher Verpflegung bieten, sondern auch seinen Hunger nach geistiger (wohl weniger nach geistlicher) Nahrung stillen konnte: Durch Gespräche mit dem Propst beim gemeinsamen Essen (s.o.), bzw. mit dem Dechanten oder mit den Chorherren, und durch die Möglichkeit zur Nutzung des Skriptoriums und v.a. der hervorragend ausgestatteten Stiftsbibliothek.

[Inwieweit er seine literarischen und v.a. musikalischen Kenntnisse der Nutzung der Bibliothek und Anregungen der Musikschule des kulturell äußerst regen Klosters verdankte, bedarf noch intensiver Forschung.]

Mit den búchern alt, die man teglich bessern tut, ist meniklich behut
AUS DER BIBLIOTHEK UND DEM SKRIPTORIUM DES KLOSTERS NEUSTIFT ⟩⟩⟩⟩⟩⟩⟩⟩⟩⟩⟩⟩⟩⟩⟩

II.7.2; Abb. I.116, S. 161

Guillaume (Guillelmus) Durant (Duranti[s]) d.Ä., genannt *Speculator* (Puimoisson / Languedoc um 1235 – 1296 Rom):
Speculum iudiciale (Spiegel des Rechts) [Vor 1276 / 1289-1291]
Illuminierter Codex des 14. Jhdts, 41 x 29 cm
Neustift, Augustiner Chorherrenstift, Stiftsbibliothek: Ohne Inv.- Nr

Aufgeschlagen: Die Krönung Mariens im Himmel

Verfasser: Kleriker, dann Kanoniker in Narbonne. Studierte in Lyon, ab ca 1255 in Bologna (Promotion), und lehrte in Modena. Unter Papst Clemens IV. trat er um 1262 als päpstlicher Kapellan in den Dienst der Kurie und wurde *auditor*. Legat in Bologna und in der Romagna, wo er die Kämpfe zwischen Guelfen und Ghibellinen schlichtete.

Ab 1285 Bischof von Mende, ab 1295 Rektor der Mark Ancona und der Romagna. Verfasser liturgischer und kanonistischer Werke (s.u.).

Speculum iudiciale: Mit diesem kanonistischen Werk erreichte das gelehrte Prozeßrecht seinen Höhepunkt und Abschluß, da Duranti(s) damit eine umfassende Wiedergabe (z.T. Abschriften ohne Quellenangaben) der gesamten prozeßrechtlichen Literatur lieferte, mit besonderer Berücksichtigung der Praxis und des Formelwesens (nach Formelbüchern der päpstlichen Kanzlei). Durantis Hauptwerk stand vom 13. bis zum 17. Jhdt in hohem Ansehen und erlebte bis 1678 über 50 Redaktionen bzw. Auflagen.

NB: Es ist mit hoher Wahrscheinlichkeit davon auszugehen, daß Oswald von Wolkenstein als Rechtskenner und -praktiker (vgl. dazu seine Reimpaarrede von 1438; Kl.112) diesen Codex des *geschriben recht* eingesehen und dessen Berücksichtigung in der Rechtspraxis empfohlen hat: *Das man da halt / geschriben [recht] nach den*

büchern alt, / und die man teglich bessern tut, / darinn ist meniklich behut, / wo man die füret lauter, rain, / beckenn ich, Oswalt Wolckenstain. (Kl.112, 405/410).

II.7.3; Abb. I.117, S. 160

Speculum humanae salvationis (Spiegel menschlichen Heils). 1324
Codex mit kolorierten Federzeichnungen des 14./15. Jhdts, 30 x 22,5 cm
Neustift, Augustiner Chorherrenstift, Stiftsbibliothek: Inv.- Nr 166

Aufgeschlagen: Die Heiligen Drei Könige aus dem Morgenland huldigen dem Christuskind

Der am weitesten verbreitete Vertreter der großen heilsgeschichtlichen typologischen Text- und Bildwerke des frühen 14. Jhdts, überliefert in rund 300 lateinischen Handschriften sowie in Blockbüchern und in Inkunabeln.

Das Kompilat aus Texten von Thomas von Aquin, Hugo Ripelin von Straßburg, Petrus Comestor, Jacobus de Voragine (*Legenda aurea*) und von Valerius Maximus sowie aus den *Gesta romanorum* ist streng gegliedert: Zu jedem Antitypus des NT wurden drei Typen des AT (auch außerbiblische) und 25 Verse Text gestellt, die wegen ihrer Allgemeinaussagen zur Bestimmung des Menschen, zum Verhältnis von Mann und Frau und zum Heilsplan Gottes (incl. katechetischer Belehrungen) über die reine Erläuterung der typologischen Entsprechungen weit hinausgingen.

Der ursprüngliche Textbestand umfaßte 34 Kapitel mit 136 Miniaturen (analog der *Biblia pauperum*, als deren Weiterführung dieses Werk wohl entstanden ist) und wurde (von Ludolf von Sachsen?) auf 45 Kapitel mit 192 Miniaturen erweitert – mit Zusätzen aus dem Marienleben und mit drei mystischen Traktaten über die sieben Leidensstationen Christi, über die sieben Schmerzen und die sieben Freuden Mariae.

Die Ikonographie des *Speculum humanae salvationis* war für Künstler des Spätmittelalters und der frühen Neuzeit nördlich der Alpen (nicht Italiens) eine wichtige Quelle für Tafelmalerei (Jan van Eyck, Rogier van der Weyden, Dieric Bouts, Konrad Witz) und für Wand- und Glasmalerei sowie für Bildstickerei (Heilsspiegel-Teppich im Kloster Wienhausen, um 1430).

II.7.4; Abb. I.118, S. 161

Graduale. Neustift 1442

Schreiber, Miniator und Rubrikator: Der aus dem Kloster Langenzenn (bei Nürnberg) stammende Neustifter Chorherr Friedrich Zollner († 1449)
Auftraggeber: Propst Nikolaus III. Scheiber von Hall (1439-1449)
Pergament-Codex mit 13 Figuralminiaturen für die hohen Feste des Kirchenjahres und unzählige gestaltete Initialen; 315 Bl., 75 x 50 cm
Neustift, Augustiner Chorherrenstift, Stiftsbibliothek: Ohne Inv.- Nr

Aufgeschlagen: Der reiche Fischfang (Initiale)

Auftraggeber: Für diesen Neustifter Propst klärte Oswald von Wolkenstein in den Jahren 1442/43 das Kloster betreffende Rechtsstreitigkeiten (vgl. Schwob: *Lebenszeugnisse*. Nr 354, 367/68, 373, 394/95) als Obmann eines Schiedsgerichtes. Nach dessen Tod (1445) quittierte Propst Nikolaus den Empfang von 50 Mark Berner, die der Verstorbene dem Stift testamentarisch vermacht hatte, und bestätigte Margarethe von Schwangau und ihren fünf Söhnen deren Bezahlung der Bestattungskosten (vgl. II.8.6).
Graduale: Liturgische Handschrift mit Text und Noten der nicht vom Priester auszuführenden Gesänge der Messe, nach dem Kirchenjahr wechselnd und geordnet in: *Proprium de tempore, Commune sanctorum, Proprium de sanctis*. Im Spätmittelalter meist beigebunden: *Ordinarium missae (Kyriale)* und/oder ein *Sequentiar*. Vom Miniator wurden Initialen und Textspiegelränder ausgeschmückt: Neben dem Anfang des *Graduale* (Introitus zum 1.Advent) die weiteren hohen Festtage des Kirchenjahres.

II.7.5; Abb. I.119, S. 160

Stundenbuch. Neustift 1469

Schreiber: Georg Hölzl
Auftraggeber: Caspar Neuhauser (Klausen)
Illuminierter Codex, 18 x 15 cm
Neustift, Augustiner Chorherrenstift, Stiftsbibliothek: Ohne Inv.- Nr

Aufgeschlagen: Mariae Verkündigung und Heimsuchung sowie Christi Geburt

Stundenbuch (Horarium / Livre d'Heures / Book of hours): Laienbrevier mit liturgischen Gebeten für die einzelnen kirchlichen Gebetszeiten (*Horen*). Im Gegensatz zum *Brevier* (Gebetbuch des Klerus), das für jeden Tag des Kirchenjahres eigene Texte vorsah, entsprach das *Stundenbuch*, als privates Andachtsbuch der Laien, dem *officium parvum* (Stundengebet) in Frauenklöstern. Da die Zusammenstellung der Gebete nicht von der Kirche überwacht wurde, sind Stundenbücher wichtige Zeugnisse der Laienfrömmigkeit ab dem 13. Jhdt und verdrängten den *Psalter* als Gebetbuch jedes gläubigen Christen. Im 15. Jhdt entfaltete die europäische Buchmalerei gerade in Stundenbüchern ihre letzte Blüte (vgl. Stundenbuch Kaiser Maximilians I.).

Sex pfhundt perner gelcz jérleich zu einem ewigen licht néchticleich
FROMME STIFTUNG FÜR NEUSTIFTER FRIEDHOFSKAPELLE ⟫⟫⟫⟫⟫⟫⟫⟫⟫⟫⟫⟫⟫⟫⟫⟫⟫⟫⟫⟫⟫⟫⟫⟫⟫ **1419**

II.7.6 [II.2.6]; Abb. I.120, S. 79

Neustift, 1419 November 20

(In dorso:) *1419. / L(ite)ra de duab(us) Galet(is) dat(is) p(er) d(o)my(num) Oswaldum de Wolkchenstain ad Ecc(lesi)a(m) s(anc)te Margarete v(ir)g(in)is cui r(e)graciatur de b(e)n(e)ficijs ab ea p(er)cept(is)*

Orig.urkunde; Pergament, 17 x 28 cm; Plica, 4,2 x 28 cm
Siegel Oswalds von Wolkenstein (Abb.I.123); grün ø 3 cm
Neustift, Augustiner Chorherrenstift, Stiftsarchiv: Inv.– Nr WW.73.
[Schwob: *Lebenszeugnisse*. Nr 92]

Obwohl Oswald von Wolkenstein nach seiner Heirat (1417) mit Margarethe von Schwangau und dem Bezug (1418) der zu zwei Dritteln von ihm annektierten Burg Hauenstein sein Pfründnerhaus in Neustift nur noch bei Dienstgeschäften in *Brixen in dem krais* (Kl.25,30) als vorübergehende ›Residenz‹ (oder Zufluchtsort aus diversen Gründen) genutzt haben dürfte, entschloß er sich zu einer frommen Stiftung zugunsten der Friedhofskapelle des Klosters (wegen dessen neuer Führung durch Heinrich IV. Milauner [1419-1427]?):

Ich Oswaldt von Wolkenstain vergich offenleich mit disem briff [...], daz ich [...] geschaffen vnd geaygent han vnd geben sex pfhundt perner gelcz [jérleich] *aus* [mein rechts aygen] *haws, das da gelegen ist zu Brixen in der Stat gegen dem freithoff* [Friedhof] *vber* [...], *Auf dy Capellen, dy da Stet zun der Newnstift auf dem fertthof* [Friedhof] *vnd stost an das* [Pfründner-] *haws, das mir* [1411; vgl. II.7.1] *mein lebtag verlichen ist, vnd Rast dar in* [ruht darin!] *dy lieb vnd edel Junchfraw Sand Margaretha* [gemeint: deren Gebeine]. [...]
Mit dem geding, das man der Selben vorgenanten kirchen [Capellen] *vnd der heiligen Junchfrawn Sandt Margarethen Jérleich vnd* [vmb] *fünff pfhundt perner gelcz chawffen vnd pastellen sol* [...] *zwo gélten Öls zu einem ewigen licht, davon dy Selbig Capellen peláwcht werdt néchticleich von einem Mesner, der darvmb daz séchs pfhundt perner enphahen sol von dem ausrichter dez lichts* [...].

Daß Oswald von Wolkenstein der Patronin der Friedhofskapelle, der Heiligen Margarethe (Nothelferin und Retterin von Frauen aus Todesgefahr), dieses ewige Nachtlicht stiftete, hatte außer politisch-taktischen Gründen gegenüber dem neuen Propst, dem Kanzler Herzog Friedrichs IV. (!), auch ganz persönliche:

1] Als Dank an die Namenspatronin seiner Ehefrau, Margarethe von Schwangau, für empfangene Wohltaten (vgl. In dorso-Vermerk), d.h. wohl dafür, daß er diese *stolze Swábin* (Kl.110,10) gefunden hat, und daß diese *frau, geboren hoch* (Kl.110,2), *an der* [er] *nie kain tadel vand, / die* [seinem] *herzen ist vermért / für alle, die* [er] *ie erkant* [!] (Kl.110,11/13), ihn 1417 geheiratet hat.

2] Als Bitte an ihre Namenspatronin, sein *ausserweltes G* (Kl.68,11) zukünftig zu beschützen
   a] in Notsituationen: Im Zusammenhang mit Ehemann und Kindern, mit ihrer Familie, mit Oswalds von Wolkenstein zahlreichen Gegnern im Land, z.B. Herzog Friedrich IV. von Österreich und dessen Vertrauensleute, der neue Brixener Bischof, Berthold I. von Bückelsburg (1418-1427), und der neue Neustifter Propst – sowie die nicht zu unterschätzende eifersüchtige Anna Hausmann (die ihm laut Rechnungsbuch von 1418 sogar 25 Dukaten und 24 Pfund und 7 Kreuzer schuldete!);
   b] vor Revanche Anna Hausmanns an Margarethe von Schwangau, weil diese *zärtlich erschoß, entsloß all* [seine] *band* [zu ihr mit] *lieber band* (Kl.68,4; 2);
   c] vor Revanche Barbaras von Hauenstein und deren Ehemannes, Martin Jäger, wegen der im Sommer 1418 vorgenommenen ›Instandbesetzung‹ der ganzen Burg Hauenstein (vgl. II.3.2);
   d] vor Todesgefahren jeglicher Art, besonders bei schweren Erkrankungen und bei Entbindungen.

ASYL IM KLOSTER NEUSTIFT 1411 · 1419 – 1433

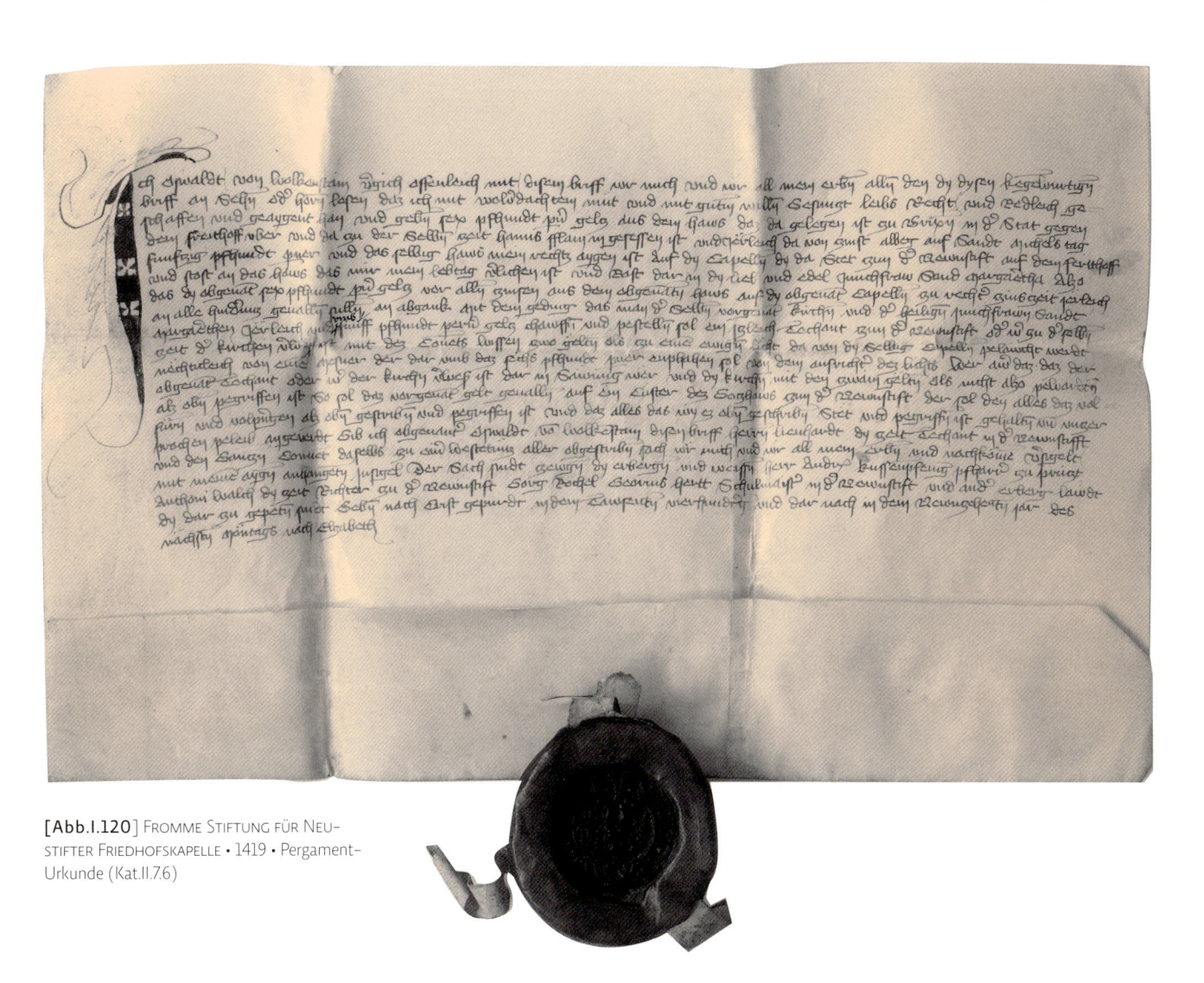

[Abb.I.120] Fromme Stiftung für Neustifter Friedhofskapelle • 1419 • Pergament-Urkunde (Kat.II.7.6)

Der edl vnd veste Ritter, Her Oswalt von Wolkchenstain, geczeuge

RANGHÖCHSTER ZEUGE FÜR DEN NEUSTIFTER RICHTER 1433

II.7.7; Abb. I.121, S. 80

Neustift, 1433 März 4
(In dorso:) *holz Außziech(en) bey trieben waßer*
Orig.urkunde; Papier, 21,5 x 34 cm
Brixen, Diözesanarchiv, Urkundenreihe des Unteren Spitals: Inv.- Nr 555
[Schwob: *Lebenszeugnisse*. Nr 239]

Im Februar 1433, nach einjähriger Abwesenheit wegen Erfüllung von Sonderaufträgen König Sigmunds in Rom und in Basel (vgl. III.3.19/20), nach Tirol zurückgekehrt, bot sich dem Rechtskenner Oswald von Wolkenstein in Neustift die Möglichkeit, als ranghöchster Zeuge einer eidlich beschworenen Rechtsauskunft betreffend bayerisches Recht beizuwohnen, um ein (erhofftes) Kontrastprogramm zu erleben – zu dem, was er jüngst *zu Rom ervaren* [hat], *wann anderswo in kurzen jaren*:

recht zu unrecht, unrecht zu recht
si machen kunnen krump und slecht.
aufsätz, trugnuß, loica spil
lernt man zu Rom, wie vil man wil (Kl.112,189/194)

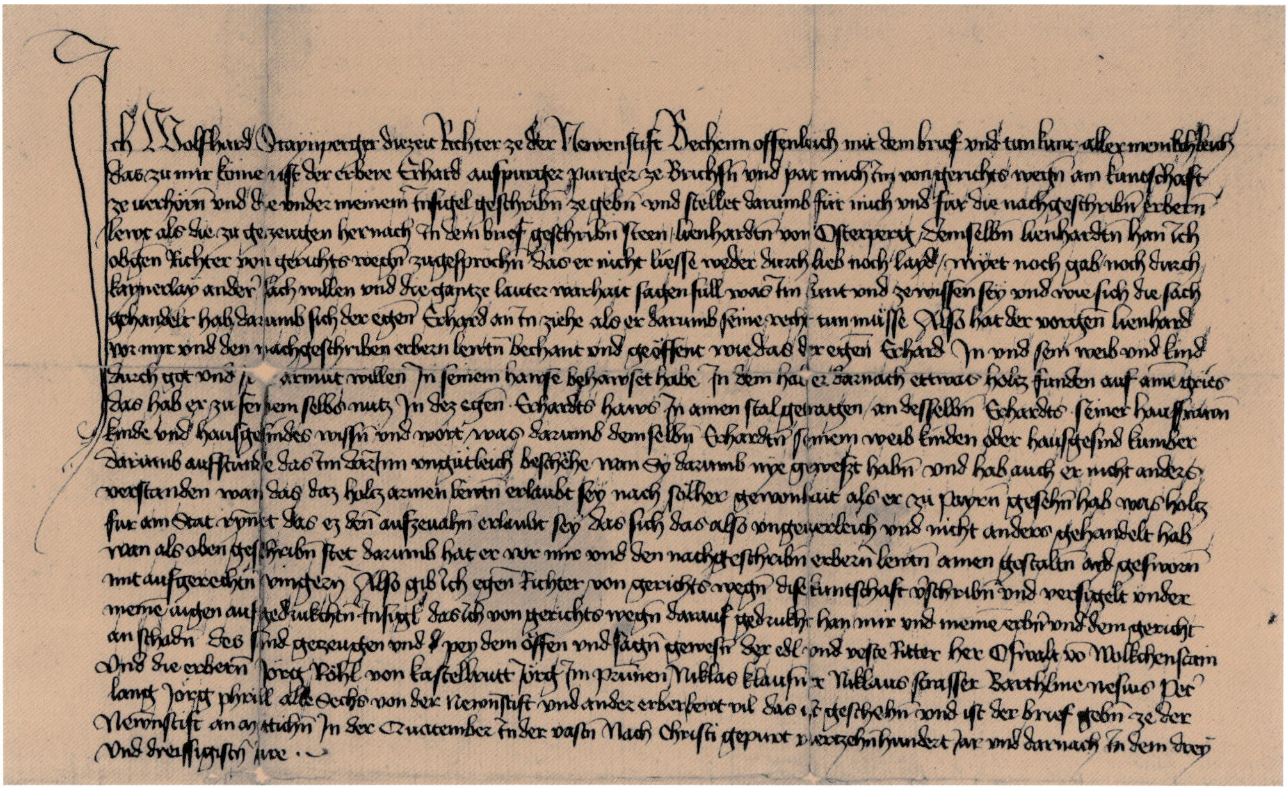

[Abb.I.121] EIDLICH BESCHWORENE RECHTSAUSKUNFT • 1433 • Papier-Urkunde (Kat.II.7.7)

Wolfhard Staynperger, diezeit Richter ze der Newenstift, wurde von *dem erbere*[n] *Erhard auspurger* [Augsburger], *purger ze Brichsen* und daselbst Vermieter, gebeten, *im von gerichts wegen ain kuntschaft ze verhören*, weshalb er dessen aus Bayern stammenden Mieter, Leonhard von Osterberg, befragte, der unter Eid *die gantze lauter warhait* zu Protokoll gab:

Das der egenante Erhard In vnd sein weib vnd kind durch got vnd seiner armut willen In seinem hawse behawset habe. [Bei] *dem hab er darnach ettwas holcz funden auf ainem gries* [Sandbank am Zusammenfluß von Eisack und Rienz], *das hab er zu seinem selbs nutz In dez egenanten Erhardts haws In ainen stal getragen, an* [ohne] *desselben Erhardts, seiner Hausfrawen, kinde vnd hausgesindes wissen vnd wort, was darumb demselben Erhardten* [...] *kumber darumb aufstunde, das Im darInn vngútleich beschéhe* [vom Unteren Spital zum Heiligen Kreuz am Zusammenfluß von Eisack und Rienz], *wan* [aber er] *hab auch nicht anders verstanden, wan* [als] *das daz holcz armen léwten erlaubt sey* [aufzusammeln], *nach sólher gewonhait als er zu Payern gesehen hab, was holcz fúr ain Stat rynnet, das ez denn aufzevahen* [aufzufangen] *erlaubt sey.*

Vom kayser zu ainem gewaltigen executoren vnd Inbringer geseczt
KAISERLICHER VERTEIDIGER KLÖSTERLICHER PRIVILEGIEN 〉〉〉〉〉〉〉〉〉〉〉〉〉〉〉〉〉〉〉〉〉〉〉〉〉〉 1434

II.7.8; Abb. I.122/123, S. 162

Ulm, 1434 Juni 14
(In dorso:) *1434 / L(ite)ra d(o)m(ini) Oswaldi Wolkestain(er) milit(is) sup(er) execut(i)on(em) pene imp(er)ial(is)*
(Plica:) **Ad ma(n)datu(m) d(o)m(ini) Imp(er)ator(is) d(omino) Caspare** [Schlick] **/ Cancell(ario) r(e)f(er)en(do) Petr(o) kalde p(rae)p(osi)to Northus(iensis)**

Transsumpt; Pergament, 32 x 37,2 cm; Plica, 6,5 x 37,2 cm
Siegel von Oswald von Wolkenstein (vgl. Abb.I.123); schwarz ø 3 cm
Neustift, Augustiner Chorherrenstift, Stiftsarchiv: TT.54.
[Schwob: *Lebenszeugnisse*. Nr 251]

Als *diener vnd Rat* des am 31. Mai 1433 in Rom zum *Römische*[n] *Keyser* gekrönten *Kúnig Sigmund* (vgl. III.3.21) nahm der 57-jährige Oswald von Wolkenstein ab Ende Mai 1434 am Reichstag in Ulm teil – weniger in Angelegenheiten des Reiches, sondern hauptsächlich in eigenen und als Fürsprecher des Neustifter Propstes Ulrich II. Weingartner aus Schabs:

1] Wollte er sich dort seinen ausstehenden Lohn für frühere Dienste im Auftrag seines *gnedigiste*[n] *herr*[n] – von Januar 1432 (vgl. III.3.19) bis Februar 1433 in der Lombardei, in Rom und beim Basler Konzil (vgl. III.3.20) – abholen.
2] Wollte er Kaiser Sigmund darum bitten, als Lebensträger seiner Ehefrau, Margarethe von Schwangau, mit deren Anteil an den Schwangauischen Reichslehen belehnt zu werden – um dadurch formell Lebensträger des Reiches *und* damit Reichsritter werden zu können (vgl. III.3.24).
3] Wollte er dort Graf Heinrich IV. von Görz treffen, um über die gewünschte Pflegschaft im Pustertal zu verhandeln (vgl. III.6.1).

Für das Augustiner Chorherrenstift Neustift konnte dessen Pfründner Oswald von Wolkenstein dem Kaiser, dessen Kanzler Kaspar Schlick und dessen Protonotar Peter Kalde (beides Freunde des Wolkensteiners) bereits zu Beginn des Ulmer Reichtages drei Urkunden abringen:

1] Am 6. Juni 1434: Eine Bestätigung für *Closter vnd Gotshus zu der Newenstifft* all seiner früheren *freyhait, privilegia, brief* und Gnadenerweise von Kaisern, Königen, Herzögen, Grafen, Bischöfen und Herren.
Zusätzlich zu den Besitz- und Gerichtsrechten – und sicherlich von Oswald von Wolkenstein aus Eigennutz (s.u.) vorgeschlagen! – die Bestätigung des alten Asylrechtes innerhalb der Klostermauern (vgl. II.7.1) und die Anhebung der Geldbußen für Übergriffe auf das Augustiner Chorherrenstift Neustift um 100 Mark in reinem Gold, wovon 50 Goldmark an Kaiser und Reich fallen sollten, je 25 Goldmark an das Kloster sowie an den Landesherrn.
2] Am 14. Juni 1434: Eine Vollmacht Kaiser Sigmunds für Oswald von Wolkenstein und dessen männliche Erben zur Einziehung der 50 Goldmark (s.o.) für die Reichskammer – da dieser sich wohl dafür angeboten hatte, und weil der *Römische kayser* [...] *zu dem Edeln Oswalden wolkenstainer Ritter, vnserm Rate vnd lieben getrewen, besunder gut getrawen* habe.
3] Am 14. Juni 1434: Eine beglaubigte Abschrift (II.7.8) der kaiserlichen Kanzlei seiner ehrenvollen kaiserlichen Bestellung (s.o.) *zu ainem gewaltigen executoren vnd Inbringer* des Reiches von Strafgeldern im Falle von Übergriffen auf das *wirdige gotshawse ze der Newenstift* sowie zum Verteidiger der vom Kaiser (am 6. Juni 1434) erneuerten Privilegien des Augustiner Chorherrenstiftes Neustift.

IcH Oswald von Wolkenstain Ritter ließ es sich (natürlich) nicht nehmen, das besonders sorgfältig geschriebene Transsumpt der vom Kaiser gesiegelten Originalurkunde (vom 14. Juni 1434) für das Stiftsarchiv Neustift von der kaiserlichen Kanzlei mit einer neunzeiligen Vorrede (mit kunstvoll ausgeführter Initiale) versehen zu lassen – denn diese Bestellung war nicht nur eine weitere erklommene Sprosse auf seiner Karriereleiter vom kleinen Tiroler Landherr zum *diener vnd Rat* des früheren Königs und jetzigen Kaisers, sondern der vom einst asylsuchenden Pfründner (vgl. II.7.1) zum *gewaltigen* Beschützer des Klosters avancierte Reichsritter konnte nach Rückkehr aus Ulm (im Aug. 1434) mit diesem kaiserlichen Dokument in Neustift (aber auch in Brixen und in ganz Tirol) mächtig renommieren.

III. AUFSTIEGSVERSUCHE DES ZWEITGEBORENEN

III.3 Tzu vnserm diener vnd hofgesinde vfgenomen

DIENER UND RAT KÖNIG SIGMUNDS 〉〉〉〉〉〉〉〉〉〉〉〉〉〉〉〉〉〉〉〉〉〉〉〉〉〉〉〉〉〉〉〉〉〉〉〉 1415 – 1420

Seit Nov. 1411 (vgl. II.7) vom Pfründnerhaus des Klosters Neustift aus seinen Dienstvertrag (vgl. III.2.3) mit dem Brixener Bischof Ulrich I. nach ›Vorschrift‹ erfüllend, setzte Oswald von Wolkenstein wegen des von Herzog Friedrich IV. von Österreich angeordneten Zwangsfriedens (vgl. III.2.3) alles dran, um aus dem 10-jährigen Vertrag mit dem Brixener Bischof vorzeitig herauszukommen – was ihm laut *spruchbrief* vom 9. Okt. 1413 (vgl. III.2.4) tatsächlich auch gelang, weshalb er nur noch bis zum 29. Sept. 1415 *als ein erber Gotshaws man vnserm herrn, dem Bischof, getrewleich diene*[n] mußte.

Daß Oswald von Wolkenstein bei seiner Forderung nach vorzeitiger Zahlung seines Jahreslohnes für 10 Jahre Dienst (nach nur drei Dienstjahren) dabei sehr hoch gepokert hatte, dürfte wohl König Sigmunds Besuch in Bozen, Brixen und in Meran im Juli 1413 geschuldet gewesen sein, der dem Tirol-Kenner und Gegner Herzog Friedrichs IV. von Österreich ein künftiges Dienstverhältnis als *diener* und Berater in Tiroler Angelegenheiten in Aussicht gestellt haben dürfte – zumal ihm Oswald von Wolkenstein bereits im Sept. 1396 (vgl. II.1.6) und im Venedig-Krieg (Herbst 1412 bis Frühjahr 1413) *getrúe, willige, vnuerdrossne vnd anneme dienst* (III.3.1) geleistet hatte.

Zunächst mußte *der Edl vnd vest Junchher Oswald von Wolkhenstain* (III. 2.4) aber noch für seinen *gnedige*[n] *herr*[n] in Brixen den vereinbarten Dienst ableisten – doch bereits im April und im Mai des Jahres 1414 verschaffte er sich durch Verkäufe Bargeld, um auf eine entsprechende Depesche des Königs (s.u.) vorbereitet und sofort abmarschbereit zu sein, galt es doch, dem verminten *krais zu Brixen* (Kl.25,30), je früher, desto besser, zu entfliehen.

Der geschickten Diplomatie von König Sigmund (vgl. Abb. I.138 und 139) verdankte der in Lauerposition verharrende *Gotshaws man* die erhoffte Abberufung aus der Tiroler Bischofsstadt, denn der zu allem entschlossene, nur neun Jahre ältere König (1368 geb.; in Nürnberg?) konnte im Dez. 1413 den Pisaner Papst Johannes XXIII. (vgl. Abb. I.124

[Abb.I.124 Der bei Schnee auf dem Arlberg umgestürzte Reisewagen des Papstes Johannes XXIII. (Vor 27. Okt. 1414) • Um 1465 • Kolorierte Federzeichnung in Ulrich Richental: *Chronik* des Konstanzer Konzils. Fol. 9 recto (Kat.III.3.10). – Kommentar des Papstes: *Jacio hic in nomine diaboli (Ich lig hie im namen des tüffels)*

DIENER UND RAT KÖNIG SIGMUNDS 1415 – 1420 · 1415

und 144) dazu veranlassen, auf den 5. Nov. 1414 nach Konstanz (vgl. Abb. I.125) ein allgemeines Konzil einzuberufen: Zur Wiederherstellung der Einheit der Kirche (*causa unionis*) durch Beseitigung des seit 1378 währenden abendländischen Schismas (mit drei gleichzeitig amtierenden Päpsten), zur allgemeinen Reform der Kirche (*causa reformationis*) – und zur Vernehmung des böhmischen Reformators Jan Hus (Um 1370 Husinec/Südböhmen – 1415 Konstanz), dessen Traktat *De ecclesia* (1413) die Institution der Kirche total in Frage stellte.

Da Herzog Friedrich IV. von Österreich (vgl. Abb. I.146 und 148) am 15. Okt. 1414 in Meran mit Papst Johannes XXIII. ein Geheimbündnis geschlossen hatte, das sowohl gegen die Konzilsteilnehmer als auch gegen den König gerichtet war (vgl. III.3.11), bedurfte der erst an Weihnachten 1414 in Konstanz eingetroffene (vgl. Abb. I.133), am 8. Nov. in Aachen gekrönte Sigmund der Dienste seines *liebe[n] getruen Oswald von Wolkenstein*, um mit dessen Rat und Ortskenntnissen dafür einen Vergeltungsschlag gegen den Herzog vorzubereiten, dessen zielstrebige Realisierung der ›österreichischen Gewohnheiten‹ in seinem Herrschaftsgebiet sowohl dem König als auch seinem Tiroler Landherrn seit langem mißfiel.

Am 4. Februar 1415 *zoch ouch* [in Konstanz] *in hertzog Fridrich von Österrich und mit im 12 grafen mit sechs hundert pfäriten und sovil personen* (Ulrich Richental: *Chronik*. Fol. 29 recto) – darunter auch Oswald von Wolkenstein und sein Bruder Leonhard.

[Abb.I.125 Hartmann Schedel / Michael Wolgemut: KONSTANZ · 1493 · Holzschnitt (Kat.II.1.7.2). – Rechts von der Mitte: Das Münster

III.3.1; Abb. I.126, S. 163

Konstanz, 1415 Februar 16

(In dorso:) *Ain dinst brieff vo(n) kayser Sigmu(n)d* [Archivierung nach 1433 Mai 31] / *1415. 16 II*
(In dorso:) *Ad r(e)l(ati)o(ne)m d(omini) f(riderici) Burggrauij Nur(e)nbergen(sis) Michael de Priest Can(onicus) vratislawien(sis)* / *1415. 16. II.*

Orig.urkunde; Pergament, 17 × 38 cm; Plica, 7 × 38 cm
Nürnberg, Germanisches Nationalmuseum, Historisches Archiv, Familie Wolkenstein-Rodenegg: Perg. Urk. 1415 Februar 16
[Schwob: *Lebenszeugnisse*. Nr 70]

Kurz vor seinem 38. Geburtstag wurde der *veste Oswald von Wolkenstein* von *Sigmund, von gotes gnaden* [sic!] *Römischer kunig, zu allen tzijten* [seit 1411] *merer des Richs, vnd tzu Vngern* [seit 1387], *Dalmacien, Croacien etc. Künig* mit diesem *dinst brieff* als *diener* ins *hofgesinde vfgenomen*:

Wir Sigmund [...] *Bekennen vnd tun kunt offenbar mit disem brief* [...], *Das wir angesehen haben getrúe, willige, vnuerdrossne vnd anneme dienst, die vns der veste Oswald von Wolkenstein, vnser lieber getruen, oft nützlich getan hat, teglichen tut vnd fúrbasz tun sol vnd mag in kúnftigen tzijten, vnd haben In dorumb tzu vnserm diener vnd hofgesinde vfgenomen vnd nemen* [ihn] *vf in craft disz briefs, vnd das Er vns dester billicher vnd flissiclicher gedienen móge, so haben wir Im fúr sinen Jarsold drey hundert*

83

hungrischer Roter gulden [vgl. Abb. I.129/130] *Jerlich tzu geben versprochen, die wir Im alle Jare ytzund von sand valentini tag, der nechst vergangen ist, über ein gantz Jar antzuheben, vnd dornach ein yglichs Jare also vf sand Valentini tag* [14. Febr.] *vsz vnser Camer geben vnd betzalen bisz vf vnser widerruffen.*

Daß Oswald von Wolkenstein – im Gegensatz zu seinem Bruder Michael (1417 März 8) – überhaupt ein *Jarsold* von 300 ungarischen Goldgulden *versprochen* wurde, darf als Hinweis darauf interpretiert werden, daß er fortan zur Gruppe der *Sonderbeauftragten* und damit zum engeren Kreis des Königs gehörte – für den zweitgeborenen, einäugigen Tiroler Landherr (ohne Land und adäquaten Wohnsitz) ein enormer Aufstieg!

NB: Daß er hinsichtlich der Zahlungsmoral seines neuen Dienstherrn allerdings vom bischöflichen Regen (vgl. III.2.4) in die königliche Traufe geraten war, sollte er bereits beim ersten Zahltag 1416 (während seiner Gesandtschaftsreise, auf dem Weg von Avignon nach Paris) erfahren, denn die von Konrad von Weinsberg verwaltete königliche *Camer* war (wie immer) leer, was ihn zu einer ironischen Liedstrophe für die ebenfalls leer ausgegangenen Mitglieder des Hofgesindes animierte:

In grossen wassern michel visch
facht man mit garnen strecken;
des ward mir geldes auf ain tisch
wol fünfthalb grosser secke.
künig Sigmund follet mir
den strich [Geldbeutel] *mit manchem plancken* [Gulden] *zier,*
was ich an als verzagen
selb dritt neur mocht ertragen. (Kl.19,193/200)

Was er 1416 noch mit seinem lachenden linken Auge ›quittieren‹ konnte, wuchs sich bis 1418 allerdings zu einem ernsthaften Problem für ihn aus, denn laut seines Rechnungsbuches von 1418 (vgl. III.4 .1) schuldete ihm *[s]ein herr, der Römisch künig,* [s]*ein Jar Lon vnd j zelten pfárd* (Fol. 2 recto), 3 Blätter weiter (Fol. 3 verso) sogar bereits 1000 Gulden nach vier Jahren Dienst!

Aber des Königs *diener* konnte *diesen* Dienstherrn nach vier Jahren unbezahltem *dienst* nicht, wie 1413 den Brixener Bischof (vgl. III.2.4), unter Zahlungsdruck und in Verzug setzen, geschweige denn auf Vorkasse für *künftigen dienst* bestehen, sondern er mußte diesem trotzdem *billich vnd flissiclich gedienen* und sich bis zum nächsten Zahltag (im Frühjahr 1419) in Geduld üben, um dann *auf* [s]*eines aigen geldes wer* (Kl.18,19) nach Ungarn zu reiten, um sich in Gran oder auf der Blindenburg in die Warteschlange der anderen Bittsteller des königlichen Hofgesindes einzureihen – und um diese mit seinen Liedern bei Laune zu halten: *Künig Sigmund / was euch empholen eben, / der lon wirt euch gegeben* (Kl.19,118/120).

Mein guter strich, von guldin was sein name

III.3.2; Abb. I.127/128, S. 164

Denar. Ungarn, 1390–1427

Silber, ø 1,4 cm, 0,52 g
Avers (Abb. I.127): *MON • SIGISMVNDI*
Revers (Abb. I.128): *+ REGIS VNGARIE ETC*
Budapest, Ungarisches Nationalmuseum: 172 / 936–31

Auf der Vorderseite (Abb. I.127): Ungarisches Doppelkreuz.
Auf der Rückseite (Abb. I.128): Gevierter Schild mit siebenmal geteiltem ungarischen Wappen und brandenburgischem Adler. Sigmund, der Sohn Kaiser Karls IV. aus dessen Ehe mit Elisabeth von Pommern, erhielt 1376, bei der Teilung des luxemburgischen Besitzes, von seinem Vater die Mark Brandenburg, die er aber 1388 an Jobst von Mähren verpfänden mußte – an seinen späteren Konkurrenten und Sieger bei der Doppelwahl zum König im Herbst 1410. Erst nach Jobsts Tod 1411 fand Sigmund als neuer König allgemeine Anerkennung.

III.3.3; Abb. I.129/130, S. 163

Gulden. Ungarn, 1402–1437

Gold, ø 2,1 cm, 3,54 g
Avers (Abb. I.129): + SIGISMVNDI • D[almatien] • C[roatien] • R[ex] • VNGARIE •
Revers (Abb. I.130): • S • LADISLAVS • REX
Budapest, Ungarisches Nationalmuseum: 70/890-6

Auf der Vorderseite (Abb.I.129): Gevierter Schild mit siebenmal geteiltem ungarischen Wappen und böhmischen Löwen.
Auf der Rückseite (Abb.I.130): Der bekrönte Heilige Ladislaus mit Helmbarde in der rechten Hand und mit Reichsapfel (vgl. III.3.6) in der linken Hand, darunter R.
Szent László war von 1077 bis 1095 König von Ungarn und wurde nach seiner 1192 erfolgten Kanonisierung als ›Heiliger Ritter‹ verehrt.

III.3.4;   Abb. I.131/132, S. 164

Dukaten. Ungarn, 1427–1430

Silber, ø 1,1 cm, 0,25 g
Budapest, Ungarisches Nationalmuseum: 82 B / 900-2

Auf der Vorderseite (Abb.I.131): Ungarisches Doppelkreuz und zwei Münzzeichen.
Auf der Rückseite (Abb.I.132): Der bekrönte Heilige Ladislaus mit Helmbarde in der rechten Hand und mit Reichsapfel (vgl. III.3.6) in der linken Hand.

Wir Sigmund, von gotes gnaden Römischer kunig

III.3.5; Abb. I.134/135, S. 165

Arnold van Boemel: Doppeltes Majestätssiegel König Sigmunds als Kaiser [ab 1433 Mai 31]. Konstanz, Nov. 1417/1419

Naturfarbenes Wachs, ø 13,3 cm
Avers (Abb. I.134): SIGMVNDVS x DEI x GRACIA x ROMANORVM x IMPERATOR x SEMPER x AVGVSTVS x AC x HVNGARIE x BOHEMIE x DALMACIE x / CROACIE x RAME x SERVIE x GALICIE X LODOMERIE x CVMANIE x BVLGARIE x Q[UE] x REX x ET x LVCEMBVRGENSIS x HERES
Revers (Abb. I.135): + AQVILA EZECHIELIS SPONSE MISSA EST DE CELIS VOLAT IPSE SINE META QVO NEC VATES NEC PROPHETA EVOLABIT ALCIVS
Wien, Österreichisches Staatsarchiv, Haus-, Hof- und Staatsarchiv: 1435.I.25

Dieses doppelte Majestätssiegel König Sigmunds wurde am 17. Nov. 1417 von Johannes Kirchen für 200 rheinische Gulden bei dem in Konstanz ansässigen Meister Arnold van Boemel aus s'Hertogenbosch in Auftrag gegeben, aber erst 1419 fertiggestellt, nachdem Sigmund auch König von Böhmen war. König Sigmund hoffte bei der Auftragserteilung auf baldige Krönung zum Kaiser – die aber erst am 31. Mai 1433 erfolgte.

Die Vorderseite (vgl. Abb. I.134) zeigt den thronenden Sigmund, bekleidet mit der Alba und mit einem Mantel. In der rechten Hand hält er das große Zepter, in der linken Hand den Reichsapfel (vgl. III.3.6). Auf dem Kopf trägt er die Mitrenkrone. Sein Thron wird von zwei Doppeladlern flankiert; zu seinen Füßen der *lintwurm* und links von seinem Kopf das Flammenkreuz des 1408 von ihm gegründeten Drachenordens. Fünf Wappen (im Uhrzeigersinn): Das ungarische Doppelkreuz auf dem Dreiberg; das geteilte ungarische Wappen; der steigende luxemburgische Löwe; der steigende doppelschwänzige böhmische Löwe; der Reichsdoppeladler mit Heiligenscheinen.

Auf der Rückseite (vgl. Abb. I.135): Der Reichsdoppeladler mit Heiligenscheinen, die durch die Umschrift (aus einer mittelalterlichen Johannes-Hymne) begründet werden mit den apokalyptischen Visionen Ezechiels von der Erscheinung Gottes in Gestalt eines Adlers. Übertragen auf das Kaisertum *von gotes gnaden*: Der *Imperator* soll den göttlichen Heilsplan erfüllen und die christlichen Kaiserreiche von Ost und West (vgl. Vorderseite: Zwei Doppeladler) vereinigen.

III.3.6; Abb. I.137, S. 165

Reichsapfel. Buda oder Visegrád, 2. Hälfte des 14. Jhdts
Silber, vergoldet; Höhe: 17,6 cm; ø 9,4 cm; Höhe des lateinischen Kreuzes: 8,8 cm
Budapest, Ungarisches Nationalmuseum: 1934.415.b

Der aus zwei Hälften zusammengesetzte Reichsapfel mit darauf befestigtem lateinischen Kreuz wurde 1755 im Hof der Festung Großwardein gefunden, an der Stelle des Langhauses des einstigen Domes, in dem Kaiser Sigmund im Dez. 1437 beigesetzt wurde († 1437 Dez. 9 in Znaim/ Südmähren).

Unsicher: Ob dieser Reichsapfel aus der *pompa funebris* bzw. dem Grab Sigmunds stammt oder aus dem Grab der jung verstorbenen ersten Gattin Sigmunds, Maria, der Tochter König Ludwigs von Polen und Ungarn († 1395).

Sicher: Daß er aus einem spätmittelalterlichen Herrschergrab des Domes von Wardein stammt, denn der Reichsapfel gehörte seit dem 12. Jhdt zu den Reichsinsignien (vgl. Abb. I.130;132;134;136;140) und war wie die Reichskrone (seit Mitte 10. Jhdt), das Reichsszepter (seit 14. Jhdt) und das Reichsschwert (seit 11. Jhdt) Herrschaftszeichen. Die Reichsinsignien symbolisierten im Mittelalter das Heilige Römische Reich selbst; wer über sie verfügte, konnte damit öffentlich demonstrieren, daß er/sie wahre/r Herrscher/in ist. Die wesentliche Rechtsgrundlage legitimer Herrschaft: Die Krönung mit den Reichsinsignien.

[Reichskleinodien: Heilige Lanze, Reichskreuz, Reliquiar mit Kreuzpartikel, Krönungsornat (Krönungsmantel, Alba, Dalmatica, Adlerdalmatica, Cingulum, Strümpfe, Handschuhe, Schuhe aus dem sizilianischen Krönungsschatz), Zeremonialschwert mit Gurt, Reichsevangeliar, Stephansbursa.]

III.3.7; Abb. I.138, S. 166

Anonymus: *Sigismundus Imperator.* Um 1453/1457
Tempera auf Holz, 81,5 x 53 cm (Rahmen: 101 x 70 x 14 cm)
Inschrift auf oberer Rahmenkante: *Sigismund(us) Imp(er)ator (et)c(etera) A(v)us sere- / nissimi Regis Ladislai ungariae ac b(ohem)i(ae)*
Vaduz/Wien, Sammlungen des Fürsten von und zu Liechtenstein: GE 715

Das Wappen (links oben) mit dem kaiserlichen Doppeladler und das Wappen (rechts oben) mit dem zusammengesetzten Wappen von Ungarn und Böhmen identifizieren den Dargestellten als Kaiser Sigmund – was auch durch die Inschrift auf dem Rahmen (s.o.) bestätigt wird, die ihn als Großvater von König Ladislaus Posthumus (1440-1457) bezeichnet, der 1440 zum König von Un-

[Abb.I.133] PROZESSION ZUM MÜNSTER: KÖNIG SIGMUND MIT DER REICHSKRONE (24. Dez. 1414) • Um 1465 • Kolorierte Federzeichnung in Ulrich Richental: *Chronik* des Konstanzer Konzils. Fol. 19 verso, oben (Kat.III.3.10)

[Abb.I.136] KÖNIG SIGMUND TRÄGT DIE GOLDENE ROSE DURCH DIE STADT (10. März 1415) • Um 1465 • Kolorierte Federzeichnung in Ulrich Richental: *Chronik* des Konstanzer Konzils. Fol. 38 verso (Kat.III.3.10). – Links von ihm die Träger der Reichsinsignien: Reichsapfel, Reichsschwert und Reichsszepter.

garn und 1453 zum König von Böhmen gekrönt wurde (terminus post quem für die Datierung; terminus ante quem dessen Tod 1457) und aus dessen Besitz dieses Gemälde stammen dürfte. [Die aus stilistischen Gründen von der Forschung vorgeschlagene Datierung ›um 1470/80‹ ist hinsichtlich obiger Indizien abzulehnen.]

Der unbekannte Maler (aus Österreich oder aus Nürnberg?) dürfte wohl ein zeitgenössisches Porträt von Sigmund als Vorlage benutzt haben. Im Vergleich mit dem einzig erhaltenen, noch zu Lebzeiten (?) entstandenen Porträt (im Kunsthistorischen Museum in Wien) fällt dieses posthum gemalte Sigmund-Porträt durch wesentliche Unterschiede auf: Durch die Form des großen Pelzhutes (Element fürstlicher Repräsentation anstelle einer Königskrone!), durch den breiten Pelzkragen, durch den geteilten Bart, durch das schlichte, monochrome Gewand, durch das rechte Ohr und v.a. durch die ›sprechende‹ linke Hand.

III.3.8; Abb. I.139, S. 167

Albrecht Dürer (Nürnberg 1471 – 1528 Nürnberg):
SIGISMVNDVS IMPERATOR. **Nürnberg, 1514 (?)**
Öl auf Lindenholz, 64 x 46,8 cm
Links oben (nachträgliche Inschrift?): *SIGISMVNDVS IMP(ERATOR). EL(ECTUS): / A(NN)O. 1410: OB(IIT): A(NN)O. 1437.*
Rechter Bildrand: Dürer-Monogramm, 1514
Berlin, Deutsches Historisches Museum: Gm 2003/9

Dieses Brustbild – als auch sein Pendant, ein Brustbild von Karl dem Großen – stehen in enger Beziehung zu den 1513 fertiggestellten Kniestücken der beiden Kaiser, die Dürer im Auftrag des Nürnberger Rates für die Heiltumskammer (Aufbewahrungsort der Reichskleinodien; vgl. III.3.6) malte.

[Abb.I.140] Hartmann Schedel / Michael Wolgemut: KAISER SIGMUND MIT REICHSKRONE, REICHSAPFEL UND REICHSSZEPTER • 1493
Holzschnitt (Kat.II.1.7.2)

Diese Darstellung Sigmunds dürfte auf ein authentisches (aber verschollenes) Porträt des Kaisers zurückgehen und vermutlich im Auftrag Kaiser Maximilians I. (1459-1519) entstanden sein, für den Dürer um 1515 auch die ›Randzeichnungen zum Gebetbuch Kaiser Maximilians I.‹ fertigte.

Ach Costnitz, was ich ie freuden da gesach

Seit 4. Februar 1415 bei einer der größten Kirchen- aber auch Dirnenversammlungen des Mittelalters in *Costnitz am Podemsee in Swaben* (Kl.123,3; 33; 52) weilend, und seit 16. Februar als frischbestallter königlicher *diener* (vgl. Abb. III.3.1) auf Dienstanweisungen Sigmunds wartend, die er *fürbasz tun sol*, erkundete der knapp 38-jährige Junggeselle aus dem klösterlichen Pfründnerhaus in Neustift (wohl nicht nur) aus *langer weil* (Kl.45,64) die Kneipenszene (samt regionalem Wein und schwäbischer Speisekarte) in *Costnitz* und im gegenüberliegenden *Überlingen* (Kl.45) – sondern, zur *gute[n] kurzweil* (Kl. 45,43), v.a. auch *die dieren* (Kl.45,68) *an dem tanz* (Kl.45,84) und *in dem haus* (Kl.45,68), *mit zwai brüstlin als ain fledermaus* (Kl.45, 68).

Und was [s]ein bart von freulin rain [sic!] / zu Costenz hat erlitten, / und [wie] [s]einer taschen der sigelstain / [von den freulin rain] ward maisterlich geschnitten (Kl.19,9/12), das konnte der Dichterkomponist und Sänger – trotz des *süsse[n] wein als sleben tranck, / der [ihm] reubet die kel so kranck, / das sich verierrt [s]ein hels gesangk, / [weshalb] dick gen Tramin stet [s]ein gedanck* (Kl.45,31/34) – seinen Freunden im Hofgesinde vortragen, denn auch sie wollten wegen ähnlichen *laids* von diesem singenden Tiroler ›Entertainer‹ *ergeczt* (Kl.123,1) werden:

Der seines laids ergeczt well sein
und ungeneczt beschoren fein,
der ziech gen Costnitz an den Rein,
ob im die raiß wol füge.
Darinn so wont mang freulin zart [sic!],
die kunnen grasen in dem part,
ob sich kain har darinn verschart,
das er nit geren trüge.
Mit ainer so traib ich den schimpf,
zwar des gewan ich ungelimpf;
des lert si mich ain süssen rimpf,
als der mich wol ersliege:
Ain hand si mir im part vergaß,
die langen har si darawß las,
die weil der kurzen aines was,
si daucht, es wären kriege.

»Hör, trawt gesell, was ich dir seg:
genesch wil haben allzeit sleg.«
Ain andre, die zaigt mir den weg
mit ainer feust zum oren,
das mir das besser [linke] *aug verging,*
[...] und meinen triel vast darumb hieng,
dest e wurd ich zum toren.
[...] Schön Els und Äll[i] *gant den zelt*
hin gumpen über twerches veld,
des hab wir me verlorn;
Der leib mich da erfreuet ser,
des ward mein armer part entwer
gestreuet in die stuben hin und her
recht als der sat das korn.

[Abb.I.141] AUF DEM FISCHMARKT IN KONSTANZ (1414–1418) • Um 1465 Kolorierte Federzeichnung in Ulrich Richental: *Chronik* des Konstanzer Konzils. Fol. 24 verso, unten (Kat.III.3.10). – Vgl. dagegen Abb.I.142 (Kat. III.3.9)

[Moral von der Geschicht:]
Do ich gedacht an Podemsee,
ze stund tet mir der peutel we.
Mit schilling ich das abc
must ler[n]*en pei der wide* [Gasthaus ›Zur Weide‹].
[...] Ich han gewandelt manig her
gen Preussen, Reussen, über mer,
zwar ich gesach nie scherpfer wer
von schinden, schaben grime. (Kl.123,1/21; 23/24; 26/36; 45/48)

Auf dem Konstanzer Fischmarkt (vgl. Abb. I.141 und 142) herrschte ebenfalls *ain hoch gepräng von klainem glanz* (Kl.123,49), aber die *ringe*[n] *hechten* (Kl.103,10), *vast edel*, waren *nöttig* und mit *swache*[m] *swanz* (Kl.123,50):

III.3.9; Abb. I.142, S. 168

Ulrich Richental (Konstanz, um 1365 – 1437 Konstanz?):
Chronik (des Konstanzer Konzils). 1424/25 / Um 1470

Ehemals St. Petersburger ›Abschrift‹ der zwischen 1421 und 1424/25 entstandenen (aber verschollenen) ›Ur-Fassung/en‹ der unbetitelten *Chronik* des Konstanzer Geschichtsschreibers Ulrich Richental
Codex mit lateinischem Text und mit kolorierten Federzeichnungen, 42 x 29 cm
Prag, Nationalbibliothek: Cod. VII. A. 18

Aufgeschlagen (Fol. 28 verso; untere Federzeichnung, links oben): Oswald von Wolkenstein auf dem Fischmarkt in Konstanz.

Darstellung: Oswald von Wolkenstein, der Diener des Königs mit der auch in der Konzilsstadt Konstanz auffälligen *gestalt* mit *halb*[em] *gesicht* (Kl.41,29), erwarb auf dem Konstanzer Fischmarkt das hintere Drittel, mit *swache*[m] *swanz* (Kl.123, 50), von den angebotenen *ringe*[n] *Podemseehechten* (Kl.103,10; 123,33) – eine Szene, an die er sich noch im Februar 1432 in Piacenza, in der *Lumpardie* (Kl.103,4), erinnern sollte: *Wer nach der wage* [vgl. Abb. I.141 und 142] *ringe hechten kouffen welle / für ungevelle, so fail, geselle!* (Kl.103,10/11)

Obwohl der am 27. Okt. 1414 in Kreuzlingen eingetroffene Papst Johannes XXIII. ab 3. Nov. 1414 die Höchstpreise für Herbergen, Getreide, Brot (vgl. Abb. I.143), Gemüse, Wein, Fleisch, Wild, Geflügel und für *visch* festgelegt hatte (aber nicht, wie Oswald von Wolkenstein am eigenen Leib und an seinem Geldbeutel feststellen mußte, für *die dieren!*), waren die Kunden gezwungen, zu Feilschen, da sich weder Wirte noch Verkäufer von Lebensmitteln an die folgende *ordnung* samt Höchstpreisen hielten: *Diß ordnung, so man visch verkoft, was also: Und verkoft man die großen visch by der wag und clain visch by der maß. Ain pfund hecht umb 17 dn.* (Ulrich Richental: *Chronik.* Fol.25 verso)

Oswald von Wolkenstein, der (noch) *auf [s]eines aigen geldes wer* (Kl.18,19) in Konstanz weilte, dürfte nach der Aufforderung des Fischverkäufers, »*Zal, gilt, du must*« (Kl.123,37), um den Preis der *ringe[n] hechten* (Kl.103,10) mit *swache[m] swanz* (Kl.123,50) in der ihm gemäßen Art gefeilscht haben – zumal ihm schon in Überlingen der Wirt und in Konstanz *die dieren sein[en] peutel* (Kl.45,1) mächtig erleichtert hatten.

Es ist davon auszugehen, daß er zum einen mit dem Kauf des hinteren Drittels eines Fisches seinen Speisezettel aufbessern wollte – denn, wie der Überlinger Wirt ihm gestand, »*wildbrät und visch sein inn dem bann / der turrent ir nit essen!*« (Kl.45,15/16) – zum anderen, daß der *visch nicht teur was* (Kl.19,193; 123,51) zu *Costnicz dort in Swaben*:

Und het ich funden in solchem lauf
so wolfail aller hendlin [hechten!] kauf,
der peitel wer mir selten auf
getan meinem gelt ze schaden. (Kl.123,52/56)

Dieses frühe Bildzeugnis Dritter – zu seinen eigenen ikonographischen Vorleistungen gegen das Vergessenwerden vgl. II.2.2 und II.2.4; Abb. I.88 – zeigt *Herrn Oswaldt mit dem ain Aug* (vgl. Bd II: 1608) in Halbfigur als kolorierte Federzeichnung: Mit blauer (!) Samtmütze mit weißem (Pelz-?) Randbesatz (!) über lockiger, schulterlangen, braunen Haarpracht (!), gekleidet mit einem roten (!) Mantel mit blauem (Pelz-?) Kragen (!) – und mit den individuellen Merkmalen (geschlossenes rechtes Auge und doppelter Kinnhöcker).

Daß Oswald von Wolkenstein bei diesem ›Konstanzer Bildnis‹ (wie auch beim zweiten ›Konstanzer Bildnis‹; vgl. III.3.10; Abb.I.147) ohne Bart dargestellt wurde, obwohl [s]ein *armer part* (Kl.123,30) in Konstanz ja (s.o.) von *mang freulin zart* (Kl.123,5) höchst unzärtlich gezaust worden war – dafür jedoch auf der Gesandtschaftsreise 1415/16 von zwei Königinnen mit einem *ringlin zart* (Kl.18,35) und *mit aim diamanden verkrönt* (Kl.19,192) wurde – läßt für die Entstehung der beiden ›Konstanzer Bildnisse‹ zwei Möglichkeiten zu:

1] Da beide Bildnisse ausschließlich in zwei *späten* ›Abschriften‹ der zwischen 1421 und 1424/25 entstandenen (aber verschollenen) ›Ur-Fassung/en‹ überliefert sind, könnte Oswalds von Wolkenstein späterer Aufenthalt in Konstanz (Dez. 1430 bis Jan. 1431) – bei dem er nach Ausweis des von ihm in Auftrag gegebenen Ganzfigurenbildes in seiner ältesten Liederhandschrift (entstanden nach Frühjahr 1425) bereits bartlos war – den bis 1437 in Konstanz lebenden Ulrich Richental und/oder die Zeichner zur bartlosen Darstellung (mit bereits breitem Gesicht!) bewogen haben, zumal der inzwischen 53-jährige als Sänger und Musiker bei großen Tanzfesten im ›Kaufhaus‹ und im Haus der ›Gesellschaft zur Katz‹ für allgemeines Aufsehen gesorgt haben dürfte.

2] Dagegen wird wohl die Möglichkeit, daß Ulrich Richental und/oder die Zeichner von Oswalds von Wolkenstein in Auftrag gegebenen Bildnissen in seinen beiden Liederhandschriften von 1425 und 1432 Kenntnis erlangten, unwahrscheinlicher sein – obwohl die enge ikonographische Verwandtschaft zwischen seinem Brustbild von 1432 und der Darstellung als Fischkäufer unübersehbar ist.

[Abb.I.143] Pasteten- und Brezelbäcker (1414–1418) • Um 1465 • Kolorierte Federzeichnung in Ulrich Richental: *Chronik* des Konstanzer Konzils. Fol. 23 recto (Kat.III.3.10)

Wenn ich von Costnitz schaiden sol

AUF GESANDTSCHAFTSREISE >> 1415 – 1416

Wann es an der Zeit war, von Konstanz Abschied zu nehmen, entschied nicht die *seitten* (Kl.123,76), an der sein Geld*peutel* (Kl.123,34) hing, sondern der *Römisch künig Sigmund* (Kl.18,48; 41) – in Reaktion auf die Ereignisse während des Konzils:

Da der König die Abstimmung nach den vier vertretenen Konzilsnationen (Deutschland, Frankreich, Italien und England) durchsetzen konnte, verlor Papst Johannes XXIII. seine bisherige, durch die Zahl italienischer Prälaten gewährleistete Position und wurde am 1. März 1415 durch das Verlesen der Abdankungsurkunde in der Generalkongregation zur Abdankung gezwungen, die er am folgenden Tag feierlich bestätigen mußte. Da daraufhin (am 5. März) Papst Gregor XII. ankündigte, freiwillig zurückzutreten, galten fortan alle diplomatischen Bemühungen dem Versuch, auch den unnachgiebigen und starrköpfigen Papst Benedikt XIII. (vgl. Abb. I.145) zum Rücktritt zu bewegen, der das Konzil bereits im Febr. 1415 wissen ließ, daß er *in kain weg nit abtreten wölt, wann er war ainhelliglich* [*von der nacion Hyspania*] *erwelt und wolte ouch bapst sin sin lebtag* (Ulrich Richental: *Chronik*. Fol.35 recto).

Spätestens am 6. März mußte Oswald von Wolkenstein *von Costnitz schaiden* (Kl.123,75) – nicht, damit er *nicht verläge* (Kl.26,2), sondern als *Sonderbeauftragter des Römisch künig Sigmund*, um die Resignation des Papstes Benedikt XIII. – *babst von Lun, genant Petro* (Pedro de Luna; Kl.18,47) – durch persönliche Verhandlungen mit dessen Anhängern in Schottland und in Spanien voranzutreiben:

Wol auf, gesellen, an die vart! [...]
Durch aubenteur tal und perg [...],
ab nach dem Rein gen Haidelwerg [zu Pfalzgraf Ludwig III.],
in Engelant stund mir der sin nicht träge,
gen Schottland [zu König Jakob I.], *Ierrland, über see*
auf hölggen [Lastschiffen] *groß gen Portugal zu siglen.* [...]
Aus Portugal, Ispanie [Léon-Galizien]
bis gen dem vinstern steren [Kap Finisterre].
[...] *Von Lizabon* [König Johann I.] *in Barbarei* [Marokko],
gen Septa [Ceuta], *das ich* [am 21. Aug. 1415] *weilent half gewinnen,*
da manger stolzer mor so frei
von seinem erb müsst hinden aus entrinnen.
Granaten [Granada] *hett ich bas versucht,*
wie mich der rotte küng [König Jussuf III.] *noch hett emphangen;*
zu ritterschafft was ich geschucht.
(Kl.122,1; 26,1; 26,3/6; 44,15/16; 26,11/17)

Als am 18. Sept. 1415 *Sigmund, künftiger kaiser, in der stat, haisst Pärpian* [Perpignan], *zu Arragon, emphangen ward do wirdikleich* [mit] *pfeiffen, trummen, saitenspil* (Kl.19,36; 16; 15; 35; 25), gehörte auch sein Diener Oswald von Wolkenstein zu denjenigen, die ihm *engegen rait, loff* (Kl.19,33), der ihn aber nicht *gegrüsst mit küssen* – wie die *küngen* [und] *küniginjunck und alt* (Kl.19,41): Karl III. von Navarra; die Königinwitwe Katharina von Altkastilien und Léon-Galizien; Ferdinand I. von Kastilien und Aragón mit seiner 41-jährigen Gemahlin Eleonore von Albuquerque; die 29-jährige aragonesische Königinwitwe Margarita de Prades.

[Abb.I.144] PAPST JOHANNES XXIII. FLIEHT VERKLEIDET AUS KONSTANZ (20. März 1415) • Um 1465 • Kolorierte Federzeichnung in Ulrich Richental: *Chronik des Konstanzer Konzils*. Fol. 42 recto (Kat.III.3.10)

Künig Sigmund teglich zumal / sich arbait achzehn wochen / mit bäbsten [Benedikt XIII.], *bischoff, cardinal* (Kl.19,57/59), um die *zwaiung* (Kl.19,45) mit dem starrsinnigen *Peter Schreufel und seinem knecht, dem teufel* (Kl.19,47/48), und damit das *scisma* (Kl.19,62) zu beenden.

Oswald von Wolkenstein war wegen der zähen Verhandlungen zum Warten verdonnert – *des hab ich offt ain lange nacht / ain mattras müssen drucken* (Kl.19,67/68) – bis *der grossen gloggen klangk* (Kl.19,97) wegen eines Großbrandes in der Nähe des Königs auch ihn aus dem Schlaf riß:

Ich docht, du faiges glöggelein,
und wer ich auff dem Wolkenstein
mit herren und gesellen,
zwar ich forcht klain dein schellen.
Derselben sturmglogken schal
jaucht mich mit irem sumpern,

das ich ain stiegen viel zu tal
in seuberlichem pumpern.
Do vand ich meinen herren [Sigmund] *stan*
in seinem harnasch als ain man,
umbegürt mit ainem swert;
sich hub ain wilds gevert. (Kl.19,101/112)

Bevor der König samt seinem Gefolge Anfang Nov. 1415 unverrichteter Dinge nach Narbonne weiterzog, wurde Oswald von Wolkenstein in Perpignan von Margarita de Prades nach Landessitte geehrt:

Ain [edle] künigin von Arragon [die schöne Margarith] was
schön und zart,
da für ich kniet, zu willen raicht ich ir den bart;
mit hendlin weiß bant si darein ain ringlin zart
lieplich und sprach: »Non maiplus disligaides!«
Von iren handen ward ich in die oren mein
gestochen durch mit ainem messin nädelein,
nach ir gewonheit sloß si mir zwen [guldin] ring dorein,
die trug ich lang, und nennt man si raicades. (Kl.18,33/40)

Ain edler nam ward mir [von ihr] *gelesen:*
wisskunte von Türkei [Viscomte von der Türkei];
vil manger wont [argwöhnte], *ich sei gewesen*
ain haidnischer frei [Adeliger].
Mörisch gewant, von golde rot [vgl. Brustbild in Hs.B],
künig Sigmund mirs köstlich bot,
dorinnen kund ich wol swanzen
und heidnisch singen, tanzen. (Kl.19,161/168)

Am 13. Dez. 1415 gelang König Sigmund im Vertrag von Narbonne, daß sich die spanischen Könige von *Peterlin,* [der] *böse*[n] *katz* (Kl.19,129), lossagten – ein Erfolg, der anschließend in Avignon mit *pfeiffen, trummen, gloggen don / und löblichem gesange* bei einer *procession* (Kl.19,139/140; 137) gefeiert wurde, gefolgt von einem abendlichen *tanz,* um *Petro glatz* (Glatzen-Pedro = Benedikt XIII; Kl.19,142) mit *schönen dieren / [beim] springen und hofieren* (Kl.19,143/144) schnell vergessen zu können (vgl. Abb. I.145).

Zu Affiane [Avignon; Kl.19,132] konnte Oswald von Wolkenstein Ende Dez. 1415 auch noch *ain plümlin, die liberei, erstiglen / von einer edlen künigin, / in [s]ein gewalt verriglen* (Kl.26,7/10):

Den aragonesischen Ritterorden mit weißer Stola, mit Ordenskette aus goldenen Henkelkannen (mit je drei Lilienblüten) und daranhängendem Greifen, den ihm Königin Eleonore von Aragón als Lohn für ritterliche Heldentaten verlieh (vgl. Ganzfigurenbild in Hs. A und Brustbild in Hs. B).

[Abb.I.145] Symbolische Steinigung des 1415 abgesetzten Papstes Benedikt XIII. [Pedro de Luna] (8. März 1417) • Um 1465 • Kolorierte Federzeichnung in Ulrich Richental: *Chronik* des Konstanzer Konzils. Fol.70 verso (Kat.III.3.10)

Am 20. Febr. 1416 wohnte Oswald von Wolkenstein in Chambéry der Belehnungsfeier des Grafen Amadeus VIII. von Savoyen zum *herzog von des kaisers* [sic!] *hand* (Kl.19, 213/214) bei – wobei das dafür erbaute Holzgerüst zusammenbrach: *Do manicher an den ruggen / viel mit des stules bruggen* (Kl.19, 215/216).

Am 1. März 1416 erfolgte der feierliche Einzug König Sigmunds und seines Hofgesindes in Paris:

Zu Paris manig tausent mensch
in heusern, gassen, wegen,
kind, weib und man, ain dick gedenns,
stund wol zwo ganz lege [Meilen].
Die taten alle schauen an
künig Sigmund, römischen man,
und hieß mich ain lappen
in meiner narren kappen.

Auf beiden knien, so lernt ich [dort] *gän*
in meinen alten tagen,
zu fussen torst ich nicht gestän,
wolt ich ir nahen pagen:

ich mein frau Elst von Frankereich [Königin Isabeau],
*ain künigin gar wirdiklich,
die mir den bart von handen
verkrönt mit aim diamanden.* (Kl.19,169/176; 185/192)

Am 1. April 1416 trennten sich in Paris ihre Wege: *Künig Sigmund, das edel blut, sigelt über in Engelant, die künige* [Englands und Frankreichs im Hundertjährigen Krieg] *zu verainen* (Kl.19,203; 206/207) – Oswald von Wolkenstein dagegen *musst von dannen reitten / künig Sigmund schuff pald,* [er] *solt nicht beitten* – denn *ehafft not* [ihn] *dar vermut* (Kl. 19,202/204; 201):

Die am 30. März 1416 erfolgte Flucht Herzog Friedrichs IV. von Österreich aus Konstanz (wo er seit 5. Mai 1415 wegen Fluchthilfe für den Pisaner Papst Johannes XXIII. am 20. März 1415 *in der Felixin bus* gefangen gehalten wurde) *enweg in sin land an die Etsch, on alles urloub und erlobung über den ayd* [Unterwerfung; vgl. Abb.I.146 und 148], *so er geton het* (Ulrich Richental: *Chronik.* Fol. 64 verso).

Mit einem Geleitbrief des Königs in der Tasche, kehrte der *nobilis Oswaldus de Wolkenstein* (LZ Nr 73) über den Umweg Konstanz (Ankunft ca Mitte April 1416) nach Tirol zurück, um im Bruderkrieg zwischen Herzog Ernst und Herzog Friedrich IV. um die Herrschaft in Tirol als Mittelsmann zwischen dem König und einigen Tiroler Landherren (darunter sein Bruder Michael und er selbst) deren gemeinsame Interessen gegen Herzog Friedrich IV. zu wahren.

O phalzgraf Ludewig bei Rein so vein

III.3.10; Abb. I.147, S. 169

Ulrich Richental (Konstanz, um 1365 – 1437 Konstanz ?): *Chronik* (des Konstanzer Konzils). 1424/25 / Um 1465

Konstanzer ›Abschrift‹ der zwischen 1421 und 1424/25 entstandenen (aber verschollenen) ›Ur-Fassung/en‹ der unbetitelten Chronik des Konstanzer Geschichtsschreibers Ulrich Richental
Codex mit deutschem Text und mit kolorierten Federzeichnungen, 150 Blätter, 36 x 27 cm
Konstanz, Rosgartenmuseum: Hs.1

Aufgeschlagen (Fol. 76 recto; untere Federzeichnung, zweiter von links): Oswald von Wolkenstein bei der Belehnung des Pfalzgrafen Ludwig III.

Am 1. Jan. 1417 erfolgte (nach Bruderkrieg im Sommer 1416) die Länderteilung zwischen Herzog Ernst und Herzog Friedrich IV. – der trotz am 4. April 1415 verhängter Reichsacht (am 7. April 1415 vom Konzil, zusammen mit dem Kirchenbann, veröffentlicht) die Regierung in Tirol wiederaufnahm.

Oswald von Wolkenstein reiste deshalb Ende Jan. zum König nach Konstanz und Michael von Wolkenstein informierte am 8. März 1417 König Sigmund über die politisch-militärische Lage in Tirol sowie über die erfolgversprechendsten Wege und Möglichkeiten, das bedrängte Land Tirol für das Reich zu erobern.

Bereits am 14. März 1417 kündigte Oswald von Wolkenstein seinem Bruder aus Konstanz den vom König für Frühjahr geplanten Heereszug an die Etsch gegen Herzog Friedrich IV. an. (Beigeschlossen: Abschriften von Bestallungsbriefen für königstreue Tiroler Landherren und des Acht- und Bannbriefes gegen Herzog Friedrich IV.)

[Abb.I.146] Herzog Friedrich Iv. von Österreich wird vom Burggrafen von Nürnberg und vom Herzog von Bayern vor König Sigmund geführt (5. Mai 1415) • Um 1465 • Kolorierte Federzeichnung in Ulrich Richental: *Chronik* des Konstanzer Konzils. Fol. 46 verso (Kat.III.3.10). – Vgl. Abb. I.148.

Als am 11. Mai 1417 *hertzog Ludwig von Payern, pfaltzgraff by Rin, an dem Marckt sin lehen enpfieng* (Ulrich Richental: *Chronik.* Fol. 75 verso), gehörte sein Freund Oswald von Wolkenstein zu den fähnleintragenden Reitern, die Ludwig III., den Bärtigen – *mein bart* (Kl.41,59) – den Pfalzgrafen bei Rhein, Herzog von Bayern und Kurfürsten von der Pfalz, den nach König Sigmund ranghöchsten der weltlichen Fürsten des Reiches, zu dessen Belehnung begleiteten.

Hinter einer Gruppe von vier Reitern (wovon drei ihre Fahnenstandarten in der rechten Hand halten), wurde vom Zeichner eine Gruppe von drei Männern mit denselben Fahnenstandarten dargestellt, wobei der Mann rechts hinten (Oswald von Wolkenstein) zwei Fähnlein in beiden Händen zu halten scheint und darüberhinaus durch sein geschlossenes, aber linkes (!) Auge, mit tieferhängendem Lid, auffällt, sowie durch eine Brosche an der hochgeschlagenen breiten Krempe seines Spitzhutes: Zweifellos Oswald von Wolkenstein als Ganzfigurenbild (aber nur als Brustbild sichtbar), mit blauem Mantel (oder nur Wams), braunem (Pelz-?) Rundkragen und mit halblangen Haaren.

Daß sein ›Markenzeichen‹ vom Zeichner in ein geschlossenes linkes Auge verwandelt wurde, dürfte entweder der späten Entstehung (vgl. dazu III.3.9) geschuldet oder Absicht im Hinblick auf den Betrachter gewesen sein. [Im Vergleich mit der Darstellung des 1378 geborenen Pfalzgrafen als bartlosen Jugendlichen (Fol. 75 verso und 76 recto, oben; vgl. Abb.I.147) ist dieser Fehler des Zeichners ein minimales Detail.]

NB: Oswald von Wolkenstein besuchte den nur ein Jahr jüngeren Kurfürsten nicht nur auf seiner Gesandtschaftsreise 1415/16 (s.o.) in Heidelberg, sondern auch im Winter und im Frühjahr 1428 bei seiner Hin- und Rückreise nach/von Westfalen (vgl. III.5), denn der zuerst mit Blanka von England, danach mit Mechtild von Savoyen verheiratete *phalzgraf Ludewig bei Rein* besaß *braite schraitte tugend groß: manhait, weisshait, warhafft milt[e]* (Kl.

[Abb.I.148] DIE UNTERWERFUNG HERZOG FRIEDRICHS IV. VON ÖSTERREICH UNTER DIE GNADE KÖNIG SIGMUNDS (5. Mai 1415) • Um 1465 • Kolorierte Federzeichnung in Ulrich Richental: *Chronik* des Konstanzer Konzils. Fol. 47 recto (Kat.III.3.10). – Vor dem König kniend, vernimmt der barhäuptige Herzog den Unterwerfungstext – vor den Gesandten von Florenz, Genua und von Venedig.

86,1/3; 10), die Oswald von Wolkenstein selbst genießen durfte, denn [s]*ein liebe[r] bart* stattete ihn Anfang 1428 mit *füchsen swer* und mit *marder* aus (Kl.86,36/38) und *bat [ihn], ob im ze tische sitzen* (Kl.26,84) – da Oswald von Wolkenstein ihm 1426 (vgl. II.6.4) Ratschläge für dessen Palästina-Reise erteilt hatte.

Fridrich, Herczog zu Osterrich, gnediclich wider vfgenomen

Am 20. März 1415 gelang dem (am 1. März 1415) zur Abdankung gezwungenen Papst Johannes XXIII. die Flucht (vgl. Abb. I.144) aus *der stat Costenz uf ainem clainen rößlin und hat ain grawen mantel an [...] und ain grawe zwifalte kappen [...], den zipffel umb sin hopt gewunden, das man im nit under ougen sechen mocht* (Ulrich Richental: *Chronik.* Fol. 41 recto – 41 verso).

Des erzürnten Königs Vergeltungsmaßnahmen gegen dessen Fluchthelfer, Herzog Friedrich IV. von Österreich, der dem Papst *hinwege helfen* mußte, da er als dessen Generalkapitän am 15. Okt. 1414 in Meran einen Geheimvertrag mit diesem geschlossen hatte:

Mit Zustimmung der deutschen Reichsfürsten verhängte König Sigmund am 4. April 1415 die Reichsacht über Friedrich IV., der sich deshalb am 5. Mai 1415 in Konstanz dem König in aller Öffentlichkeit unterwerfen (vgl. Abb. I.146 und

I.148) und in dessen Gefangenschaft begeben mußte, aus der er aber am 30. März 1416 wieder entkommen konnte – weshalb Oswald von Wolkenstein am 1. April 1416 von Paris nach Tirol beordert wurde (s.o.), um als Mittelsmann zwischen dem König und einigen Tiroler Landherren deren gemeinsame Interessen gegen Herzog Friedrich IV. zu wahren.

Als Diener und Parteigänger König Sigmunds hatte Oswald von Wolkenstein im Frühjahr 1417 (von Konstanz aus) dessen geplanten Heereszug an die Etsch gegen den Herzog vorbereitet, weshalb er bei seinem Landesherrn in *ungenad* fiel – und deshalb ab Spätsommer 1417 bis Mai 1418 in Tirol (oder bei seinen neuen Schwangauer Verwandten) ›untertauchen‹ mußte.

Für den geplanten Feldzug wurde Sigmund jedoch die dafür nötige Unterstützung von schwäbischen, Breisgauer und eidgenössischen Städten verweigert, so daß er notgedrungen mit dem ungeliebten österreichischen Reichsfürsten einen ›Zwangsfrieden‹ schließen mußte:

III.3.11; Abb. I.149, S. 94

Konstanz, 1418 Mai 10

(In dorso, nach 1433 Mai 31): *Tädingsbrief von Kayser Sigmunde(n), darin nimbt Er Herczog Fridreiche(n) wider zu gnade(n) etc. / 1418, den 10.Maji / Rom(ischer) Kay(ser) vnd Kön(ig)*

Orig.urkunde; Pergament, 47,5 x 76 cm; Plica, 10,1 x 76 cm
Siegel König Sigmunds; rot ø 4,6 cm
Wien, Österreichisches Staatsarchiv, Haus-, Hof- und Staatsarchiv:
AUR 1418 V 10
[Schwob: *Lebenszeugnisse.* Nr 82]

Wie wol nu der hochgeborn Fridrich, Herczog zu Osterrich etc., vnser lieber Oheim vnd fürste, mit hinwege helfen vnd enthalten ettwann Babst Johanns [vgl. Abb. I.144], *vnd ouch mit leydigung manicher vnserr vnd des Richs vndertane[n] vnd getruen, Geistlicher vnd werntlicher* [weltlicher], *so swáre freuel vnd mutwillen begangen hatte, Das wir dorumbe zu kryeg vnd vindschefte mit Im kommen waren, vnd Im ouch darumb sin Stett, Sloz, land vnd lute In Swaben, In Elsasz, am Rin, In Briszgow, In Sunkow vnd anderswo angewunnen, vnd das alles zu vns vnd dem Riche geczogen*

[Abb.I.149] Rehabilitierung Herzog Friedrichs IV. von Österreich durch König Sigmund • 1418 • Pergament-Urkunde (Kat.III.3.11)

hatten, [jedoch] *wann Er zu diser zyte* [am 14. April 1418 nach Meersburg und am 25./26. April 1418 nach Konstanz] *für vnsern kúnglichen houe kommen ist vnd sich diemieticlich vnd ersamlich erkant vnd vns vnd dem Riche fúrbaz gehorsamlich vnd getrewlich zu dienen vnd als des Richs getrewer Fúrste gewertig zu sin, vnd ouch den vorgenanten, die Er geleydigt gehebt hat, In frúntschaft oder mit Rechte vor vns genúg zu tund erbotten hat.*

Darum hat sich vnser angeborne gútikeyt nit lenger enthalten mógen: Sy hab Im solich vorgenant freuel vnd mutwillen zu disem male vergeben vnd In nach Rate vil vnserr vnd des Richs fúrsten, Grauen, Edler vnd getruen gnediclich wider vfgenomen. Vnd derwartten, das wir fúrbaz nit mer zu kriege mit Im zu komen bedórffen vnd das fryd vnd gemach in den landen beliben. Dorumb sind dise nachgeschribenn Teydinge, Stúcke vnd Artikel zwischen vns [...]:

Item: *Was ouch* [der Herzog] *Oswald Wolkensteiner vnd sinem Bruder* [Michael] *abgewunnen hat: Es sin Slosz, Dórffer, Lúte oder gúter, das Er* [der Herzog] *In das ledilich vnd genczlich widergeben sol. Hett Er In ouch ettliche Ire Slosz gebrochen oder vszgebrant, das Er In dann grund vnd Boden widergeben sol, vnd das Sy die wider gebawen mógen, ob Sy wóllen; hetten Sy ouch zu dem yeczgenanten Fridrich oder Er zu In ichts zuspreсhеn, das sich verlouffen hette, ee Sy von vnsern wegen sin vynde wurden, Das In darumb derselb Fridrich gerecht werden sol vor vns oder dem Richter, den wir darczu seczen werden, vnd Sy Im des gelichen ouch widerumb.*

Wichtig für den ebenfalls geschädigten Diener König Sigmunds war der letzte *Artikel*: Daß der König von Herzog Friedrich IV. Amnestie für dessen zeitweiligen ›Feind‹ Oswald von Wolkenstein forderte und diesem auch für zukünftige Dienste seinen königlichen Rechtsschutz in Aussicht stellte – weshalb er sich ab Mitte Mai 1418 in Tirol endlich wieder frei bewegen konnte.

Dem Edlen oswalden vonn Wolkhennstain den kolkorb gegeben

Daß König Sigmund seinen Diener Oswald von Wolkenstein für immerhin zwei Jahre (vom 1. April 1416 bis zum ›Zwangsfrieden‹ am 10. Mai 1418; vgl. III.3.11) in seine Auseinandersetzungen mit Herzog Friedrich IV. von Österreich mit hineingezogen und dadurch den Tiroler Landherr in Zwangsopposition zu dessen Landesherrn gebracht hatte, war ein sehr hoher Preis dafür, königliche Dienste leisten zu dürfen – und für Oswald von Wolkenstein (trotz der Amnestie) eine tickende Zeitbombe (vgl. II.3.2).

Darüber hinaus schuldete der zahlungsunfähige König seinem Diener für dessen *getrúe, willige vnd vnuerdrossne dienst* (III.3.1) seit Dienstantritt am 16. Februar 1415 bis zum ›Zahltag‹ (am 14. Febr. 1419) an vereinbartem *Jarsold* immer noch 1000 Gulden und das versprochene *zelten pfárd*!

Seit Spätsommer 1417 mit Margarethe von Schwangau verheiratet und seit Sommer 1418 mit seiner Ehefrau auf der zu ca zwei Dritteln annektierten Burg Hauenstein lebend, tat ihm nun doppelt *der peutel we* (Kl.123,34) – und er mußte deshalb im Frühjahr 1419 nach Ungarn reiten, um ihn auf Anweisung des Königs vom Verwalter der königlichen *Camer*, Konrad von Weinsberg, mit 1000 *hungrischer Roter gulden* (III.3.1) füllen zu lassen.

Er vermutete den König am 1. April in Preßburg, traf ihn aber spätestens am 5. Mai 1419 auf der Blindenburg (Visegrád) – wo sich auch Herzog Przemko I. von Troppau aufhielt, der seinem *lieben getrewen, dem Edlen oswalden vonn Wolkhennstain* (LZ 91) am 5. Mai 1419 als Wappenbesserung den Kohlkorb (vgl. Abb.I.150) verlieh.

III.3.12; Abb.I.150, S. 96

[Hauenstein, nach Mai 1419; eher nach 1432 Aug.]
Urbar Oswalds von Wolkenstein
Pergament, 26,6 x 17,8 cm
Nürnberg, Germanisches Nationalmuseum, Historisches Archiv, Familie Wolkenstein-Rodenegg: Fasz. 27

Auf dem Deckblatt (als Federzeichnung): Das Wappen von *Oswalt · von · wolckenstein · Ritter* mit bekröntem Spangenhelm mit Helmdecke, Helmzimier sowie mit dem Kohlkorb (rohgeflochtener Holzkorb) als Vermehrung der Helmzier.

Wohl auch aus Dankbarkeit für diese Gunstbezeugung des Przemislyden-Herzogs († 1433) begleitete Oswald von Wolkenstein diesen Rat König Sigmunds sowie Graf Ludwig von Öttingen, Sigmunds Hofmeister, ab Ende Mai 1419 auf einer Gesandtschaftsreise von der Blindenburg nach Thorn zu Besprechungen mit den Herren (Hochmeister und Komtur) des ›Deutschen Ordens‹.

Unter Nutzung des wohl eigenhändig ›adaptierten‹ Geleitbriefes des Königs (P[aris] April 1 [1416] in: Preßburg, *1419* April 1!) kehrte Oswald von Wolkenstein im Nov. 1419 nach Tirol und zu seiner seit Frühjahr auf Hauenstein auf ihn wartenden jungen Ehefrau, Margarethe von Schwangau, zurück – und stiftete am 20. Nov. 1419 (vgl. II.7.6) ein dauerndes Nachtlicht in der Margarethen-Kapelle auf dem Neustifter Friedhof.

Got mus fúr vns vechten, sulln dy hussen vergan

Mit der Zusicherung freien und sicheren Geleits König Sigmunds wurde der seit 1410 unter Kirchenbann stehende tschechische Reformator Jan Hus (geb. um 1370) nach Konstanz gelockt, um die dritte Hauptaufgabe des Konstanzer Konzils, die Beendigung der Ketzerei (*causa fidei*), rasch in Angriff nehmen, den *ungloben in Behamerland* verdammen *und die ketzery vertilgen* zu können (Ulrich Richental: *Chronik.* Fol.54 verso).

Am 3. November 1414 nahm der seit 1398 an der Universität Prag lehrende Magister Hus Wohnung *in der Pfistrinen huß an sant Paulsgassen* (ebenda, fol. 55 recto); nach der ersten Session des Konzils im Münster (16. Nov. 1414) wurde Jan Hus am 28. Nov. 1414 verhaftet (vgl. Abb.I.151), wegen angeblicher Fluchtgefahr – in Wirklichkeit, damit er seine Forderung nach Rückkehr der römischen Kirche zu apostolischer Armut der Urkirche nicht auch noch in Konstanz unter den Konzilsteilnehmern (Theologen, Fürsten und Gesandten) in Predigten verbreiten konnte.

Als König Sigmund am 24. Dezember 1414 in Konstanz eintraf (vgl. Abb.I.133), war bereits eine Untersuchungskommission gegen den böhmischen ›Ketzer‹ eingesetzt und die Propagandakampagne seitens des Papstes, Johannes XXIII., der Kardinäle und v.a. seiner böhmischen (!) Gegner und Ankläger in vollem Gange – der sich auch der am 4. Februar 1415 in Konstanz angekommene ›Ketzerfeind‹ Oswald von Wolkenstein sofort mit einem Lied anschloß, um *durch [s]ein gesangk vil hoveleut* über die ›verirrten‹ *genns zu Behem* (böhm. *hus* = dt. *Gans*) zu [be]*leren* (Kl.39, 56/60):

> *Des wirt vil manig edel geviecht*
> *von ainer groben ganns* [Jan Hus] *ze tod geslagen,*
> *gebissen ser und gar verdiecht,*
> [...] *wann alte sünd* [Schisma] *pringt neue scham.*
> [...] *Ir edlen valken, pilgerin* [Priesterschaft],
> *ain maister groß von oberlant* [Gott]
> *eur schnäbel, füß hat forchtiklich verhürnet,*
> [...] *leicht wirt die ganns* [Jan Hus damit] *verdürnet.*
>
> *Ir sägger, blawfüß* [Ritterschaft], *nemet war,*
> *als edel geviecht der cristenhait besunder:*
> *seid euch entstet ain genslich schar* [Hussiten]

[Abb.I.150] OSWALDS VON WOLKENSTEIN UM DEN KOHLKORB VERMEHRTES WAPPEN • Nach Mai 1419; nach 1432 Aug. • Urbar-Deckblatt

[Abb.I.151] DO DEGRADIERT MAN HUSSO (6. Juli 1415) • Um 1465 • Kolorierte Federzeichnung in Ulrich Richental: *Chronik* des Konstanzer Konzils. Fol. 57 verso, oben (Kat.III.3.10). – Jan Hus wurde von zwei Bischöfen als Priester degradiert.

von ainem land [Böhmen], *des lat eu wesen wunder!*
[...] *wol auff, all vogel, rauch und rain* [Ritterschaft]!
hilf, adler groß [König], *dein swaimen las erwachen!*
fliegt schärpflich ab und stosst die genns [Hussiten],
das in die rügk erkrachen!

Jy Huß, nu haß dich alles laid
und heck dich Lucifer, Pilatus herre!
[...] *und ist dir kalt, er macht dir warm* [vgl. Abb. I.153]
[...] *wilt du den Wigklöff* [John Wyclif] *nicht verlan,*
sein [ketzerische] *ler, die wirt dich hassen.*
(Kl.27,15/17;19; 21; 25/26; 30/34; 37/42; 45; 49/50).

Oswald von Wolkenstein *gemant*[e] *die guten cristan* (Kl.27,81) wohl weniger wegen *des gelouben ketzerlicher sitte* (Kl.27,88), sondern v.a. wegen des sozialrevolutionären Sprengstoffes gegen die (angeblich) gottgewollte Ständeordnung, gegen den *orden, den jeder halt, in dem er ist geboren*, wie in der *schrift* (Bibel) zu lesen sei (Kl.27,51/52; 59).

Er dürfte dieses antihussitische Kampflied bereits vor seiner Abreise aus Konstanz (am 6. März 1415; s.o.) verfaßt haben, denn zu diesem Zeitpunkt war Hus noch Gefangener (terminus ante quem der Entstehung: 6. Juli 1415).

Während Oswalds von Wolkenstein Gesandtschaftsreise wurde Hus dreimal in der Franziskanerkirche, in seinem Gefängnis, verhört (am 5., 6. und 8. Juni 1415) und am 6. Juli 1415, weil in 39 Anklagepunkten der ›Ketzerei‹ überführt, verurteilt (vgl. Abb.I.152). Zum Widerruf keinesfalls bereit, wurde ihm am selben Tag nicht nur *warm* (s.o.) gemacht, sondern eine *peinikliche hitze* (Kl.27,80) und ein *feuerspach* (Kl.27,58) auf dem Scheiterhaufen aus *holtz, strow und bech* bereitet (vgl. Abb.I.153): *Do schray er vast und was bald verbrunnen* (Ulrich Richental: *Chronik.* Fol. 57 recto).

Ein Aufschrei ging durch die Reihen seiner Anhänger (Kalixtiner und Taboriten) in Böhmen; aus religiöser, mehr noch aus nationaler Erregung protestierten am 2. Sept. 1415 mehr als 450 böhmische Herren und Ritter beim Konzil gegen die Verbrennung ihres populären Landsmannes – und gegen des (abwesenden) Königs gebrochenes Geleitversprechen.

Als der lange zögernde König Wenzel IV. von Böhmen (anfangs ein Befürworter der Tschechisierung durch den Nationalisten Hus) gegen die Hussiten schärfer vorzugehen drohte, erfolgte am 30. Juli 1419 der (erste) Prager Fenstersturz und nach Wenzels Tod (am 16. Aug. 1419) ein erneuter Hussitenaufstand – um zu verhindern, daß der für den Tod von Hus von dessen Anhängern verantwortlich gemachte König Sigmund auch noch die böhmische Krone erlange.

[Abb.I.152] HUS WIRD NACH SEINER VERURTEILUNG ALS ›KETZER‹ AUS DER STADT KONSTANZ GEFÜHRT (6. Juli 1415) • Um 1465 • Kolorierte Federzeichnung in Ulrich Richental: *Chronik* des Konstanzer Konzils. Fol. 57 verso, unten (Kat. III.3.10). – In einem schwarzen Gewand, auf dem Kopf eine Papiermütze mit zwei schwarzen Teufeln (!), wurde Hus von *mer dann tusend gewapnoten manen* vor die Stadt zur Hinrichtung geführt.

[Abb.I.153] DIS IST DER HUSS AUF DEM SCHEITERHAUFEN (6. Juli 1415) • Um 1465 • Kolorierte Federzeichnung in Ulrich Richental: *Chronik* des Konstanzer Konzils. Fol. 58 recto, oben (Kat.III.3.10). – Auf dem Kopf die Papiermütze mit der Inschrift *Herisyarcha* (Erzketzer). Die Gabeln, mit denen die beiden Henkersknechte das Feuer schürten, wurden ab 1420 von den Hussiten gegen die Reichsheere gerichtet.

[Abb.I.154] Hartmann Schedel / Michael Wolgemut: PRAG • 1493 • Holzschnitt (Kat.III.1.7.2). – Auf dem Berg der St.Veits-Dom und die königliche Burg; im Vordergrund die Burg Vyšehrad als verfallener Turm – als Zeugnis der Hussiten, die *leider einen übelriechenden gestank* (H.Schedel) und Ruinen hinterließen.

Nachdem die aufgebrachten Hussiten deutsche Prälaten und die deutsche Oberschicht in böhmischen Städten zur Flucht gezwungen und sich ein Bürger- und Bauernheer in Prag (vgl. Abb.I.154) verschanzt hatte, nahm König Sigmund diese Kriegserklärung an und erklärte seinerseits den Hussiten den Reichskrieg – ideologisch unterstützt von Papst Martin V., der am 1. März 1420 die Christenheit zum Kreuzzug gegen die ketzerischen Hussiten aufgerufen hatte.

Obwohl eine Reiterattacke der königlichen Truppen (am 14. Juli 1420) an der Verteidigung der Taboriten des strategisch wichtigen Vitkovhügels bei Prag kläglich gescheitert war, ließ sich König Sigmund am 28. Juli 1420 im Prager Veitsdom (vgl. Abb.I.154) zum König von Böhmen krönen – und sammelte neue Truppen gegen die zahlenmäßig unterlegenen, aber militärisch überlegenen Hussiten.

Ob nach einer Depesche des Königs an seinen Diener und erfahrenen Kämpfer gegen *ungelaubige* (vgl. II.1.1) oder auf Hinweis der von Herzog Albrecht V. von Österreich aufgeforderten Starkenberger – Oswald von Wolkenstein machte sich Ende Sept. 1420 auf, seinem König zu Hilfe zu kommen und um seinen großen Worten (s.o., Kl.27) auch große Taten gegen die frechen *genns zu Behem* folgen zu lassen, zumal er als Träger des aragonesischen Kannenordens auch moralisch zum Kampf gegen Glaubens- und Standesfeinde verpflichtet war.

Nach seiner Krönung zog sich der neue böhmische König zuerst mal in königstreue Städte im Osten und Norden Böhmens zurück – was sich schnell als psychologischer und strategischer Fehler erwies, denn die Prager nutzten ab Okt. 1420 seine Abwesenheit zur Belagerung der königlichen Festung Vyšehrad vor Prag (vgl. Abb.I.154):

Hett der wolckensteiner neur federn, das im slawnt ze fliegen

Dem Mainzer Eberhard Windecke (um 1380-1440), Verfasser von ›Kaiser Sigmunds Buch‹ (1437/38), verdanken wir folgenden Bericht über diese zweite, noch schmachvollere Niederlage (am 1. Nov. 1420) der königlichen Truppen gegen ein armselig ausgerüstetes, aber theologisch-ideologisch und propagandistisch gewaltig aufgerüstetes und dadurch höchst motiviertes Bauern- und Bürgerheer:

In dem selben [Monat Okt.] *zugent die husser* [Hussiten] *für wisrade* [Vyšehrad], *ein slosz by proge* [Prag], *Vnd belagent das mit macht. Die botschafft kam dem kúnig von den, die vff dem slosz* [eingeschlossen] *worent, herr heinrich von Landesperg* [Schlandersberg], [Oswald] *Der wolckensteiner* [und Michael der] *dorstberger* [Trostburger] *von der etsche* [...] *Vnd ander vil ritter und knecht von gesten.*

Vnd lag in gar hart vff dem slos. Also besampte sich der kúnig mit vier tusent pferden mit behem vnd vngern [Söldnern] *Vnd zoch für wisrade vnd wolte do das slosse* [und die Eingeschlossenen, darunter Oswald und Michael von Wolkenstein] *retten. Also trattent die preger* [Prager] *hussen vnd ketzer har vs vnd woltent ye vechten vnd stritten, Also sú ouch detten* [mit Erfolg, denn:] *Do gobent die vorgeschriben* [dútschen, vngern, merhern vnd behem] *ritter vnd knechte das husz wiszrade vff den huszen vnd pregern, Wenne sú es nit me mochten gehalten.* (Schwob: *Lebenszeugnisse.* Nr 97)

Oswald von Wolkenstein dürfte bei der vergeblichen Entsetzung der auf der Festung eingeschlossenen *vil ritter vnd knecht* sicherlich sein im Febr./März 1415 in Konstanz verfasstes antihussitisches Kampflied eingefallen sein – und da er jetzt selbst *merken* mußte, *das sich die löff in manchem weg verkeren* können, hätte er in dieser Notsituation bzw. Todesgefahr gerne wie *ain gute ganns* (Hus) *federn* gehabt, die *im slawnt ze fliegen* – anstatt zu *Behem* [wie] *ain toren* [...] *federn* lassen zu müssen wegen der siegreichen *gensen* (Kl.27,2/10).

Durch dankchperkait gelob vnd versprich Ich ain Rays an die hussen

III.3.13; Abb. I.155, S. 99

Innsbruck, 1427 Mai 1

(In dorso:) ***Wolkenstain Hussen rais / 1427 / dienstbr(ief) h(er)zog fridr(ich)***

Orig.urkunde; Pergament, 15,2 x 27,7 cm; Plica, 4,6 x 27,7 cm
Siegel Oswalds von Wolkenstein; grün ø 3 cm
Innsbruck, Tiroler Landesarchiv: Urk. I 3403
[Schwob: *Lebenszeugnisse.* Nr 169]

Um seine Schuld (vgl. II.4.9) gegenüber dem Landesherrn, Herzog Friedrich IV. von Österreich, wiedergutzumachen, mußte der 50-jährige *Oswalt von Wolkenstain* zum Dank für die Wiederaufnahme in die *huld vnd gnad des durchleuchtigen, hochgebornen fúrsten,* [s]*eins gnedigen herren*, in diesem (zweiten) Unterwerfungsbrief (vom 1. Mai 1427) demselben [s]*einem gnedigen herren oder seinen Vettern oder Erben* [...] *durch billeicher dankchperkait willen* [...] *ain Rays an die hussen gelob*[en] *vnd versp*[r]*echen* [...], *Vmb demselben* [...] *mit erbern diensten aws*[zu]*dienen:*

möcht ich aber vngeuerdlich denselben dinst mit meinselbs leib nicht verpringen, so sol vnd wil ich ainen meiner geporne[n] *frewnde an meiner stat in denselben dinste schikchen vnd orden, damit mich das Ere an alles geuerde.*

Trotz seines Alters und trotz seiner leidvollen Erfahrungen als erfolgloser Hussiten-Kämpfer (s.o., 1420) dürfte Oswald von Wolkenstein zwischen Mitte Mai 1427 und Mitte April 1428 selbst im Truppenkontingent von Herzog Albrecht V. von Österreich an zwei erneuten Feldzügen des Reichsheeres gegen die seit 1420 unbesiegten Hussiten in Böhmen teilgenommen haben (finanziert durch eine allgemeine Reichssteuer, den ›gemeinen Pfennig‹) – wiederum ohne Fortüne, denn der geplante konzentrische Einmarsch des bunt zusammengewürfelten Reichsheeres scheiterte diesmal an organisatorischen Fehlleistungen der einzelnen Truppenkontingente.

NB: *Das federspil* [edel gjviecht] *hat ser verzagt – des hört man offt ain genselein durch seinen vaisten kragen spöttlich lachen – wann*

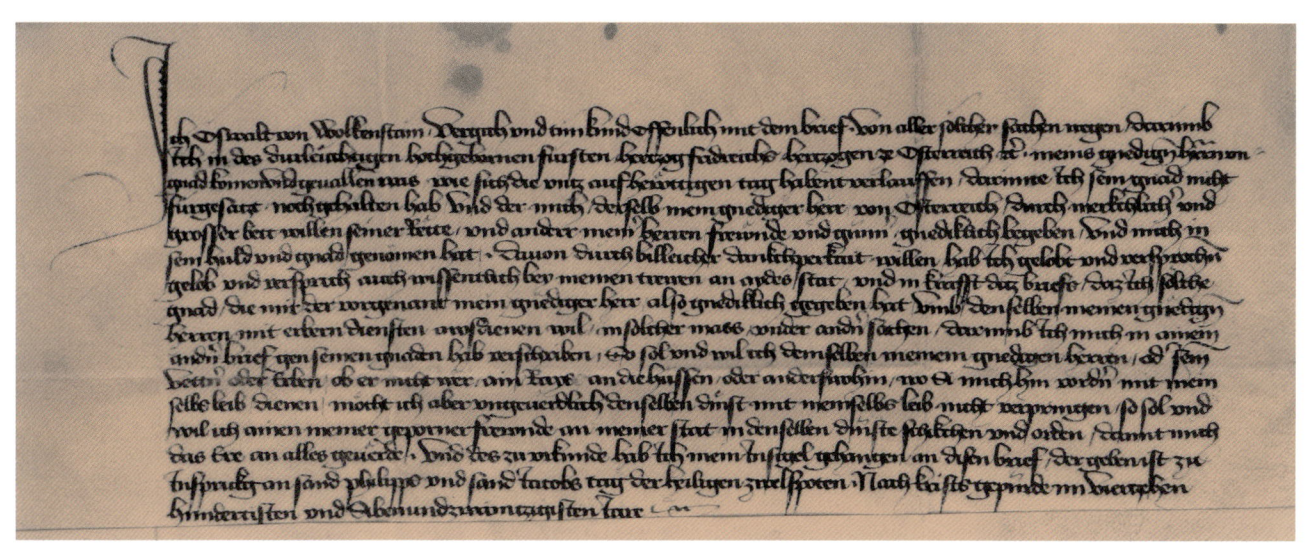

[Abb.I.155 Oswalds von Wolkenstein Versprechen zur Teilnahme an einem Feldzug gegen die Hussiten • 1427 • Pergament-Urkunde (Kat.III.3.13)]

[Abb.I.156] Michael Hohenauer: Profilbildnis von Jan Hus • 1515
Gedenkmünze zu seinem 100.Todestag; Vorderseite (Kat.III.3.14)

[Abb.I.157] Michael Hohenauer: Hus auf dem Scheiterhaufen • 1515
Gedenkmünze; Rückseite (Kat.III.3.14)

[Abb.I.158] Säbel • Ungarn, 1. Hälfte 15. Jhdt • Stahl (Kat.III.3.15)

neur die ganns [trägt] krumpe horen [Lucifers!], damit si ander vogel rain [die Ritter des Reichsheeres] verstossen kan (KI.27,11; 35/36;54/56)

III.3.14; Abb. I.156/157, S. 100

Michael Hohenauer († 1558):
Gedenkmünze zum 100. Todestag von Jan Hus. 1515

Silber, ø 4,15 cm
Avers (Abb. I.156): • CREDO • VNAM • ESSE • ECCLESIAM • SANCTAM • CATO-LICAM • / IOA [Porträt] HVS
Revers (Abb. I.157): • CENTVM • REVOLVTIS • ANNIS • DEO • RESPVNDERITIS • ET • MIHI • / • ANNO • A • CHRISTO • NATO • 1415 • IO • HVS •
Budapest, Ungarisches Nationalmuseum: R.III.1431

Auf der Vorderseite: Profilbildnis von Jan Hus (nach zeitgenössischer Vorlage?); auf der Rückseite: Hus auf dem Konstanzer Scheiterhaufen, angebunden *an ain lang bret, das stuond ufrecht* (Ulrich Richental: *Chronik*. Fol. 57 recto). – Vgl. Abb. I.153.

Ungern mit ihren grossen Sábln

III.3.15; Abb. I.158, S. 100

Säbel. Ungarn, 1. Hälfte 15. Jhdt

Stahl; Länge: 100 cm; Klingenbreite: 3,5 cm
Grabfund in der Gemarkung von Kecel
Budapest, Ungarisches Nationalmuseum: 58.7501

Einschneidige Blankwaffe mit gebogener Klinge, kräftiger Rückenkante und mit Rinne (direkt unter dem Klingenrücken bis zur Spitze). Mit S-förmigem Kreuzeisen und mit an den Ecken abgestumpftem, ziegelförmigen Knauf mit linsenförmiger Bosse an beiden Seiten.

Der im 6. Jhdt in Ostasien und in China entstandene Säbel wurde im 9./10. Jhdt von den Magyaren nach Europa gebracht. Der Beginn der Verwendung des S-Kreuzeisensäbels durch die Ungarn fällt mit dem Beginn der Hussitenkriege zusammen, in denen sie Kontingente für das Reichsheer stellten.

1431 geschach eyn erlose flucht aus peham

III.3.16; Abb. I.159, S. 101

Regensburger Goldschmiede-Bruderschafts- und Innungsordnung. Um 1430/32
Pergament-Codex, 15 Blätter, 23 x 15,5 cm
Regensburg, Stadtmuseum: Archiv.Akten.R.58

Aufgeschlagen (S. 1): Hinweis auf die am 13. Aug. 1431 erfolgte Flucht aus Böhmen *vor* der Schlacht von Taus (14. Aug. 1431) mit dem Anfang eines Hussitenliedes Oswalds von Wolkenstein (Kl.134).

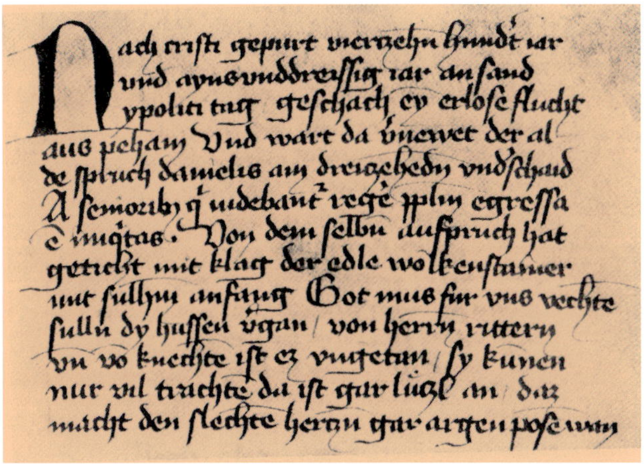

[Abb.I.159 Oswalds von Wolkenstein Hussiten-Klage · 1431 · Pergament-Codex (Kat.III.3.16)

Auf dem Nürnberger Reichstag (Febr./März 1431) – an dem Oswald von Wolkenstein und sein Bruder Michael im Gefolge König Sigmunds teilnahmen (vgl. LZ 220/221) – wurde ein neuer allgemeiner Kreuzzug gegen die seit 1420 unbesiegten Hussiten beschlossen.

Anfang Aug. 1431 rückte das Reichsheer (unter Führung des Kurfürsten von Brandenburg) bis zur böhmischen Grenze vor. Herzog Albrecht V. von Österreich (s.o.; III.3.13) und der Kurfürst von Sachsen sollten den Einmarsch und Angriff mit ihren Truppen von Süden und von Norden her unterstützen. Bevor es überhaupt zu der für den 14. Aug. 1431 bei Taus geplanten Schlacht kommen konnte, ergriffen die Söldner der drei Reichsheeres-Kontingente, aus Furcht vor den für unbesiegbar geltenden Hussiten, panikartig die Flucht, so daß die Hussiten fast den gesamten Troß (rund 3000 Wagen) ihrer Gegner kampflos erbeuten und beinahe auch noch den päpstlichen Legaten, Kardinal Cesarini, gefangen nehmen konnten.

Die Nachricht von dieser schmachvollsten aller Niederlagen des gut ausgerüsteten Reichsheeres gegen die meist nur mit Lanzen, Gabeln, Dreschflegeln und Morgensternen bewaffneten Hussiten, drang sofort zu König Sigmund nach Nürnberg, bei dem sich in diesen Tagen auch Oswald von Wolkenstein aufhielt (vgl. LZ 225/226) – weshalb dieser nicht erneut in Herzog Albrechts V. von Österreich Heereskontingent an dieser nicht stattgefundenen Schlacht teilgenommen haben kann.

Aber: Oswald von Wolkenstein verfasste als Fazit nach nunmehr fünf erfolglosen Kreuzzügen eine *klag* (Kl.134), die von dem Schreiber Hans Poloner im Zusammenhang mit diesem erwähnenswerten Ereignis des Jahres 1431 auf der noch freien Seite vor Beginn der *Goldschmid ordnung von 1431* festgehalten wurde (und nur in diesem Codex überliefert ist):

Nach cristi gepurt vierczehen hundert iar / vnd aynsunddreissig iar an sand / ypoliti tag geschach eyn erlose flucht / aus peham. Vnd wart da vernewet der al / de spruch danielis am dreiczehenden vnderschaid [13.Kapitel:] */ A senioribus qui videantur regere populum egressa / est iniquitas* [Von den Ehrwürdigen, die das Volk regieren sollen, ist Ungerechtigkeit ausgegangen]. *Von dem selben aufpruch* [in peham] *hat / geticht mit klag der edle wolkenstainer / mit sulhem anfang* [:] *Got mus fur vns vechten / sulln dy hussen vergan / von herren rittern / vnd von knechten / ist ez vngetan / sy kunnen / nur vil trachten / da ist gar lüczl an / daz / macht den slechten herczen / gar argen posen wan.*

Da *Got* aber ganz offensichtlich auf Seiten der (deshalb?) unbesiegbaren Hussiten zu *vechten* schien – und da nach diesem nationalen Debakel von Taus keine Söldner mehr für einen weiteren (sechsten) Kreuzzug angeworben noch bezahlt werden konnten – mußten die *herren,* sprich König Sigmund, die Hussitengefahr für das Reich (nach deren Einfällen 1426 in Schlesien, Österreich, Franken, Sachsen, Brandenburg und bis vor Danzig) auf diplomatischem Wege bannen: Beim Basler Konzil ab Juli 1431, v.a. aber durch die Prager und Iglauer Kompaktaten 1433 bzw. 1436 – wobei letztere dem am 7. Juli 1421 in Taschaslau von den Hussiten abgesetzten böhmischen König Sigmund auch wieder den Weg auf den böhmischen Königsthron frei machten.

II. ADEL UND ERBE VERPFLICHTEN

II.3 DAS ERBE DES ZWEITGEBORENEN

II.3.2 DER ›HAUENSTEINISCHE ERBSCHAFTSSTREIT‹ ⟫⟫⟫⟫⟫⟫⟫⟫⟫⟫⟫⟫⟫⟫⟫⟫⟫⟫⟫⟫⟫⟫⟫⟫ 1418 – 1427

Retrospektive:

1367 Oswalds von Wolkenstein Großvater, Eckhard von Vilanders, genannt *von Trostperg* (vgl. I.2.2), kaufte für 23 Mark Berner ca ein Drittel der Burg Hauenstein (vgl. Abb. I.6) samt zugehörigen Gütern, die er durch Zukäufe bis zu seinem Tod (1385 Juni 12) vermehrte.

1397 Aufgrund von unrechtmäßigen Übergriffen von Oswalds von Wolkenstein Großvater *und* Vater auf Einkünfte aus Burgfriederhöfen der Herren von Hauenstein – seit nunmehr 30 Jahren! – bestätigte der Lehensherr von Hauenstein, der Brixener Bischof Ulrich I., einen Schiedsspruch, demzufolge Martin Jäger aus Tisens *und seiner hausfrauen*, Barbara von Hauenstein, *die zway tail und dem von Wolkenstein* [Friedrich] *und seiner hausfrauen* [Katharina von Vilanders, genannt *von Trostperg*] *der drittayl* der Burg Hauenstein samt zugehörigen Gütern zufielen (vgl. II.3.1.13).

1407 Oswald von Wolkenstein fielen demzufolge bei der Vermögensaufteilung (vgl. II.3.1.12/14) mit seinem *tail auff hawenstain* (II.3.1.13) nicht nur ca ein Drittel der Burg und nur ca ein Drittel der Abgaben der zugehörigen Burgfriederhöfe zu, sondern auch ein letztlich seit 40 Jahren unausgeglichener ›Hauensteinischer Erbschaftsstreit‹.

1407 Beginn der *bulschaft* mit Anna Hausmann (vgl. II.5), der Oswald von Wolkenstein – nach dem Tod ihres Vaters (vor 1409 Mai 25) und auf Druck ihrer drei Brüder – wohl mangels nötiger *barschafft* (Kl.2,45) eine Teilhabe an seinem geerbten (aber nicht genutzten) *drittayl auff hawenstain* zusicherte, um dafür zu bezahlen, daß er sich mit ihr *versündet* (Kl.1,15) hatte, zugleich, um sich von der ihm sicherlich von ihren Brüdern aufgenötigten Eheschließung freizukaufen (vgl. II.6), weshalb ihn diese *bulschaft* nicht nur *sawer ankam* (Kl.55,39), sondern auch *teuer*!

1417 Obwohl Oswald von Wolkenstein *elicher weibe bellen ser fürcht*[ete] (Kl.18,104), heiratete der inzwischen 40-jährige, dessen *urtail, rat vil weiser hat geschätzet* (Kl.18,105), im Spätsommer oder Herbst die *stolze Swäbin* (Kl.110,10), Margarethe von Schwangau, um [s]*eins aigen kindes geschrai elichen in ainer wiegen gellen* (Kl.18,99/100) zu hören und sich als Begründer einer eigenen Linie (mit festem Sitz auf einer Burg; s.u.) endlich *edel vnd vester her Oswalt von Wolkenstain* (erstmals bezeugt 1421 März 29; LZ 98) nennen zu können.

1418 Der als Diener und Parteigänger König Sigmunds bei seinem Landesherrn, Herzog Friedrich IV. von Österreich, in *ungenad* gefallene Oswald von Wolkenstein konnte sich erst nach seiner von König Sigmund erwirkten Amnestie (vgl. III.3.11) wieder frei in Tirol bewegen – und deshalb erst im Sommer mit *Margreten,* [s]*einer eleichen hawsfrauen* (LZ 88) aus Schwangau, den zur Begründung einer eigenen Familie (und Linie!) notwenigen, standesgemäßen Adelssitz beziehen: Burg Hauenstein, deren zwei dem Martin Jäger und dessen Ehefrau Barbara 1397 zugesprochenen Drittel er nolens volens annektieren mußte, um seiner auf Vorder- oder Hinterschwangau (vgl. Abb. I.222) größere Verhältnisse gewohnten *stolze*[n] *Swäbin* voller Besitzerstolz wenigstens alle Räumlichkeiten der eh schon sehr kleinen Waldburg Hauenstein bieten zu können!

1418 *Anna, Hansen säligen, des Hausmans tochter, gesessen ze Brichsen* (Verkaufsbrief der 1416 noch unverheirateten Anna Hausmann anläßlich der Übergabe eines halben Eigengutes, des Solerhofes in der Malgrei St. Johannes von Völs am Schlern [sic!] an Propst Berthold von Neustift), blieb weder die Eheschließung ihrer einstigen *bulschaft,* [die] *nicht inn hat*[te] (Kl.25,60) und auch nicht zu *der e* (Kl.44,19) wie mit Margarethe von Schwangau führte, noch der Bezug der ganzen Burg Hauenstein verborgen – dafür sorgten schon die (ihre?) Späher (der Neithart?) auf dem Kastelruther Berg, die diese Neuigkeit auch von den Brixener Dächern pfiffen.

Man ist deshalb versucht, die in Oswalds von Wolkenstein Rechnungsbuch von 1418 (LZ 84; vgl. I.161) an fünfter Stelle notierten Schulden – *Item dy Hawsmannyn tenet XXV ducaten vnd xxiiij liber vnd vij chrewczer* (Fol. 1 recto: 1418; vgl. Abb.I.161) – als eine Art von Schweigegeld in Form eines Kredits zu deuten (wohl schon nach seiner Eheschließung der immer noch unverheirateten *bulschaft* gewährt).

Fazit: Oswald von Wolkenstein und Margarethe von Schwangau wohnten ab Sommer 1418 auf einem seiner Ehefrau nicht gerade standesgemäßen Adelssitz, der ihnen zudem nur zu ca einem Drittel rechtlich zustand – und Oswald von Wolkenstein hatte nach Ausweis seines Rechnungsbuches von 1418 (vgl. Abb.I.161) darüberhinaus jede Menge Ausstände und deshalb *bussorgen* en masse:

1] Die Hälfte seiner 36 zinspflichtigen *aigen güter* (vgl. II.2.2) hatte der 1407 noch Unverheiratete großzügig in Fromme Stiftungen in Brixen investiert (vgl. II.2.2/4), weshalb die Erträge der anderen Hälfte an Eigengütern für die auf Hauenstein außer ihm und seiner Ehefrau lebenden Knechte und Diener hinten und vorne nicht über das Jahr reichten.
2] Da sein Schwiegervater, Ulrich II. von Schwangau, seiner Tochter Margarethe noch deren Heimsteuer schuldete, mußte Oswald von Wolkenstein am 20. Jan. 1419 (LZ 88) von seinen Schwangauer Verwandten einen Schuldbrief über 500 rheinische Gulden erpressen.
3] Da ihm auch sein Dienstherr seit 1416 (vgl. III.3.1) bis zum Zahltag 1419 den ihm vertraglich ab 1415 zustehenden *Jar Lon* schuldete (vgl. III.3.1 und III.3.12), war seine *barschafft* und das verbliebene ›Hauswirtschaftsgeld‹ schon bald nach Einzug aufgebraucht.

Ergo: Da er von den zwolf Hauensteiner Burgfriederhöfen und von den zwei Burgfriedergütern auch nur ein Drittel von deren Abgaben an *korn, wein und kes* beanspruchen konnte, griff Oswald von Wolkenstein aus *grosser not* (Kl.51,9) zu einer

Links: [Abb.I.160 DER BUHLER • 1500 • Holzschnitt in: *Revelationes sanctae Birgittae.* Nürnberg: Anton Koberger 1500 (Archiv ARTeFACT)
Rechts: [Abb.I.161 ITEM DY HAWSMANNYN TENET XXV DUCATEN • 1418 • Eintrag in Oswalds von Wolkenstein Rechnungsbuch, Fol. 1 recto (LZ 84). – Weitere Schuldner auf Fol. 1 recto: Graf Ulrich von Matsch: XXII Ducaten; ein Graf von Görz: VI Ducaten; Niclas ab dem Chofel: I Ducaten; Gröppel: XVIII Ducaten – keiner soviel wie *dy Hawsmannyn*.

[Abb.I.162] IM WYNGARTEN VNKRUT GRABEN • 1493 Holzschnitt in Petrus de Crescentiis: *Ruralia commoda, deutsch*. Speyer: Peter Drach 1493 (Archiv ARTeFACT)

schon von seinem Großvater und von seinem Vater praktizierten, praktischen Methode (s.o.; 1397): *An recht* [aber] *mit gewalt* erlaubte er sich ab Herbst 1418 Übergriffe auf rund 40 Güter und auf deren Einkünfte, die Martin Jäger und dessen Ehefrau, Barbara von Hauenstein, gehörten und zustanden (ganz zu schweigen von der Annexion ihrer *zway tail der Burg Hauenstein*).

Da Oswald von Wolkenstein auch dringend *barschafft* benötigte, aber Anna Hausmann von den kärglichen Einkünften, die sie aus ihren Liegenschaften (verpachtete Eigen- und Pfandgüter) bezog, ihre Schulden (s.o.; 1418) nicht tilgen konnte, hielt er sich kurzerhand an *ihrem Weinhof in presler Gericht gelegen, genant der Grotthof* (LZ 170; vgl. II.4.10), schadlos, indem er ihn *an Recht entwert* hat (ebenda).

Die vestt hawenstain vnd lehenschafft wider Recht abgedrungen

II.3.2.1; Abb. I.163 und 169, S. 104 und 109

[Schenna, 1421 Ende Sept. / Anfang Okt.]

Abschrift, 1. Hälfte 15. Jhdt; Papier, 31,5 × 22,5 cm
(Verso, von späterer Hand; vgl. Abb.I.169:) *Wolckhenstain*

(Überschrift, recto; vgl. Abb.I.163:) **Nota die Werbung an meins herr(e)n gnad / von des Wolkenstain(er) und des Jaeg(er)s weg(e)n** [Schreiben der Gemahlin Ulrichs von Starkenberg, Ursula, Truchsessin von Waldburg, zur Information Herzog Friedrichs IV. von Österreich]
Innsbruck, Tiroler Landesarchiv: Urk. I 4628
[Schwob: *Lebenszeugnisse*. Nr 102]

[Abb.I.163] VON DES WOLKENSTAINER UND DES JAEGERS WEGEN • 1421 • Abschrift, 1. Hälfte 15. Jhdt; Fol. 1 recto (Kat.II.3.2.1). – Fortsetzung: Abb.I.169.

Der von Ursula, Truchsessin von Waldburg, Ende Sept. / Anfang Okt. 1421 verfügten Vernehmung Martin Jägers, seit ca 1407 Burghüter auf der starkenbergischen Burg Forst bei Meran (vgl. Abb.I.168), durch Ludwig von Sparrenberg und Jakob Murrentein — weil *Martein Jaeger Oswalten Wolkenstainer geuangen vnd auf vnser* [starkenbergisches] *Sloss Vorstt gefürt hat vnd In daselben haltet* — verdanken wir Aufklärung über die Ursache für Oswalds von Wolkenstein Gefangenschaft auf Forst:

[Vgl. Abb.I.163:] *Der benant Oswalt Wolkenstainer hab seinem weib* [Barbara von Hauenstein] *die vestt hawenstain, die Ir vaeterleich erb ist, manschafft* [auf Hauenstein] *vnd* [Einkünfte aus] *lehenschafft wider Recht* [seit Herbst 1418] *abgedrungen vnd Im auch vil seiner aignen Güter pawuellig gemacht vnd Im sein pawlewt* [vgl. Abb.I.169:] *beswaert. Des* [wegen habe] *er* [Martin Jäger] *sich menigermal gegen* [s]*eins herren, Herczog Fridreichs gnaden, vnd gen allen Bischouen, die seydmalen ze Brichsen gewesen sind, erklagt* [beklagt], *und* [aber] *kund Im noch seinem weib das nye gewendt werden. Seydmaln vnd er* [O.v.W.] *Im dann nach seinem Gut gegriffen hat, So hab er* [Martin Jäger in einer unentsagten Fehdehandlung] *Im* [O.v.W.] *nach seinem leib gegriffen vnd hab auch den* [O.v.W.] *vnd welle In auch han vnd mit Im tun als mit seinen vnd sein mithelffer geuangen, es sey in dem Sloss* [Forst] *oder aussertbalben.*

Wer außer *dem Neytharten vnd seiner geselschafft mithelffer* des zu außergerichtlicher Selbsthilfe gezwungenen Martin Jäger bei der Gefangennahme des *Oswalden von Wolkenstain, ze den zeiten Haubtman auf dem Newenhaus* (LZ 100; dat. 1421 Sept.6) der Görzer Grafen, gewesen war, erfahren wir erst aus dem folgenden Lebenszeugnis.

Taidung: *Daz mich mein lanndsfürst zu seinen hannden nemen sol*

II.3.2.2; Abb. I.164 und 171, S. 105 und 110

[Forst, 1421 Mitte Dezember]

Abschrift, 1. Hälfte 15. Jhdt. [Sommer 1422?]; Papier, 30 x 22 cm
Innsbruck, Tiroler Landesmuseum Ferdinandeum, Urkundensammlung:
U 2315, Stück 1
[Schwob: *Lebenszeugnisse*. Nr 106]

Ich Oswald von Wolkenstain — Bekenn für mich vnd all mein Erben vnd für alle, die sich in der Sach für mich annemen wellen oder möchten — Als mich Martein Jaeger, die hawsmanin, der Neithart vnd der frey zu irn hannden genomen vnd geuangen haben von solcher zuspruch wegen, die Si dann zu mir hannd […]

Um Oswald von Wolkenstein *nach seinem leib greiffen* (II.3.2.1) zu können, sammelte der hauptgeschädigte Hauptkläger, Martin Jäger, weitere (eigenverantwortlich handelnde) Nebenkläger, die zum größten Teil ebenfalls *zuspruch* an Oswald von Wolkenstein hatten, als Fehdehelfer:

1] *Die hawsmanin* (Anna Hausmann): Wegen der widerrechtlichen Annexion ihres Weinhofes, des Grotthofes, im Gericht Prösels (vgl. II.4.10) — möglicherweise auch wegen seiner Übergriffe auf Einkünfte aus der ihr 1407 zugesicherten Teilhabe an seinem *drittayl auff hawenstain* (s.o.; 1407)

2] *Der Neithart* dürfte wohl (gemäß Ausgleich vom 1. Mai 1427; LZ 170; vgl. II.4.10) keinen *zuspruch* an Oswald von Wolkenstein gehabt haben, son-

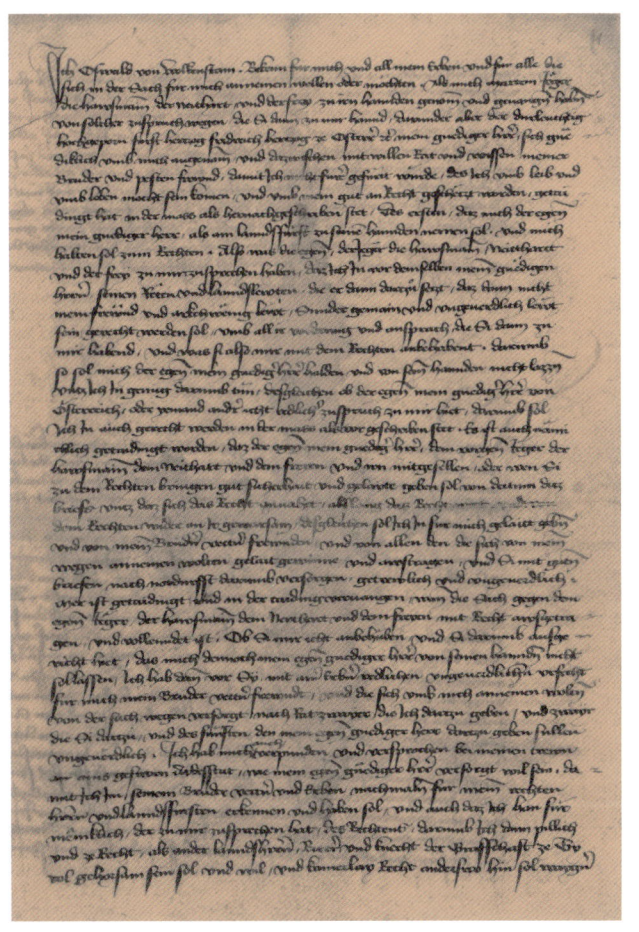

[Abb.I.164] OSWALD VON WOLKENSTEIN ANERKENNT BESCHLÜSSE VON VORVERHANDLUNGEN • 1421 • Abschrift, 1. Hälfte 15. Jhdt; Fol. 1 recto (Kat.II.3.2.2) – Fortsetzung: Abb.I.171.

dern er war lediglich ein von Martin Jäger gegen Bezahlung gedungener Fehdehelfer, der sich 1417 als herzoglicher Späher in den Wolkensteinischen Gerichten kundig gemacht hatte (LZ 77). Daß Martin Jäger *den Neythart vnd seine geselschafft* (II.3.2.1) auf Forst *geuangen* hielt, nachdem diese ihm Oswald von Wolkenstein *geantwurtt haben* (II.3.2.1), war ein taktischer Schachzug Martin Jägers – um dessen Dienstherrn, Herzog Friedrich IV. von Österreich, zwingen zu können, sich endlich dieser *Sach* anzunehmen, damit sie *im [und] seinem weib gewendt werde* (vgl. II.3.2.1).

3] *Der Frey*: Wohl identisch mit dem (Brixener?) *púrg[er] Hans Frey*, der gemäß Rechnungsbuch von 1418 Oswald von Wolkenstein schuldete: *Gelcz XL marchk* (fol. 6 verso), *IIII ducaten* (fol. 7 recto), *I Reinischen guldein* (fol. 7 verso). Es ist anzunehmen, daß *der Frey* diese Schulden nicht zurückzahlen konnte und sich Oswald von Wolkenstein anderweitig (wie bei der *hawsmanin*; s.o.) schadlos hielt (durch Pfändung seines Hauses?)

Durch ains weibes list gevangen

Um dem derzeitigen *Haubtman* auf der Görzer Burg Neuhaus Ende Sept. / Anfang Okt. *1421 nach seinem leib greiffen, [ihn] zu hannden vnd geuangen nemen* (II.3.2.1/2) zu können, wurde (von Martin Jäger und / oder Anna Hausmann) ein ›todsicherer‹ Plan ausgeheckt, um den Fehdegegner ahnungslos, mit *wolgetrauen* (Kl.2,66), in eine Falle (Kl.4,54: *inn der Fall* = Turm zu Vall bei Prissian!) tappen zu lassen:

All gen dem herbst (Kl.60,30) – *durch weibes rach* (Kl.3,45), hässlich, ellend, mit grossem neit (Kl.111,95) und *eifert* (Kl.1,67) auf Margarethe von Schwangau – wurde der 44-jährige Oswald von Wolkenstein von der *bawsmanin* (vgl. Kl. 26,120) in arglistiger Weise zu einer *kirchfart, die si wolt reitten* (Kl.59,21/22; vgl. Abb.I.166), eingeladen:

> *Auff wolgetrawen ich mich verschoß*
> *zu ir von rechter liebe groß,*
> *des hab ich mangen herten stoß*
> *desselben gangs erlitten,*
> *do ich* [den wahren Grund ihrer] *kirchfart übersach,*
> *die si* [mit mir] *wolt reitten, als si sprach.*
> [...] *Doch hab ich es* [auff wolgetrawen] *also betracht,*
> *die rais* [*kirchfart* = Wallfahrt = Rendezvous] *wer mir zu gut erdacht,*
> *wann hett si mich gen himel bracht,*
> *so müsst ich dort für si bitten,*
> *Dorumb das si mir an gever*
> *mit einer boien* [sail], *michel swer,*
> *die schinbain freuntlich hin und her*
> *hieß reiben ane sitten.* (Kl.59,17/22; 25/32)

Der von Wolkenstein ward [von diesem] *schön, bös weib – ain gezierter strick, ain spies des herzen, ain falscher freund, ain lust truglicher smerzen – betoubet* [und] *durch ains weibes list gevangen* (Kl.3,48;46;37/40;46/47).

Der [er] *zu willen ainmal trug / ain guldin kettenlin gefug, /*

[Abb.I.165] DER DURCH EINE FRAU ÜBERLISTETE MANN • Um 1489 • Kolorierter Holzschnitt in Johannes von Capua: *Directorium vitae humanae*. Kap.2. Straßburg: Johannes Prüss, um 1489 (Prag, Nationalmuseum, Abt. Schloßbibliotheken)

haimlich am arm verslossen klug (Kl.59,5/7) – von diesem *frauen pild* (Kl.1,19) wurde ihm nun an dieselbe Stelle *ain eisen, dreier finger brait, eng berait* (Kl.59,10/11).

Aus Liebesblindheit und *lust in die von ihrem rotten mund* (Kl.1,30) als *himelfart* (Kl.59,27;21) angepriesene Falle getappt, lag Oswald von Wolkenstein (*nach dreuzehenthalben jaren* erneut ihr Minneklave!) *vor ir auf dem Boden, die bain* [schinbain] *und arm beslagen* [von ihren] *liebe[n] hendlin los* [und] *ermlin blos* (Kl.1,49; 36; 32; 34) – und konnte, *gebunden vast mit eisen und mit sail* (Kl.1,49/50), von demjenigen, *der* [ihm] *vil laides hett getan* (Kl.59,15), von Martin Jäger (mit Hilfe von dessen männlichen Fehdehelfern), auf Barbaras von Hauenstein Turm zu Vall bei Prissian verschleppt werden, wo ihm die Bestätigung der *zuspruch* seiner Fehdegegner mittels Folterung abgerungen werden sollte:

> *Untäsche lieb* [umsichtige Liebe; ironisch!] *wil han gerät,*
> *des ward ich* [dort] *hübschlich aufgedrät*

mit füssen an die stange.
Viertausend marck begert ir herz
und Hauenstain, es was [wohl nicht!] ir scherz,
das prüfft ich wol, do mich der smerz
macht kerren an dem strange.
[...] fünf eisen hielsen mich gar schon
durch iren willen lange. (Kl.59,38/44; 47/48)

Seid das ich lig unmassen
gevangen ser in irem band,
nu stet mein leben krenklich auf der wag.
Mit haut und har,
so hat mich got swerlich durch si gevellet [inn der Fall!]
[...] das ich mein not nicht halb betichten mag,
[weil] ich hie wart in grosser sorgen rost [:]
[es] wurden mir fünf eisni lätz [Schlingen, Fesseln] berait
[...] so fiel ich in die zwen mit baiden füssen,
in aine mit dem tengken [linken] arm,
mein daumen müssten büssen,
ain stahel ring den hals erwarb;
der wurden fünf [...].
Also hiels [sic!] mich mein frau zu fleiß
mit manchem herten druck (Kl.1,40/44; 48; 84, 96; 98/104)

[Gott] gnad mir an dem leben
und weiß [veranlasse] die fraun gütlicher beicht,
in der gebot man mir zerbricht die schin[bain].
An weiplich zucht
kompt si mir selden immer auß den oren,
wi si die barschafft [s.o.] von mir drung;
si tut mich vil betoren,
[...] zwar meinen schatz, den hat si pald dahin.
Was ich si man [...], das si mir ain eisen swer
von meinen füssen tet
und ließ die andern dannocht stan,
damit traib ich si ferr von mir hindan.
Dabei so merkh,
weltliche lieb, wie pald si hat verpranget!
[...] Nu tut si mir den grössten ungemach [:]
Der baine sterck
spannt si mir herter in wann ainem pferde,
das ich darauf nicht mag gestan.
Mit groblichem geverde
so ward ich ir gevangen man;
[...] Mein daumen, arm, darzu den hals
hat si mir ingesmitt [eingeschmiedet].
O frau, wie bitter ist dein sals!
(Kl.2,40/46; 48/49; 51/56; 60/65; 67/69)

[Abb.I.166] Hausbuchmeister: SOKRATES UND XANTHIPPE (ARISTOTELES UND PHYLLIS) • Um 1485 • Kaltnadelstich (Amsterdam, Rijksprentenkabinet. Slg van Leyden).– *Aristotiles, ain maister groß, / ain weib in überschrait, / zwar seiner kunst er nicht genoß, / hoflichen si in rait* (Kl.3,31/34)

[Abb.I.167] Meister E.S.: DIE GEFANGENNAHME • Um 1450 • Kaltnadelstich (Bremen, Kunsthalle). – Als Christus von den Römern und Pharisäern festgenommen wurde, verriet ihn sein Jünger Judas durch einen Kuß (Auch Oswalds von Wolkenstein ›Passion‹ 1421/22 begann mit einem falschen Kuß, der die Gefangennahme folgte.)

Der Wolkenstainer – gevangen auf Sloss Vorstt

Oswald von Wolkenstein wurde von seinen Fehdegegnern auf dem Turm zu Vall wohl so lange gefoltert, bis er nur noch *hincken* (Kl.60,31) konnte und eine *krucken* (Kl.60,6) benötigte.

Von dort wurde er auf *Sloss Vorstt gefürt* (II.3.2.1) – allerdings *an willen, gunst vnd wissen* (ebenda) der Starkenberger, weshalb Ulrichs von Starkenberg Gemahlin, Ursula, Truchsessin von Waldburg, die beiden rechtssachverständigen Mittelsmänner zur Vernehmung Martin Jägers (s.o.; II.3.2.1) und von dessen Gefangenem, einem Freund der Starkenberger, auf ihr *Sloss Vorstt* (vgl. Abb.I.168) schickte, um sich gegenüber den Wolkensteinern, aber auch gegenüber dem Landesherrn rechtlich abzusichern. Unter Zeugen (*all Burger an Meran*) gab *der Wolkenstainer* zu Protokoll (vgl. Abb.I.169):

Er hett vernomen, Wie Sy [die Starkenberger] *dem Jaeger vnd seinen helfern* [!] *nicht wolten gestatten, daz er auf dem haws* [Forst] *gehalten vnd geschetczt* [gefangen gehalten und durch Folter zu Aussagen gezwungen] *werden solt, vnd pat Sy* [die beiden Mittelsmänner], *mich* [Ursula von Starkenberg] *ze pitten, daz ich In* [O.v.W.] *ab dem Sloss nicht füren liess, Wann er erst* [jetzt, nach der Folterung auf dem Turm zu Vall] *zu frumen lewten komen waer vnd* [er sei] *besorgt, solt er fürwaser gefürt werden, es galt Im leib vnd gut* [ginge es um sein Leben und seinen Besitz], *wann er nicht vmb Ere geuangen sey, sunder newr vmb gut* [sic!], *vnd wolt auch darumb nyndert* [nirgendwo] *gern taidingen* [verhandeln] *als in Irn Slossen. Solt er aber* [...] *von den Slossen gefürt werden* [...], *so wolt er sich des beklagen, daz Im von vns* [Starkenbergern] *vngütlich beschehen waer.* [...] *Er wisse wol, daz In sein Brüder* [Michael und Leonhard] *mit iren hertten worten* [gegen die Starkenberger] *nicht mugen ledig gemachen vnd In auch mit irem gut nicht ledigen, er welle sich aber mit dem seinen losen. Vnd begert darauf an den Jaeger, daz er Im taeg* [Rechtstag] *gaebe* [und damit die Möglichkeit zur gerichtlichen Klärung der *Sach*] (II.3.2.1)

[Abb.I.168 P. Herwegen: SCHLOSS FORST BEI MERAN • Um 1870 • Lithographie (Bozen, Landesbibliothek Dr. F. Teßmann)

Kurz nach dem 19. Okt. 1421 bewilligten Ulrich von Starkenberg, Michael und Leonhard von Wolkenstein sowie Martin Jaeger des Gefangenen ›Antrag‹ nach Verbleib auf Forst bis max. 9. Nov. 1421 (LZ 103).

Nur *Her Michel redet*[e] *grob vnd hertt* (II.3.2.1) gegen die Starkenberger; *Her lienhart* von Wolkenstein dagegen handelte auch *grob und hertt* – gegen *herczog Fridrich*:

Hern hainrichen, Probst in der Newnstift, unentsagt gevangen

II.3.2.3; Abb. I.170, S. 109

[1421 Nach Dez. 17]
Abschrift, 1. Hälfte 15. Jhdt; Papier, 31 x 22 cm
Bozen, Südtiroler Landesarchiv: Cassa 64, Nr 103
[Schwob: *Lebenszeugnisse.* Nr 109]

Vorgeschichte: Da *der Neithart* (s.o.) 1417 in Diensten Herzog Friedrichs IV. von Österreich gestanden hatte, wollte Leonhard von Wolkenstein durch Fehdehandlungen gegen Günstlinge des Landesherrn öffentlich kundtun, daß die Wolkensteiner den Herzog als Drahtzieher von Oswalds von Wolkenstein Gefangennahme (mit Hilfe des Neithart und dessen Gesellen; vgl. Abb.I.167) bzw. als Beschützer der Gefangennehmer verdächtigten.

Einem Brief Herzog Friedrichs IV. an seinen Vetter, Herzog Albrecht V., vom 20. Nov. 1421 können wir folgende Gewalttaten Leonhards von Wolkenstein entnehmen:

Zu einem Rechtstag, den Hans von Künigsberg, langjähriger Burggraf auf Tyrol, (zwischen 19. Okt. und 20. Nov. 1421) in Bozen abhalten wollte, entsandte Herzog Friedrich IV. seinen Kanzler, den Neustifter Propst Heinrich IV. Millauner (1419-1427) als Vertreter. Leonhard von Wolkenstein überfiel den Propst auf dem Weg von Neustift nach Bozen und führte ihn als seinen Gefangenen nach Aichach. Mit dessen Pferd ritt er dann nach Völs, wo ein Neustifter Chorherr die Pfarre betreute, und nahm auch diesen gefangen, indem er im Völser Pfarrhaus ›Sackmann‹ mit ihm machte, um seinen Gefangenen einfacher nach Aichach verschleppen zu können – nachdem er das Pfarrhaus ausgeraubt hatte.

Er hatte es noch auf ein drittes Opfer abgesehen: Auf den Pfarrer auf Tyrol, Ulrich Putsch (vgl. III.2.5), seit 1412 ein ganz besonderer Günstling des Herzogs. Ihm hatte er im Kuntersweg auflauern lassen – aber wegen Krankheit entging dieser der Gefangenschaft auf Aichach.

Was den Herzog dabei besonders erregte: Daß Leonhard von Wolkenstein diese Fehdehandlungen ohne vorherige Fehdeabsage, *unentsagt*, und ohne als *diener* des Landesherrn dafür *urloub genomen* zu haben, unternommen habe!

NB: Auch sein Bruder Oswald wurde ohne vorherige Fehdeabsage gefangen genommen; in beiden Fällen wären die Gefangennahmen dann wohl eher nicht erfolgt.

Michael von Wolkenstein war zum Zeitpunkt der eigenmächtigen Fehdehandlungen seines Bruders Leonhard in diplomatischer Mission des Herzogs in Mailand. Seine Reaktion nach Rückkehr: Die vorliegende Bestätigung:

ICh Michel von Wolkhenstain Bekenn mit dem brief [:] *Als Oswald, mein Bruder, in Vankhnuss* [auf Forst] *ligt, Vnd aber dazwischen* [vgl. II.3.2.2] *getaydingt* [verhandelt] *ist, daz In der durchleuchtig hochgeborn Fürst, herczog Fridrich, herczog ze osterreich etc., mein gnediger herr, zum Rechten* [zur Einsetzung eines Schiedsgerichtes] *zu seinen hannden* [nach Innsbruck] *sol nemen.*
Vnd als auch denn lienhart, mein Bruder, den Ersamen herren, hern hainrichen, Probst in der Newnstift, auch geuangen hat, den auch er zu meinen handen hargegeben [hat] *Vnd auch in solcher mass, wann der Egenant, mein bruder Oswald, zu meins egenanten gnedigen herrn Von Osterreich handen komen ist, und In zum rechten halten wil, nach lawt der tayding* [II.3.2.2], *die darumb gemacht ist, darumb brief sint* [II.3.2.2], *daz denn der probst an alle fürbart sol ledig und los sein.*

Am 25. Nov. 1421 (LZ 105) wiesen Oswalds von Wolkenstein Freunde, Ulrich und Wilhelm von Starkenberg, (aus Wien) ihren *phleger auf vorst*, Martin Jäger, wegen der

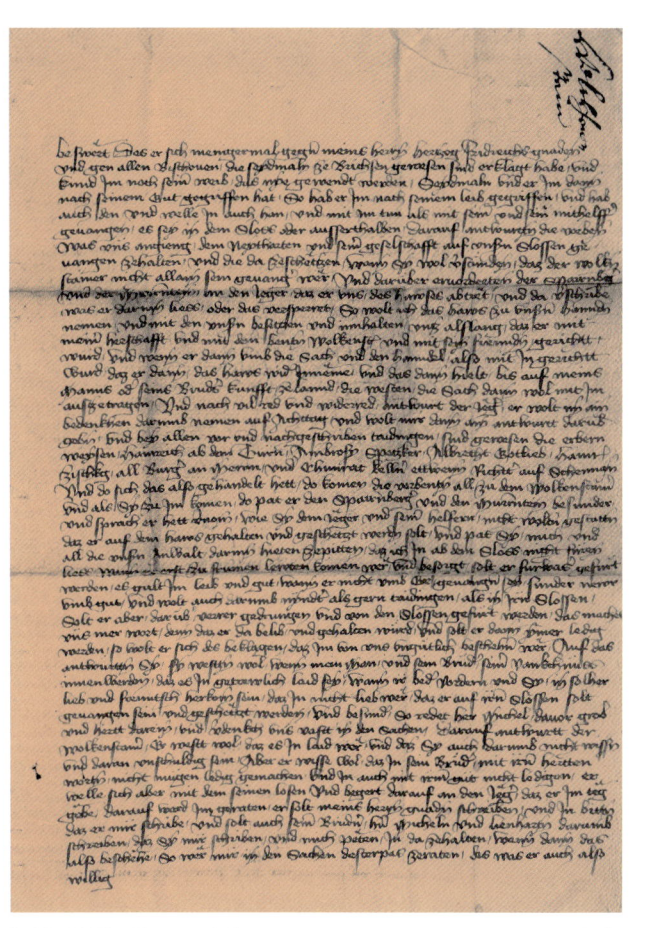

[Abb.I.169] VON DES WOLKENSTAINER UND DES JAEGERS WEGEN • 1421 Abschrift, 1. Hälfte 15. Jhdt; Fol. 1 verso (Kat.II.3.2.1). – Anfang: Abb.I.163.

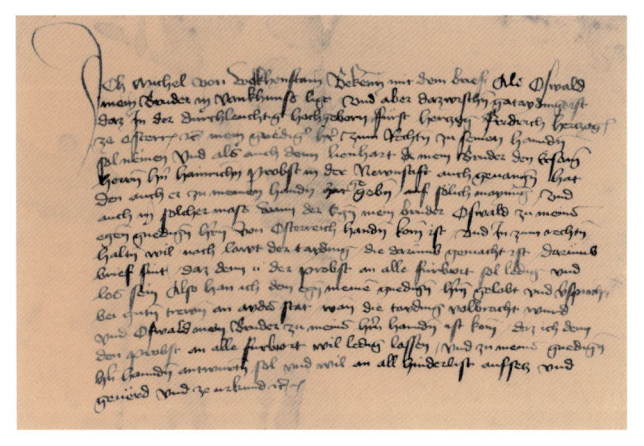

[Abb.I.170] BESTÄTIGUNG DER GEFANGENNAHME DES NEUSTIFTER PROPSTES 1421 • Abschrift, 1. Hälfte 15. Jhdt (Kat.II.3.2.3)

Gefangennahme und Gefangenhaltung von *oswalten wolkenstainer* auf ihrem *slos forst* mit scharfen Worten zurecht und verlangten von ihm, *oswald ledig ze lassen* und bis dahin rechtmäßig zu behandeln.

Erst Mitte Dezember 1421 waren jedoch die Vorverhandlungen auf Forst abgeschlossen: Zwischen den Fehdegegnern und den Brüdern sowie Freunden des über den 9. Nov. 1421 hinaus auf Forst gefangen gehaltenen Oswald von Wolkenstein – unter Leitung des Landesherrn, dem diese *Sach* wie eine unvorhergesehene Steilvorlage der Fehdegegner höchst zupass kam, um diesen hartnäckigen Widersacher endlich in seine Gewalt bekommen zu können! (*NB:* Es gibt keine Zufälle – sondern der notorische Verteidiger der Freiheiten Tiroler Landherren fiel seinem Landesherrn *durch ains weibes list* einfach so zu.)

Das Ergebnis (vgl. II.3.2.2) dieser Vorverhandlungen trägt deshalb ganz deutlich die Handschrift des auf seinen Souveränitätsanspruch in Tirol pochenden Herzogs – weshalb davon auszugehen ist, daß die sechs *Artikel* dem Gefangenen aufgenötigt (und diktiert) wurden, und daß Oswald von Wolkenstein lediglich zur Rettung *von leib vnd gut* (II.3.2.1) die folgenden ›Beschlüsse‹ (eher: unfreiwilligen Zugeständnisse) beurkundete (II.3.2.2; vgl. Abb.I.164 und I.171):

Taidung: Daz die Artikel stet gehalden vnd getrewlich volfürt werden

1] *Daz mich* [...] *mein gnediger herr, als ain lanndsfürst* [sic!] *zu seinen hannden* [nach Innsbruck] *nemen sol Vnd mich* [dort gefangen] *halten sol zum Rechten* [zur Einsetzung eines Schiedsgerichtes] – *Also was die egenanten, der Jeger, die hawsmanin, Neitthartt* [sic!] *vnd der frey zu mir zusprechen* [Rechtsansprüche] *haben, das Ich In vor* [...] *meinem gnedigen herrn, seinen Reten vnd Lanndslewten, die er dann darczu seczt, daz dann nicht mein frewnd vnd arkchwaenig Lewt, Sunder gemain vnd vngeuerdlich lewt sein* [sic!], *gerecht werden sol vmb all ir vordrung vnd anspruch, die Si dann zu mir habend* [...].

2] *Desgleichen ob* [...] *mein gnediger herr von Österreich, oder yemand anderr icht redlicher zusprüch zu mir hiet, darumb sol Ich In auch gerecht werden in der mass als vor geschriben stet.*

3] *Es ist auch námichlich getaidingt worden, daß* [...] *mein gnediger herr dem* [...] *Jeger, der hawsmanin, dem Neithart* [sic!] *vnd dem freyen vnd irn mitgesellen* [sic!], *oder wen Si zu dem Rechten* [Rechtstag] *bringen, gut sicherhait vnd gelayte geben sol* [geschehen am 17. Dez. 1421; LZ 108]; *desgleichen sol Ich In* [seinen Fehdegegnern] *für mich gelaitt geben* [ebenso seine Brüder, Vettern und Freunde].

4] *Mer ist getaidingt* [...], *wann die Sach gegen* [seine Fehdegegner] *mit Recht awsgetragen vnd vollenndet ist* [...], *das mich dennoch* [sic!] *mein* [...] *gnediger herr von seinen hannden nicht sol lassen – Ich hab dann vor* [bevor ich] *Sy* [nicht] *mit ainer Erbern, redlichen, vngeuerdlichen vrfecht* [Urfehde] *von der Sach wegen versorgt* [habe].

5] *Ich hab mich* [auch] *verpunden vnd versprochen bei meinen trewn an ains gesworn Aydesstat, wie mein* [...] *gnaediger herr versorgt wil sein, damit Ich Im, seinem Bruder, vettern vnd Erben nachmalen für meinen rechten herrn vnd Lanndsfürsten* [an]*erkennen vnd haben sol, vnd auch daz Ich* [...] *pillich vnd ze Recht als ander lanndsherrn, Ritter vnd knecht der Grafschaft ze Tyrol gehorsam sein sol vnd wil* [Abb.I.171:], *dem sol ich nachkomen* [und dafür mit] *leibs vnd aller meiner hab* [bürgen].

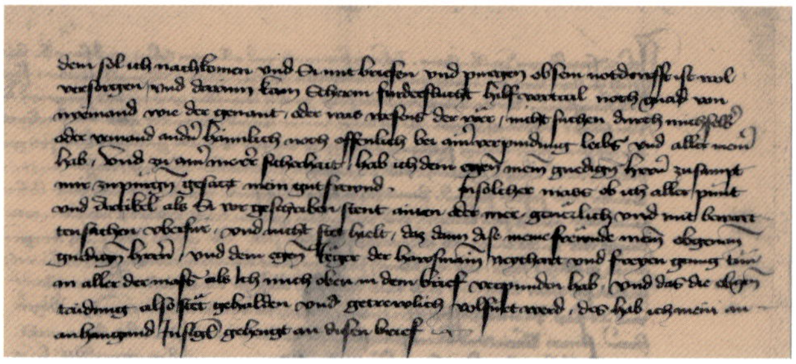

[Abb.I.171] Oswald von Wolkenstein anerkennt Beschlüsse von Vorverhandlungen • 1421 • Abschrift, 1. Hälfte 15. Jhdt; Fol. 1 verso (Kat.II.3.2.2). – Anfang: Abb.I.164.

6] *Vnd zu ainer merrer sicherhait hab ich* [...] *meinem gnedigen herrn zusampt mir zu pürgen* [Bürgen] *gesaczt mein gut frewnd – In solcher mass, ob ich aller pünt vnd Artikel, als Si vor geschriben stent, ainen oder mer* [...], *nicht stet hielt, daz dann dise meine frewnde meinem* [...] *gnedigen herrn vnd* [meinen Fehdegegnern] *genug tun in aller der mass, als Ich mich oben in dem brief verbunden hab.*

Zwischen Mitte Dez. und Weihnachten 1421 wurde Oswald von Wolkenstein von *bannden Martein Jaegers* auf Forst *zu bannden Fridreichs, hertzog ze Österreich, Graue ze Tyrol*, nach Innsbruck, gegeben – damit der gemeinsame Gefangene nicht von Forst weggebracht und um Lösegeld erpresst werden könne (!), sondern damit er auf einem noch zu bestimmenden *Rechttag vor* [s]*einem gnedigen herrn, seinen Reten vnd Lanndslewten,* [seinen] *vaher*[n] *sol gerecht werden* (LZ 111).

Erst am 31. Jan. 1422 setzte Herzog Friedrich IV. von Österreich *ain*[en] *Rechttag* auf den kommenden 8. März 1422 fest, und ›empfahl‹ *seinen getrewen, Martein Jaeger, seiner hausfrawen* [Barbara von Hauenstein], *der Hausmanin, dem Freyen, dem Neithart* [!], *ernstlich, auf denselben tag her* [nach Innsbruck], *oder wo* [er] *die zeit im lannde sei,* [zu kommen, um sie und seinen Gefangenen] *genainander* [zu] *verhören vnd yetwederm tail volgen vnd widerwarn* [zu] *lassen, warzu er Recht hat* (Innsbruck, 1422 Jan. 31; LZ 111).

Mit anewitz ich das verschuld, bis das ain kutten meinen leib bedoret

II.3.2.4; Abb. I.172, S. 170

Ganzfigurenbild: Oswald von Wolkenstein. Herbst 1421 / Frühjahr 1422
Federzeichnung in brauner Tinte auf Papier, 21,7 x 15,7 cm
Fol. 202 verso einer Papiersammelhandschrift (2.Teil; Datierung: 15. Aug. 1421 auf Fol. 207 verso)
Wolfenbüttel, Herzog August Bibliothek: Cod. Guelf. 11 Aug. 4°

Halb verdeckt durch den Spiegel des Textes rechts (die zwischen 1342 und 1359 entstandene Sammlung von 19 polemischen politischen Briefen Francesco Petrarcas an anonyme Empfänger, die deshalb unter dem Titel *Liber sine nomine* bzw. *Liber sine titulo* bekannt wurde):

Oswald von Wolkenstein (Inschrift auf dem Schild: OSWALD' D / WO; links davon das Wolkensteiner-Wappen) – in einfachem, wadenlangen Gewand mit gezaddelten, halblangen Ärmeln, das nur durch einen medaillonverzierten Gürtel und durch einen Strick (den er in seiner rechten Hand hält) gerafft wird.

Auf dem Kopf eine Schaube, die seine (einstige?) Lockenpracht bis auf drei angedeutete kurze Haarbüschel auf hoher Stirn verbirgt, aber mit zur Brust reichendem Kinn- sowie breitem Schnurrbart (jedoch weder geflochten noch onduliert) – und mit geschlossenem rechten Auge.

Die in der Brixener Gegend entstandene Sammelhandschrift (deren beiden Teile von 1421 und 1462 um 1462/63 zusammengebunden wurden), überliefert uns die älteste bekannte bildliche Rezeption von Oswalds von Wolkenstein Brixener Stifter-Bildnisstein von 1408 (vgl. II.2.4; Abb.I.88) – allerdings in aktualisierender Variation:

Nicht als *miles christianus*, in Standestracht und mit Schwertgehänge, sondern entwaffnet und im entehrenden, weil unstandesgemäßen Gewand: Mit einer (Narren) *kappen* und mit einem *lappen* (vgl. Kl.18,58), weil ihm bei der *kirchfart* (Kl.59,21) mit Anna Hausmann *die minn* [ironisch!] *das ende hett erstöret* (Kl.18,52), weshalb *das schön, bös weib, ain gezierter strick* (Kl.3,37/38) – den er anstelle der Kreuzstandarte in der rechten Hand hält – ihn *durch list gevangen* nehmen und in diese *kutten* zwängen konnte.

NB: *Die weil ich rait und suchet ritterliche spil / und dient zu willen ainer frauen, des ich bil, / die wolt mein nie genaden ainer nussen vil, bis das ain kutten meinen leib bedoret!* (Kl.18,53/56)

Oder anders gewendet: *Mit der ich mich versündet han* (Kl.1,15), *si geit mir buß und senlich pein* (Kl.1,47), *vor ir lig ich gebunden vast / mit eisen und mit sail* [vgl. Darstellung!], */ o herr, du kanst wol richten sain* [göttliches contra weltliches Gericht!] */ die zeit ist hie, das du mich büssest rain* (Kl.1,49/50; 53/54) – *mit anewitz ich das verschuld* (Kl.5,53).

Wir Fridreich, von gots gnaden Herczog ze Österreich, Graue ze Tyrol

II.3.2.5; Abb. I.173, S. 171

Anonymus: Herzog Friedrich IV. begibt sich mit seinem Freund Hans Wilhelm von Mülinen [rechts davon], geleitet vom Heiligen Bartholomäus [ganz rechts], unter den Schutz Mariens. 1427
Stifter- und Votivbild, Öl auf Holz, 134 x 100 cm
1609, auf Veranlassung Erzherzog Maximilians III. restauriert
Innsbruck, Pfarre Wilten, Basilika zu unserer Lieben Frau unter den vier Säulen

Herzog Friedrich IV. von Österreich (1382 oder 1383 – 24. Juni 1439 Innsbruck), der jüngste Sohn Herzog Leopolds III. († 1386) und der Viridis Visconti (ältere Brüder: Wilhelm, † 1406; Leopold IV., † 1411; Ernst, † 1424), war in erster Ehe mit Elisabeth von der Pfalz († 1408), in zweiter Ehe mit Anna von Braunschweig († 1432) verheiratet.

1402 mit der Verwaltung der österreichischen Vorlande und ab 1406 auch Tirols betraut, hatte dieser noch sehr junge Habsburger zunächst mit enormen Schwierigkeiten zu kämpfen: Im Inneren gegen die Tiroler Adelsbünde von 1406 (vgl. II.4.1) und von 1407 (vgl. II.4.2), nach außen gegen die Eidgenossen, gegen König Sigmund (1415-1418; vgl. III.3.11) und gegen seinen Bruder, Herzog Ernst (1415-1417). Erst nach der Länderteilung (1417 Jan. 1) und der Wiederaufnahme seiner Regierung in Tirol, gelang ihm die Festigung seiner österreichischen Herrschaft in Tirol, befördert durch eine erfolgreiche Wirtschaftspolitik – ermöglicht durch Erträge aus dem Schwazer Silberbergbau. Nachdem

Anna von Braunschweig am 26. Okt. 1427 einen Thronfolger zur Welt brachte, erhielt dieser den Namen seines Taufpaten, König Sigmunds.

Die Geburt Herzog Sigmunds könnte Anlaß für die Stiftung dieses Votivbildes (vgl. auch Abb.I.174) gewesen sein, darstellend den Herzog mit seinem Freund, dem Pfleger zu Landeck, bei dem er nach seiner Flucht aus Konstanz (30. März 1416) erste Zuflucht gefunden hatte.

[Abb.I.174] Matthias Burg(k)lechner: HERZOG FRIEDRICH IV. IM SCHUTZ MARIENS • Um 1608 • Farbig lavierte Tuschfederzeichnung in: *Des Tirolischen Adlers erster Theil*. 2.Abtheilung. Fol. 255 recto (Kat.III.7.1). – Vorlage: II.3.2.5; Abb. I.173.

Oswalden wider ze stellen vmb die peen der Sechs tausent ducaten

II.3.2.6; Abb. I.175, S. 113

Innsbruck, 1422 März 18
Orig.urkunde; Papier, 21,5 x 30,7 cm
Verschlußsiegel Herzog Friedrichs IV. unter Papier; rot ø 5 cm
Nürnberg, Germanisches Nationalmuseum, Historisches Archiv, Familie Wolkenstein-Rodenegg: Fasz. 8
[Schwob: *Lebenszeugnisse*. Nr 115]

Martin Jäger hatte für den *Rechttag* am 8. März 1422 ein Verzeichnis von Gütern und Einnahmen, v.a. in den Gerichten Kastelruth und Völs, erstellt, die ihm *Oswalt der wolkenstainer* (angeblich) seit 1418 *genomen hát an recht mit gewalt* (LZ 112):

Item Summa: Der phennig XIII marcht [Mark] *I groschen; dez weins XIIII fuder vnd III úren; des waiczen XV ster; dez roken XX ster; der gersten XXIIX ster.*

Angesichts der unter Folter auf Vall von seinen Fehdegegnern verlangten *viertausend marck und Hauenstain* (Kl. 59,41/42) wirklich ein *katzen lon* samt *meuse don* (Kl.59,45/46) – weshalb (falls der *Rechttag* überhaupt stattgefunden hat) der Herzog kein Interesse mehr an der wirtschaftlichen Seite des Hauensteinischen Erbschaftsstreites incl. Wiedergutmachungsforderungen Martin Jägers & Co. hatte, sondern lediglich an *seinem politischen Gefangenen* Oswald von Wolkenstein, der ihm die horrende Bürgschaftssumme von 6000 Dukaten wert war (d.h. den geschätzten Wert all seiner Besitzungen bzw. den Jahresertrag des Silberbergwerks bei Gossensaß), damit er nach Regelung und Beilegung des Erbschaftsstreites (Zeitfenster: Vom 18. März bis zum 24. Aug. 1422) wieder in des Herzogs Gefangenschaft zurückkehre, um sich wegen diverser Aktionen gegen die Souveränität seines *Lanndsfürsten* vor diesem und seinen Räten zu rechtfertigen und zu verantworten:

Wir Fridreich [...] *Tun kunt* [:] *Als wir yecz Oswalden von Wolkhenstein ausgeben* [aus der Gefangenschaft entlassen], *vnd vnser lieb getrewen Michel von Wolkhenstein,*

DER ›HAUENSTEINISCHE ERBSCHAFTSSTREIT‹ 1418 – 1427 • 1422

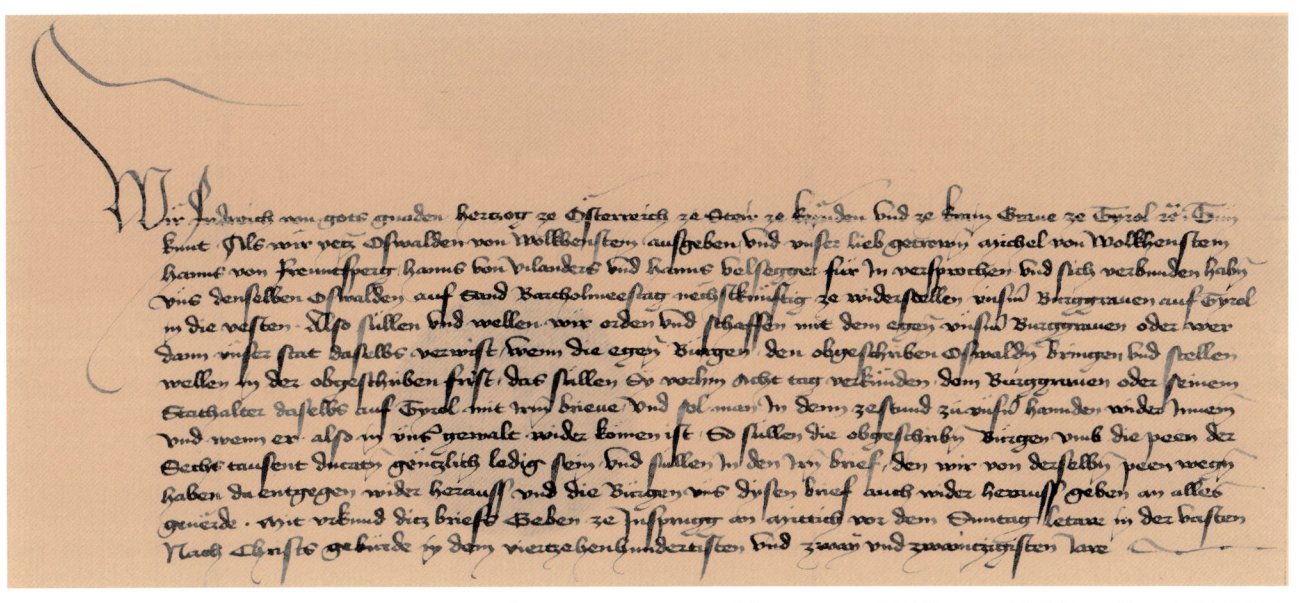

[Abb.I.175] ENTLASSUNG OSWALDS VON WOLKENSTEIN AUS DER GEFANGENSCHAFT GEGEN EINE BÜRGSCHAFT VON 6000 DUKATEN • 1422 • Papier-Urkunde (Kat.II.3.2.6)

Hanns von Freuntsperg [burgte wohl nur mit seiner Ehre], *Hanns von Vilanders* [Vetter; vgl. III.2.2] *vnd Hanns Velsegger* [Pfleger von Stein am Ritten] *fúr In versprochen* [gebürgt] *vnd sich verbunden haben, Vns denselben Oswalden auf Sand Bartholmeestag nechstkünftig* [24. Aug. 1422] *ze widerstellen vnserm Burggrauen auf Tyrol in die vesten* [vgl. Abb. I.176].
Also sullen vnd wellen wir orden vnd schaffen mit dem egenanten vnserm Burggrauen, oder wer dann vnser stat daselbs verwist [:]
Wenn die egenanten Búrgen den obgeschriben Oswalden bringen vnd stellen wellen in der obgeschriben Frist, das sullen Sy vorhin Acht tag verkúnden [ankündigen] *dem Burggrauen oder seinem Stathalter daselbs auf Tyrol mit Irem brieue.*
Vnd sol man In [O.v.W.] *denn zestund zu vnsern hannden wider Innemen* [wieder gefangen nehmen].
Vnd wenn er also in vnser gewalt [sic!] *wider komen ist, So sullen die obgeschriben Búrgen vmb die peen der Sechs tausent ducaten genczlich ledig sein vnd sullen* [wir] *In den Iren brief* [Bürgschaftsbrief; vgl. LZ 117/19], *den wir von* [ihnen] *von derselben peen wegen haben, da entgegen wider herauss*[geben] *vnd die Búrgen vns dysen brief* [im Gegenzug] *auch wider herauss geben an alles geuerde.*

Die Umfunktionierung von Martin Jägers höchst bescheidenen Forderungen in eine Bürgschaft von 6000 Dukaten war ein so genialer wie hinterhältiger Schachzug des Habsburgers: Es ging dem bei der energischen Durchsetzung seiner Landeshoheit keine Mittel scheuenden österreichischen Herzog v.a. um politischen Druck, *gewalt*, über diesen rebellischen Tiroler Landherr, der immer noch auf seinen ›alten Rechten‹ und ständischen Privilegien beharrte – und sich deshalb über das Recht des Hauses Österreich kühn und frech hinweggesetzt hatte, als er 1415 ein Dienstverhältnis (ausgerechnet!) mit dem König eingegangen war (vgl. III.3.1). Dessen ›Zwangsfrieden‹ vom Mai 1418 (vgl. III.3.11) incl. der vom König verordneten Amnestie für Herzog Friedrichs IV. zeitweiligen *vynd*, Oswald Wolkensteiner (III.3.11), mußte dieser jetzt sehr teuer bezahlen: Mit einer Bürgschaftssumme, die Oswalds von Wolkenstein Bürgen im Falle der Nichteinhaltung obigen Vertrages (und ihrer Bürgschaftsbriefe) als Geldstrafe auferlegt würde – ein überaus effektives Druckmittel des Herzogs gegen seinen Widersacher, ein Damoklesschwert, das bis zum Tod über ihm hängen sollte:

Ich hoff, mein sach [sic!] *möcht werden gut,*
ließ herzog Fridrich seinen strauß;
wie er desselben nicht entut,
so ist dem schimpf der bodem auß.
Segs tausent guldin [sic!] *wil er han,*
die bulschaft [sic!] *kam mich sawer an.* (Kl.55,34/39)

Der louff der sach 1422

März 18 Vor seiner bis zum 24. Aug. befristeten Freilassung muß Oswald von Wolkenstein, gemeinsam mit seinen Bürgen, die Rechtskraft der diesbezüglichen Bürgschaftsbriefe bestätigen (LZ 116).

März 18 Michael von Wolkenstein, Hans von Vilanders (Hauptmann von Bruneck) und Hans Velsecker (Pfleger von Stein am Ritten) versprechen bei einer Bürgschaftssumme von 6000 Dukaten, *vnser Bruder vnd frewnd* termingerecht wieder in Gefangenschaft des Herzogs auf Schloß Tirol (vgl. Abb. I.176) zu überstellen. Falls sie ihr Gelöbnis nicht einhalten sollten, wären sie dem Herzog gemeinsam 6000 Dukaten schuldig, die drei Monate nach Ablauf der Frist fällig würden – andernfalls kann sich der Herzog aus ihrer gesamten Habe schadlos halten. Falls Oswald von Wolkenstein fliehen sollte, sind sie dem Herzog zur Mithilfe verpflichtet. Zudem müssen sie Martin Jäger und der *hawsmanin* Gefangene und entrissenes Gut zurückstellen, darunter die *Schenkchenbergerinn*! (LZ 117)

[Abb.I.176] Martens: SCHLOSS TIROL BEI MERAN · Um 1870 · Lithographie; Druck: Sauniée (Bozen, Landesbibliothek Dr. F. Teßmann)

März 25 Oswald von Wolkenstein verschreibt seinen beiden Hauptbürgen, Michael von Wolkenstein und Hans von Vilanders, die ihn aus der Gefangenschaft um *sechs Tausent gulden* (sic!) ausgelöst haben, seine gesamte liegende Habe (Lehen- und Eigengüter, Häuser und Burg Hauenstein!) als Pfand; Frist: Nur solange diese für ihre Bürgschaft eingeklagt werden kann (LZ 120).

April Oswald von Wolkenstein bereitet ein Schiedsverfahren vor (Termin: 7. Juni), um einen Ausgleich mit Martin Jäger zu erreichen (LZ 121).

April 14 Die drei Wolkensteiner-Brüder schließen ein gegenseitiges Beistandsbündnis (LZ 122).

April 17 Die Sicherstellung vom 25. März (s.o.) für seinen Anteil von 3000 Dukaten schien Hans von Vilanders noch nicht genügt zu haben. Denn: Oswalds von Wolkenstein Notlage weidlich ausnützend, läßt er sich von diesem Vetter dritten Grades zusätzlich 2000 Dukaten in bar und einen Pfandbrief auf die Görzer Burg Neuhaus im Wert von 600 Mark sowie drei Schuldbriefe Ulrichs von Starkenberg in Höhe von 260 Mark zur Aufbewahrung übergeben – für den Fall, daß die geleistete Bürgschaft zur Zahlung fällig würde (LZ 123).

Mai 11 Nachdem er sich (für den Fall der Bürgschaftseinforderung) an Oswalds von Wolkenstein Gütern doppelt schadlos gehalten hatte (s.o.), besitzt Hans von Vilanders auch noch die freche Dreistigkeit, den finanziell eh nur noch mit *rauher kel meuse dóne* hervorbringenden Oswald von Wolkenstein um ein Darlehen von 200 Gulden zu bitten (LZ 124)!

Juni 30 Als *gotshausman* des Hochstiftes Brixen fungiert Oswald von Wolkenstein als Urteilssprecher in Brixen (LZ 125).

Juli 28 Oswald von Wolkenstein beurkundet in Meran, daß er sich einem von Herzog Friedrich IV. von Österreich und vom Brixener Bischof Berthold von Bückelsburg (1418-1427) bestellten Schiedsgericht zur Klärung der *sach* seiner Fehdegegner Martin Jäger & Co. unterworfen habe und dessen Urteilsspruch anerkennen werde. Er verspricht, anschließend in Innsbruck die geforderte Loyalitätserklärung gegenüber seinem *gnedigen herrn von Österrich* zu unterfertigen – in der Hoffnung, daß ihm dieser dafür *die brief, die er von mir vnd meinen pórgen hat*, übergebe (LZ 128)!

Aug. 4   Oswald von Wolkenstein hält sich auf der Görzer (!) Burg Neuhaus auf, von wo aus er sich bei Herzog Friedrich IV. von Österreich darüber beschwert, daß dessen Räte in Meran eine Zusatzforderung an ihn gestellt haben, die bisher weder schriftlich noch mündlich vereinbart worden war. Er bemühe sich aber um deren Erfüllung und erhoffe sich dafür entsprechende Gegenleistungen des Herzogs (LZ 130).

Aug. 10   Immer noch vom Görzer Territorium aus agierend, teilt Oswald von Wolkenstein seinem *lanndsfürsten* mit, daß er die Zusatzforderung von dessen Räten in Meran erfüllt habe. Da ihm jedoch in der Zwischenzeit neue Bedingungen zugemutet worden seien, bestehe er nun auf Klärung aller Unstimmigkeiten durch ein unabhängiges Schiedsgericht *außer Landes* sowie nach herkömmlichem Tiroler Recht (LZ 131).

Aug. 24   Oswald von Wolkenstein entzieht sich *vor* dem traumatischen Datum der verbürgten Auslieferung in die *gewalt* seines Widersachers – durch Flucht von der Görzer Burg Neuhaus nach Wien (vgl. Abb. I.177), um dort einen objektiven Rechtsentscheid durch ein neutraleres Schiedsgericht der Herzöge Ernst (der mit seinem Bruder Friedrich von 1415 bis 1417 verfeindet war!) und Albrecht V. (Friedrichs Vetter) herbeiführen zu können (vgl. LZ 131).

Sept. 8   Obwohl nach Oswalds von Wolkenstein Flucht der Streit zwischen dem Landesherrn und seinem renitenten Landherr eskalierte, belehnt der Herzog seinen *lieben getreuen Michel von Wolkhenstain* (LZ 133) – für sich und für dessen Brüder und Vettern (Oswald, Leonhard, Konrad, Veit) – mit Burg (vgl. Abb. I.5) und Gericht Wolkenstein samt Vogtei über sieben, unterhalb der Burg liegende Höfe.

[Abb.I.177] Hartmann Schedel / Michael Wolgemut: WIEN • 1493 • Holzschnitt (Kat.III.1.7.2)

In Ungerlant, da man die küß auß sätteln macht

In Preßburg stellt König Sigmund dem *veste[n] Oswald Wolkensteiner, vnser[m] diener vnd liebe[n] getreue[n]* (LZ 135), am 21. Nov. 1422 einen Geleit- und Schutzbrief durch alle seine Länder aus – für dessen *gescheffte vnd andern sachen*.

    Zu Prespurg dort in Ungarn zwar (Kl.30,25) war der flüchtige Oswald von Wolkenstein so nervös, daß ihm *ain kind von dritthalb jar macht vil grawe har* (Kl.30,26/27):

Kain ellend tet mir nie so and
von klainer sach [sic!] *in fremdem land,*
neur wenn ich fand die herberg voller kinder.
Ir schreien hat mich dick bedort (Kl.30,1/4)

Von ir [mein bul] ich dol
zu Ungern wol
der kinder vol,
genant mit siben füssen:
Die tretten mich
und jetten mich
und knetten mich
und fretten mich,
das ich mein sünd möcht büssen. (Kl.55,13/21)

Außer Kindergeschrei und Siebenfüßlern hatte Oswald von Wolkenstein in Preßburg auch den Hohn und Spott König Sigmunds zu ertragen:

Zu Prespurg vor dem ofenloch
ich und der Ebser hatten rat;
zwar schüren, haitzen kund ich doch,
das ich den künig fürher jagt.
Ich meldt mich, das er es ersach;
er sprach zu mir: »*Dein ungemach*
leidst du von der, die an dir brach,
dorumb das dir die saitten nimmer klungen!«
Ich antwurt im an als gever:
»*Hett ich gehabt ain peutel swer*
als euer genad, vernempt die mär,
von meiner frawen wer mir bas gelungen!« (Kl.55,22/33)

Befelhnúsz, dasz Fridreich im vnd seinen búrgen alle prieff vbergeben sol

II.3.2.7; Abb.I.178, S. 117

Preßburg, 1422 Dezember 6

(In dorso:) *Ain auspruch* [Schiedsurteil] *vo(n) kúnig Sigmund(e)n*
Orig.urkunde; Pergament, 24 x 35 cm
Nürnberg, Germanisches Nationalmuseum, Historisches Archiv, Familie Wolkenstein-Rodenegg. Perg. Urk. 1422 Dezember 6
[Schwob: *Lebenszeugnisse*. Nr 136]

In dieser auf Befehl des Hofrichters, Graf Hans von Lupfen, ausgestellten Urkunde wurde folgendes Schiedsurteil des Königs festgehalten:

1] *Vnser diener und lieber vnd trewer Osbald von Wolkenstain* [sei] *In des hochgebornen, vnsers liebens Oheims vnd fursten, herczog Fridreichs von Osterreich gefencknusz komen,* [aber das] *was vnuerschulter sach* [wegen];
2] [Ebenso sei es zu verurteilen, daß] *In dorüber sein freunt von Im zu dem rechten vmb sechs tausent gulden auszpúrgen múesten auf wider stellung,* [weshalb] *die selbigen sechs tausent gulden,* [die] *der obgenant Fridreich von seinen búrgen also maynt zu* [bekommen], *nach ordenung der sach, so dann* [...] *Oswald sein búrgen getan hat,* [dieser und seine Bürgen dem Herzog] *nicht schuldig sein;*
3] [Deshalb habe sich Oswald] *nach allem her chumen zu einem rechten gesaczt auf* [...] *herczog Ernst vnd auff* [...] *herczog Albrechten vnd Ir payder Ret vnd dor nach auff vns vnd vnser ret.*

Ergebnis: Alle waren/sind der Meinung, daß *solicher vnwil vnd vngnad* des Herzogs gegenüber Oswald lediglich Folge *solicher chrieg vnd stosz vorczeiten* (1415-1418) seien, bei denen *der wolkensteiner vnser* [Fehde]*húlfer vnd diener gewesen ist,* weshalb *Fridreich* kein Anrecht auf weitere Strafverfolgung habe und deshalb aufgefordert wird, Oswald und dessen Bürgen alle *prieff von der gefancknusz oder von des gelts wegen, vnuerczoglenlich vbergeben vnd antworten sol, an al ausztzug.*

Sollte sich der Herzog nicht an des Königs *befelhnúsz vnd ernstlich meynung* halten, könne sich Oswald als königlicher Diener fortan auf die vor Jahren (1418 Mai 10) von Friedrich besiegelten *brieff vnd articlen* (vgl. III.3.11) berufen, in denen Herzog Friedrich IV. seinem *vynd* Amnestie zusicherte und der König seinem *diener* königlichen Rechtsschutz in Aussicht stellte.

Da Herzog Friedrich IV. von Österreich die im ›Zwangsfrieden‹ von 1418 vereinbarten Verpflichtungen vorsätzlich schon mehrfach gebrochen hatte, nutzte der darüber verärgerte Sigmund gerne seines *dieners sach*, um diesen aufmüpfigen österreichischen Reichsfürsten im fernen Tirol auf erneutes rechtswidriges Verhalten mit sehr deutlichen und unmißverständlichen Worten hinzuweisen.

Des Königs *befelhnúsz* war aber für den unnachgiebigen Habsburger eher Befehl, das österreichische Recht, wenn nötig, mit *gewalt*, zur Unterwerfung eines zweitgeborenen Landherrn gezielt einzusetzen (s.u.; II.4.9). Der *lanndsfürst* hielt im politischen Poker mit dem einäugigen Rebellen – trotz oder wegen der königlichen Intervention und Zurechtweisung – noch eine Trumpfkarte im Ärmel zurück …

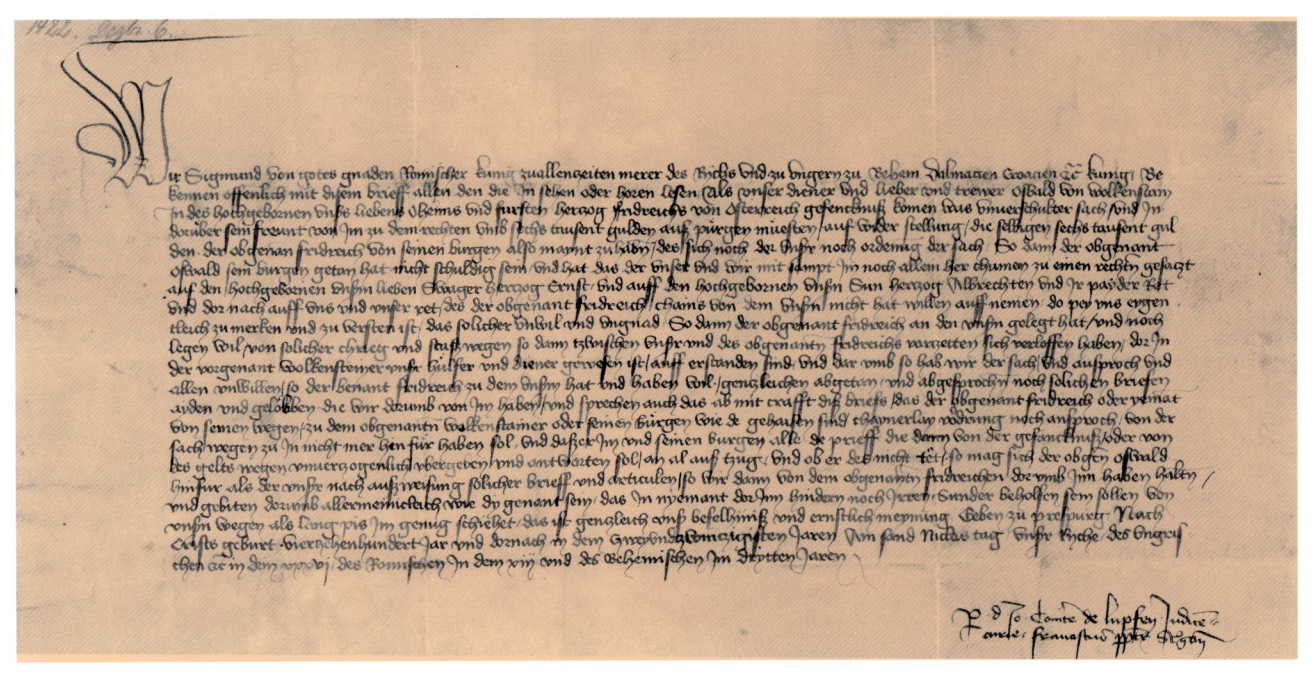

[Abb.I.178] Schiedsurteil König Sigmunds pro Oswald von Wolkenstein contra Herzog Friedrich IV. • 1422 • Pergament-Urkunde (Kat.II.3.2.7)

II. ADEL UND ERBE VERPFLICHTEN

II.4 LANDESHERREN GEGEN – LANDESHERR – GEGEN LANDESHERREN 〉〉〉〉〉〉〉〉〉〉〉〉〉〉 1423

»So hetzen wir!«, sprach Oswalt von Wolckenstain

So wie Oswalds von Wolkenstein Fehdegegner, Martin Jäger & Co., im Nov./Dez. 1421 (s.o.; II.3.2.2) Herzog Friedrich IV. von Österreich eine unverhoffte Steilvorlage zum Handeln gegen seinen Widersacher, Oswald von Wolkenstein, boten – so animierten Oswalds von Wolkenstein Beschwerden (s.o.; II.3.2.7) genau ein Jahr später König Sigmund zu Aktionen gegen seinen langjährigen Widersacher, Herzog Friedrich IV. von Österreich, in Tirol:

1] Bereits am 18. Dez. 1422 richtete er von Preßburg aus ein Sendschreiben an seine *diener vnd lieben getrewen, Michel vnd Linharten, gebrüedern von Wolkenstein* (LZ 137), mit der Bitte, Ulrich von Starkenberg und ihrem Bruder Oswald beizustehen, da der Herzog die beiden widerrechtlich bedränge.

2] Von seinem Winterquartier in Preßburg aus wandte er sich am 12. Jan. 1423 an den Herzog von Mailand, Filippo Maria Visconti, und ersuchte diesen um Hilfe gegen den vertragsbrüchigen Herzog Friedrich IV. von Österreich, der u.a. den Brüdern Ulrich und Wilhelm von Starkenberg sowie seinem Diener *Oswaldo de wolkenstein* (LZ 138) ohne Grund und ohne Fehdeabsage Burgen und andere Besitzungen weggenommen und einbehalten habe, obwohl die drei Geschädigten bereit gewesen seien, sich einem Gerichtsverfahren zu stellen.

3] Drei Tage später beschwerte sich Sigmund bei Herzog Ernst von Österreich darüber, daß dessen Bruder, Herzog Friedrich IV. von Österreich, die alten Verträge mit ihm nicht einhalte und zudem seinen Mutwillen an königlichen Dienern, Hochstiften und Adeligen – insbesondere an den Starkenbergern *vnd dem Wolkhenstainer* (LZ 139) – abreagiere, weshalb Herzog Ernst, gemeinsam mit Herzog Albrecht V. von Österreich, etwas unternehmen müsse, um von den österreichischen Erblanden Schaden abzuwenden.

4] Am 17. Juli 1423 setzte König Sigmund seine am 15. Jan. 1423 ausgesprochenen Drohungen (s.o.) in die Tat um: Er zog kurzerhand Herzog Friedrichs IV. von Österreich Reichslehen zugunsten der damit belehnten Starkenberger ein und forderte zum Reichskrieg gegen den Reichsfeind auf.

[Abb.I.179] Gottfried Seelos: SCHLOSS GREIFENSTEIN • 1865 • Lithographie; Bozner Neujahrskarte 1866 (Bozen, Landesbibliothek Dr. F. Teßmann)

Der auf seine alten Rechte größten Wert legende Tiroler Adel nutzte diese Vergeltungsmaßnahmen des Königs und die damit verbundene (zeitweise) Schwächung Herzog Friedrichs IV. von Österreich zur sofortigen Gründung (am 18. Juli 1423) eines neuen Tiroler Adelsbundes zum Schutz gegen ihren Landesherrn – dem auch Michael und Leonhard von Wolkenstein beitraten (aus psychologisch-taktischen Gründen hielt sich ihr Bruder Oswald diesmal zurück).

Der vom König gedemütigte Herzog reagierte seinen Mutwillen – auch über diese Kampfansage seiner Landherren – erneut an den Starkenbergern ab, indem er ihre Burgen, v.a. deren Festung Greifenstein (vgl. Abb. I.179), zum wiederholten Male belagerte, unterstützt von gedungenen bäuerlichen und bürgerlichen Truppenkontingenten umliegender Gemeinden:

»Nu huß!«, sprach der Michel von Wolkenstain;
»So hetzen wir!«, sprach Oswalt von Wolckenstain;
»Za hürs!«, sprach her Lienhart von Wolkenstain,
»si müssen alle fliehen von Greiffenstain geleich.«

Do hub sich ain gestöber auß der glut
all nider in die köfel, das es alles blut [rot war].

Banzer und armbrost, darzu die eisenhut,
die liessens uns zu letze; do wurd wir freudenreich.
Die handwerch und hütten und ander ir gezelt,
das ward zu ainer aschen in dem obern veld.
Ich hör, »wer übel leihe, das sei ein böser gelt«;
also well wir bezalen, herzog Friderich.

Schalmützen, schalmeussen niemand schied.
Das geschach vorm Raubenstain inn dem Ried,
das mangem ward gezogen ain spann lange niet
von ainem pfeil, geflogen durch armberost gebiett.

Gepawren von Sant Jörgen, die ganz gemaine,
die hetten uns gesworen falsch unraine.
Do komen gut gesellen von Raubenstaine:
»Got grüß eu, nachgepawern, eur treu ist klaine.«

Ain werfen und ain schiessen, ain groß gepreuß
hub sich an verdriessen: »Glöggel dich und seuß!
Nu rür dich, gut hofeman, gewinn oder fleuß!«
Ouch ward daselbs besenget vil dächer unde meuß.

Die Botzner, der Ritten und die von Meran,
Hafning, der Melten, die zugen oben hran;
Serntner, Jenesier, die fraidige man [vgl. II.3.3.3],
die wolten uns vergernen – do komen wir dervon. (Kl.85)

Die erfolgreiche Verteidigung der Felsenfestung Greifenstein und der tollkühne nächtliche Ausfall der Wolkenstein-Brüder blieb letztlich folgenlos, denn der am 30. Nov. 1423 in Meran tagende Landtag hob auf Betreiben des Brixener Bischofs Berthold von Bückelsburg und der herzogstreuen Stadt Hall den Adelsbund auf – was Oswald von Wolkenstein zu einer (nur im Augsburger Liederbuch [vgl. IV.2.2] überlieferten) Zusatzstrophe veranlaßte:

Die pünd, die sind gafallen, sy sind gewunnen;
wie pald wir sy derschnellen mit cklainen schallen,
das rietten mir die pfaffen vnd die von Halle
vnd etlich gest im lande, die ich becalle.

II.4.3; Abb. I.180, S. 172

Armbrust-Pfeilspitze. Ungarn, 15. Jhdt

Stahl; Länge: 10,4 cm
Budapest, Ungarisches Nationalmuseum: 53.583

Vierschneidige Armbrust-Pfeilspitze mit beidseitiger kräftiger Schneide bis zur Tülle, die das Ende des Pfeils aufnahm.
In den rechten Flügel der breit geschmiedeten Pfeilspitze wurden die Minuskel *V* und in den linken Flügel die Minuskel *a* eingraviert, darunter ein Herz bzw. eine stilisierte Krone, darüber je eine Krone mit Straußenfeder (Symbol für Tapferkeit und ritterliche Tugenden). Die Tülle wurde mit Schuppen verziert.

II.4.4; Abb. I.181, S. 172

Armbrust-Pfeilspitze. Ungarn, 15. Jhdt

Stahl; Länge: 10,7 cm
Budapest, Ungarisches Nationalmuseum: 53.582

Im Unterschied zu II.4.3 wurden in den rechten Flügel der vierschneidigen Armbrust-Pfeilspitze die Minuskeln *d* und *S* eingraviert, in den linken Flügel ein durch ein Doppellinienbündel geteilter Rhombus, darunter ein gestricheltes Dreieck. Über beiden Flügeln: Stilisierte Kronen und Blattzier bzw. Straußenfedern. Unterteil der Tülle: Schuppen.

II.4.5; Abb. I.182, S. 172

Jagdspieß Herzog Friedrichs IV. von Österreich. Süddtld, um 1420/1430

Rhombisches Eisen mit kantiger Tülle (mit zwei Knebeln bzw. Flügeln), 42 x 15,7 x 5 cm
Provenienz: Schloß Tirol (bis 1737)
Wien, Kunsthistorisches Museum, Hofjagd- und Rüstkammer: A 32

Auf Tülle und Knebeln / Flügeln (ehemals vergoldete) Gravierung: Auf der Tülle der österreichische Bindenschild in Vierpaß; darüber: Minuskel-Inschrift *dux austri*[ae], verso: *dux federic*[us]. Auf den Knebeln / Flügeln: Zweige und Eichenlaub.

II.4.6; Abb. I.183, S. 173

Oswald von Wolkenstein in Rüstung um 1410. 2011

Rekonstruktion nach Stifter-Bildnisstein von 1408 (vgl. II.2.4)
Eisen, gehärtet und handgehämmert; Höhe: 175 cm; Gewicht: 22 kg
Meran, moving history GmbH (2011)

II.4.7; Abb. I.184, S. 173

Oswald von Wolkenstein in Rüstung um 1423/1427. 2011

Rekonstruktion anhand des Inventars von 1418 (LZ 84; vgl. III.4.X) und des Nachlaßinventars von 1446
Eisen, gehärtet und handgehämmert; Höhe: 175 cm; Gewicht: 29 kg
Meran, moving history GmbH (2011)

O snöde werlt, der untreu bistu also vol (1423 – 1425)

1423
Okt. 5
Der in ernsthafte finanzielle Nöte geratene Oswald von Wolkenstein versichert seinen beiden Hauptbürgen (Michael von Wolkenstein und Hans von Vilanders), denen er für ihre Bürgschaftsleistung (s.o.; II.3.2.6 und 1422 März 25) seine gesamte liegende Habe als Pfand verschreiben mußte, daß diese keinen Schaden davon erleiden sollen, wenn sie ihm die Nutzung der Einnahmen von seinen Lehen- und Eigengütern sowie Häusern erlauben würden (LZ 140).

1423
Dez. 17
Herzog Friedrich IV. von Österreich erteilt allen Mitgliedern (außer den beiden Starkenbergern) des oppositionellen Adelsbundes (Auflösung am 30. Nov. 1423 in Meran; s.o.) Amnestie.

1424
Dez. 15
König Sigmund verspricht Oswald von Wolkenstein (schriftlich aus Ofen), bei den anstehenden Friedensverhandlungen mit Herzog Friedrich IV. von Österreich (seit Herzog Ernsts Tod im Sommer 1424 mit der vormundschaftlichen Regierung in den innerösterreichischen Ländern betraut) auch *seiner zu gedenken* (LZ 144) und ein Wort für die *sach* [s]*eines dieners vnd lieben getruen* beim Herzog einzulegen – sofern ihn *yemant doran mane* (LZ 144).

1425
Febr.
Um den König bei diesen Friedensverhandlungen mit Herzog Friedrich IV. selbst *doran* [zu] *manen von* [s]*einen wegen* (LZ 144), reitet Oswald von Wolkenstein Anfang Febr. *gen Ungern* und stürzt bei Hallein in den Tauglbach:

> *Do ich gen Ungern rait*
> *kom ich in grosses laid.*
> *In Wasser, wetter, wegen,*
> *›husch‹ lert ich maierol* [ungarisch]
> *und was ouch nach belegen;*
> *der tauggel ward ich vol,*
> *das ist ain wasser sumpern*
> *von hohen kläpfen groß,*
> *dorin viel ich mit pumpern,*
> *des gouggels mich verdroß.*
> (Kl.23,82/92)

1425
Febr. 14
In Hornstein (wo am 17. Febr. 1425 der Friedensschluß zwischen König Sigmund und Herzog Friedrich IV. von Österreich schriftlich fixiert wird) stellt König Sigmund seinem Diener Oswald von Wolkenstein einen bis zum 27. Mai 1425 gültigen Geleitbrief aus, damit sein *lieber getruer* einen von ihm selbst (!) für den 15. April angesetzten *Recht tag gen Wienn sicher leibs vnd guts* (LZ 145) besuchen kann, um sich *mit dem hochgebornen fridrichen, hertzogen zu Osterrich, in das Recht zu früntschafft vnd zum rechten* [zu] *geben* (LZ 145) – denn König Sigmund war fortan *nicht* mehr der Beichtvater für die Tiroler Adelsrebellen und Mediator zwischen deren *lanndsfürst* und ihm, dem *Römische*[n] *künig*!

[Abb.I.185] REISENDER ZU PFERD VON STADT ZU STADT • 1485 • Holzschnitt in: *Die Goldene Bulle.* Straßburg: Johannes Prüss d.Ä. 1485 (Archiv ARTeFACT)

1425
März 31
Martin Jäger, seit 1423 in *grosse*[r] *notturfft* und in *solich*[er] *armut an Meran* (LZ 147) lebend, beklagt sich erneut (erstmals am 20. Okt. 1423; LZ 141) bei seinem *gnädige*[n] *fürst*, daß ihm und seinem *weib* im über dreijährigen Streit *mit Oswalden Wolchenstainer* noch immer nicht zu ihrem Recht verholfen worden sei und bittet deshalb *ewer fürstleich gnad*, daß dieser sein *Ehafft vnd not* beim Wiener Rechtstag (am 15. April 1425) *bedenkcht*, gemäß dessen *Ansagen* [für] *land vnd lewtte* (Landesfreiheiten):

DER ›HAUENSTEINISCHE ERBSCHAFTSSTREIT‹ 1418 – 1427 • 1423 – 1425

Gnädiger herr [:] *hiet Ir mir den Oswalt wolchenstainer* [im Dez. 1421] *In meinen hanten gelassen, Ich wolt von Im vnd von seinen pruedern wol ainer andern taiding pechómen sein, damit ich grosser verderbleicher scháden vertragen wár worden, di ich sider gelitten vnd genomen han* [!] (LZ 147)

Dich vnsers erlósten guts von der hausmanin vntertzogen hast ze behalten

II.4.8; Abb. I.186, S. 121

Hall im Inntal, 1425 Juli 25

(In dorso:) *Vnserm getrewn Oswalden dem Wolkchenstainer / Vo(n) Herczog Fride(r)ich(e)n ain ma(n) brieff d(e)n wolkenstainern*

Orig.urkunde; Papier, 15,6 x 22,3 cm
Nürnberg, Germanisches Nationalmuseum, Historisches Archiv, Familie Wolkenstein-Rodenegg: Fasz. 9
[Schwob: *Lebenszeugnisse*. Nr 154]

Wie diesem *man brieff Fridreichs* an den *getrewn Wolkchenstainer* zu entnehmen ist, hat die geplante Schiedsverhandlung in Wien, deren ursprünglicher Termin (15. April 1425) sogar auf einen späteren Zeitpunkt verschoben wurde, gar *nicht* stattgefunden – zudem hatte sich Oswald von Wolkenstein schon *vor* Ablauf des königlichen Geleitbriefes (gültig bis 27. Mai 1425) ins Tauferer-Ahrntal abgesetzt gehabt (!), wo er auf der Görzer Burg Neuhaus sowohl Schutz vor dem Herzog als auch vor dem massiv sein Recht einklagenden Martin Jäger (s.o.; 1425 März 31) suchte. Denn: Seit seiner enttäuschenden Audienz bei König Sigmund im Febr. 1425 auf der ungarischen Grenzburg Hornstein (s.o.; 1425 Febr. 14) konnte er nicht mehr auf dessen (über einen Geleitbrief hinausgehenden) Rechtsschutz bauen.

Das mögliche Fernbleiben beim *Recht tag gen Wienn* scheint aber ein geringer Verstoß im Vergleich mit den folgenden Anklagepunkten gewesen zu sein:

Darunder aber vns [sic!] *von den* [...] *Starkchembergern vnd* [von] *dir menigerlay úbergriff beschehen sind vnd teglich beschehen* [:]
Sunderlich daz du Martein Jaeger vnd andern den vnsern das Ir [Ihrige] *vorhaltest vnd bekúmberst an Recht* –
vnd dich vnsers erlósten guts von der hausmanin [in/um Meran, im Burggrafenamt oder in Mais; vgl. LZ 153: Schloß Tirol, 1425 Juli 1], *das vnser Erb ist, vndertzogen hast ze behalten* [es handelte sich nur um jährlich 8 Mark!] *ander*

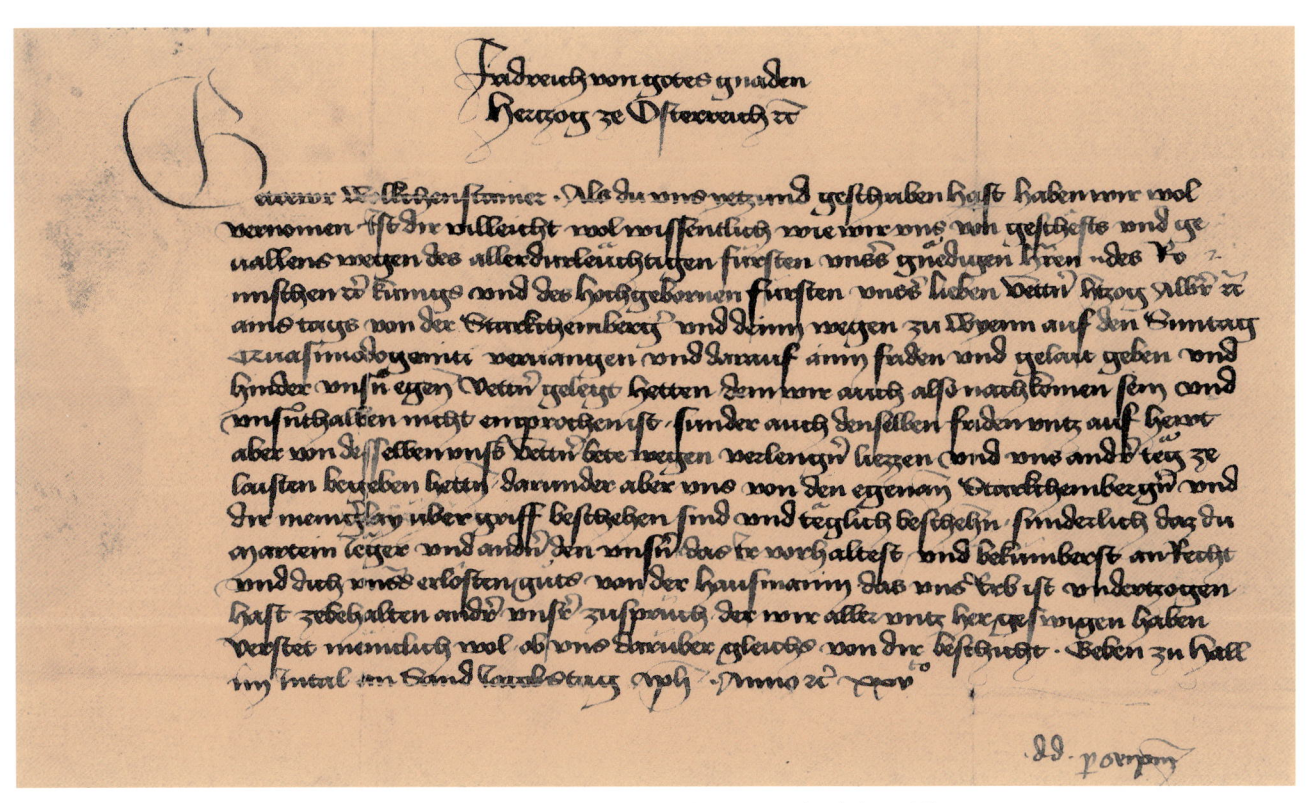

[Abb.I.186 MAHNBRIEF HERZOG FRIEDRICHS IV. AN OSWALD VON WOLKENSTEIN • 1425 • Papier-Urkunde (Kat.II.4.8)

vnser zuspruch, der wir aller vntz [bis]*her geswigen haben. Verstet méniclich wol, ob vns darúber gleichs von dir beschicht!*

Dem erzürnten Herzog *beschicht darúber gleichs* von dem postwendend und äußerst provozierend antwortenden Oswald von Wolkenstein (LZ 155):

Mit der wiederholten Berufung auf die Freiheitsbriefe, d.h. auf die (alten) Rechte und Freiheiten eines Tiroler Adeligen, mußte er den Herzog, der seit Jahren ganz energisch auf die Durchsetzung des österreichischen Rechtes und damit verbunden, auf die Anerkennung seiner absoluten Souveränität hingearbeitet hatte, zur Weißglut getrieben haben – der folglich jeden weitere Korrespondenz mit diesem völlig uneinsichtigen und die politischen Realitäten in Tirol weltfremd negierenden *Wolckhenstainer* verweigerte, aber in Lauerposition der Stunde harrte, den politisch Hochmütigen kraft seiner besseren Machtposition auf die Knie zwingen zu können.

NB: Was die vom Herzog erlósten gúter ewers erb von der hauszmennin angehe:

Laz ich ewer fúrstlich genad wissen, daz mir daz von eweren genaden noch durch ander[e] *nie verkint worden ist, weder mit bottschafft noch mit brieffen, nach dem als ich mich des bey der hauszmenin lebentigen leib* [sie war am 22. Juli 1425 gestorben; möglicherweise schon am 22. Juli 1423; vgl. Kl.24 III!] *vnterwunden hab, alz von meinem offen find* [erklärte Fehdefeindin]*, der daz wol vmb mich verschuldt hát!* (LZ 155)

Daß Oswald von Wolkenstein diese (seit 1422 einbehaltenen) Einnahmen (von jährlich 8 Mark) *willig abzetretten* bereit ist, dürfte der finanziell wohlsituierte Herzog (der völlig zu Unrecht den Beinamen ›mit der leeren Tasche‹ trug) als zusätzlichen Hohn und Spott empfunden haben – zudem machte dieser Verzicht sein *kraut* nicht fett. Für den Herzog stand im Sommer 1425 allerdings fest: *Das kraut hat der Wolckhenstainer versalzen* (Kl.84,36).

Ain herzog hochgeboren, gehaissen Friderich, beweisst mir seinen zoren

1426 Febr.	Um den im Sommer 1425 entfachten *zoren* seines *lanndsfúrst*[en] etwas zu besänftigen und diesem seinen *vntertánig willig dinst* (LZ 155) allseits im Lande (aber auch als *gotshausman*!) zu demonstrieren, bietet Oswald von Wolkenstein dem *hochwirdige*[n] *fúrst*[en], dem Brixener Bischof Berthold II. von Bückelsburg, als sein *vndertániger Armer landman* (LZ 157), die Vermittlung im Streit zwischen Herzog Friedrich IV. und den mit ihm befreundeten Starkenbergern an – *frid vnd gemachs willen seiner lannd vnd leut*. Voraussetzung: Freies und sicheres *gelait*, wofür er sich im Gegenzug *altzit gerecht machen wil* (d.h. einem Schiedsgericht stellen will). Aber: Der Herzog legte gar keinen Wert (mehr) auf seinen *dienst* (Kl.44,75)!
1426 Herbst	Oswald von Wolkenstein bittet Graf Johann Meinhard von Görz, ihm die seit 1421 innegehabte Pflege der Burg Neuhaus in der Vorderen Grafschaft Görz weiterhin als politisches Asyl zu überlassen, weil: *Mein sach also geschaffen ist, daz ich leibs vnd guts zu disem mal von meinem herren von Osterreich nit sicher pin vnd ist mein* [nicht überliefertes] *glait auf dem vergangen* [24. April] *ausz gangen* (LZ 164).
1426 / 1427 Winter	Da der Görzer Graf Oswalds von Wolkenstein Hilferuf nicht positiv bescheiden konnte (was mit der Nichtverlängerung der Pfandleihe zusammenhing, da Oswald von Wolkenstein seinem Bürgen Hans von Vilanders am 17. April 1422 diesen Pfandbrief auf Neuhaus als weitere Sicherheit überlassen mußte), sah sich Oswald von Wolkenstein gezwungen, ›Asyl‹ auf der abgelegenen Waldburg Hauenstein zu suchen:

*In Races vor Saleren,
daselbs belaib ich an der e,
mein ellend da zu meren
vast ungeren.
Auff ainem runden kofel smal,
mit dickem wald umbfangen,
vil hoher berg und tieffe tal,*

*stain, stauden, stöck, snee stangen,
der sich ich teglich ane zal.
Noch aines tut mich pangen,
das mir der klainen kindlin schal
mein oren dick bedrangen,
hand durchgangen.*

Wie vil mir eren ie beschach
von fürsten, künigin gefach,
und was ich freuden ie gesach,
das büß ich als under ainem dach.
Mein ungemach,
der hatt ain langes ende.
Vil gutter witz, der gieng mir not,
seid ich muß sorgen umb das brot;
darzu so wirt mir [vom Herzog und von Martin Jäger] *vil gedrot.*
[...] den ich ee bott [König Sigmund und dem Brixener Bischof]*,*
die lassen mich ellende.
[...] Der ich e pflag, da für ich sich
neur kelber, gaiß, böck, rinder
und knospot leut [Bauern]*, swarz, hässeleich,*
vast russig gen dem winder,
die geben mut als sackwein [und] *vich.*
Vor angst slach ich mein kinder
offt hin hinder.
So komt ir mutter zu gebraust,
zwar die beginnt zu schelten;
gäb si mir aines mit der fawsst,
des müsst ich ser engelten.
Si spricht: »Wie hastu nu erzaust
die kind zu ainem zelten!«
Ab irem zoren mir da graust,
doch mangeln ich sein selten,
scharpf mit spelten.

Mein kurzweil, die ist mangerlai,
neur esel gesang und pfawen geschrai;
des wunscht ich nicht mer umb ain ai.
Vast rawscht der bach neur hurlahei
mein houbt enzwai,
das es beginnt zu krancken.
Also trag ich mein aigen swer;
teglicher sorg, vil böser mer
wirt Hauenstein gar selden ler.

Möcht ichs gewenden an gever,
oder wer das wer,
dem wolt ich immer dancken.
Mein lanndesfürst, der ist mir gram
von böser leutte [Fehdegegner] *neide* [sic!]*;*
mein dienst, die sein im widerzam [vgl. Febr. 1426]*,*
das ist mir schad und laide.

Wie wol mir susst kein fürstlich stamm,
bei meinem guten aide,
nie hat geswecht leib, er, gut nam
in seiner fürsten waide,
köstlich raide.
Mein freund, die hassen mich überain
an schuld [sic!]*, des muß ich greisen.*
Das klag ich aller werlt gemain,
den frümmen und den weisen,
darzu vil hohen fürsten rain,
die sich ir er land preisen,
das si mich armen Wolckenstein
die [von den] *wólf nicht lan erzaisen,*
gar verwaisen. (Kl.44,18/39; 41/42; 45/90)

[Abb.I.187] Hausbuchmeister: DER EIERBAUER UND DIE ENTENFRAU • Um 1475
Kaltnadelstich (Karlsruhe, Kunsthalle)

1427
Febr. 22

Um *ain ordenung ze machen, damit wir* [der Herzog], *vnser land vnd leut in frid vnd gemach gesetzt werden* (LZ 165), weil *allerlay leuff vnd gebrechen, die vns* [und] *vnsern lannden vnd leuten merkchlich anligend* und deshalb zu beseitigen sind, beordert Friedrich IV. von Österreich all seine *Ritter, Knechte vnd gemaine Landschafft* zu dem am 16. März 1427 in Bozen stattfindenden Landtag – zu dem er sich *selber auch fuegen oder* [seine] *Rett mit vollem gewalt sennden* wird, weshalb er die Anwesenheit aller Geladenen nicht nur empfiehlt, sondern *ernstlich* darauf drängt, um solche *breche helfen ze wennden*. PS: (*Lieber getrewr:*) *Vnd lassest des nicht, das ist vnser maynung*.

Laut In dorso-Vermerk war dieser herzoglichen Klartext enthaltende *Ladbrieff* auch bei *Vnserm getrewn lieben Oswalden Wolkenstain* per Bote (auf Hauenstein) eingegangen und dürfte bei diesem ob der Tatsache, daß seit Sommer 1426 bis dato eine Urfehde der anderen folgte – in denen die Herren von Spaur, die Verteidiger von Greifenstein (!), Helfer der Starkenberger und sogar Oswalds von Wolkenstein Schwager, Parzival von Weineck, ihren Widerstand gegen den Landesfürsten aufgeben und diesen durch Verlust ihrer Burgen, Pflegschaften oder Einnahmequellen teuer bezahlen mußten – nicht nur *feur in dem tach* (Kl.33,19), sondern zugleich der *sturmglogken schal* (Kl.19,105) ausgelöst haben.

Nach dieser angesagten *wennde* des Österreichers lief für den rebellischen Tiroler der countdown...

1427
März

In der Annahme, daß der für den 16. März 1427 in Bozen angesetzte Landtag zugleich Gerichtstag sei, verbündete sich Martin Jäger mit Hans Hausmann, dem Bruder der verstorbenen Anna Hausmann, um gemeinsam (mit einer schriftlichen Anrufung) den Herzog anzuflehen, ihnen endlich zu ihrem verbürgten Recht gegenüber Oswald von Wolkenstein zu verhelfen (Notiz des Schatzregistrators Wilhelm Putsch, 1480-1550):

Von Martin Jäger vnd hannsen Hausman vmb des fürsten púrgschafft, daz Er jnen vergnuegung von Oswalden von Wolckenstain – als Er vom lannd reiten wold – verschaffen solt. (LZ 166)

Um sich, *schier gen den fünfzig jaren* (Kl.36,30), nicht vor der ganzen versammelten *Landschafft* für seine politischen Aktivitäten und wegen Landfriedensbruches rechtfertigen und verantworten zu müssen, beschloß Oswald von Wolkenstein (nach altem biographischen Muster; s.o.) tatsächlich, noch vor dem 16. März 1427 *vom lannd ze reiten* – was Martin Jäger oder den Brüdern Hans und Heinrich Hausmann aus Oswalds von Wolkenstein nächster Umgebung hinterbracht worden sein muß, weshalb sie den Herzog alarmierten *vnd batten,* [ihn] *bei dem lannde ze behalten, vncz* [damit] *In ain volkomen Recht von* [ihm] *widerfúre vnd* [sie] *nicht Rechtlos gelassen wúrden, wan er In des als ain Lanndsfúrst schuldig were* (LZ 170; vgl. II.4.10).

Über seinen deshalb mißglückten Fluchtversuch erfahren wir aus Oswalds von Wolkenstein Liedern folgende Version:

Von haim so wolt ich varen
ain rais in fremde [sic!] *land;*
[...] Ain herzog hochgeboren,
gehaissen Friderich,
beweisst mir seinen zoren,
des ward ich lützel reich [sic!].
Durch in ward ich gevangen
an schuld [sic!] *auf meinen leib.* (Kl.23,99/100;105/110)

Durch aubenteuer [sic!] *tal und perg*
so wolt ich varen, das ich nicht verläge [sic!].
[...] Wie wol ich mangen herten straiff
ervaren hett, des hab ich klain genossen,
seid ich ward zu dem stegeraiff [Steigbügel]

mit baiden sporen seuberlich verslossen.
Dieselbig kunst ich nie gesach,
doch hab ich sei an schaden nicht geleret;
do klagt ich got mein ungemach,
das ich mich hett von Hauenstein verferret,
ich forcht den weg gen Wasserburg,
wenn sich die nacht versteret.

In ainem winckel sach ich dort
zu Fellenberg zwen boien [Fußfesseln], *eng und swere.*
Ich swaig und redt da nicht vil wort,
ie doch gedächt ich mir nöttlicher mere.
Wurd mir die ritterschafft zu tail,
in disen sporen [ironisch für Fußfesseln] *möcht ich mich wol streichen.*

[...] *Also lag ich ettlichen tagk;*
der römisch küng die sorg mir nicht vergulde,
das ich nicht wesst, wenn mir der nack
verschrotten wurd, wie wol ich hett kain schulde [sic!] (Kl.26,1/2; 21/36; 41/44)

1427 März 24

Von der Trostburg richtet Michael von Wolkenstein einen Fehde-Absagebrief (*Missif, in deme herr Michl dem herczog absagt*) an Herzog Friedrich von Österreich, weil dieser, *wider sein wort vnd gehaissen* (LZ 167), seinen Bruder Oswald auf dem Weg nach Wasserburg (am Bodensee oder am Inn) von herzoglichen Söldnern aufgreifen und auf ehrverletzende Weise – die Füße an den Steigbügeln festgebunden (s.o.; Kl.26,23/24) – nach Vellenberg ins herzogliche Landesgefängnis bringen ließ, wo er angekettet *gefangen gehalten* wurde und panische Angst hat, ohne Gerichtsverhandlung (vgl. Kl.26,33/34) wie ein notorischer Friedensstörer hingerichtet zu werden.

Gipfel der entehrenden Behandlung eines *edlen vnd vesten hern* und nicht mehr zu überbieten Demütigung seines *Brueder[s] Oswalden von Wolkhenstain*: Daß der Herzog ihn *Alß ein Schedlichen man* [Gewohnheitsverbrecher] *Nach Insprugg* [hat] *fieren lassen* (LZ 167).

Aus Oswalds von Wolkenstein Liedern können wir dazu entnehmen:

O Fellenberg, wie ist dein freud so kalt!
[...] *Mit umbeswaiff*
vier mauern dick mein trauren hand verslossen.
[...] *Ich bin umbfangen mit der wat,*
darinn ich büssen sol. (Kl.7,54; 43/44; 13/14)

Zwar oben, niden, hinten, vor
was mir die hut [Bewachung] *mit leuten wolbestellet.*
»Wart, Peter Märckel, zu dem tor,
er ist bescheid [gerissen], *das er uns nit entsnellet!!«*
Mein listikait hett in der fürst
die oren vol erschellet.

Darnach so ward ich gen Insbrugk
ain Preussen vart gen hoff köstlich gefüret;
dem meinem pfärd all über rugk
verborgenlichen niden zu versnüret.

[Wie ein] ellender [Dieb] rait ich hinden [in die Stadt] ein
und hett doch nicht des kaisers schatz verstolen.
Man barg mich vor der sunne schein,
für [anstatt] *springen lag ich zwainzig tag verholen* [im Innsbrucker Gefängnis].
Was ich da auff den knieen zerraiß,
das spart ich an den solen. (Kl.26,45/60).

Vor dem 24. März 1427 von Vellenberg – wie die Gefangenen bei seinen früheren *Preussen varten* auf den Rücken seines Pferdes gebunden – nach Innbruck überführt und wie ein Gewohnheitsverbrecher oder landschändlicher Missetäter/Dieb von *hinden* in die Stadt geführt, harrte Oswald von Wolkenstein noch zwanzig Tage im herzoglichen Gefängnis (zusammengepfercht mit einem alten Schwaben, Planck, mit Peter Haitzer und dessen Weib sowie mit dem Schnarcher Kopp und mit einem täglich betrunkenen Schreiber) auf *die taiding* (Kl.26,124).

Für den wieder *ungemessen* [von seinem] *fürst abgvallen*[en] (Kl.26,89/90) Gefangenen setzten sich vor Ende April 1427 Fürsprecher und Mittler zu seinen Gunsten und zur Ehrenrettung seiner Familie ein:

Frein, graven, Säldenhoren [Heinrich Seldenhorn], *freunt und gesste,*
die baten all mit rechter gier
den fürsten reich, durchleuchtig, hochgeboren,
da mit er wer genedig mir
und tet kain gach in seinem ersten zoren.
Er sprach: »Ja werden solcher leut
von bomen nicht geboren.«

Do sprach der herr auß zornes wan
gen seinen reten gar an als verdriessen:
»Wie lang sol ich in ligen lan?
Künt ir die taiding nimmer mer versliessen?
Was hilft mich nu sein trauren da?
Mein zeit getraut ich wol mit im vertreiben:
Wir müssen singen fa, sol, la
und tichten hoflich von den schönen weiben.
Pald, ist die urfech nicht berait,
so lat si kurzlich schreiben!«

Dem kanzler ward gebotten zwar,
auß meiner vänckknuß half er mir behende,
geschriben und versigelt gar.
Des danck ich [sic!] *herzog Fridrich an mein ende.*
Der marschalck sprach: »Nu tritt mir zu,
mein herr hat deins gesanges [sic!] *kom erbitten.«*
Ich kom für in, do lacht [sic!] *er fru;*
secht, do hub sich ain heulen ane sitten.
Vil mancher sprach: »Dein ungevell
soltu nicht han verritten!« (Kl.26,104/110; 121/140)

[Abb.I.188] DER KANZLEISCHREIBER • 1487 • Holzschnitt in: *Titelbüchlein*. Nürnberg: Marx Ayrer 1487 (Archiv ARTeFACT)

Zwar disem fúrsten sol ich nymmer fluchen

II.4.9; Abb. I.189, S. 127

Innsbruck, 1427 Mai 1

(In dorso:) *Urfehd Oswalts Wolkenstain(er) h(er)zog Fridr(ich) gegeb(e)n / 1427 Wolkenstein 1427*
Orig.urkunde; Pergament, 21 x 43 cm; Plica, 4 x 43 cm
Siegel Oswalds von Wolkenstein und seiner Vettern, Konrad und Veit von Wolkenstein; grün ø 3 cm; grün ø 3 cm; gelb ø 3 cm
Innsbruck, Tiroler Landesarchiv: Urk. I 3661
[Schwob: *Lebenszeugnisse*. Nr 168]

Aufgrund der Protektion König Sigmunds konnte sich Oswald von Wolkenstein immerhin über fünf Jahre (seit Entlassung aus seiner ersten Gefangenschaft am 18. März 1422; vgl. II.3.2.6) der Unterwerfung unter die Gnade seines Landesherrn erfolgreich entziehen.

Da seit 17. Febr. 1425 (s.o.) der *römisch küng* seinem ehemaligen *diener* solche *sorgen nicht [mehr] vergulden* (Kl. 26,42) konnte – mit der negativen Folge: *Der römisch küng hett mein so gar vergessen, / bei dem ich ouch vor zeiten saß / und half das krut auß seiner schüssel essen* (Kl.26,86/88) – mußte Oswald von Wolkenstein das eigenmächtig von ihm selbst *versalzen kraut* (Kl.84,36) alleine *auß seiner schüssel essen* und *in [s]einen alten tagen* (er war im April 50 Jahre alt geworden!) *lern[en], auf baiden knien* (Kl.19,185/186) vor *herzog Fridrich zu gan*, um den in der landesfürstlichen Kanzlei (in des Herzogs Sinne) *geschriben* Unterwerfungsbrief mit [s]ein *Insigl zu versigeln* (Kl.26,133):

Ich Oswalt von Wolkchenstain Tun kunt [:] *Von aller der Sachen wegen, darum ich in des durleuchtigen, hochgebornen fúrsten herczog Fridreichs, herczogen ze Osterreich etc., meins gnaedigen herren vngnad komen vnd geuallen was, Wie sich die vncz auf heutigen tag habent verlauffen, darinne Ich sein gnad nicht fúrgesaczt noch behalten hab, vnd der mich derselb [...] durch merklicher vnd grosser bete willen seiner Réte vnd ander meiner herren, freund vnd gúnner, gnaediclich begeben, vnd mich vnd alle, die so von meinn wegen darInne haft vnd gewant sind gewesen, in sein huld vnd gnad genomen hat.*

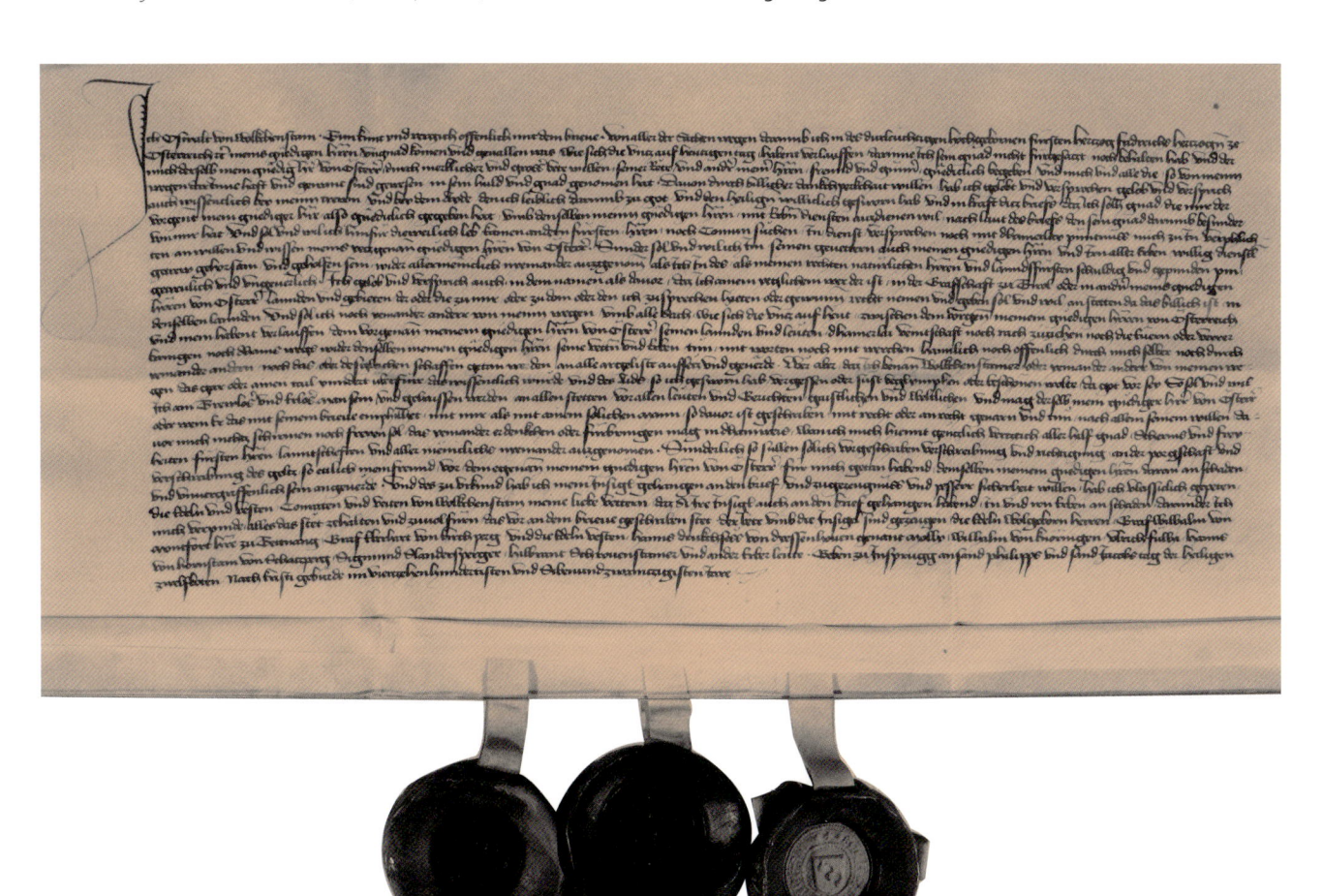

[Abb.I.189 UNTERWERFUNGSBRIEF OSWALDS VON WOLKENSTEIN • 1427
Pergament-Urkunde (Kat.II.4.9)

Dauon durch billicher dankchperkchait willen hab ich gelobt vnd versprochen [:]

1] *Daz Ich solh gnad, die mir der vorgenant, mein gnédiger herre also gnédiclich gegeben hat, vmb denselben meinn gnaedigen herren, mit Erbern diensten auszdienen wil [...].*
2] *Vnd sol vnd wil Ich hinfúr, die weil ich leb, kainen andern fúrsten, herren noch Comun suchen [sic!], In dienst versprechen noch mit dhainerlay púntnúss mich zu In verphlichten an willen vnd wissen meins yeczgenanten gnedigen herren von Osterreich.*
3] *Sunder sol vnd wil ich Im, seinen geuettern [...] willig dienstlich getrew, gehorsam vnd geholfen sein [...], als Ich In des als meinen rechten natúrlichen herren [sic!] vnd lanndsfúrsten schuldig vnd gepunden pin, getreulich vnd vngeuerlich.*
4] *Ich gelob vnd versprich auch [...], daz Ich ainem yeglichem, wer der ist in der Grafschaft zu Tirol [...], der oder die zu mir oder zu dem oder den ich zusprechen hieten oder gewunnen, recht nemen vnd geben sol, vnd wil an stetten, da das billich ist in denselben lannden.*
5] *Vnd sol ich noch yemander anderr von meinn wegen vmb alle Sach, Wie sich die vncz auf heut zwischen* [dem Herzog und mir] *habent verlauffen, dem* [Herzog], *seinen lannden vnd leuten dhainerlai veintschaft noch rach zuziehen noch die Euern oder verrer bringen noch dhains wegs wider* [den Herzog, seine Vettern und Erben] *tun mit worten noch mit werchen, haimlich noch offenlich, durch mich selber noch durch yemander andern [...].*
6] *Wer aber, daz Ich benant Wolkchenstainer, oder yemander anderr von meinen wegen, das gar oder ainen tail ynndert úberfúre* [breche], *das wissentlich wúrde [...], So sol vnd wil Ich ain Trewloser vnd Erloser Man sein vnd [so] gehaissen werden an allen stetten, vor allen leuten vnd Gerichten, gaistlichen vnd Weltlichen, vnd mag* [der *Herzog*] *oder wem Er das mit seinem brieue emphilet, mit mir als mit ainem solichen Mann [...] mit recht oder an recht [sic!] geuarn vnd tun nach allem seinem willen, dauor mich nichtz schirmen noch freyen sol [...], Wan ich mich hiemit génczlich verczeich aller hilf, gnad, Scherms vnd freyheiten [...].*
7] *Sunderlich so sullen solich vorgeschriben verschreibung vnd richtigung an der porgschaft vnd schreibung des geltz, so ettlich mein freund vor dem* [Herzog] *fúr mich* [am 18. März 1422; vgl. II.3.2.6] *getan habend, demselben meinem gnedigen herren daran an schaden vnd vnuergriffenlich sein angeuerde* [d.h. die Bürgschaftsverschreibungen von 1422 sollen ihre Rechtskraft als Druckmittel des Herzogs behalten!]

Seine *frölichkait* über die Entlassung aus dem *vánckknuß* am 1. Mai 1427 dürfte angesichts der beiden Punkte 2 und 7 schnell *tuncklem schein* gewichen sein und ihn mächtig zum *switzen* gebracht haben.

Daß er seinem achtmal als *gnaediger herr von Osterreich* apostrophierten *lanndsfürsten* für diese beiden Tellerminen auch noch auf Knien *dankchperkchait* heucheln und mit ihm *ja, sol, la singen* sollte, war ein sehr hoher und eigentlich unbezahlbarer Preis dafür, wieder in dessen *huld vnd gnad* [auf]*genomen* zu werden! Auch seine Zuhörer dürften die bittere Ironie des Liedverses – *Des danck ich herzog Fridrich an mein ende* (Kl.26,134) – sofort verstanden haben, zumal sie zum größten Teil selbst dieser unfreiwilligen *huld vnd gnad* des *gnaedigen herrn von Osterreich* teilhaftig werden *mußten*.

NB: Tatsächlich bis an [s]*ein ende* (1445) wird dem *Wolkenstainer* besonders Punkt 7 der *zu got vnd den heiligen* geschworenen Unterwerfungsbedingungen ein *gifftikliche wunde* (Kl.65,2), ihm zugefügt von seinem *lanndsfürsten*, bleiben – *da von* [s]*ein herz ist wunt bis in den bittern tod* (Kl.18,67). PS: *Alte sünd pringt neues laid – des wird ich teglich innen* (Kl.36,1/2).

Mit den klágern aine tayding ingegangen vnd beslozzen

II.4.10; Abb. I.190, S. 129

Innsbruck, 1427 Mai 1

(In dorso:) ***Wolckenstain mit Jág(er) vnd Haúsmann / 1427 / p(ar)th(eien) v(er)trég***

Orig.urkunde; Pergament, 21,5 x 34,7 cm; Plica, 5,5 x 34,7 cm
Drei Siegel (zwei erhalten) von Oswald von Wolkenstein, Konrad (fehlt) und Veit von Wolkenstein; grün, ø 3 cm; weiß, ø 3 cm
Innsbruck, Tiroler Landesarchiv: Urk. I 9040
[Schwob: *Lebenszeugnisse*. Nr 170]

Nach der Besiegelung des Unterwerfungsbriefes (vgl. II.4.9) mußte Oswald von Wolkenstein *durch billeicher dankchperkait willen [...], ain Rays an die bussen gelob*[en] (vgl. III.3.13) – und die eigentliche Ursache für seine Unterwerfung, den im Herbst 1421 erneut ausgebrochenen ›Hauensteinischen Erbschaftsstreit‹, den er vor 20 Jahren geerbt hatte (vgl. II.3.1.13), nach nunmehr 60 Jahren (vgl. II.3.2; Retrospektive) beenden und sich mit [s]*eines bulen freund* [Martin Jäger] *ainen* (Kl.26,112):

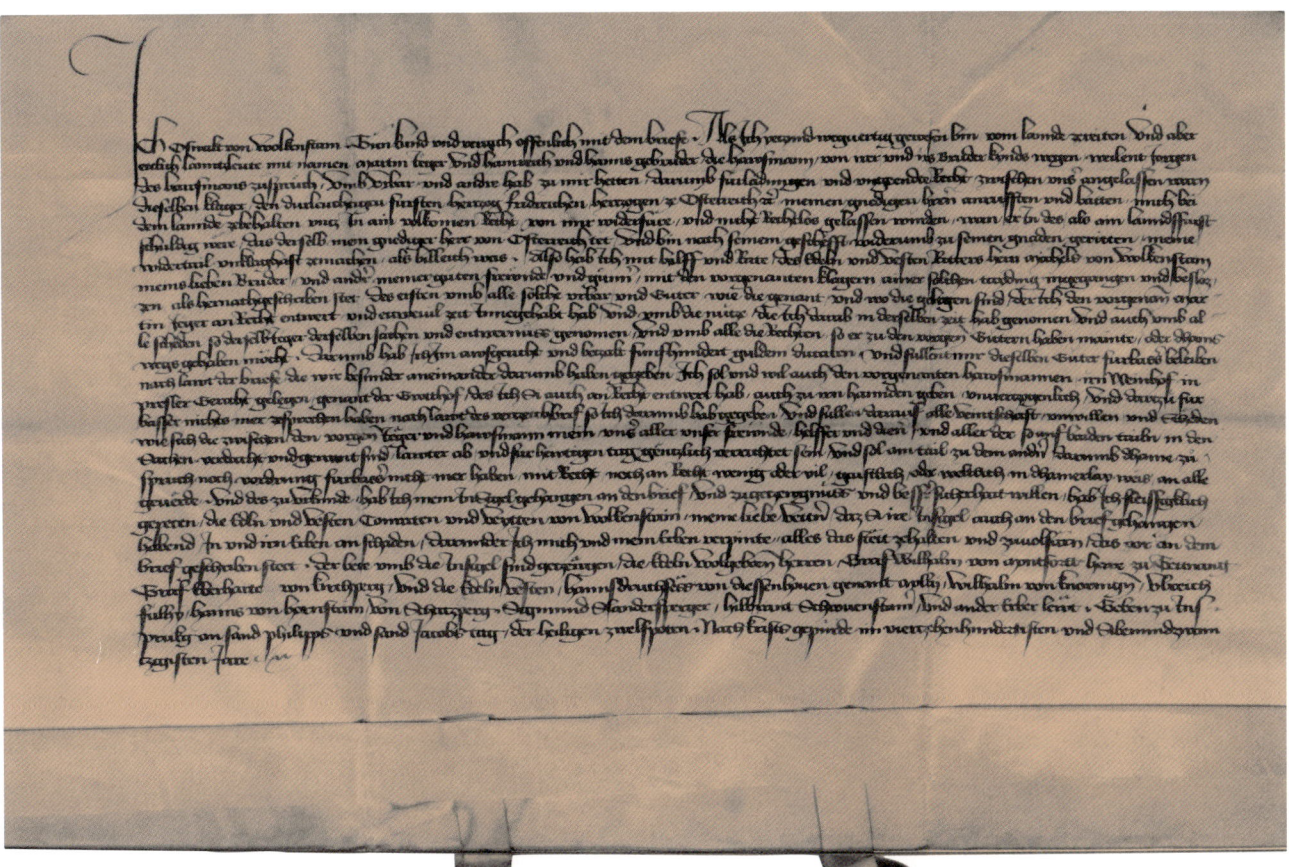

[Abb.I.190] EINIGUNG MIT MARTIN JÄGER
UND ANNA HAUSMANNS BRÜDERN
1427 • Pergament-Urkunde (Kat.II.4.10)

ICH Oswalt von Wolkenstain Tun Kund vnd vergich [:]
Als Ich yeczund [vor 16. März 1427] *weguertig gewesen bin vom Lannde ze reiten, Vnd aber ettlich lanntzleute mit namen Martin Jaeger Vnd Hainreich vnd Hanns, gebrúder die Hawsmann, von irer vnd irs Bruder* [Georg] *kynds wegen, weilent Jórgen des Hawsmans, zúsprúch Vmb Vrbar vnd andre hab zu mir hetten, darum fúrladungen vnd vngeendete Recht zwischen vnser angelassen warn;*
dieselben kláger [...] *herczog Fridreichen* [...] *anrufften vnd batten* [s.o.; 1427 März], *mich bei dem lannde ze behalten, vncz In ain volkomen Recht von mir widerfúre vnd nicht Rechtlos gelassen wúrden, wan er In des als ain Lanndsfúrst schuldig waere, das derselb mein gnediger herr von Osterreich tét* [sic!]
Also hab Ich mit hilff vnd Rate des [...] *Michels von Wolkenstain* [...], *vnd ander meiner guten frewnde vnd gúnner, mit den vorgenanten klágern aine solche tayding ingegangen vnd beslozzen* [:]

1] Für alle *vrbar vnd Gúter,* die er dem Martin Jäger *an Recht* abgenommen hatte, für seine Einnahmen und für *alle scheden* sowie *alle die Rechten* des Martin Jäger, mußte dieser von Oswald von Wolkenstein mit (lediglich!) *fünfhundert guldein ducaten* entschädigt werden – *vnd sullent mir dieselben Gúter fúrbasser beleiben,* d.h. incl. der zwei Drittel der Burg Hauenstein!

2] Den Brüdern (und Vettern) der verstorbenen Anna Hausmann, Hans und Heinrich, mußte er *irn Weinhof, in presler Gericht gelegen, genant der Grotthof, des Ich Si auch an Recht entwert hab* (sic!), unverzüglich aushändigen und ihnen einen Verzichtsbrief ausstellen.

3] *Vnd sullen darauf alle Veintschaft, vnwillen vnd Schae-*

den [...] ab vnd für hewtigen tag gaenczlich verrichtet sein, Vnd sol ain tail zu dem andern darum dhaine zuspruch noch vordrung fürbasser nicht mer haben, mit Recht, noch an Recht.

Unterm Strich: Oswald von Wolkenstein konnte mit dieser vor dem endgültigen gerichtlichen Ausgleich ausgehandelten gütlichen Einigung mit Martin Jäger überaus zufrieden sein:

Zwanzig Jahre nach Zuteilung von *Herrn Oswalts tail auff hawenstain* (II.3.1.13) gehörten ihm jetzt auch die vor 9 Jahren annektierten zwei Drittel der Burg Hauenstein (samt Burgfriederhöfen) – und *ohne* den damit verknüpften Rechtsstreit:

*Also kert ich gen hauenstain.
Zwar disem fürsten sol ich nymmer fluchen,
das er mir noch so wol getrawt;
des helf mir got geruchen.* (Kl.26; Strophe in Hs. A)

Zurückgekehrt nach Hauenstein, ließ Oswald von Wolkenstein einen seiner schreibkundigen Diener deshalb ein aktuelles Urbar- und Zinsbuch zur Feststellung seiner Güter und künftigen Einkünfte erstellen.

III. AUFSTIEGSVERSUCHE DES ZWEITGEBORENEN

III.5 FREISCHÖFFE DER WESTFÄLISCHEN FEME ≫≫≫≫≫≫≫≫≫≫≫≫≫≫≫≫≫≫≫ 1428 – 1430

Von Wolkenstein wolt ich zu Cölen gutter lawn

Da Herzog Friedrich IV. von Österreich trotz Oswalds von Wolkenstein Unterwerfung am 1. Mai 1427 (vgl. II.4.9) die Bürgschaftsverschreibungen von 1422 als Druckmittel im herzoglichen Archiv zurückbehalten hatte und Oswald von Wolkenstein diesem geloben und versprechen mußte, seine künftigen Rechtsstreitigkeiten nur noch innerhalb Tirols bzw. in den Ländern des Herzogs vor den dafür vorgesehenen Gerichten auszutragen (vgl. II.4.9; Punkt 4), mußte der Rechtskenner auf andere Art und Weise zu seinem (vermeintlichen) Recht kommen: Als Freischöffe der westfälischen Freigerichte (Femgerichte), überregionalen und unter Königsbann stehenden geheimen Gerichten.

[Abb.I.191] Hartmann Schedel / Michael Wolgemut: SALZBURG • 1493 • Holzschnitt (Kat.II.1.7.2). – Der Holzschnitt basiert auf einer vor 1465 gefertigten Zeichnung, weshalb die vier Rundtürme der Veste Hohensalzburg noch fehlen.

FREISCHÖFFE DER WESTFÄLISCHEN FEME 1428 – 1430 · 1428

Nach Weihnachten 1427 ritt Oswald von Wolkenstein deshalb von Hauenstein (wohl nicht *von Wolkenstein*) mit einem Knecht los, *gen Cölen* (Kl.41,1), gut gelaunt – weil er einen Schlupfwinkel gefunden hatte, um dem ›österreichischen Recht‹ seines Landesherrn bei Schnee und Eis entkommen zu können!

An Neujahr war er bereits in *Salzburg* (vgl. Abb. I.191) bei *ainem wiert, gehaissen Prawn,* abgestiegen, der natürlich (schon um des Reimes willen) *hett ain also tugenthaffte, schöne fraun* (Kl.41,2/3):

Zwar meiner kunft durch gut vernunft des innen ward
ain bischoff groß, erzwierden gnoß, her Eberhart [Erzbischof Eberhard IV.],
der schickt nach mir; kurzlichen schier ich zu im kart,
ob seinem tisch dick essens ward ich müde. (Kl.41,9/12)

In freim gelait (Kl.41,17) ging es weiter *gen München*, wo ihn die *edle ritterschafft [...] da lud zu guten frauen schön gezafft – nach unserm fug begund wir singen, schallen* (Kl.41,18/20).

Zu Augspurg, Ulmen [...] von gutter hait vil manger wein ward mir geschanckt (Kl.41,21/22), aber zu Ulmen, beim *tanz*, mußte er sich auch von der Gemahlin eines *edelman* wegen seines einfachen Mantels und wegen seines *halbs gesicht* als *wallen*[der] *beghart* (Kl.41,23/32) hänseln lassen.

Gen Heidelwerg rait ich zu meinem herren reich (Kl.41,33) – zu seinem alten Freund, dem Pfalzgrafen Ludwig III. (vgl. II.6.4 und III.3.10) – wo er *fünf fürsten von der kur vand, wirdikleich: / Von Cölen, Mainz und Triel, drei bischof hoher zeich, / Phalzgraf bei Rein, Marggraf Brandburg gemachet* (Kl.41,34/36):

Hoch auf den berg [in Heidelberg] *schrait ich gen hoff gar an die tür*
zu herzog Ludwig [III.]*, den ich für alle fürsten spür*
an frümikait, göttlichen milt; do kom ich für,
gütlich vein ward ich von im versprachet.
Schier müsst ich singen, hell erklingen manig liet;
an allen jamer in sein kamer ich geriett,
dorinn zu ligen unverzigen; solcher miett
und eer ward nie den freunden mein erwachet.
Von mandel, rock, recht als ain tock, ward ich beklait:
Durch füxs und marder mein wallgehader [s.o.] *von mir lait,*
hutt underzogen kom geflogen auf mein schait.
Sein rat [s.u.] *ich ie müsst sweren still verdachet.* (Kl.41,37/48)

Der *rat* des Pfalzgrafen betraf dessen Kenntnisse von den Geheimnissen der Feme, die zu verheimlichen waren, und das weitere Vorgehen des Wolkensteiners, um Freischöffe zu werden:

Auff [s]*einen völn und schiffen* reiste er von Heidelberg *zu Cölen* (vgl. Abb. I.192) zum dortigen Erzbischof, Dietrich von Mörs, dem Statthalter König Sigmunds bei der Feme; dort mietete er sich *ain karren wilder rur gen Aach*[en] (Kl.41,49/50) und suchte Herzog Adolf von Jülich und Berg auf, den Stuhlsherr mehrerer westfälischer Freigerichte:

Mein herr von Cöln und der von Perg, zwen fürsten suß,
beweissten mir genediklichen iren gruß;
wes ich all da begert [Empfehlungsschreiben]*, des ward mir sorgen buß,*
günstlich an schand durch furdernusse grosse.
Nit mer ich sprach, was mir darnach kuntlichen ward. (Kl.41,53/57)

[Abb.I.192] AGRIPPINA OF COELLEN • 1499 • Holzschnitt in: *Kölnische Chronik*. Köln: Johann Koelhoff d. J. 1499 (Archiv AR-TeFACT)

Die beiden hohen Herren der westfälischen Freigerichte verschafften ihm den Zugang zur Feme, so daß er als *ain freyer schepf* die *widervart / von Fürstenberg gen Haidelwerg zu [s]einem bart, / herzog genannt, Phalzgraff, kurfürsts genosse* (Kl.41,58/60), antreten konnte:

Der zerung, speis mit gutem fleiß für mich bagärt,
wellend ich kos, so was ich los mit knecht und pfärd. (Kl.41,61/62)

Daß ihn *der phalzgraf von dem Rein vor kurzlich bat, ob im ze tische sitzen* (Kl.26,83/84), hatte noch einen weiteren Grund: Der Pfalzgraf, selbst Freischöffe, besaß eine Handschrift, die sich sein Vater, König Ruprecht I. (1400-1410), im Jahre 1408 über den Rechtsbrauch der Feme zusammenstellen ließ, die sog. ›Ruprechtschen Fragen‹:

Die zedel sol nyemand lesen, neur ain freyschepf allain

III.5.1; Abb. I.193/194, S. 132

Die Ruprechtschen Fragen von 1408. *Haidelberg, 1428*
5 Papierblätter, 30 x 22 cm, mit Faden zusammengeheftet
Nürnberg, Germanisches Nationalmuseum, Historisches Archiv, Altes Reich: HA 1

Als Oswald von Wolkenstein im Frühjahr 1428 wieder *zu land kam in [s]eins weibes schosse* (Kl.41,64), hatte er in seinem Gepäck eine vor seiner Abreise aus Heidelberg für ihn gefertigte Abschrift der ›Ruprechtschen Fragen‹, die nach Textschluß auf 1428 datiert ist und darunter folgende Notiz (vgl. Abb.I.193) enthält:
Nota die zedel sol nyemand Lesen, Newr ain freyschepf allain pey dem leben (und, von anderer Hand, vielleicht sogar von Oswalds von Wolkenstein Hand:) *und sol sein verbrennen, ob ich stürb.*

Das Heft enthält 20 Fragen über die königlichen Rechte an den westfälischen Freigerichten (Femgerichten) sowie über deren Kompetenzen, Zuständigkeiten und Verfahren.

Das 1408 vom königlichen Protonotar und Hofschreiber König Ruprechts I., Johannes Kirchen, in Heidelberg erstellte Protokoll wird eingeleitet mit Orts- und Datumsangabe der Rechtsweisung sowie mit der namentlichen Nennung der vier dazu befragten westfälischen Freigrafen (vgl. Abb.I.194), die den König als oberste Gewalt über die Femgerichte anerkennen, wobei dessen Gerichtsbarkeit ausdrücklich über die geheime Gerichtsbarkeit der Feme gesetzt wird.

Links: **[Abb.I.193** Geheimhaltungsvorschrift 1428 • Notiz nach Textende der Ruprechtschen Fragen (vgl. Abb.I.194)
Rechts: **[Abb.I.194** Die Ruprechtschen Fragen von 1408 • Heidelberg, 1428 • Abschrift für Oswald von Wolkenstein (Kat.III.5.1)

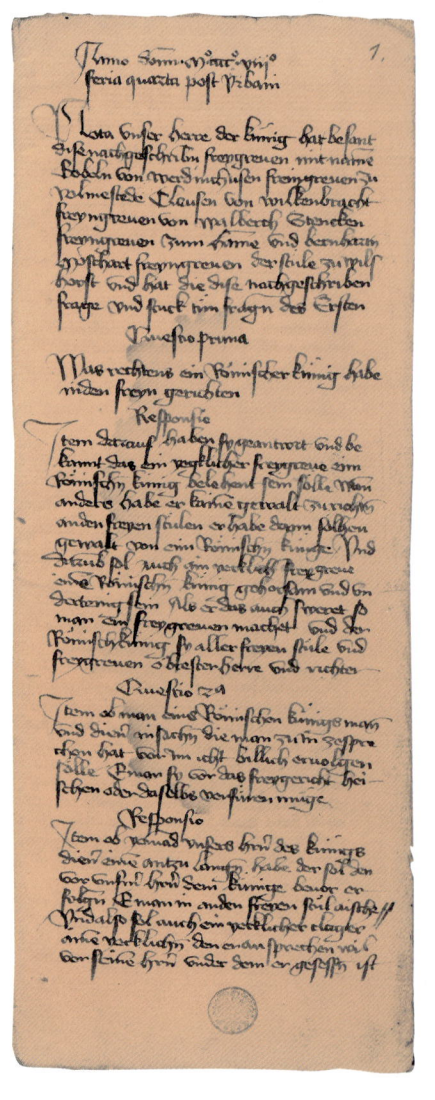

Die privilegierte Stellung der Freischöffen – der ›Wissenden‹ – im Gerichtsverfahren, die Aufzählung der *vemewrogigen* Sachen und die Geheimhaltungspflicht kennzeichnen die Femgerichte als überregionale Sondergerichte.

Das Protokoll der Fragen König Ruprechts I. behielt die Dialogform in indirekter Rede bei.

Obwohl nur die persönlichen Kenntnisse und Auffassungen der vier interviewten Freigrafen protokolliert wurden, handelt es sich um die älteste erhaltene Kodifizierung des geheimen Wissens über die Femgerichte – und dürfte für Oswald von Wolkenstein ausreichend gewesen sein, sich über seine Rechte und Pflichten als neuer Freischöffe zu informieren.

Ich Oswalt von wolckenstain, ain freyer schepf

III.5.2; Abb. I.195, S. 133

Brixen, 1429 September 5
Orig.urkunde; Papier, 13 x 29 cm
Nürnberg, Germanisches Nationalmuseum, Historisches Archiv, Familie Wolkenstein-Rodenegg : Fasz. 8 (WA 17)
[Schwob: *Lebenszeugnisse.* Nr 195]

Erstes erhaltenes Lebenszeugnis von *Oswalt von wolckenstain* mit der Selbstbenennung als *ain freyer schepf* – *dez aller durchluchtdigisten Remschen kúngs versprochner dener* (vgl. III.3.1) – an alle *frey gréffen der freyen stúel dez haimlichen gerichts, die got vnd dem hailigen rich gesworen haben, den diser brief gezaigt wirt:*

Ich hab [um nicht persönlich zu den Verhandlungen nach Westfalen reisen zu müssen] *ytal volmar* [Eitel Volmar aus Westfalen], *meine[m] gegenwirtigen dener, ettwas bepholhen von meinen wegen an den fryen stvol ze bringen – vnd besunderlich von gráff hannsmainharts von górcz* [Graf Johann Meinhard von Görz], *bischoft von brichsen* [Ulrich II. Putsch], *hanns von vilanders* [Vetter Hans von Vilanders], *wegen – und* [zu] *welche*[m] *frey greffen* [...] *mein dener gelangt, der mag Im darvmb aller sach vnd furbringes geloben, Im más als ob ich selber gegenwirtig wér, vnd beger darvmb gerichts vnd fúrwendens alz sich dez gebúrt.*

1] Weil Graf Johann Meinhard von Görz – trotz eines Warnbriefes des Arnsberger Freigrafen vom 4. April 1429 (LZ 182) – *sein brief, err vnd sigel nicht gehalten hat der abgeschrift* des Pfandbriefes und der Verlängerung der Pfandleihe im Zusammenhang mit der Oswald von Wolkenstein zugesagten Pflege von Burg und Gericht Neuhaus.

2] Weil Hans von Vilanders – der die Schadlosstellungen vom 17. April 1422 (2000 Dukaten in bar; Pfandbrief auf Görzer Burg Neuhaus im Wert von 600 Mark sowie drei Schuldbriefe Ulrichs von Starkenberg in Höhe von 260 Mark) trotz ›Entwarnung‹ nach Os-

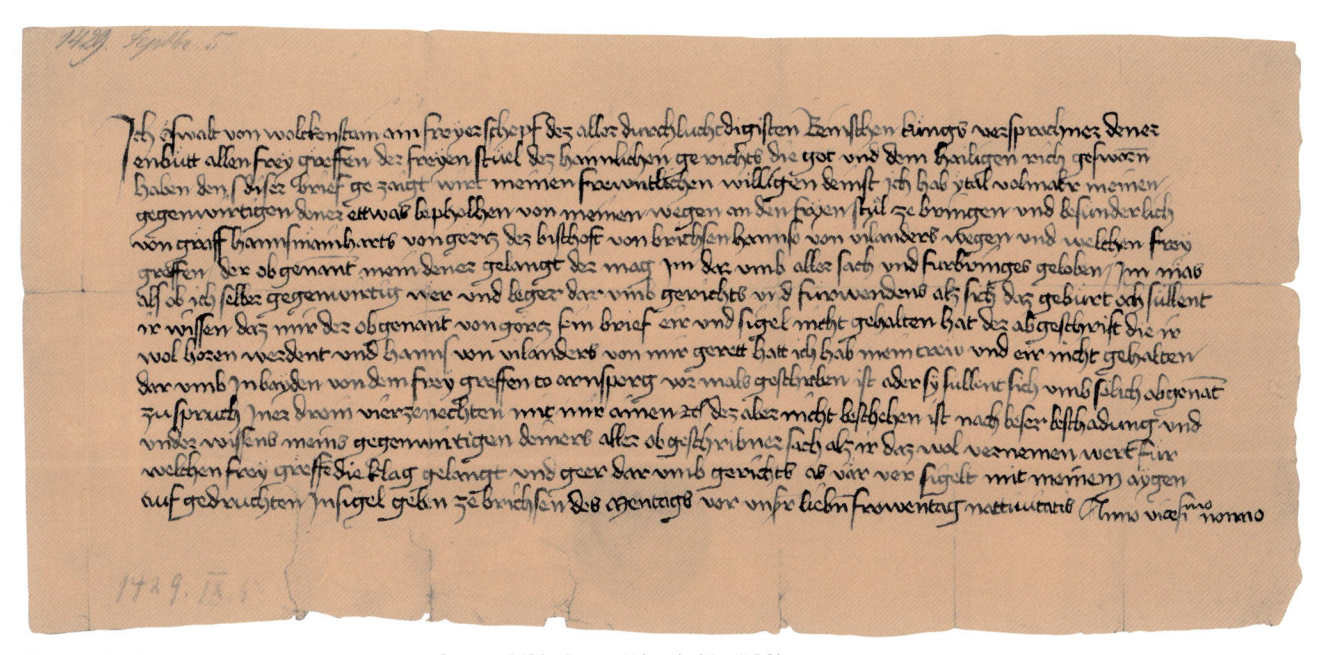

[Abb.I.195 *Oswalt von Wolckenstain, ain freyer Schepf* • 1429 • Papier-Urkunde (Kat.III.5.2)

walds von Wolkenstein Unterwerfung am 1. Mai 1427 widerrechtlich zurückbehielt – *von mir gerett hatt, ich* [nicht er!] *hab mein trew vnd err nicht gehalten!*

3] Was Oswald von Wolkenstein gegen den Brixener Bischof Ulrich II. Putsch (vgl. III.2.5), selbst Freischöffe (!), in diesem Zusammenhang vorzubringen hatte, blieb leider Geheimnis von zwei ›Wissenden‹.

Wetket hans van vlanders, dat eyn kleger vur my ghe komen ys

III.5.3; Abb. I.196, S. 134

[Arnsberg], 1429 November 24

(In dorso:) *Dem eddellen ind vesten ha(n)nes va(n) vilanders / Ind duss(en) bryff soll nema(n)t less(en) hey en sy en recht vryscheppe*

Orig.urkunde; Papier, 15,5 x 21,5 cm
Nürnberg, Germanisches Nationalmuseum, Historisches Archiv, Familie Wolkenstein-Rodenegg: Fasz. 8 (WA 20)
[Schwob: *Lebenszeugnisse*. Nr 204]

Oswald von Wolkenstein hatte schon in dem Beglaubigungsbrief für seinen Diener Eitel Volmar (1429 Sept.5; vgl. III.5.2) Klage gegen Hans von Vilanders wegen dessen ehrenbeleidigenden Gerüchten über ihn geführt.

Der Freistuhl vor der Burg zu Volmarstein schickte deshalb am 3. Okt. 1429 einen zweiten Warnbrief an Hans von Vilanders bezüglich dessen Ehrverletzung des Klägers, aber auch wegen dessen Weigerung, die ihm lediglich zu treuen Händen übergebenen Schadlosstellungen (vgl. III.5.2) an den Kläger, Oswald von Wolkenstein, auszufolgen.

Da Hans von Vilanders auf beide Warnbriefe in der festgesetzten Zeit weder schriftlich noch mündlich (durch einen beauftragten Diener) reagiert hatte, erfolgte am 24. Nov. 1429 die bereits im zweiten Warnbrief angedrohte Vorladung des Beklagten:

Gert dey seyner, vrygreue to arnsbergen myns genedigen heren van colne, lud Hans von Vilanders wegen der wiederholten Klage Oswalds von Wolkenstein zum 23. Jan. 1430 vor den Freistuhl von Arnsberg im Baumgarten, um sich zu verantworten.

In dem mit *Wetket* eingeleiteten Vorladungsbrief wurde der Beklagte (streng nach Femevorschriften) darüber informiert, *dat eyn kleger to deme anderen malle* vor ihm geklagt habe, begleitet von vier *vrygen scheppen* (Freischöffen). In der *homeliken achte* (heimlichen Acht) werde *onder konigs banne* (unter Königsbann) gerichtet.

Erst nach dieser Einleitung nannte der Arnsberger Freigraf, Gert Seyner, den *kloger* (Kläger) bei Namen: *Oswalt van wolkensteyn* – gemäß Geheimhaltungsvorschriften der Feme allerdings nicht die eingeklagte Sache.

Der Beklagte wurde eindringlich davor gewarnt, den anberaumten Rechtstag (*dag*) zu versäumen, weil *dey klaghe an yn lyff ind ere* (Leib und Ehre) betreffe, und er als Richter (bei des Beklagten Nichterscheinen) *as recht wer* handeln müsse, d.h. dem Femerecht seinen Lauf lassen müsse.

Ob Hans von Vilanders der Ladung nachgekommen ist und sich im westfälischen Arnsberg verurteilen ließ, ist nicht belegt – aber eher unwahrscheinlich (wie der Fortgang der Auseinandersetzung Oswalds von Wolkenstein mit seinem Vetter, Hans von Vilanders, nahelegt; vgl. dazu III.5.5).

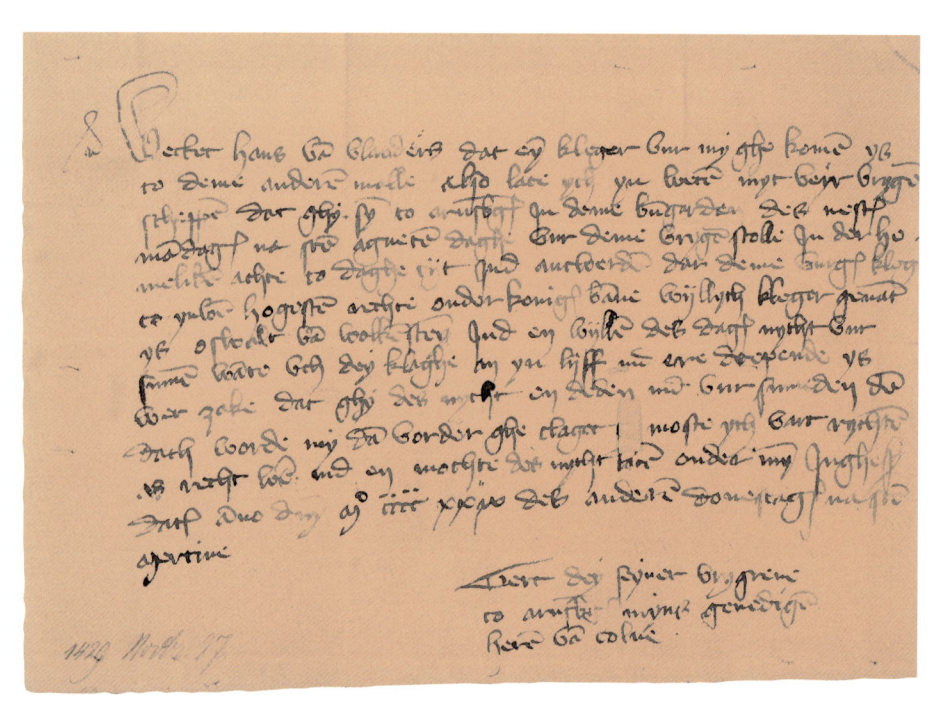

[Abb.I.196 Vorladung des Hans von Vilanders vor den Freistuhl von Arnsberg • 1429 • Papier-Urkunde (Kat.III.5.3)

Das Ir dem Wolkenstain in sachen des haimlich gericht hilflich sein wellet

III.5.4; Abb. I.197, S. 135

Wien, 1430 Juli 31
Orig.urkunde; Papier, 9,5 x 31 cm
Nürnberg, Germanisches Nationalmuseum, Historisches Archiv, Familie Wolkenstein-Rodenegg: Fasz. 8 (WA 21)
[Schwob: *Lebenszeugnisse.* Nr 212]

König Sigmund wandte sich mit diesem Empfehlungsschreiben an *alle freyngrafen* der rund 300 Freistühle im Raum zwischen Rhein und Weser (von denen nur wenige aktive Femgerichte waren), die ihre Ermächtigung zur überregionalen Rechtspflege von ihm als König bezogen und folglich unter Königsbann (vgl. III.5.1 und III.5.3) richteten:

Es kumt zw ewch der Streng Oswald von Wolkenstain, vnser diener vnd lieber getruer, der hat an ewch zw bringen sachen, die das haimlich gericht an treffend – [deshalb] *begeren wir von ewch vnd ewer yecklichem besunder, vnd ist auch vnser maynung, das Ir demselben von Wolkenstain in seinen sachen, die er dann an ewch bringen wirdet, hilflich vnd füderlich sein wellet als dem vnsern. Daran erzaigt ir vns besunder dancknemkait vnd wolgeuallen, des wir ew zw gút nicht vergessen wellen.*

Ob es sich bei den *sachen* um persönliche Angelegenheiten Oswalds von Wolkenstein handelte (vgl. III.5.2/3), ist aufgrund der Geheimhaltungsvorschriften des *haimlich gericht* diesem Schreiben nicht zu entnehmen.

Da Oswald von Wolkenstein als des Königs vertraglich verpflichteter Diener (vgl. III.3.1) auch ab 13. Sept. 1430 in dessen Gefolge an der Versammlung der Reichsstände in Nürnberg teilnahm (LZ 214), dürfte es sich bei diesem Geleitbrief für seinen Diener eher um dessen Erfüllung eines königlichen Sonderauftrages gehandelt haben, denn der Brief wurde an *alle freyngrafen* gerichtet, denen der Freischöffe Oswald von Wolkenstein eine geheime Botschaft, *das haimlich gericht* [selbst] *an treffend*, überbringen sollte, um deren Erfüllung der König seine Freigrafen deshalb ausdrücklich bat.

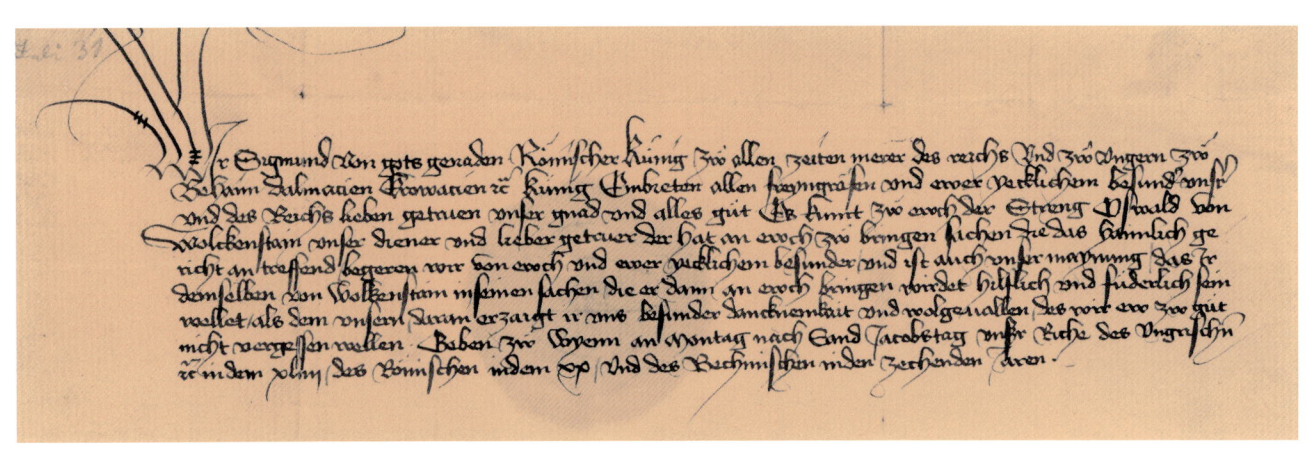

[Abb.I.197 König Sigmunds Empfehlungsschreiben an alle Freigrafen • 1430 • Papier-Urkunde (Kat.III.5.4)

Also emphelhen wir dir, das du Oswalten sein gelt ledig lassest

III.5.5; Abb. I.198, S. 136

Hall im Inntal, 1439 September 15
(In dorso:) *It(e)m Sigmu(n)d wirsung*
Orig.urkunde (unbeglaubigt); Papier, 12,5 x 21 cm
Nürnberg, Germanisches Nationalmuseum, Historisches Archiv, Familie Wolkenstein-Rodenegg: Fasz. 8
[Schwob: *Lebenszeugnisse.* Nr 297]

So wie Herzog Friedrich IV. von Österreich bei Oswalds von Wolkenstein Unterwerfung am 1. Mai 1427 (vgl. II.4.9) die Bürgschaftsverschreibungen von 1422 im herzoglichen Archiv als Druckmittel gegen den Rebellen zurückbehielt, so behielt auch Hans von Vilanders die Schadlosstellungen vom 17. April 1422 zurück – obwohl die *sach* nach Oswalds von Wolkenstein Unterwerfungsbrief (vgl. II.4.9) für dessen Vetter eigentlich erledigt gewesen wäre und dieser sicher sein konnte, daß der Herzog dessen Anteil an der Bürgschaftssumme von 6000 Dukaten nicht mehr von ihm abfordern konnte.

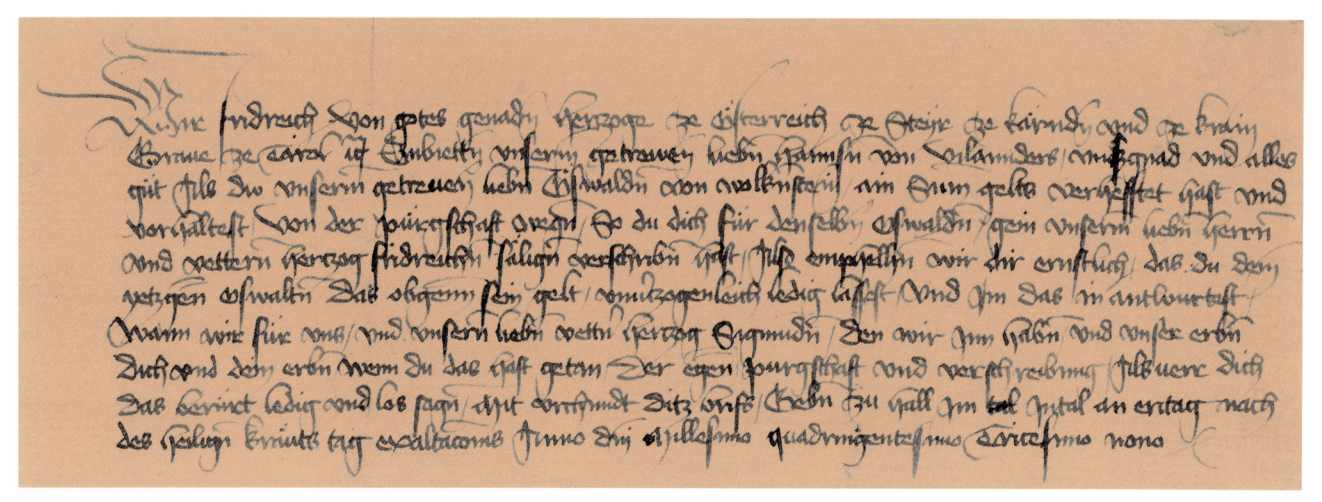

[Abb.I.198] AUFFORDERUNG AN HANS VON VILANDERS ZUR RÜCKGABE DER SCHADLOSSTELLUNGEN • 1439 • Unbeglaubigte Papier-Urkunde (Kat.III.5.5)

Trotz eines Fehdeabsagebriefes von Oswalds von Wolkenstein Schwangauer Schwägern (1429 Jan.23; LZ 180), die bis Ende Mai 1429 sogar über 90 Fehdehelfer (LZ 183/190) gegen Hans von Vilanders mobilisieren konnten, und trotz Oswalds von Wolkenstein Einschaltung des *baimlich gericht* (vgl. III.5.2/3), war Hans von Vilanders nicht zur Herausgabe der ihm zu treuen Händen übergebenen Schadlosstellungen zu bewegen.

Um im Sommer 1431 die seit 1426 ungeklärte Frage der Verlängerung seiner Pflege von Burg Neuhaus mit Graf Heinrich IV. von Görz (dem Bruder des inzwischen verstorbenen Grafen Johann Meinhard von Görz; vgl. III.5.2) gütlich, und in seinem Sinne, zu einem guten Ende bringen zu können, mußte Oswald von Wolkenstein sogar *seinen* Hans von Vilanders am 17. April 1422 lediglich zur Sicherheit übergebenen Pfandbrief auf Burg Neuhaus für 600 Mark zurückkaufen!

Michael von Wolkenstein unternahm deshalb im Okt. 1436 (LZ 269) einen – erfolglosen – Versuch, die restlichen Schadlosstellungen (2000 Dukaten in bar sowie drei Schuldbriefe Ulrichs von Starkenberg in Höhe von 260 Mark) von Hans von Vilanders zurückzufordern.

Erst nach dem Tod († 1439 Juni 24) von Herzog Friedrich IV. – den selbst König Sigmund nicht zur Herausgabe der Bürgschaftsverschreibungen von 1422 bewegen konnte (LZ 225 von 1431 Aug.12) – sah Oswald von Wolkenstein wieder eine Chance, diese unerfreuliche ›unendliche Geschichte‹ beenden zu können.

Er nutzte den Aufenthalt Herzog Friedrichs V. in Hall im Inntal, um den Vormund des minderjährigen Sohnes Friedrichs IV., Sigmund, zu einem Brief an Hans von Vilanders in dieser seit über 12 Jahren anstehenden Rückgabe der Schadlosstellungen zu bewegen:

Als dw vnserem getreuen lieben Oswalden von wolkenstein ain Summ gelts verhefftet hast und vorhaltest von der púrgschaft wegen, So du dich fúr denselben Oswalden gein [Herzog Friedrich IV., *sáligen*] *verschriben hast –*
Also emphelhen wir dir ernstlich, das du dem [...] Oswalten Das obgenant sein gelt vnuerczogenleich ledig lassest vnd Im das in antwurtest, wann wir fúr vns vnd [...] herczog Sigmunden, den wir [als Mündel] *Inn haben [...], dich [...], wann du das hast getan, Der [...] púrgschaft vnd verschreibung, Als uerr dich das berúrt, ledig vnd los sagen.*

Diese leider unbesiegelte und deshalb unbeglaubigte und nicht rechtskräftige Aufforderung blieb (natürlich!) ohne die damit erhofften Folgen.

[Abb.I.8 Anonymus: ENGELHARD DIETRICH
FREIHERR VON WOLKENSTEIN-TROSTBURG
1644 • Tafelgemälde (Kat.I.3.2).
Im linken oberen Teil Darstellungen seiner
Burgen: Trostburg, Fischburg und
Wolkenstein sowie die ihm verpfändete
Burg Neuhaus.

[**Abb.I.20**] Wachstäfelchen und Pritschholz • 14. Jhdt • Wachs, Holz (Kat.I.6.1)

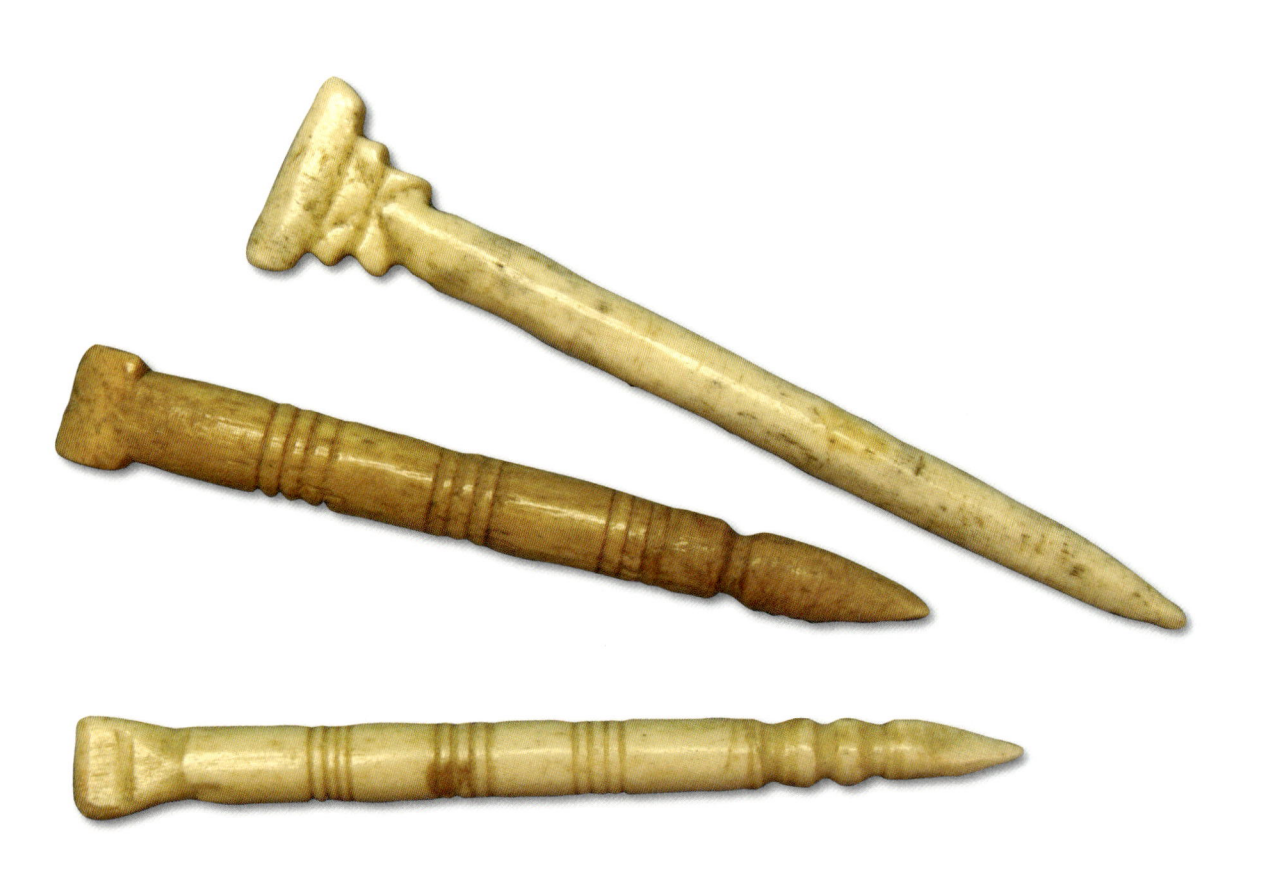

[**Abb.I.21**] Schreibgriffel • 14. Jhdt • Holz (Kat.I.6.2)

[**Abb.I.15**] Pärchen • Ende 14. / Anfang
15. Jhdt • Ton (Kat.I.5.1.3)

[**Abb.I.13**] Hund • Anfang 15. Jhdt • Bronze (Kat.I.5.1.1)   [**Abb.I.14**] Nackter Knabe mit Vogel • Ende 14. / Anfang 15. Jhdt • Ton (Kat.I.5.1.2)

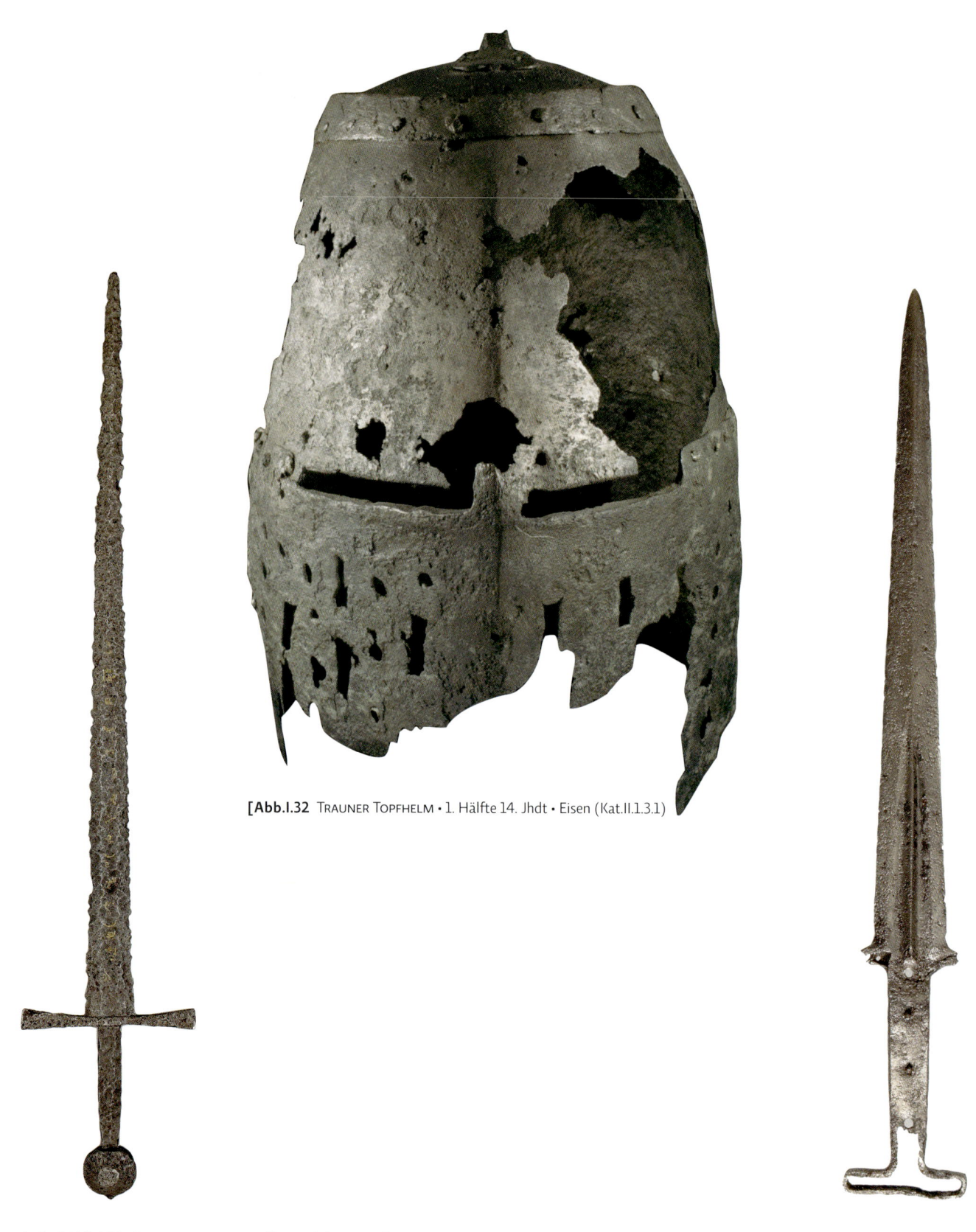

[**Abb.I.32** Trauner Topfhelm • 1. Hälfte 14. Jhdt • Eisen (Kat.II.1.3.1)

Links: [**Abb.I.30** Stossschwert • 2. Hälfte 14. Jhdt • Eisen (Kat.II.1.2.3) – *Rechts:* [**Abb.I.29** Basilard-Dolch • 2. Drittel 14. Jhdt • Eisen (Kat.II.1.2.2)

[**Abb.I.28** Bembo-Werkstatt: Zwei Jünglinge im Nahkampf mit Dolchen • Um 1440/50 • *Tavoletta da soffitto:* Tempera/Lindenholz (Kat.II.1.2.1) ▶

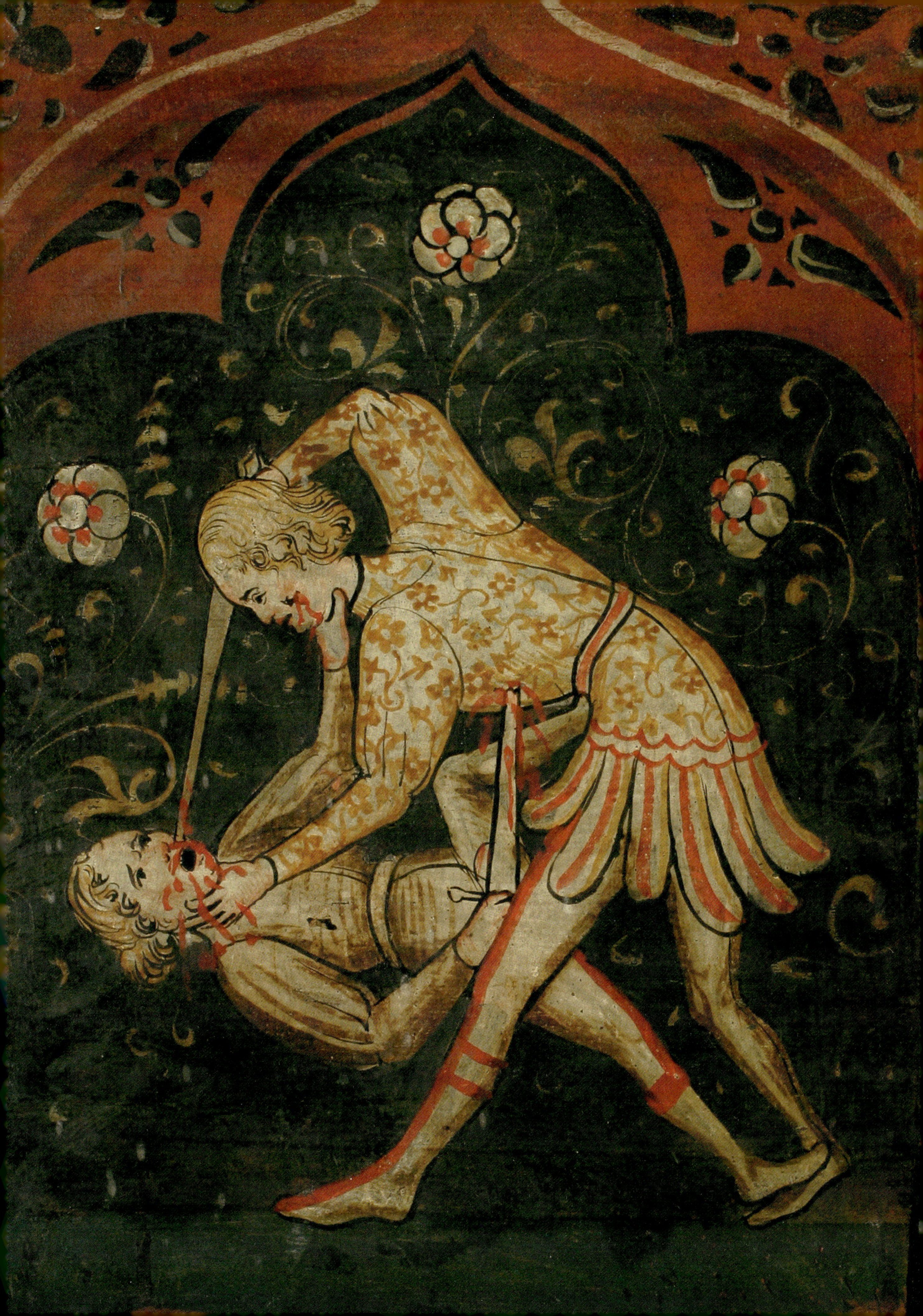

[**Abb.I.36**] Kammerschlange auf Lafette • 2. Hälfte 15. Jhdt • Eisen (Kat.II.1.4.4)

[**Abb.I.33**] Handbüchse in Bündelform • 15. Jhdt • Eisen (Kat.II.1.4.1). – Von links nach rechts: Aufsicht; Frontansicht; Lauffront.

[Abb.I.34] Steinbüchse auf Lafette • 1. Hälfte 15. Jhdt • Eisen (Kat.II.1.4.2)

[Abb.I.35] Tarrasbüchse auf Lafette • Mitte 15. Jhdt • Eisen (Kat.II.1.4.3)

[**Abb.I.39**] Turniersattel der Paulsdorfer • Um 1400 • Holz, Leder, Fell, Gewebe, Pergament, Papier, Stroh, Birkenrinde (Kat.II.1.5.1)

[**Abb.I.40**] Giovanni Transelgardi als Turnierritter • 1434/35 • Tempera auf Pergament; in: Capodilista-Codex (Kat.III.3.18) ▶

Iohanes de tenselgardis, qp pmus fuit, qui prope tenselgardum monte, que posidebat, positu iuxta monte, qui benda dicitur, d' tenselgardis dictus est. Mons eni benda, ut dicit Louis poeta, dictus est salgardus, siue sucenus. Et postea p ventos regnātes in eo. Venta. nunc corrupto uocabulo, benda, q pmus est inter montes euganeos. Mons uo, siter illi, q est super uilas lupiani, tenselgardis siue tensicant appellatus est, a quo posesores nomen acceperunt sicut et huius Iohanis fratres et cōsanguinei licet esent eiusdem familie, tamen, a locis quos posidebant uocati sunt nan tenentes, traueliu siue toriuzi, d' truxelis dicti ſt illi xͦ qui mōtes faleteū falarou dicti sunt, qui xͦ monte merxlu d' mōte melo. Qui xͦ Vales uadis d' uado nominātur. Et fr ait Vult poeta et ystoriografus patauus, zambon d' franusschi omes transelgardi fuerūt, dicens: Transelgardus honor spercis, oueteus habūdis, forzichos euffos truxellos veri vadiseses. Et capit liste genus. Et pparte faleteos.
Muetus pions qz leues ueigie guafos qual pertos alios, alios d' semine bisceos zimbertos vena cū suspensube capelo dicūtur tamē ab imucū d' alemaniā descendisse, hoc nē poctibant.
Vindas Veredos i capo albo euē Insignia aliquū mu tineunt. et aliqui nom. ut Infra ſn discursū aliorū nobiliuz latius dicetur. Nam illi tantū qui fuerunt cū charolo magno p' desideriū rege papie portāt ſcodie cernuz. Reliqui omes tene cruz Uudas, sicut d' falacois, i alijs patet i coruz sepulcris apud Sanctū Stefanu et alijs locis plurimis p curuncz paduc

[Abb.I.44] Hartmann Schedel / Michael Wolgemut: Weltkarte (nach Mela und Ptolemaeus) • 1493 • Holzschnitt (Kat.II.1.7.2a)

[Abb.I.43] Andreas Walsperger: Weltkarte • 1448 • Tempera auf Pergament (Kat.II.1.7.1) ▸

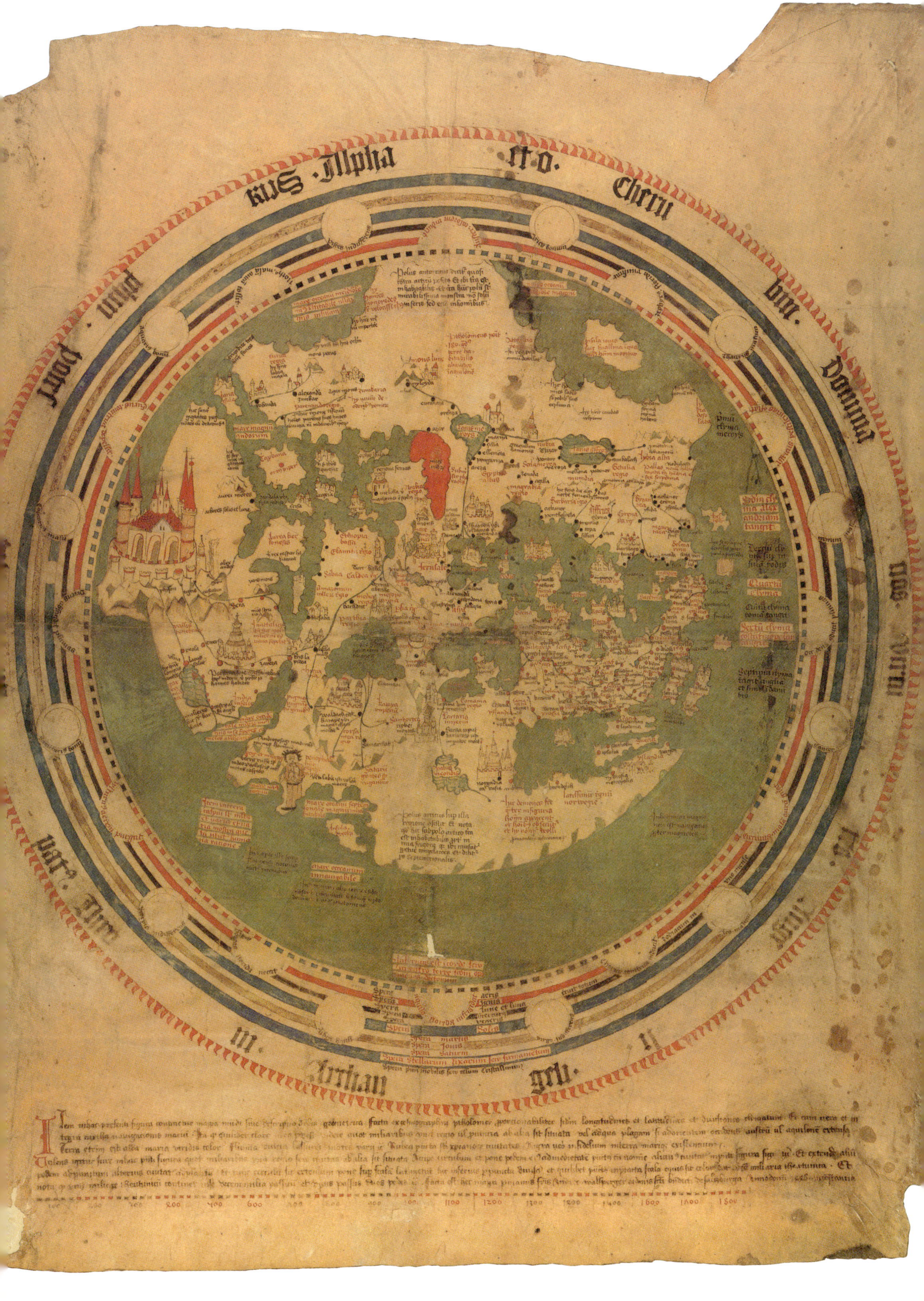

Alpha
et O.
Cheru
bin

[**Abb.I.47**] Radsporn • Um 1400 • Gelbguß (Kat.II.1.8.1)

[**Abb.I.48**] Stachelradsporen • 1. Hälfte 15. Jhdt • Messingplattiertes Eisen (Kat.II.1.8.2)

[**Abb.I.52**] Doppelkerzenleuchter mit dem heiligen Christophorus • 2. Hälfte 15. Jhdt • Bronze (Kat.II.2.1.2) ▶

149

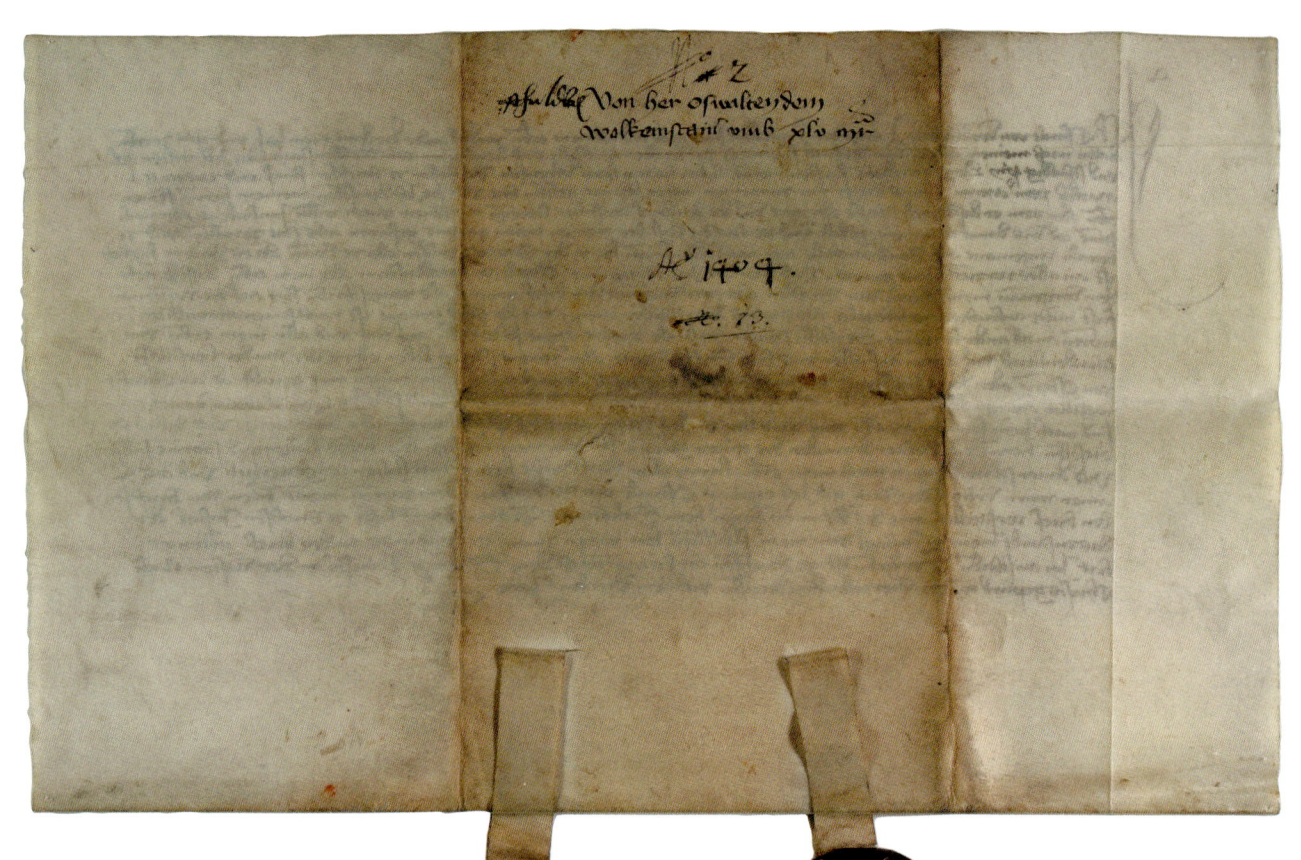

[Abb.I.57] Schuldbrief Oswalds von Wolkenstein • 1404 • Pergament-Urkunde (Kat.III.2.1). – Rückseite mit In dorso-Vermerk.

[Abb.I.58] Siegel Oswalds von Wolkenstein • 1404 Abhängend an Pergament-Urkunde [Abb.I.56/57]

[Abb.I.59] Siegel Sebastian Stempfls, Dechant des Brixener Domkapitels • 1404 • Abhängend an Pergament-Urkunde [Abb.I.56/57]

Links: **[Abb.I.64** Fingerring • 15. Jhdt • Gold (Kat. II.3.1.3) – *Rechts:* **[Abb.I.65** Fingerring • 15. Jhdt • Gold (Kat. II.3.1.4)

Links: **[Abb.I.66** Fingerring • 15. Jhdt • Gold (Kat. II.3.1.5) – *Rechts:* **[Abb.I.67** Fingerring mit Bergkristall • 15. Jhdt • Bronze, vergoldet (Kat.II.3.1.6)

Links: **[Abb.I.69** Siegelring • 14./15. Jhdt • Bronze, vergoldet (Kat. II.3.1.8) – *Rechts:* **[Abb.I.68** Fingerring mit Hessonit • 2. Hälfte 15. Jhdt • Gold (Kat. II.3.1.7)

151

[Abb.I.74 Beschläge eines Gürtels • 1420/40 • Silber, gegossen, graviert (Kat. II.3.1.11). – Vgl. Detail in Abb. I.75.

[Abb.I.71 Rittergürtel • 1420/40 • Beschläge und Schnalle: Silber, teils vergoldet, getrieben, gegossen, graviert (Kat. II.3.1.9). – Vgl. Abb. I.72.

[Abb.I.72 Beschläge des Rittergürtels • 1420/40 • Silber, teils vergoldet, graviert (Kat. II.3.1.9) – Vgl. Abb. I.71.

[**Abb.I.75** Beschlag der Riemenzunge: Falknerin • 1420/40 • Silber, gegossen, graviert (Kat. II.3.1.11). – Detail von Abb.I.74.

[**Abb.I.73** Gürtelschnalle mit Minuskelbuchstaben • Anfang 15. Jhdt • Bronze (Kat.II.3.1.10)

Oben: **[Abb.I.79** Gründung des ›Bundes an der Etsch‹ • 1407 • Pergament-Urkunde mit 51 abhängenden Siegeln (Kat. II.4.2). – Vgl. Abb. I.80.
Unten: **[Abb.I.80** Ain Puntnus der Lanntschaft an der Etsch • 1407 • Rückseite, mit In dorso-Vermerken, der Pergament-Urkunde [Abb.I.79]

◀ **[Abb.I.92** Spruchbrief Herzog Friedrichs IV. von Österreich • 1411 • Pergament-Urkunde mit abhängendem Siegel des Herzogs (Kat.III.2.3)

▼ **[Abb.I.93** Spruchbrief zugunsten Oswalds von Wolkenstein • 1413 • Pergament-Urkunde mit abhängenden Siegeln vom Neustifter Propst, vom Brixener Domdechanten und von einem Brixener Chorherren (Kat. III.2.4)

[Abb.I.89] STIFTERFIGUR: OTTO VON MACHLAND • Um 1500/1515 • Marmor, gefasst (Kat.II.2.5)

[Abb.I.88 Stifter-Bildnisstein: Oswald von Wolkenstein • 1408 • Marmor (Kat.II.2.4)

[Abb.I.101] Legende Herzog Heinrichs des Löwen von Braunschweig · 3.Viertel 15. Jhdt · Bildteppich (Kat.II.6.1)

[Abb.I.96] Junges Paar • Um 1510 • Bildteppich (Kat.II.5.1)

[Abb.I.119] Mariae Verkündigung und Heimsuchung sowie Christi Geburt • Neustift, 1469 • *Stundenbuch* (Kat.II.7.5)

[Abb.I.117] Die heiligen drei Könige huldigen dem Christus-Kind
14./15. Jhdt • *Speculum humanae salvationis* (Kat.II.7.3)

[Abb.I.116] Die Krönung Mariens im Himmel • 14. Jhdt • *Speculum iudicale* (Kat.II.7.2)

[Abb.I.118] Der reiche Fischfang • Neustift, 1442 • *Graduale* (Kat.II.7.4)

[Abb.I.122] Oswalds von Wolkenstein Bestellung zum kaiserlichen Beschützer des Klosters Neustift • 1434 • Pergament-Urkunde (Kat.II.7.8)

[Abb.I.123] Siegel Oswalds von Wolkenstein • 1434 • Abhängend an Pergament-Urkunde [Abb.I.122]

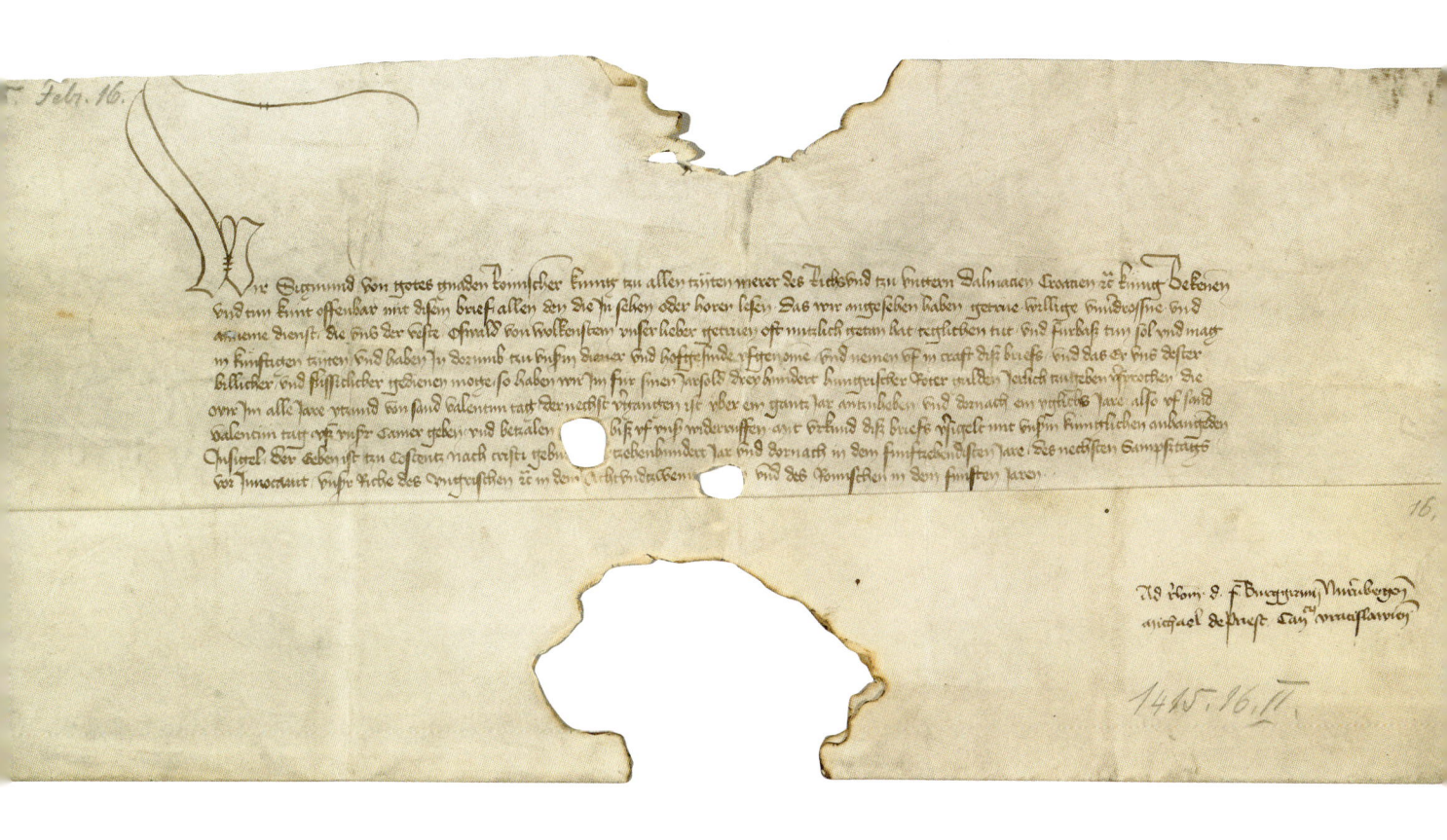

[Abb.I.126] Oswalds von Wolkenstein Bestellung zum Diener des Königs • 1415 • Pergament-Urkunde (Kat.III.3.1)

[Abb.I.129] Gulden • Ungarn, 1402–1437 • Gold; Vorderseite (Kat.III.3.3)   [Abb.I.130] Gulden • Ungarn, 1402–1437 • Gold; Rückseite (Kat.III.3.3)

[Abb.I.127] DENAR • Ungarn, 1390–1427 • Silber; Vorderseite (Kat.III.3.2)

[Abb.I.128] DENAR • Ungarn, 1390–1427 • Silber; Rückseite (Kat.III.3.2)

[Abb.I.131] DUKATEN • Ungarn, 1427–1430 • Silber; Vorderseite (Kat.III.3.4)

[Abb.I.132] DUKATEN • Ungarn, 1427–1430 • Silber; Rückseite (Kat. III.3.4)

[Abb.I.137] REICHSAPFEL • 2. Hälfte 14. Jhdt • Silber, vergoldet (Kat. III.3.6)

Links: [Abb.I.134] Arnold van Boemel: DOPPELTES MAJESTÄTSSIEGEL KÖNIG SIGMUNDS ALS KAISER • 1417/19 • Wachs; Vorderseite (Kat.III.3.5)
Rechts: [Abb.I.135] Arnold van Boemel: DOPPELTES MAJESTÄTSSIEGEL KÖNIG SIGMUNDS ALS KAISER • 1417/19 • Wachs; Rückseite (Kat.III.3.5)

[Abb.I.138] Anonymus: Sigismundus Imperator • Um 1453/57 • Tempera auf Holz (Kat.III.3.7)

[Abb.I.139] Albrecht Dürer: Sigismvndvs Imperator • 1514 • Öl auf Lindenholz (Kat.III.3.8)

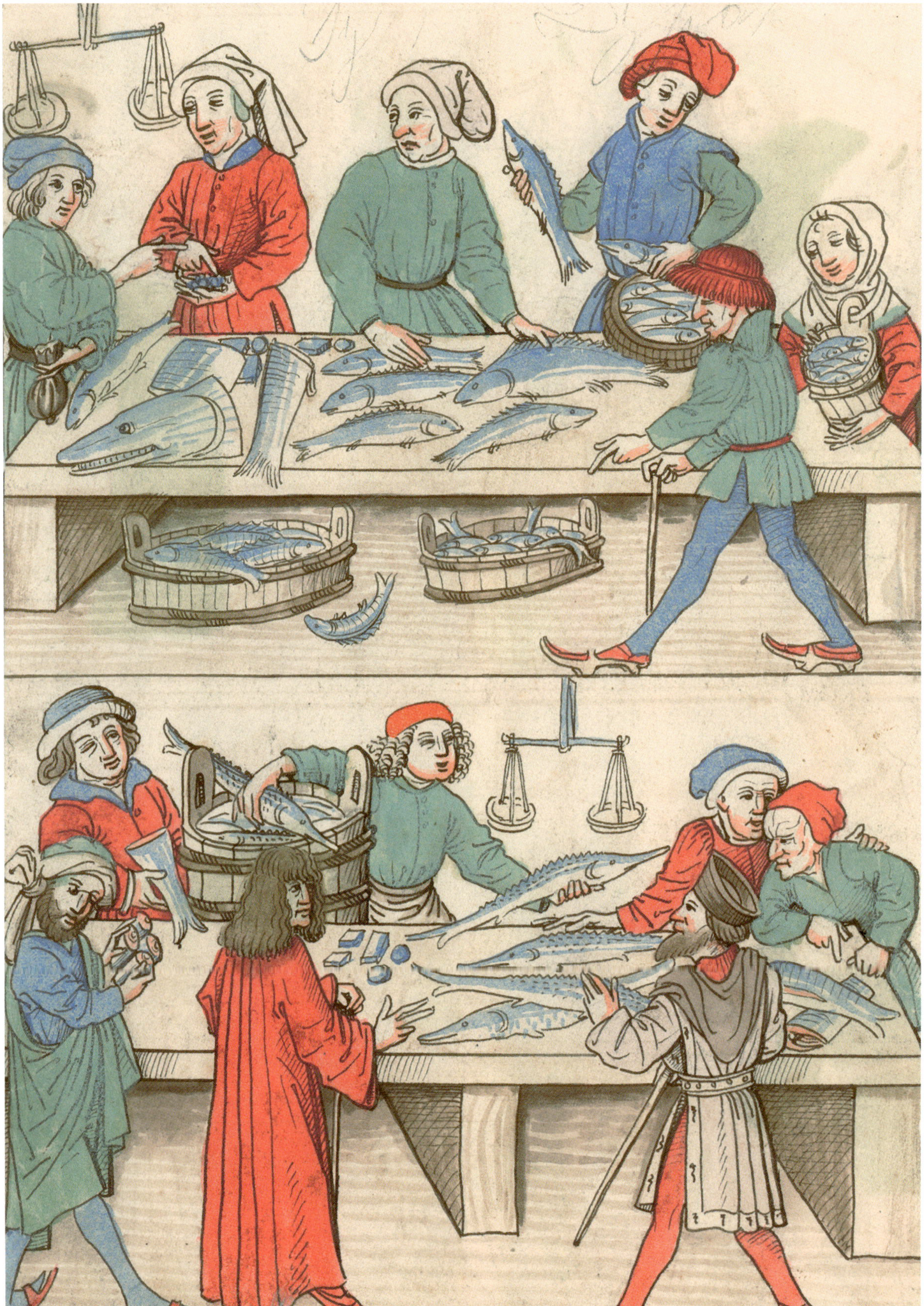

[**Abb.I.147**] Bei der Belehnung des Pfalzgrafen Ludwig III.: Oswald von Wolkenstein als Teilnehmer • Um 1465 • Kolorierte Federzeichnung in Ulrich Richental: *Chronik des Konstanzer Konzils* (Kat.III.3.10). – Untere Federzeichnung, zweiter von links: Oswald von Wolkenstein.

◄ [**Abb.I.142**] Auf dem Fischmarkt in Konstanz: Oswald von Wolkenstein als Fischkäufer • Um 1470 • Kolorierte Federzeichnung in Ulrich Richental: *Chronik des Konstanzer Konzils* (Kat.III.3.9). – Untere Federzeichnung, links oben: Oswald von Wolkenstein (vgl. Abb.I.141)

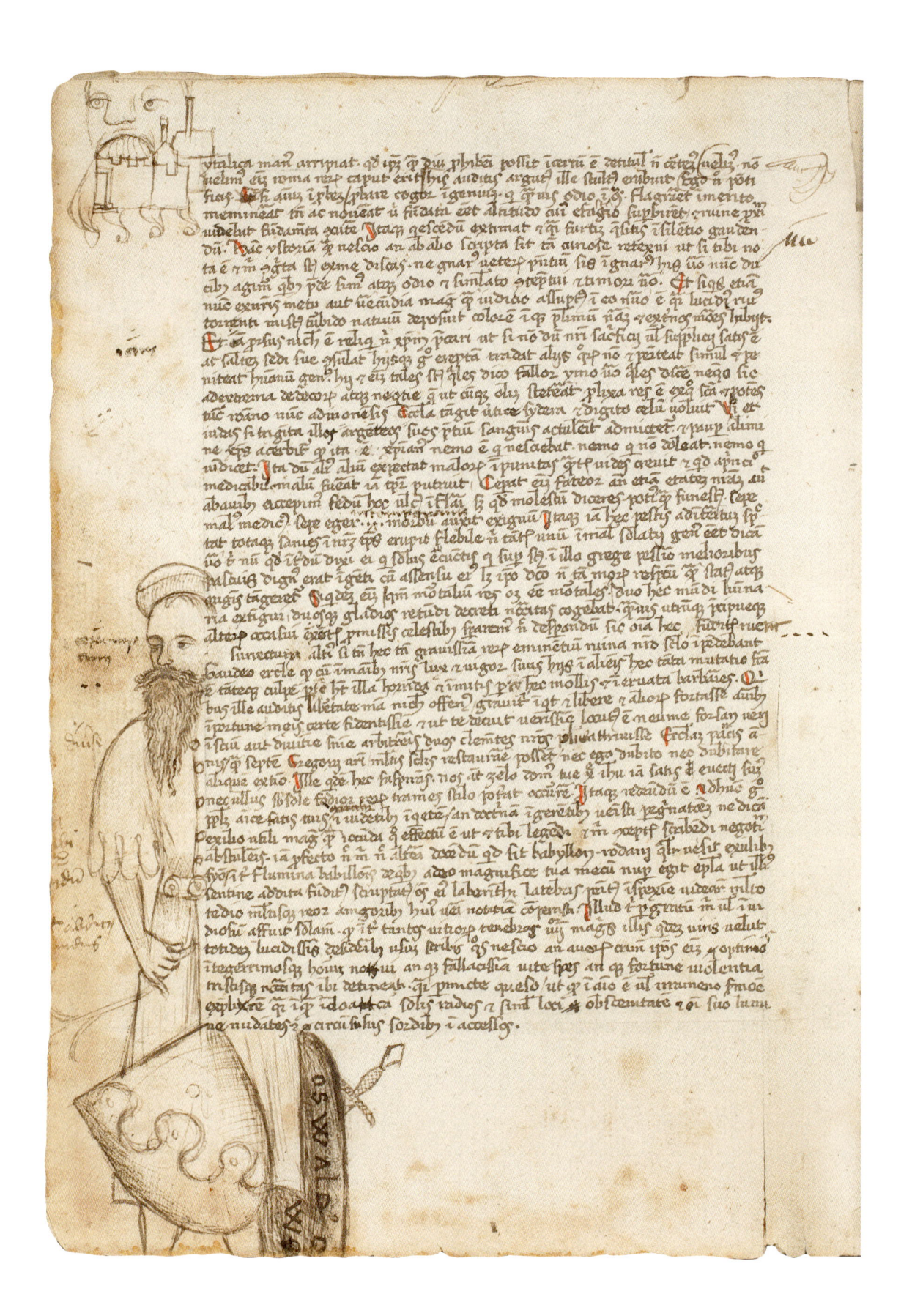

[Abb. I.172] OSWALD VON WOLKENSTEIN · 1421/1422 · Federzeichnung in brauner Tinte (Kat. II.3.2.4)

[Abb.I.173] Herzog Friedrich IV. und Hans Wilhelm von Mülinen im Schutz Mariens • 1427 • Stifter- und Votivbild; Öl auf Holz (Kat.II.3.2.5)

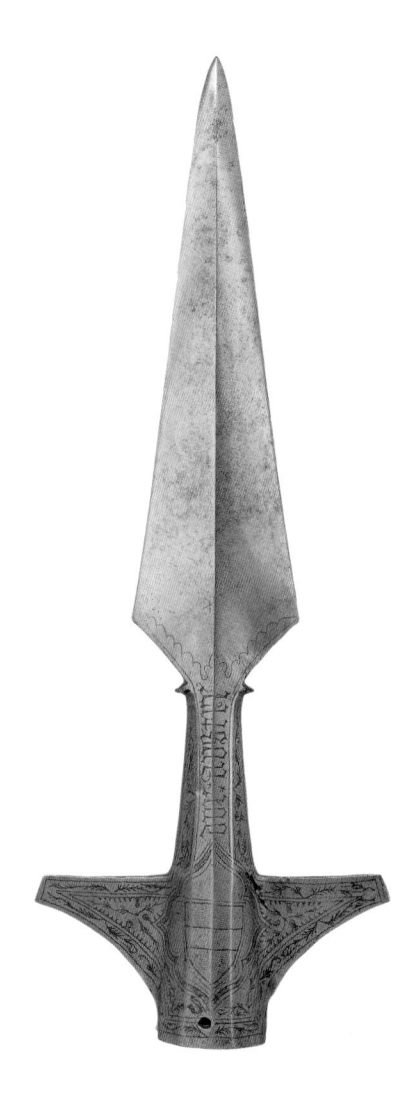

[Abb.I.182 Jagdspiess Herzog Friedrichs IV. • Süddtld, um 1420/1430 • Eisen (Kat.II.4.5)

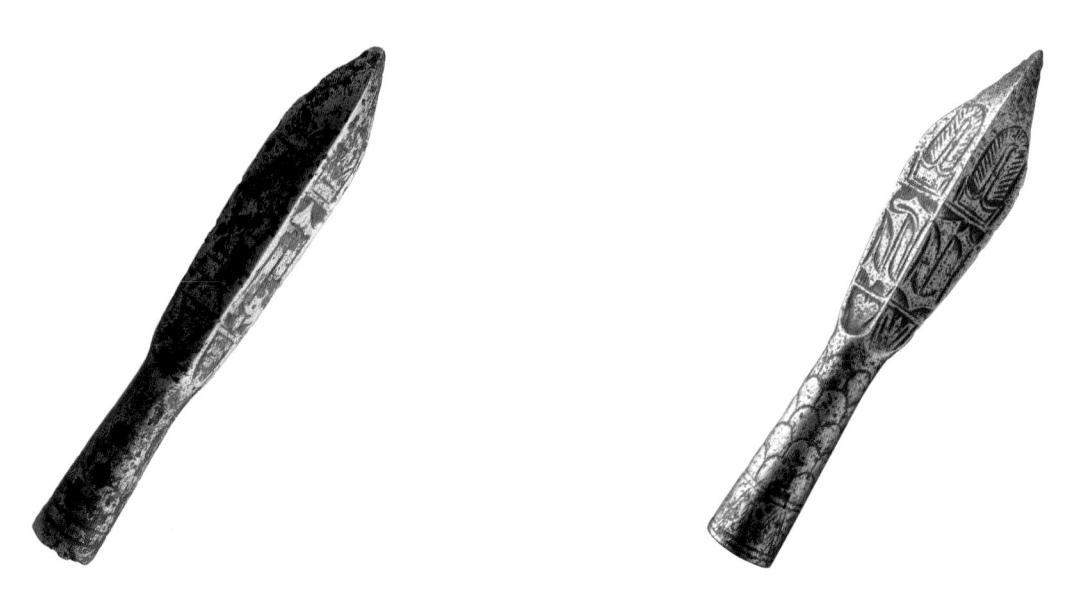

[Abb.I.180 Armbrust-Pfeilspitze • Ungarn, 15. Jhdt • Stahl (Kat.II.4.3)

[Abb.I.181 Armbrust-Pfeilspitze • Ungarn, 15. Jhdt • Stahl (Kat.II.4.4)

[**Abb.I.183**] Oswald von Wolkenstein in Rüstung um 1410
2011 · Rekonstruktion; Eisen (Kat.II.4.6)

[**Abb.I.184**] Oswald von Wolkenstein in Rüstung um 1423/1427
2011 · Rekonstruktion; Eisen (Kat.II.4.7)

[**Abb.I.206**] Giovanni Francesco Capodilista zu Pferde • Basel (?), 1434/35 • Tempera auf Pergament; in: Capodilista-Codex (Kat.III.3.18). – Auf der aragonesischen Ordensstola: Sigmunds Drachenorden am Flammenkreuz und der aragonesische Kannenorden.

[**Abb.I.205**] Oswald von Wolkenstein • Basel, 1432 • Ölmalerei mit Goldauflagen; Vorsatzblatt im Rodenegg-Innsbrucker Liederbuch (Kat. IV.1.2) Auf der aragonesischen Ordensstola: Sigmunds Drachenorden am Flammenkreuz und der aragonesische Kannenorden; um den Hals: Der aragonesische Ritterorden von der Kanne, den Lilien und dem Greifen. ▶

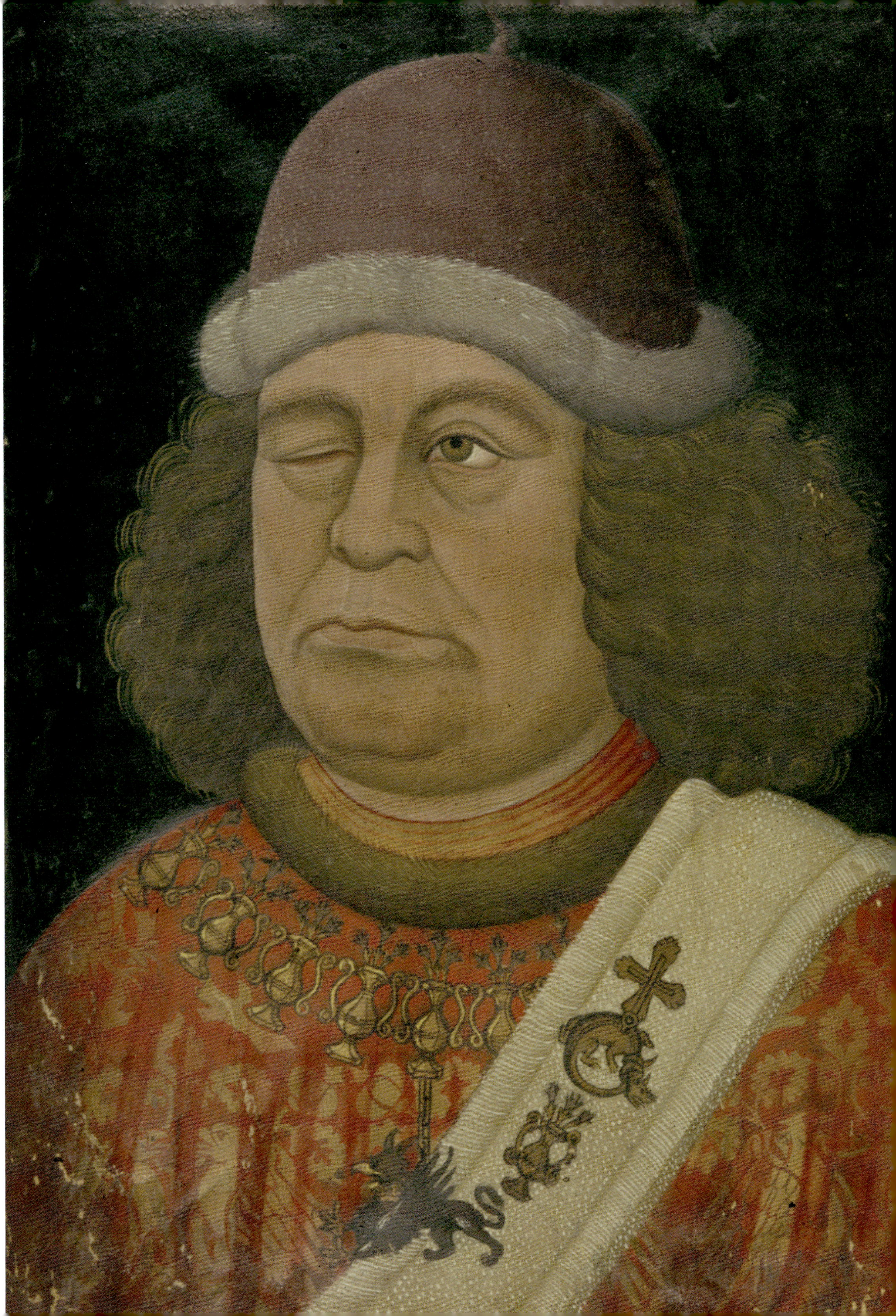

Links: **[Abb.I.215]** Schule des Giovanni di Paolo: Die Krönung Kaiser Sigmunds durch Papst Eugen IV. • Siena, 1433 • Tempera und Gold auf Holz (Kat.III.3.21). – *Vor* der Restaurierung 2010.

Rechts: **[Abb.I.216]** Schule des Giovanni di Paolo: Die Krönung Kaiser Sigmunds durch Papst Eugen IV. • Siena, 1433 • Tempera und Gold auf Holz (Kat.III.3.21). – *Nach* der Restaurierung 2010.

Links: **[Abb.I.218]** Hans Multscher: Sigmund von Luxemburg als König von Ungarn • Ulm, 1427/30 • Steinabguß (Kat.III.3.22). – Phantasiebildnis.

Rechts: **[Abb.I.219]** Hans Multscher: Sigmund von Luxemburg als König von Böhmen • Ulm, 1427/30 • Steinabguß (Kat.III.3.23). – Porträt des Königs mit Kronreif über typischer hochgeklappter Pelzkappe [vgl. Abb.I.138].

[Abb.I.204] Aquamanile in Gestalt eines Löwen • Nürnberg, um 1400 • Gelbguß (Kat.III.3.17)

[Abb.I.224] Matthias Burg(k)lechner: Herzog Friedrich IV. mit seinem Sohn Sigmund • Um 1608 • Farbig lavierte Tuschfederzeichnung in: *Des Tirolischen Adlers erster Theil.* 2.Abtheilung. Fol. 254 recto (Kat.III.7.1)

[Abb.I.228] Anonymus: Kaiser Friedrich III. und Eleonore von Portugal • Anfang 16. Jhdt • Öl auf Leinwand (Kat.III.7.4). – Der Kaiser ist wie Oswald von Wolkenstein [vgl. Abb. I.205] Träger des aragonesischen Kannenordens.

Links: **[Abb.I.235** Hakenbüchsenlauf • Mitte bis 2. Hälfte 15. Jhdt • Eisen (Kat.II.3.3.6); *Rechts:* **[Abb.I.233** Brandbolzen • Österreich, 15. Jhdt • Eisen, Holz, Leinensäckchen mit Brandsatz (Kat.II.3.3.4)

[Abb.I.234] HANDGRANATEN • Passau, 15. Jhdt • Ton (Kat.II.3.3.5)

[Abb.I.250] Anonymus: Votivtafel des Jörg von Pottendorf · Um 1467 · Öl und Tempera auf Fichtenholz (Kat.II.8.5)

Oben: **[Abb.I.247]** Marx Sittich Freiherr von Wolkenstein-Trostburg: Oswalds von Wolkenstein Grabstein • 1615/19 • Federzeichnung (Kat.II.8.4)

Unten: **[Abb.I.249]** Oswalds von Wolkenstein Grabstein • 1615/18 • Miniatur in Stammbaum (Kat.II.8.4)

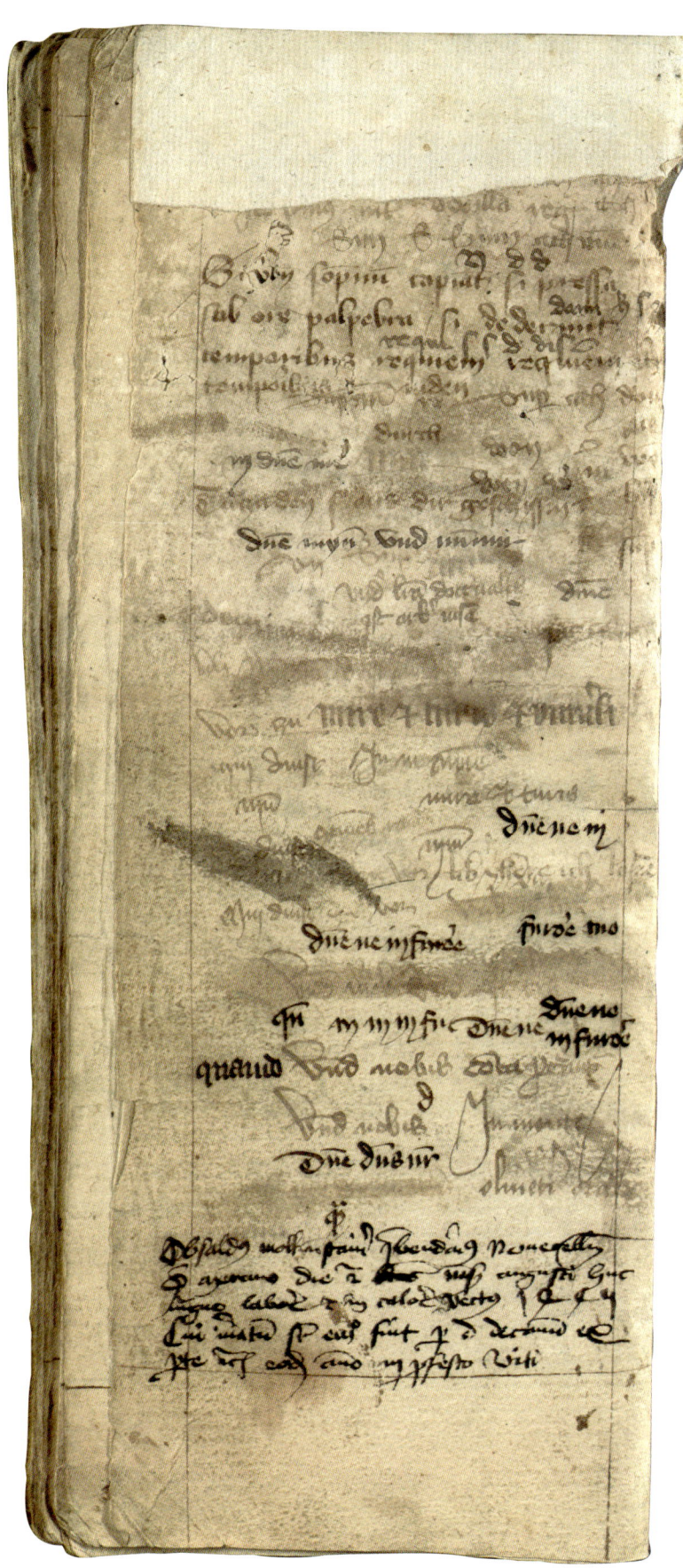

[Abb.I.246] Eintrag: Oswalds von Wolkenstein Tod in Meran und Überführung nach Neustift
Nach 1445 Aug. 2 · Neustifter-Innsbrucker Spielhandschrift von 1391 (Kat.II.8.3)

Epilog zum Streit mit Hans von Vilanders (1422 – 1465)

1440 Jan. 8	In Brixen erklären sich Oswald von Wolkenstein und Hans von Vilanders zu einem gütlichen Schiedsverfahren vor dem Brixener Bischof Georg I. Stubier bereit – das ohne Ergebnis bleibt (LZ 298).
1440 Juli 9	Bischof Georg I. Stubier und der Hauptmann an der Etsch, Vogt Ulrich von Matsch, schreiben an Oswald von Wolkenstein und an dessen Sohn, Oswald d.J., wegen deren anhaltendem Streit mit Hans von Vilanders (LZ 304).
1440 Okt. 27	Oswald von Wolkenstein d.J. fordert Hans von Vilanders auf, er solle endlich die alten Schulden (samt Zinsen seit Mai 1427) an seinen Vater zurückzahlen (LZ 307).
1441 Febr. 14	Oswalds von Wolkenstein Söhne, Oswald d.J. und Gotthard, fordern Hans von Vilanders ultimativ auf, seine Schulden (samt Zinsen) unverzüglich zu begleichen (LZ 309).
1443 Febr. 18	Auf Intervention von Oswald von Wolkenstein d.J. fordert der Brixener Bischof Georg I. Stubier den Hans von Vilanders zur Bezahlung alter Schulden auf.
1444 Nov. 4	Oswald von Wolkenstein nutzt seine Machtposition und Führungsrolle in der ›Landschaft‹ und Landespolitik, um Hans von Vilanders wegen *ain Sum gelts und Ettleich brieff* (von 1422) vom Hauptmann an der Etsch, Vogt Ulrich von Matsch, und vom *gesworen Rat zu Meran* eine energische Vorladung zukommen zu lassen.
1447 / 1448	Der erst 1446 (ein Jahr nach Oswalds von Wolkenstein Tod) aus der Vormundschaft entlassene Herzog Sigmund greift auf Intervention von Oswald von Wolkenstein d.J. die immer noch nicht erfolgte Rückgabe der restlichen Schadlosstellungen auf und lädt Hans von Vilanders deshalb mehrfach vor.
1465 Sept. 9	Oswald von Wolkenstein d.J. bezahlt 1000 Gulden und erhält dafür die Bürgschaftsbriefe von 1422, die auf 6000 Gulden lauteten, von Herzog Sigmund aus dem herzoglichen Archiv ausgefolgt.

III. AUFSTIEGSVERSUCHE DES ZWEITGEBORENEN

III.2 Der Wolkenstainer als ain erber Gotshawsman ze Brichsen

IM DIENST DES BISCHOFS VON BRIXEN 〉〉〉〉〉〉〉〉〉〉〉〉〉〉〉〉〉〉〉〉〉〉〉〉〉〉〉〉 1429 – 1437

Ulrich Putsch *(vgl. Abb. I.199)*:
Entstammte einer ratsfähigen Donauwörther Bürgerfamilie und war ab 1376 Stadtschreiber in seiner Heimatstadt. Als öffentlicher Notar wirkte er für die Zisterzienserabtei Kaisheim und das damit verbundene Kloster Stams im Oberinntal. Ab 1407 in Diensten Herzog Friedrichs IV. von Österreich: Als geschworener Kanzleinotar und -schreiber, ab 1412 als dessen Sekretär, ab 1413 als herzoglicher Kanzler, Rat und Diener. Erlangte 1411 die Pfarre von Tisens; 1412 wurde er Erzpriester auf Schloß Tyrol (und der Pfarre Meran). Inhaber des Trientner (1412) und Brixener (1414) Kanonikats. Ab 1412 päpstlicher Kollektor in den Diözesen Brixen, Trient, Chur und Konstanz; ab 1416 Archipresbyter im Vinschgau. Der Herzog beauftragte ihn 1419 mit der Aufsicht über den Tiroler Bergbau. Die Anhäufung von Pfründen und Ämtern und deren Erträge erlaubten ihm 1421 den Kauf der Brunnenburg am Fuße von Schloß Tyrol.

Nach dem Tod († 1427) des Brixener Bischofs Berthold I. von Bückelsburg betrieb Herzog Friedrich IV. im Nov. 1427 die Wahl seines Günstlings zum Bischof von Brixen, aber als Bischof Ulrich II. Putsch wurde er sowohl vom Papst als auch vom Salzburger Erzbischof lange Zeit nicht anerkannt.

[Abb.I.199] GRABSTEIN DES BRIXENER BISCHOFS ULRICH II. PUTSCH • 1437
Vorhalle des Brixener Domes (Foto: Hubert Walder). – Inschrift: *hie leit Bischof vlreich, dem dicz pild geleich.*

Der energische Jurist, Verwaltungsfachmann und Politiker legte sich nach Amtsantritt sofort mit Bischof Alexander von Trient (u.a. wegen der Vogtei über das Nonnenkloster Sonnenburg) an – und v.a. mit seinem Domkapitel (vertreten durch den Dompropst, Andreas Kobrill), mit Amtsträgern des Hochstiftes (vertreten durch Magister Heinrich Seldenhorn; vgl. Kl. 26,104) und mit Adeligen des Hochstiftes (vertreten durch Oswald von Wolkenstein), die sich allesamt um dessen Wahlversprechen betrogen fühlten (möglicherweise der

Grund für Oswalds von Wolkenstein Klage gegen den Freischöffen Ulrich Putsch; vgl. III.5.2).

Über die Eskalation des Zwistes vom 18. Okt. 1429 bis zum Putsch gegen Putsch am 30./31. Okt. 1429 sind wir anhand des lateinischen *Diariums* des Ulrich Putsch – wenn auch aus dessen sehr subjektiver Perspektive – relativ gut unterrichtet:

Stett still, es ist nimmer als vor!

III.2.5; Abb. I.200, S. 187

(Ulrich Putsch:) *Diarium Reverendissimi Domini Episcopi Udalrici. De Anno 1427, usque ad Annum 1437*
Autograph; 39 Blätter, Papier, 21,5 x 15,5 cm; Pergament-Umschlag mit Aufschrift des 17. Jhdts (s.o.)
Fol. 1 recto: *Acta [...] per Udalricum episcopum Brixinensem [...] propria manu conscripta* (15. Jhdt)
Bozen, Staatsarchiv, Bischöfliches Archiv Brixen: Lade 3, Nr 1, lit. C, Cod. 2
[Schwob: *Lebenszeugnisse*. Nr 199]

In seinem *Diarium* berichtete der Brixener Bischof Ulrich II. Putsch – ohne dabei mit ganz persönlichen Invektiven gegen seine Widersacher sparend und das eigene Verhalten sehr subjektiv verteidigend – über seinen Streit mit seinem Domkapitel sowie mit Amtsträgern und Adeligen des Hochstiftes (fol. 8 recto – 10 recto):

Die aufgebrachten Brixener Kanoniker hätten sich am 18. Okt. 1429, auf seine Einladung hin, in die bischöfliche Burg zu Verhandlungen begeben, in deren Verlauf er ihnen Rechtsauskunft gegeben und ›brüderlich‹ angeboten habe, den Zwist beizulegen und sich freundschaftlich miteinander zu vertragen.

Dennoch hätten sie ihn am 28. Okt. zur Versammlung des Domkapitels ins Spital zum Heiligen Kreuz vorgeladen und ihm einen Vertragsentwurf zur Unterschrift vorgelegt, den er wegen entehrender Unterstellungen und Forderungen ablehnen mußte.

Die Zeit bis zur Vorlage des von ihm erbetenen neuen, akzeptableren Vertragsentwurfes nutzten jedoch der Dompropst, Andreas Kobrill, Magister Heinrich Seldenhorn und Oswald von Wolkenstein zur Reise an den herzoglichen Hof in Innsbruck, um mit ihren denunziatorischen Reden Herzog Friedrichs IV. Einwilligung zu seiner Gefangennahme zu erwirken.

Mit 32 *scabini* (Freischöffen) gelangte diese Delegation am 30. Okt. nach Sterzing und beriet dort einen Anschlag gegen ihren Bischof – obwohl alle drei dem obersten Geistlichen des Bistums zu treuen Diensten verpflichtet waren (Oswald von Wolkenstein sogar doppelt:

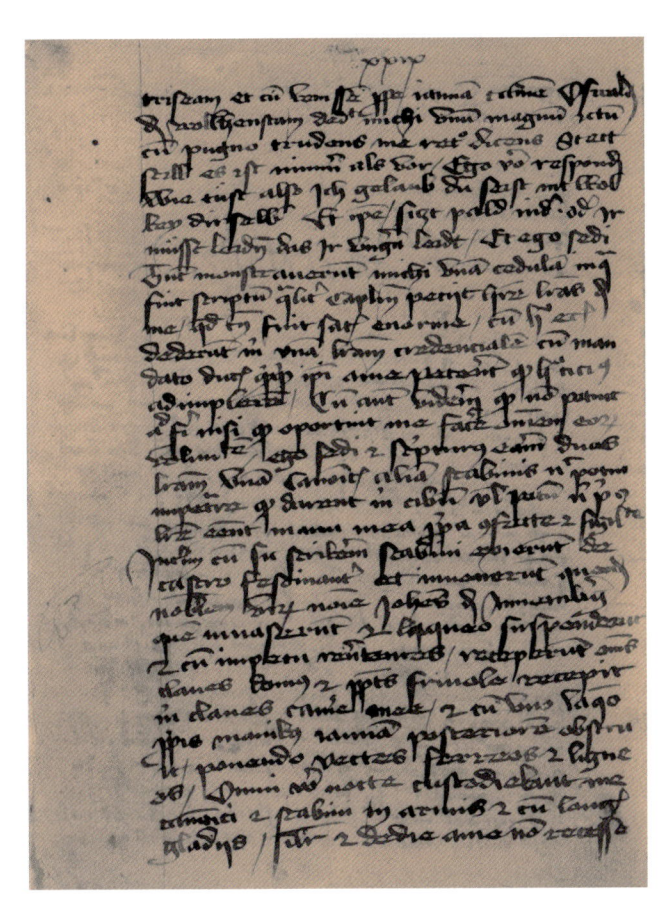

[Abb.I.200] Ulrich Putsch: *DIARIUM 1427 – 1437* • 1437 • Autograph (Kat. III.2.5). – Fol. 9 verso: Dialog mit Oswald von Wolkenstein.

Als Lehnsmann auf der fürstbischöflichen Burg Hauenstein und als *gotshawsman ze Brichsen*).

Am 30. Okt. baten die Kanoniker um eine neuerliche Zusammenkunft mit dem ahnungslosen Bischof und wurden folglich von ihm dazu eingeladen. Heinrich Seldenhorn bildete mit einem Begleiter die Vorhut – und öffnete den *scabini* sowie dem Dompropst und Oswald von Wolkenstein das Tor zum Betreten der bischöflichen Burg.

Nach der freundlichen Begrüßung der ›Dreierbande‹ wollte der Bischof die Herren zu einem Glas Malvasier in sein Zimmer geleiten, doch bereits an der Tür versetzte ihm Oswald von Wolkenstein – nach des Bischofs Worten ein gewalttätiger, respektloser, rachsüchtiger Adeliger mit allerschlechtesten Manieren – einen groben Fausthieb und forderte ihn (wörtlich, fol. 9 verso; vgl. Abb. I.200) auf:

Stett still, es ist nimmer als vor!
Der Bischof erwiderte daraufhin:
Wie tuest also? Ich gelaub, du seist nit wol bey dir selber.
Oswald von Wolkenstein:
Siczt pald nider, oder Jr muesst leiden, das Jr vngern leidt!

Von Oswalds von Wolkenstein Attacke und Drohungen eingeschüchtert, nahm der völlig überrumpelte Bischof sofort Platz – und einen wiederum für ihn unakzeptablen Vertragsentwurf samt des Herzogs schriftlichen Befehl entgegen, alle Forderungen seines Domkapitels unverzüglich zu erfüllen.

Um ihm diese ›Verschreibung‹ abnötigen zu können, verweigerten ihm die Putschisten nicht nur Speis und Trank, sondern entrissen ihm sämtliche Schlüssel der bischöflichen Burg, verriegelten alle Türen und hielten ihn, mit Unterstützung der schwerbewaffneten *scabini*, die Nacht und den folgenden Tag über in Gewahrsam.

Um ihm richtig in Angst und Schrecken versetzen zu können, durchstreifte ein Trupp der 32 Tiroler Schöffen (darunter auch Oswalds von Wolkenstein Diener Eitel Volmar; vgl. III.5.2), angeführt von Jakob Trautson, die nähere Umgebung der Hofburg und statuierte ein Exempel – indem der Freischöffe Hans von Annenberg aufgegriffen und kurzerhand erhängt wurde.

Diese total abschreckende, äußerst unangemessene und verabscheuenswürdige Tat ließ den Freischöffen Ulrich Putsch keinen Augenblick mehr zögern, den Kanonikern und den Freischöffen am 31. Okt. 1429 eigenhändig geschriebene und gesiegelte (aber diktierte) Urkunden auszustellen, in denen er versprechen mußte, seine Wahlversprechen vom Herbst 1427 künftig zu halten – und wegen dieser ›Verschreibung‹ keinerlei Vergeltungsmaßnahmen zu planen.

Nach neun Tagen und Nächten ließen die Putschisten den Brixener Bischof auf Druck des Herzogs wieder frei – der die streitenden Parteien am 16. Nov. 1429 zu einem Vergleich zwang, den der Bischof nicht akzeptierte.

Anfang 1430 wurde Ulrich Putsch jedoch wieder in seine Rechte als Brixener Bischof eingesetzt, was Oswald von Wolkenstein mit großer Enttäuschung zur Kenntnis nehmen mußte:

Von trauren möcht ich werden taub,
seid das der vorder winderklaub
herwider hat behauset sich
auff seinen alten sitz.
Der ist so nahent bei der tür [von Hauenstein]
gelegen, mir durch mangen spür,
des ich mag klain erfreuen mich.
[...]
Nu mir der pawer [s.o.] *ist gevar,*
und auch gen Brixsen nicht wol tar,
dorumb das ich erzürnet han
ain klainen ungenant [Ulrich Putsch]
mit ainem smalen widerdrieß [Faustschlag!],

den ich bot dem geraden füß,
so reut mich klain, wes ich dem gan,
der mir den schimpf [Scherz!] *da wandt.*
Der fräveliche schlupf
dem risen [Ulrich Putsch] *wer geweret,*
den er zu seiner metzen tut
und alle gassen keret
mit ainem mantel.
[...]
Noli me tangere!
Laich mich nicht, perzli Üli [Ulrich Putsch]*!*
Was sich nicht wol gelimpfen mag,
das richt man auff ain stüli [Richterstuhl]*,*
schon mit der neuen hand beluckt
nach welischer vernufft [nach römischem Recht]*.*
(Kl.104,1/7; 22/33; 49/54)

Das *trauren* Oswalds von Wolkenstein hatte jedoch ganz andere Gründe als der ihm auf die Pelle gerückte Winderklaub-Bauer:

Durch seine Mitwirkung beim Brixener Putsch gegen einen Freischöffen sowie durch die Mitwirkung seines Dieners Eitel Volmar beim Erhängen des Freischöffen Hans von Annenberg hatte er sich bei den westfälischen Freigrafen zwiefachen Diskredit eingehandelt – weshalb wohl Hans von Vilanders der Ladung (vgl. III.5.3) gar nicht mehr Folge leistete, denn das Auftauchen von richtenden Freischöffen war nach diesem ›Zwischenfall‹ in Brixen am 31. Okt. 1429 vorerst in Tirol nicht mehr zu befürchten!

Seine überaktive Einmischung in den internen Streit zwischen Domkapitel und Bischof wegen Einhaltung von Wahlkapitulationen und seine Parteinahme für die Gegner des Bischofs zahlte sich für ihn nicht aus – im Gegenteil: Er hatte damit sowohl den mit großem Aufwand an Zeit und Geld in die Wege geleiteten Femeprozeß gegen Hans von Vilanders vermasselt als auch für längere Zeit die Gunst seines Lehens- und Dienstherrn in Brixen verspielt.

Nachdem sein Bruder, Michael von Wolkenstein, am 31. März 1430 Jakob Trautson, den Anführer der Mörder seines Freundes Hans von Annenberg, im Zweikampf erschlagen hatte, mußten alle Wolkenstein-Brüder eine zentnerschwer auf ihnen lastende Hypothek abtragen – entstanden aus internen Hochstiftsangelegenheiten von Brixener Kanonikern.

Wir wellen ernstleich, daz du den Maister Petern ze stund ledig lassest

III.2.6; Abb. I.201, S. 189

Innsbruck, 1435 Juni 24
(In dorso:) *Ain gescháfft brieff auff H(er)r Oswald(e)n wolkenstain*
Orig.urkunde; Papier, 21,5 x 31,5 cm
Nürnberg, Germanisches Nationalmuseum, Historisches Archiv, Familie Wolkenstein-Rodenegg: Fasz. 13 (WA 29)
[Schwob: *Lebenszeugnisse.* Nr 262]

Daß zwischen Oswald von Wolkenstein und dem Brixener Bischof Ulrich II. Putsch schon aufgrund von dessen Nähe zu seinem langjährigen Widersacher, Herzog Friedrich IV. von Österreich, von Anfang an die politische Chemie nicht stimmte, ist nachvollziehbar.

Daß Oswald von Wolkenstein für sein aktives Engagement beim Putsch gegen Putsch (vgl. III.2.5) letztlich kräftig Federn lassen mußte und mit seiner Aktion das Verhältnis zu seinem Lehens- und Dienstherrn für die Zukunft kräftig belastete, die andere Seite der Medaille.

Sein Haß – wohl aus Kompensation eigener Fehlleistungen im Herbst 1429 – gegen den *klainen ungenant* (Kl.104,24) verleitete ihn sogar zu einem Lied mit dem Incipit *Ain klugen abt* (Inhaltsverzeichnis Hs.B), das *perzli Üli* (Kl.104,50) wohl in so diffamierender Weise demontiert haben muß, daß es nach Oswalds von Wolkenstein Tod (1445) von den Nachbesitzern des Rodenegg-Innsbrucker Liederbuches (Hs. B) darin (fol.35 r/v) getilgt werden mußte – denn bei diesen handelte es sich entweder um Oswalds von Wolkenstein Sohn Michael, Brixener Domherr (!), oder um seine Tochter Maria, Klarissin in Brixen und von 1473 bis 1497 Äbtissin des Meraner Klarissenklosters.

Es nimmt kaum Wunder, daß Oswald von Wolkenstein die nächstbeste Gelegenheit nutzte, seinen Unwillen gegen diesen Dienstherrn von Herzogs (*nicht* von Gottes) Gnaden abzureagieren: Nicht wieder an diesem *klainen ungenant* selbst, sondern diesmal an dessen Leibarzt, Meister Peter, den er (zusammen mit Diener und Hofgesinde) im landesfürstlichen Gerichtsbezirk Felthurns überfiel, nach Hauenstein schleppte und dort gefangen hielt.

Des Bischofs Freund, Herzog Friedrich IV., nutzte gerne diese Möglichkeit zur Rüge von Ulrichs II. Putsch Widersacher und Fehdegegner und forderte diesen auf, den gefangenen Meister Peter sofort freizulassen und sich am 12. Juli 1435 vor ihm und seinen Räten dafür zu verantworten:

Vns hat fúrbracht vnd klagt der Erwirdig vnser lieber frewnde [sic!]*, her Vlreich, Bischoue ze Brichsen, vnser Rat, wie du Im geuangen habest Maister Petern, sein Arczt, Diener und Hof-*

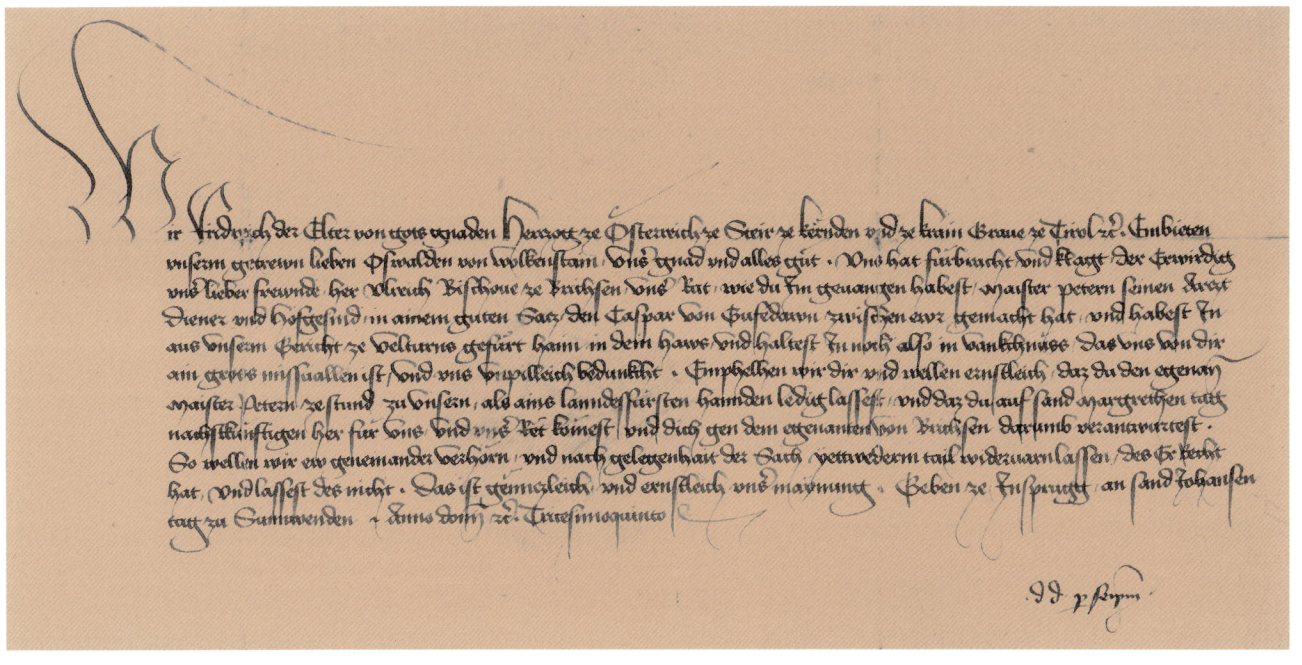

IM DIENST DES BISCHOFS VON BRIXEN 1429 – 1437 • 1435 – 1437

[Abb.I.201] AUFFORDERUNG ZUR FREILASSUNG VON MEISTER PETER, LEIBARZT DES BISCHOFS • 1435 • Papier-Urkunde (Kat.III.2.6)

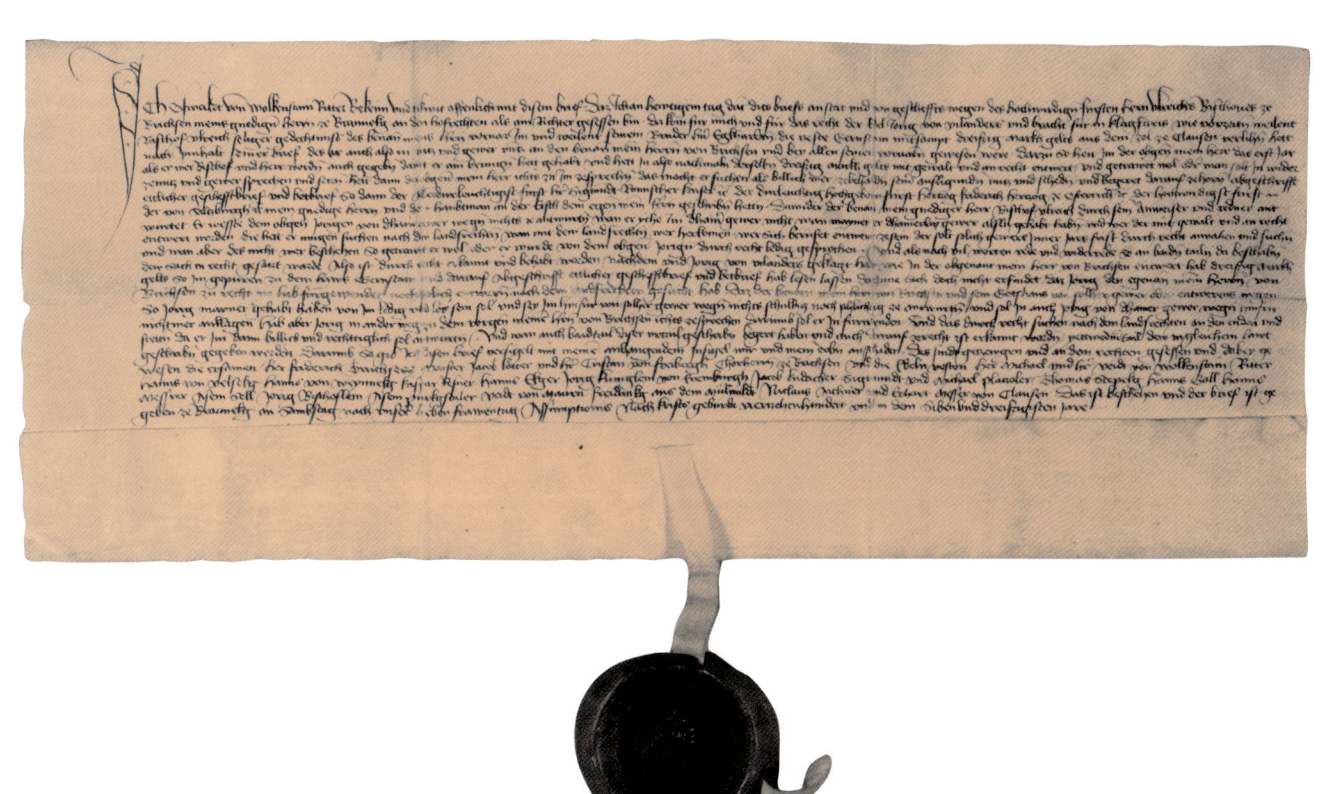

[Abb.I.202] OSWALD VON WOLKENSTEIN ALS RICHTER
1437 • Pergament-Urkunde (Kat.III.2.7)

gesind [...], und habest In aus vnserm Gericht ze Velturns gefürt haim in dein haws vnd haltest In noch also in vankchnúss, das vns von dir ain gross missuallen ist vnd vns vnpilleich bedunkcht – [Deshalb] *Emphelhen wir dir vnd wellen ernstleich, daz du den [...] Maister Petern ze stund zu vnsern als ains lanndes-fürsten hannden ledig lassest vnd daz du [...] her für vns vnd vnser Rét kómest vnd dich gen dem egenanten von Brichsen darum verantwurtest. So wellen wir ew genainander verhórn vnd nach gelegenhait der Sach yettwederm tail widveruarn lassen, das Er Recht hat.*

An stat vnd von gescheffts wegen des Bischoues ze Brichsen als Richter

III.2.7.; Abb. I.202, S. 189

Bruneck, 1437 August 17
(In dorso:) *Ain vrtailbrief wie Bischof Vlrich ledig gesprochen ist von Jorigen von Vilanders als von ain gewer wegen*

Orig.urkunde; Pergament, 14,5 x 36,7 cm; Plica, 3,8 x 36,7 cm
Siegel Oswalds von Wolkenstein; grün ø 3 cm
Bozen, Staatsarchiv, Brixener Archiv: Urk. 1488; Lade 51, Nr 9, Lit. D
[Schwob: *Lebenszeugnisse.* Nr 275]

Nicht weil die Wogen nach Oswalds von Wolkenstein Gefangennahme des bischöflichen Leibarztes (vgl. III.2.6) nach zwei Jahren wieder einigermaßen geglättet waren, sondern weil Bischof Ulrich II. auf dem Sterbebett lag († 1437 Aug. 29), leitete Oswald von Wolkenstein *an stat vnd von gescheffts wegen des hochwirdigen fúrsten, hern vlreichs, Bischoues ze Brichsen [...], ze Braunekg an dem hofrechten als ain Richter* eine Gerichtsverhandlung zur Beilegung des Streites zwischen Georg von Vilanders (Kläger) und dem Bischof (Beklagter) wegen der Burg Gernstein und den 30 Mark aus dem Zoll von Klausen (als Lohn für die Burghut), die ihm der Bischof ab dessen zweitem Regierungsjahr widerrechtlich entzogen habe.

Georgs von Vilanders Klage wurde vom Brixener Hofgericht in Bruneck jedoch abgelehnt, da dieser die entsprechende Belehnungsurkunde des Brixener Bischofs Ulrich I. (1396-1417) sowie dessen Anweisung an den Zöllner (von 1406 Juli 26) nicht beim Termin vorweisen konnte.

III. AUFSTIEGSVERSUCHE DES ZWEITGEBORENEN

III.3 Tzu vnserm diener vnd hofgesinde vfgenomen

DIENER UND RAT KÖNIG SIGMUNDS ≫≫≫≫≫≫≫≫≫≫≫≫ 1430 – 1434

Aufgrund seiner Mitwirkung beim Putsch gegen den Brixener Bischof Ulrich II. Putsch (Ende Okt. 1429; vgl. III.2.5), konnte sich Oswald von Wolkenstein *gen Brixsen nicht wol tar* [getrauen] (Kl.104, 22), sondern er mußte sich bei seinem Dienstherrn seit 1415 (vgl. III.3.1), bei König Sigmund, wieder in Erinnerung bringen.

Am 31. Juli 1430 beorderte ihn dieser mit einem königlichen Sonderauftrag von Wien zu *allen freyngrafen* nach Westfalen (vgl. III.5.4).

Ach Nüremberg! Was ich ie freuden da gesach (1430)

Ab 13. September 1430 nahm der inzwischen 53-jährige im Gefolge des Königs an der Versammlung der Reichsstände in Nürnberg (vgl. Abb. I.203) teil – wo *Oswalten Wolkenstein von de*[r] *Esz* [Etsch] *iiii q*[ua]*rt Summa* Trinkgeld von der Stadt empfing (LZ 214).

Dem König überreichten die Ratsherren zur Begrüssung einen vergoldeten Becher und boten ihm darin einen Willkommenstrunk, aus einem Aquamanile eingeschenkt.

[Abb.I.203 Hartmann Schedel / Michael Wolgemut: NÜRNBERG • 1493 • Holzschnitt (Kat.II.1.7.2). – Ansicht von Süden auf Burg und doppeltürmige Hauptkirchen St.Lorenz (links) und St.Sebald (rechts).

III.3.17; Abb. I.204, S. 178

Aquamanile in Gestalt eines Löwen. Nürnberg, um 1400
Gelbguß (rot, weiß), 35 x 30,5 cm
München, Bayerisches Nationalmuseum: MA 2484

Das figürliche Gießgerät in Gestalt eines heraldischen Löwen geht auf die Darstellung eines Fabelwesens des Imhoff-Epitaphs (um 1400) zurück und ist ein Schlüsselwerk Nürnberger Messingarbeiten des sog. ›Weichen Stils‹ um 1400.

Ursprünglich dienten Aquamanilen in Tiergestalt bei der Messe zur Handwaschung des Priesters am Altar, ab dem 14. Jhdt auch zur Reinigung der Hände an der fürstlichen oder patrizischen Tafel – wobei die bevorzugte Form seit Beginn des 12. Jhdts der Löwe war: Mit Eingußöffnung, Ausguß und mit Griff (Schwanz).

Nach vielen Monaten, geprägt *von trauren* (Kl.104,1) – und endlich mal wieder weit entfernt von seinem *herr*[n] *von Österreich* (Kl.104,77), dafür aber erneut unter dem Schutz von *Sigmund, künftiger kaiser* (Kl.19,36), der es ihm *köstlich bot* (Kl.19,166), daß er ihm nach längerer Pause wieder zu Diensten sein darf – stand Oswald von Wolkenstein *zu Nüremberg* der Sinn *für allen schimpf* [...] *mit manger lieben frauen schön* (Kl.99,1/2; 5) beim *hadern*, einer Tanzveranstaltung des Nürnberger Patriziats:

Wolauff, gesell,
wer hadern well
für ungevell,
der vleiß sich freuden ungeswacht
auf glihem dail;
der mag sein hail
wol machen gail
an alles mail,
ob er den orden [die Regeln] *wolbetracht.* (Kl.99,9/17)

Am 20. Sept. 1430 stellte König Sigmund in Nürnberg dem *Nobilis Oswaldus de volkenstein, Imperialis aule nostre familiaris fidelis dilectus* (LZ 216), einen lateinisch formulierten Geleitbrief aus, damit dieser in- und ausländische Grenzgebiete im Hinblick auf militärische Aktionen gegen die das Reich bedrohenden böhmischen Hussiten erkunden konnte.

Der verläßliche Ketzerfeind und erfahrene Hussitenkämpfer (s.o.) war bis Ende Nov. 1430 mit einem kleinen Trupp von Begleitern, mit Dienern, mit Pferden, mit Waffen und mit Gepäck unterwegs und erkundete die militärische Lage und Stimmung in den Grenzgebieten.

Nach Erfüllung dieses königlichen Sonderauftrages kehrte Oswald von Wolkenstein nach Nürnberg zurück und wurde für seine Verdienste im jahrzehntelangen Kampf gegen Heiden, Schismatiker und gegen die Hussiten in König Sigmunds 1408 gegründete *Gesellschaft des lintwurmsz* aufgenommen: Er empfing aus den Händen des Königs den am Flammenkreuz hängenden Drachenorden, den er als *Rat des allerdurchleuchtigosten Römischen künigs sigmund* (Eintrag über Inhaltsverzeichnis der Hs. B; 1432 Aug.30) tragen durfte – und den er auch voller Stolz zur Schau trug (vgl. IV.1.2; Abb. I.205, S. 175 und 191).

[Abb.I.205 OSWALD VON WOLKENSTEIN • Basel, 1432 • Ölmalerei mit Goldauflagen; Vorsatzblatt im Rodenegg-Innsbrucker Liederbuch (Kat.IV.1.2). Auf der aragonesischen Ordensstola: Sigmunds Drachenorden am Flammenkreuz und der aragonesische Kannenorden; um den Hals: Der aragonesische Ritterorden von der Kanne, den Lilien und dem Greifen.

III.3.18; Abb. I.206, S. 174 [Abb.I.40, S. 145]

Giovanni Francesco Capodilista: *De viris illustribus familiae Transelgardorum. Forzate et capitis listae.* Basel, 1434/35
Capodilista-Codex; Pergament, 40 Blätter, 28,9 x 21,5 cm (Einband: 31 x 22 cm)
Mit 26 ganzseitigen Temperabildern historischer Persönlichkeiten seiner Familie vom 8. bis zum 15. Jhdt
Padova, Biblioteca Civica: Ms. B.P.954

Aufgeschlagen (fol. 32 recto): Giovanni Francesco Capodilista zu Pferde mit König Sigmunds Drachenorden am Flammenkreuz und mit dem aragonesischen Kannenorden auf der aragonesischen Ordensstola.

Der Jurist Giovanni Francesco Capodilista (Padua) nahm als venezianischer Gesandter am Basler Konzil teil, wo er am 5. April 1434 von Kaiser Sigmund in dessen Drachenorden aufgenommen wurde, nachdem ihm schon im März der Gesandte des englischen Königs, Heinrich VI., die S-Kette des Hauses Lancaster verliehen hatte (die er um den Hals trägt).

Daß er, laut Konzilstagebuch des Paduesen Andrea Gatari, auch den aragonesischen Kannenorden samt Ordensstola am 5. April 1434 aus den Händen Kaiser Sigmunds empfangen habe, ist eher unwahrscheinlich; es dürfte sich dabei um eine Verwechslung mit der ihm von Sigmund tatsächlich verliehenen Wappenbesserung (links oben) handeln.

Frappant im Vergleich mit dem Brustbild Oswalds von Wolkenstein in der Hs. B (vgl. Abb. I.205, S. 175 und 191), das wohl nach dem 30. Aug. 1432 entstanden ist: Nicht nur die Anordnung der beiden Ordenszeichen auf der weißen Stola, sondern auch die Pellanda aus Damast oder Seide mit ähnlichem Dekor.

Ob der Maler des wohl in Basel 1434/35 entstandenen Capodilista-Codex auch Oswald von Wolkenstein für sein Ende Aug. 1432 in Basel vollendetes zweites Liederbuch (Hs. B; vgl. IV.1.2) porträtierte, bedarf noch eingehender Untersuchungen, ist aber aufgrund stilistischer Übereinstimmungen nicht ganz von der Hand zu weisen.

Lustlich freuden spil vindt man zu Costnitz manigvalt (1430 – 1431)

Am 16. Dez. 1430 (LZ 219) gehörte Oswald von Wolkenstein zu den Gesandten König Sigmunds, die von Überlingen aus dessen Schiedsspruch (vom 13. Dez.) zur Beendigung des Konstanzer Zunftaufstandes nach Konstanz überbrachten.

Nach kurzem Aufenthalt in Überlingen hielt sich Oswald von Wolkenstein vom 23. Dez. 1430 bis Mitte Jan. 1431 im Gefolge König Sigmunds im *wunnikliche*[n] *paradis zu Costnitz* (Kl.98,1/2) auf und nahm am 8. Jan. 1431 an großen Tanzfesten im Kaufhaus und im Haus der ›Gesellschaft zur Katz‹ (höchstwahrscheinlich auch als Sänger und Musiker) teil:

> *Vil zarter, engelischer weib,*
> *durchleuchtig schön, mit liechtem glanz,*
> *besessen haben meinen leib*
> *all inn der Katzen bei dem tanz.*
> *Und der ich nicht vergessen wil,*
> *das macht ir minniklich gestalt.*
> *Mit eren lustlich freuden spil*
> *vindt man zu Costnitz manigvalt.* (Kl.98,25/32)

Den zweien Volkensteiner von Tyrol X quart Summa (Nürnberg 1431)

Im Gefolge König Sigmunds nahmen Oswald von Wolkenstein und sein Bruder Michael ab 7. Febr. 1431 am Nürnberger Reichstag teil und erhielten von der Reichsstadt (vgl. Abb. I.207) ein Begrüßungsgeschenk (LZ 220).

Zusammen mit 37 hohen Würdenträgern des Reiches bezeugten *Michel vnd Oswalt vom Wolkenstein* am 25. März 1431 ein auf dem Nürnberger Reichstag als Goldene Bulle erlassenes Gesetz, das u.a. den Zusammenschluß zu Bündnissen ohne vorherige Zustimmung des Reiches verbot (LZ 221).

Am 14. April 1431 fungierte Oswald von Wolkenstein als frischgebackener Träger des Drachenordens erstmals als Beisitzer und Zeuge bei einer Versammlung von Mitgliedern des Drachenordens in Nürnberg, bei der König Sigmund

[Abb. I.207] REFORMATION DER STADT NÜRNBERG • 1484 • Holzschnitt in: *Reformation der Stadt Nürnberg*. Nürnberg: Anton Koberger 1484 (Archiv ARTeFACT)

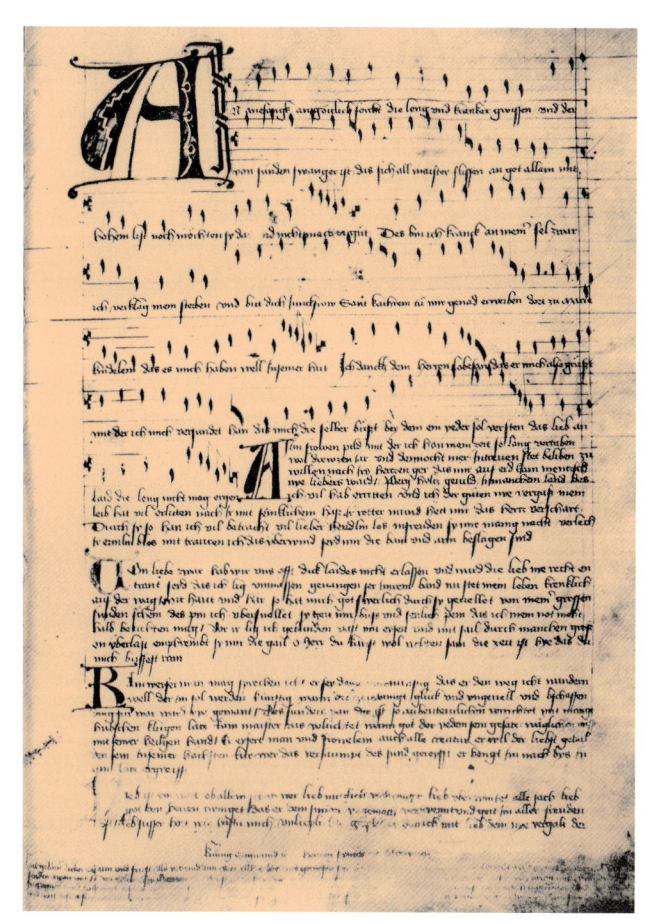

[Abb. I.208] BEGLAUBIGUNGSSCHREIBEN DES KÖNIGS FÜR OSWALD VON WOLKENSTEIN • 1431 • Eintrag auf fol. 1 recto (unten) der im Aug. 1431 begonnenen Niederschrift der Rodenegg-Innsbrucker Liederhandschrift (Kat.IV.1.2)

seinen Hofrichter, Heinrich von Plauen, Burggraf von Meißen, nach dessen Gefangennahme des böhmischen Oberstlandkämmerers, Alesch von Sternberg, genannt von Holiče, wiederversöhnte (LZ 222).

Nach fast einjähriger Dienstzeit auf seine Burg Hauenstein zurückgekehrt, holte ihn dort (am 22. Juli 1431) die seit Herbst 1426 immer noch ungeklärte Frage der Verlängerung seiner Pflege der Görzer Burg Neuhaus auf den harten Boden Tiroler Realitäten zurück.

Nachdem er (am 3. Aug. 1431 in Lienz) das eigentliche Hindernis für die Verlängerung seiner Burghut – den Hans von Vilanders am 17. April 1422 zu treuen Händen als zusätzliche Sicherheit übergebenen Pfandbrief auf Neuhaus – durch erpreßten Rückkauf (!) aus dem Weg geräumt hatte, mußte er ›nur‹ noch versuchen, den gegen seinen Dienst beim Görzer Grafen gerichteten Punkt 2 seiner Unterwerfungsurkunde (vgl. II.4.9) zu unterlaufen: Er hetzte deshalb gleich von Lienz weiter nach Nürnberg, um seinen König dort noch antreffen zu können – der's mal wieder für seinen Diener richten mußte.

Im Gegensatz zum Febr. 1425 (s.o.) standen diesmal Oswalds von Wolkenstein Sterne günstig, um den König gegen seinen Landesherrn instrumentalisieren zu können, denn dieser hatte sich wegen seines widerrechtlichen Vorgehens gegen den Churer Bischof Johann IV. Naz, dessen Fürstenburg er durch seinen Landeshauptmann belagern und besetzen ließ, den Zorn des Königs eingehandelt, der darin ein erneutes Störmanöver des Österreichers gegen ein Konzil sah, diesmal gegen das von Sigmund im Juli 1431 einberufene Basler Konzil.

Bereits am 12. Aug. 1431 übergab ihm der König drei an Herzog Friedrich IV. von Österreich adressierte Briefe, die er als königlicher Bote dem gemeinsamen Widersacher nach Innsbruck zu überbringen hatte:

1] Sein Beglaubigungsschreiben für *den Edlen Oswalten von Wolkenstain, vnsern Rat vnd lieben getruen* (Eintrag in Hs. B, fol. 1 recto; vgl. Abb. I.208), zur Überbringung *ettlich vnser maynung* in mündlicher und schriftlicher Form (vgl. 2/3).

2] Seine Schelte wegen Friedrichs IV. Fehdehandlungen gegen seinen Günstling, den Churer Bischof, und seinen Befehl, unverzüglich von der Fürstenburg abzuziehen.

3] Seine wiederholte Aufforderung an den Herzog, *vnsern lieben getruen Oswalten von Wolkenstein in hulden zu halden vnd Im durch vnsern willen seinen brief* [Bürgschaftsbrief von 1422] *wider zu geben, das aber bisher noch nit gescheen ist, wiewol wir dir ye getrawet hetten,* [deshalb] *so begern wir [...] vnd bitten dich mit flysse, du wollest dem [...] Oswalten seinen brief durch vnsern willen noch widergeben on lenger verczieben* [und hoffen], *daz wir dir dorumb nit mer schreiben bedórffen* (LZ 225).

Im Okt. 1431 dürfte Oswald von Wolkenstein im Gefolge König Sigmunds Zeuge gewesen sein, als sich Herzog Friedrich IV. in Feldkirch als notorischer Störenfried vor König Sigmund verantworten mußte – weshalb es kaum noch Wunder nimmt, daß dieser, als kleine Revanche für die zahlreichen Demütigungen (s.o.), den notorischen Störenfried Oswald von Wolkenstein am 15. Nov. 1431 zu einem Gerichtstermin im Dez. 1431 zu sich nach Innsbruck lud, weil *Oswalten von Wolkenstain seinem Bruder Michel, vnser*[m] *Rat* [sic!], *seinen tail der Jaegrin guots vorhalte* (LZ 227).

Wann wir deiner gegenwertikeit in disen Landen wol bedúrffen (1432)

III.3.19; Abb. I.209/210, S. 194

Piacenza, 1432 Januar 10

(In dorso; vgl. Abb. I.209:) *Dem Edeln Oswalten von Wolkenstein vns(er)m diener vnd Lieben getruen*

Orig.urkunde; Papier, 21 x 29,5 cm
Nürnberg, Germanisches Nationalmuseum, Historisches Archiv, Familie Wolkenstein-Rodenegg: Fasz. 6 (WA 24)
[Schwob: *Lebenszeugnisse*. Nr 231]

Auf seinem nur von seinem Hofstaat begleiteten Romzug erreichte König Sigmund Anfang Nov. 1431 italienisches Gebiet und zog am 22. Nov. feierlich in Mailand ein, wo er drei Tage später vom Mailänder Herzog, Filippo Maria Visconti, einem seiner wenigen Bundesgenossen in Italien, die Eiserne Krone empfing.

In Unkenntnis der inneritalienischen Verhältnisse und politischen Fraktionen und Bündnisse mußte er bis Weihnachten in Mailand Station machen, danach für weitere drei Monate in Piacenza – da ihn der Herzog von Mailand wegen mangelnder Zuverlässigkeit und Herzog Amadeus von Savoyen wegen vorzeitigem Rückzug mit seinen Truppen im Stich gelassen hatten.

Zudem ereilte ihn Anfang Jan. 1432 die Kunde, daß Papst Eugen IV. das von König Sigmund für Juli 1431 einberufene Basler Konzil (zur theologischen Klärung der akuten Hussitengefahr und zur Lösung des Problems der immer noch anstehenden Kirchenreform) durch seine Bulle für aufgelöst erklärt hatte.

Am 10. Jan. schickte König Sigmund dem Basler Konzil aus Piacenza die päpstliche Bulle mit der dringenden Bitte, diese nicht zur Kenntnis zu nehmen und deshalb mit der Arbeit fortzufahren – und seinem Diener und *Rat* Oswald von Wolkenstein, wohl wegen dessen Landes- und Sprachkundigkeit, eine schriftliche Aufforderung, sein *Edeler vnd Lieber getreuer* möge sich, so *eeste* [er] *mag, her zu vns fúge*[n], *wann wir* [s]*einer gegenwertikeit in disen Landen zu etlichen vnsern sunderlichen geschefften wol bedúrffen* – [PS: Das] *ist vnser ernste begerung [...] vnd tu dorynn nit anders!*

Für den sowohl von seinem Bruder als auch vom Herzog und vom Landeshauptmann, Vogt Ulrich d.J. von Matsch, wegen eines Hofes aus dem Erbe der verstorbenen Barbara von Hauenstein bedrängten Oswald von Wolkenstein dürfte diese Depesche des Königs eine höchst willkommene Gelegenheit geboten haben, den für 13. Jan. 1432 in Bozen angesetzten Gerichtstermin aus triftigen Gründen zu schwänzen.

Er folgte der *begerung* Sigmunds sofort und eilte (zusammen mit seinen *dienern*, darunter der *schreiber* der Hs.B) in die *Lumpardie* (Kl.103,4), wo ihm in *Placenz* (Kl.103,24)

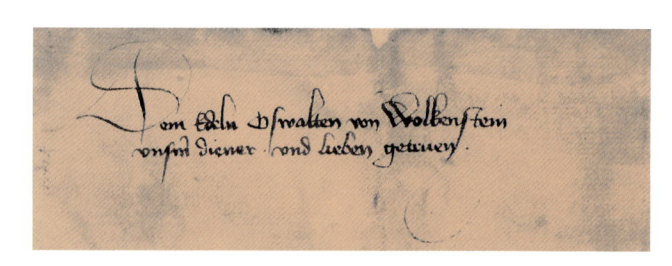

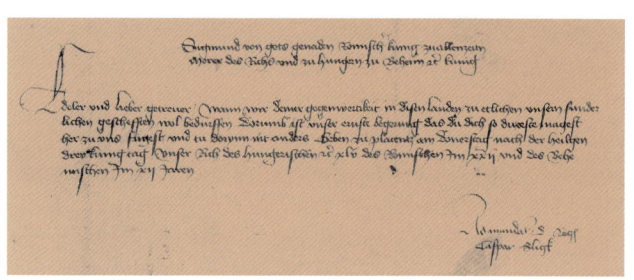

Oben: [Abb.I.209] In Dorso-Vermerk auf Brief des Königs · 1432 · Papier-Urkunde, verso (Kat.III.3.19)
Unten: [Abb.I.210] Aufforderung des Königs an Oswald von Wolkenstein · 1432 · Papier-Urkunde (Kat.III.3.19)

aber kein Begrüßungsgeschenk wie in der Reichsstadt Nürnberg (s.o.; 1430 und 1431) geboten wurde, denn in Piacenza war (des Königs) *peutel ler* (Kl.103,23) und *mündlin, freud zu geben* (Kl.103,20), weit und breit nicht zu finden:

> Wer die ougen wil verschüren mit den brenden [Qualm],
> sein leben enden, mit guten zenden
> übel essen, ligen in dem stro,
> der füg sich in die Lumpardie,
> da vil manger wirt unfro.
> Tieff ist das kot [auf den Straßen], teuer das brot,
> ungötlich reu mit falscher treu
> sol man da vinden teglichen neu;
> [aber] das ist ain speis, der ich nicht keu.
>
> Wer nach der wage ringe hechten kouffen welle [vgl. III.3.9]
> für ungevelle, so fail[sche], geselle,
> ainen, der ain staine leber trag.
> Forsch in des kaisers [sic!] canzelie,
> wo man solche fisch erjag.
> »Gülcher [Jülicher, Peter Kalde], mach kund, was galt ain pfund?«
> »Pro zingk soldin et tre zesin.«
> Also galt sich das leberlin vin
> von disem sütten hechtigin.
> Herman [Hecht], Marquart [Brisacher]: Costnitz, Ulmen
> wer das leben,
> uns freud zu geben von mündlin eben;
> und mein öheim hinder dem ofen wer,
> das wer ain besser stampanie,

> wan das uns der peutel ler
> wirt zu Placenz [...] (Kl.103,1/24)

Der fast 55-jährige dürfte erleichtert aufgeatmet haben, als ihn der König am 20. Febr. 1432 vom *ligen in dem stro* und vom *kot* in der *Lumpardie* wieder befreite, indem er ihn mit *sunderlichen gescheften* betraute: Als Kommandanten des Begleitschutzes von Magister Nikolaus Stock, der in Rom (vgl. Abb. I.211) mit Papst Eugen IV. bezüglich der Rücknahme seiner päpstlichen Bulle gegen das Basler Konzil verhandeln und ihm *in des kaisers canzelie* [...] *zu Placenz* gefertigte Briefe des Königs überbringen sollte.

Wie gefährlich das Reisen in diesen Tagen für Deutsche in Italien war, mußte eine andere königliche Gesandtschaft nach Rom *in Runzelian* (Ronciglione) am eigenen Leib erleben, wie wir Oswalds von Wolkenstein Lied *Es komen neue mer gerant* (Kl.105) – verfaßt nach Erzählungen seiner Freunde – entnehmen können:

> Von ainem graven, ›süß‹ genant [Conte Dolce],
> wie sawer der sein [dt.] gesst emphacht
> dort in Runzelian [am Lago di Vico].
> Hinfür den bapst [Eugen IV., Initiator des Anschlags]
> gelangt der schal
> zu Rom für mangen cardinal,
> daraus so ward ain grosser bracht
> von weiben und auch man.
> Die kirchwei [ironisch für Anschlag] was bestalt
> von pawern und von knappen,

[Abb.I.211] Hartmann Schedel / Michael Wolgemut: Rom • 1493 • Holzschnitt (Kat.II.1.7.2). – Ansicht mit Alt-St.Peter.

die herberg si da buchten [brachen] *auff*
und lieffen an die trappen
mit keulen, spiessen, wolbetracht
auff ainen bösen wan.
Sechzehen gesst [dt. Delegation] *gezalt*
die [sie zu] *bischof wolten weihen* [ironisch].
Und welcher da kain beulen hett,
der dorft sein nicht zu leihen,
beraiter vier für ain gemacht
ettlicher bracht der van.

Der wiert ward an dem ersten strauß [Angriff]
geworfen zu dem venster auß;
[...] Dietrich Fannawer, Janko Knab
neur bei dem har die stiegen ab
geschindert wurden also frech,
das was ir groß unhail.
Mein öheim Matheis Sligk [königl. Sekretär],
der hub sich zu den tachen
recht als ain katz zum Fenster auß;

[...] doch ward im auch ain bick
zu seiner nasen gruschel,
den er zu Rom wol vierzen tag
ließ sehen für ain muschel. (Kl.105,2/22; 25/31; 35/38)

Zu Roma (LZ 233) am 14. März 1432 angekommen, nutzte Oswald von Wolkenstein den Aufenthalt (bis 1. Mai) auch dazu, seinem Freund Georg Künigl von Ehrenburg und dessen *weib ain beichtbrief* (Ablaßbrief) zu schikken: *Wann ich wol waiss, das dir sein vast not ist, nach dem als du ain grosser eebrecher bist, wann ich nicht gern sehe, das du den swarczen wölfen zw tail wurdst* (LZ 233). Dafür erbat er sich von diesem in Diensten der Görzer Grafen stehenden engen Freund, er möge den Grafen Heinrich IV. von Görz überreden, ihm die Pflege von Schöneck oder St. Michelsburg in dessen Herrschaftsgebiet zu verschaffen, um seinem Landesherrn auf diese Weise entwischen zu können.

NB: Der Sammler von Ablaßbriefen und Reliquien vereinnahmte dieses neue Stück dankbar – aber auch die Pflege von Schöneck!

Von besunder gnade wegen, so wir zu Im geneigt sein

III.3.20; Abb. I.213, S. 197

Parma in lamparten, 1432 Mai 19
(In dorso:) **Ain gelaids brief von kunig Sigmu(n)d(e)n**
Orig.urkunde; Pergament, 24 x 44,6 cm; Plica, 8 x 44,6 cm
Nürnberg, Germanisches Nationalmuseum, Historisches Archiv, Familie Wolkenstein-Rodenegg. Perg. Urk. von 1432 Mai 19 (WA 25)
[Schwob: *Lebenszeugnisse*. Nr 235]

Erst Mitte Mai aus Rom an den königlichen Hof nach Parma zurückgekehrt, wurde Oswald von Wolkenstein umgehend (am 19. Mai), wiederum als Kommandant des Begleitschutzes von Magister Nikolaus Stock, zur Überbringung mündlicher Botschaften an Herzog Wilhelm von Bayern, dem Statthalter des Königs beim Basler Konzil, nach Basel (vgl. Abb. I.212) abkommandiert:

Wir senden zu deiner Lieb den Ersamen Meister Niclasen Stok, lerer in geistlichen rechten [doctor decretorum], *ainen vsz vnserer botschafft, die wir zu Rom bey dem Babst haben gehabt* [14. März bis 1. Mai 1432] *sampt dem Edelen Oswolten von Wolkenstein, vnsern lieben getruen, die dein lieb aller vnserer sach gelegenheit eygenlich werden vnderweisen. Begeren wir [...], was dir dieselben zu disem mal von vnseren wegen sagen werden, daz du in genczlich gelaubest als vns selber.* (LZ 234)

Am 4. Juni kam die Gesandtschaft in Basel an; am 7. Juni berichtete Nikolaus Stock in der Generalversammlung des Konzils über den Verlauf seiner Verhandlungen mit dem Papst in Rom (am 17. März und am 24. April).

Oswald von Wolkenstein, *alter ambassiatorum*, dürfte allerdings nur dem Protektor des Basler Konzils über die aktuelle politische Lage in Ober- und Mittelitalien sowie über die Gefahren für reisende dt. Gesandte (s.o.; Kl.105) Bericht erstattet haben, denn, was auch der König seinem Statthalter schriftlich mitteilte – *das wir in disen landen* [Italien] *ichts guts geschaffen mögen* – war natürlich *nicht* für die Öffentlichkeit bestimmt.

[**Abb.I.212**] Hartmann Schedel / Michael Wolgemut: BASEL • 1493 • Holzschnitt (Kat.II.1.7.2). – Älteste Ansicht Basels, von Kleinbasel, rechts des Rheins, aus (Stadtbild ohne Mauer des Albangrabens, um 1470)

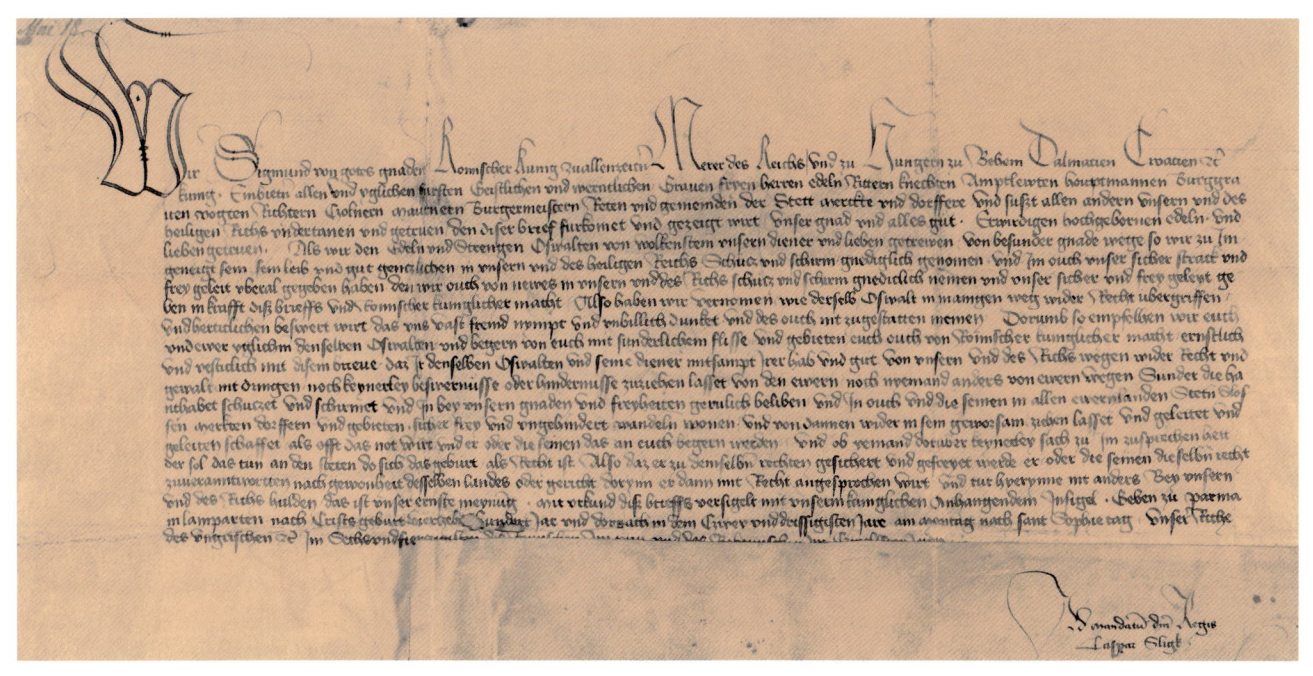

[Abb.I.213] SCHUTZBRIEF DES KÖNIGS FÜR OSWALD VON WOLKENSTEIN • 1432 • Pergament-Urkunde (Kat.III.3.20)

Um nach Beendigung seiner Mission als Gesandter und als Begleitschutz des Unterhändlers und Gesandten Stock von Basel nach Tirol unbehelligt heimreisen zu können, ließ sich Oswald von Wolkenstein schon in *Parma in lamparten* von König Sigmund einen umfassenden Schutzbrief (nicht nur einen der üblichen Geleitbriefe – vgl. unpräzisen In dorso-Vermerk) ausstellen:

Wir Sigmund [...] Embieten allen vnd yglichen fúrsten, Geistlichen vnd werntlichen, Grauen, fryen, herren, edeln, Rittern, knechten, Amptlewten, houptmannen, Burggrauen, vogten, Richtern, Czólnern, Mautnern, Burgermeistern, Reten vnd gemeinden der Stett, Merckte vnd dorffere vnd suszt allen andern vnsern vnd des heiligen Richs vndertanen vnd getruen, den diser brief fúrkomet vnd gezeigt wirt, vnser gnad vnd alles gut. Erwirdigen, hochgebornen, edeln vnd lieben getruen [:]
Als wir den Edeln vnd Strengen Oswalten von Wolkenstein, vnsern diener vnd lieben getrewen, von besunder gnade wege[n], so wir zu Im geneigt sein, sein leib vnd gut genczlichen in vnsern vnd des heiligen Reichs Schucz vnd schirm gnediglich genomen vnd Im ouch vnser sicher strack vnd frey geleit vberal gegeben haben, den wir ouch von newes in vnsern vnd des Richs schucz vnd schirm gnediclich nemen vnd vnser sicher vnd frey geleyt geben in krafft disz brieffs vnd Rómischer kúniglicher macht.
Also haben wir vernomen, wie derselb Oswalt in manigen weg wider Recht úbergriffen vnd herticlichen beswert wirt,

das vns vast fremd nympt vnd vnbillich dunket vnd des ouch nit zugestatten meinen.
Dorumb so empfelhen wir euch vnd ewer yglichem, denselben Oswalten, vnd begern von euch mit sunderlichem flisse vnd gebieten euch ouch von Rómischer kuniglicher macht, ernstlich vnd vesticlich mit disem brieue [:]
Daz Ir denselben Oswalten vnd seine diener [!] mitsampt Irer hab vnd gut, von vnsern vnd des Richs wegen, wider Recht vnd gewalt nit dringen noch keynerley beswernússe oder hindernússe zuziehen lasset von den ewern noch nyemand anders von ewern – Wegen Sunder die hanthabet schuczet vnd schirmet, vnd In bey vnsern gnaden vnd freyheiten gerulich beliben, vnd In ouch vnd die seinen in allen ewern landen, Steten, Slossen, Merkten, dorffern vnd gebieten sicher frey vnd vngehindert wandeln wonen vnd von dannen wider in sein geworsam ziehen lasset vnd geleitet vnd geleiten schaffet, als offt das not wirt, vnd er oder die seinen das an euch begern werden.
Vnd ob yemand doruber keynerley sach zu Im zusprechen hett [gerichtliche Ansprüche an ihn hätte], *der sol das tun an den steten, do sich das gebúrt als Recht ist. Also daz er zu demselben rechten gesichert vnd gefreyet werde, er oder die seinen, dieselben recht zu ueranntworten nach gewonheit desselben landes oder gericht, dorynn er dann mit Recht angesprochen wirt. Vnd tut hyerynne nit anders Bey unsern vnd des Richs hulden; das ist vnser ernste meynung.*

197

Oswald von Wolkenstein wollte sich mit diesem umfassenden Schutzbrief gegen Tiroler Realitäten wie die des Vorjahres (s.o.) schützen, als er nach Rückkehr aus Nürnberg gegen alle Fronten (Hans von Vilanders, Graf Heinrich IV. von Görz, Michael von Wolkenstein, Herzog Friedrich IV. von Österreich, Landeshauptmann, Vogt Ulrich d.J. von Matsch, und Bischof Ulrich II. Putsch) kämpfen mußte.

Die Rückkehr nach Tirol und auf seine Burg Hauenstein lag aber am 19. Mai 1432 noch in weiter Ferne, denn Oswald von Wolkenstein hatte ja Mitte Jan. seinen eigenen *schreiber* (Kl.103,26) nach Piacenza mitgenommen – der wegen der *swach[en] conscienz* (Kl.103,24/25) Oswalds von Wolkenstein und wegen der erschwerten Bedingungen auf der Italienreise *dick gefach, klagt seinen grossen ungemach* (Kl.103,26/27).

Erst während ihres Aufenthaltes in Basel (ab 4. Juni) fanden der Dichterkomponist und sein *schreiber* Zeit, Muse und das dafür nötige Ambiente, um das Mitte August 1431 (nach Rückkehr aus Nürnberg; vgl. Abb. I.208) begonnene zweite Liederbuch am 30. August 1432 in Basel vollenden zu können (vgl. IV.1.2).

Daß sich Oswald von Wolkenstein bis mindestens Mitte / Ende Sept. 1432 in Basel aufgehalten hat, erhellt aus einem Bittschreiben des Grafen Heinrich IV. von Görz (vom 9. Sept. 1432; LZ 237), in dem er Oswald von Wolkenstein bat, er möge sich bei Herzog Wilhelm von Bayern, dem Statthalter des Königs beim Basler Konzil, wegen der Klage des Konrad Seffler (um 2000 Gulden) für ihn verwenden und Einspruch dagegen erheben.

Da Oswald von Wolkenstein erst wieder am 4. März 1433 in Neustift urkundete (vgl. II.7.7), darf vermutet werden, daß er weitere Wochen bzw. Monate in Basel blieb, um seinem am 30. August 1432 vollendeten Liederbuch noch als Einsatzblatt (vor Beginn des Inhaltsverzeichnisses; vgl. Abb. I.205) sein Brustbild voranstellen zu können – vermutlich gefertigt von dem unbekannten Basler Meister, dem auch die 26 ganzseitigen Temperabildnisse des Capodilista-Codex (vgl. III.3.18; Abb. I.40 und I.206) zu verdanken sind.

Das hab ich mer zu Rom ervaren, wann anderswo in kurzen jaren (1433)

Da Oswald von Wolkenstein zwischen dem 29. April (LZ 241) und dem 1. Sept. 1433 (LZ 243) in Tirol nicht urkundlich nachweisbar ist, darf mit hoher Wahrscheinlichkeit davon ausgegangen werden, daß der *Rat des allerdurchbleuchtigosten Römischen kúnigs sigmund* im bereits 19.Jahr (seit 1415 Febr. 16; vgl. III.3.1), es sich selbstverständlich nicht nehmen ließ (mit dem Schutzbrief vom Mai 1432 im Gepäck; vgl. III.3. 20), gleich nach der Gerichtsverhandlung am 29. April 1433 in Brixen, auf dem sich krümmenden *weg gen Rom* (Kl.112,394; vgl. Abb. I.214) zu eilen, um an den am 21. Mai beginnenden Krönungsfeierlichkeiten teilnehmen und der Kaiserkrönung von König Sigmund am 31. Mai durch Papst Eugen IV. beiwohnen zu können – zumal er ja auch den König ab Mitte Jan. 1432 auf dessen Romzug tatkräftig unterstützt (s.o.) und ihn schon in Piacenza als *kaiser* (Kl.103,13) tituliert hatte.

Des Königs Wunsch, in einem Brief an Herzog Wilhelm von Bayern im Mai 1432 geäußert – *So wolten vnd möchten wir vnser krónung frólich vnd seliclich empfahen* – wurde von dem widerspenstigen Papst Eugen IV. nur widerwillig und ohne gebührende Achtung gegenüber dem neuen Kaiser Sigmund erfüllt.

III.3.21; Abb. I.215/216, S. 176

Schule des Giovanni di Paolo (Mariano di Iacopo, genannt *Il Taccola?*):
Die Krönung Kaiser Sigmunds durch Papst Eugen IV. in der Vatikanischen Basilika. Siena, 1433
Einband des Rechnungsbuches aus der *Biccherna* (Registeramt) der Stadt Siena; Tempera und Gold auf Holz, 43,5 x 31,4 cm
Siena, Archivio di Stato, Registersammlung der *Biccherna*: Inv.–Nr 24
[Restaurierung: Monica Mancini, Bologna 2010]

Darstellung: Papst Eugen IV. (der Venezianer Gabriele Condulmer bzw. Condulmaro) setzt vor einem Altar (mit den darauf liegenden Reichsinsignien Reichsapfel, Reichszepter und -schwert) in der Vatikanischen Basilika dem (links) vor ihm knienden bärtigen Sigmund (in rotem Krönungsmantel mit Dekor) die Kaiserkrone aufs Haupt. Zeugen der feierlichen Zeremonie: Vier Kardinäle (rechts) und (links) leider nicht mehr sichtbares Gefolge des Kaisers.
Vorgeschichte: Die Einbandtafel ist ein Zeichen des Dankes der Stadt Siena und ihrer Führung, denn auf seinem Romzug machte Sigmund vom 12. Juli 1432 bis zum 21. März 1433 Station in Siena und wohnte in einem eigens restaurierten

DIENER UND RAT KÖNIG SIGMUNDS 1430 – 1434 · 1432 – 1434

Palast nahe der Kirche Santa Marta und der Porta Tufi. Den Senesen hatte Sigmund letztlich die Kaiserkrönung zu verdanken, denn sie intervenierten hartnäckig und erfolgreich bei Papst Eugen IV., dem einstigen Bischof von Siena, zu seinen Gunsten.

Auf dem Weg von Siena nach Rom wurde Sigmund vom senesischen Bischof, Carlo d'Agnolino, von zwei senesischen Botschaftern, von Pater Bernardino Albizzeschi (dem späteren Heiligen Bernhardin von Siena) und von dem Humanisten Ciriaco (Pizzicolli) d'Ancona u.a. begleitet.

NB: Da die italienischen Zeitgenossen, die sich zu rasieren pflegten, von Sigmunds langem Bart besonders beeindruckt waren, ließ die senesische Führung mehrere bildliche Darstellungen des dt. Kaisers fertigen. [Die Vorgeschichte basiert auf einer ausführlichen Darstellung des Verhältnisses von Sigmund zu Siena von Frau Dr. Patrizia Turrini, Siena 2011, der wir dafür danken.]

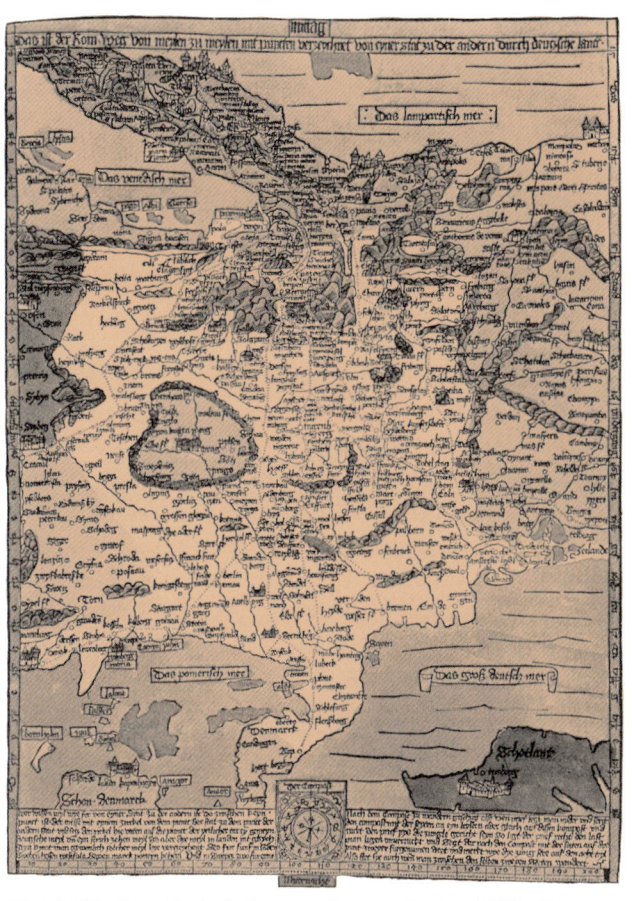

[Abb.I.214] Erhard Etzlaub: ROMWEG-KARTE • Nürnberg, 1502 • Kolorierter Holzschnitt (Archiv ARTeFACT). – Die Karte zeigt Rom im Norden, Dänemark und Schottland im Süden. Die Punkte zwischen den Orten entsprechen Meilen.

Ulmen wer das leben, uns freud zu geben (1434)

Kaiser Sigmund hatte für den 30. Mai 1434 einen Reichstag in Ulm (vgl. Abb. I.217) ausgeschrieben, auf dem v.a. der *Landfride in Swaben* und die Wahrung der kaiserlichen Gerichtsbarkeit, insbesondere gegenüber dem Basler Konzil, auf der Tagesordnung standen, aber auch die Außenpolitik des Reiches: Das Bündnis mit dem französischen König gegen Burgund und Bündnisverhandlungen mit Venedig.

[Abb.I.217] Hartmann Schedel / Michael Wolgemut: ULM • 1493 • Holzschnitt (Kat.II.1.7.2). – Älteste Ansicht Ulms, der »Zierde des Schwabenlandes«, mit dem 1377 begonnenen Münster.

III.3.22; Abb. I.218, S. 177

Hans Multscher (Um 1400 – 1467): **Sigmund von Luxemburg als König von Ungarn (ab 1387). Ulm, 1427/1430**
Steinabguß nach dem Original am östlichen Prunkfenster des Ulmer Rathauses, 131 x 54 x 35 cm
Ulm, Ulmer Museum: 1914.3232 D

III.3.23; Abb. I.219, S. 177

Hans Multscher (Um 1400 – 1467): **Sigmund von Luxemburg als König von Böhmen (ab 1420). Ulm, 1427/1430**
Steinabguß nach dem Original am östlichen Prunkfenster des Ulmer Rathauses, 132 x 53 x 28 cm
Ulm, Ulmer Museum: 1914.3232 E

Nach der Verabschiedung einer neuen Verfassung der Reichsstadt Ulm (Großer Schwörbrief, 1397) errichtete man zu Beginn der 20er Jahre des 15. Jhdts im Südflügel des Kauf- und späteren Rathauses einen großen, repräsentativen Versammlungssaal. Als Zeichen der Reichsunmittelbarkeit der Stadt wurde dessen südliche und östliche Fensterfront mit einem Figurenzyklus ausgeschmückt, darstellend die höchsten Repräsentanten des Reiches: Kaiser Karl der Große und die sieben Kurfürsten (das Wahlmännergremium).

Für den Figurenzyklus am östlichen Prunkfenster wurde Hans Multscher gewonnen, der sowohl den Kaiser als auch den siebten Kurfürsten, den König von Böhmen (vgl. III.3.23), und – nicht zum Kurfürstenkollegium gehörend – den König von Ungarn (vgl. III.3.22) meisterlich gestaltete.

Durch die zweimalige Aufnahme Sigmunds ins Bildprogramm – wobei er nur als König von Böhmen Bildnischarakter hat (s.u.) – bekam das östliche Prunkfenster Huldigungsfunktion für den amtierenden König des Römischen Reiches.

Interessant bei der Gestaltung Sigmunds als König von Böhmen (vgl. III.3.23): Außer der auch sonst bildlich belegten leicht gebogenen Nase, die einer tief gefurchten Nasenwurzel entspringt, kombinierte Multscher das persönliche Signum des bärtigen Herrschers, die vorn hochgeklappte Pelzkappe (vgl. Abb.I.138), mit einem Kronreif – um Sigmunds bereits 1421 vom böhmischen und mährischen Adel in Frage gestellten Anspruch auf das Königreich Böhmen, für alle sichtbar, zu bestätigen.

Oswald von Wolkenstein, den *diener vnd Rat des Römische[n] Keyser[s]* Sigmund im nunmehr 20. Jahr – und bereits 57 Jahre alt – interessierten weder die außen- noch innenpolitischen Tagesordnungspunkte des Ulmer Reichstages, sondern er nutzte die Anwesenheit des Kaisers bei dieser nationalen Versammlung für rein persönliche Zwecke:

1] Wollte er sich dort seinen ausstehenden *Jarsold [von] drey hundert hungrischen Roten gulden* (III.3.1) für die *sunderlichen gescheffte* (III.3.19) von Mitte Jan. 1432 (vgl. III.3.19) bis Febr. 1433 (vgl. III.3.20) in der Lombardei, in Rom und beim Basler Konzil aus der kaiserlichen Kasse ausbezahlen lassen.

2] Kam er als Fürsprecher des Neustifter Propstes Ulrich II. Weingartner, um am 6. Juni 1434 eine kaiserliche Bestätigung für das Augustiner Chorherrenstift all seiner früheren Freiheiten, Privilegien etc. zu erhalten (vgl. II.7.8) und am 14. Juni 1434 eine Vollmacht des Kaisers zur Einziehung künftiger Strafgelder als *gewaltiger executor vnd Inbringer* des Reiches zu erlangen (vgl. II.7.8).

3] Wollte er in Ulm Graf Heinrich IV. von Görz treffen, um mit ihm selbst über die gewünschte Pflegschaft im Pustertal zu verhandeln (s.o.), da er lieber *[s]ein enthaltnuss under sein genaden haben wolt wann anderswo* (Rom, 1432 März 29; LZ 233).

Als der Görzer am 19. Juni 1434 in Ulm eintraf, waren in dessen Gefolgschaft: Magister Jakob Lotter (Domherr in Brixen und Pfarrer in Lienz), Georg Künigl von Ehrenburg (s.o.) und der *Edle vöste Hans von Vilanders* (LZ 252) – der tatsächlich am 5. Juli 1434 (mit Nachhilfe Jakob Lotters und Georg Künigls) einem Vergleich mit dem *strengen hern Oswald von Wolkenstein, ritter, vm 600 Mark* (LZ 252) für den am 3. Aug. 1431 (LZ 224) zurückgekauften Pfandbrief Oswalds von Wolkenstein auf die Burg Neuhaus zustimmte.

Damit wäre eigentlich der Weg für die von Oswald von Wolkenstein seit Herbst 1426 (s.o.) gewünschte Pflegschaft der Burg Neuhaus frei gewesen, aber Graf Heinrich IV. von Görz wollte ihm weder diese noch andere Pflegschaften im Pustertal anvertrauen, er benötigte Oswald von Wolkenstein dringendst für andere Dienste:

Wir Heinreich, Graue ze Górtz, haben den Wolckensteiner zu vnsrem Rate vnd diener auffgenommen (1434)

III.6.1; Abb. I.220, S. 201

Ulm, [1434] Juli 12

(In dorso:) *It (em) daz sint meins h(er)rn graff hainreich Prieff*

Abschrift, 1. Hälfte 15. Jhdt; Papier, 29 x 21,5 cm (unvollständig)
Nürnberg, Germanisches Nationalmuseum, Historisches Archiv, Familie Wolkenstein-Rodenegg: Fasz. 12 (WA 27)
[Schwob: *Lebenszeugnisse*. Nr 253]

Dem Görzer Grafen waren die außergewöhnlichen Rechtskenntnisse Oswalds von Wolkenstein und dessen langjährigen Erfahrungen mit Gerichtsverhandlungen, Schlichtungen und Vergleichen zur Lösung eines ganz akuten Falles – des Görzers Auseinandersetzung mit seinem Verwandten, Graf Eberhard von Kirchberg, um die Grafschaft Kirchberg (LZ 254) – weit wichtiger: Deshalb stellte Heinrich IV., *Graue ze Górtz vnd zu die Tyroll*, am 12. Juli 1434 *in vlme, [dem] getrewen vnd sunder lieben herren oswalten von wolckenstein* einen Dienstbrief als *Rate vnd diener* aus:

Also haben wir dem [...] wolckensteiner gelobt vnd versprochen [...], vmb die obgenanntten dienste auff ein yedes Jar hundert guldin tugkatten oder vnger [Gulden] *ausszerichten vnd ze geben angeuárde, doch newr als lang das vnser willen vnd geuallen ist [...], vnd zerung allenthalben [...], als anderem vnsrem hofgesinde darzegeben.*

Daß Oswald von Wolkenstein so schnell die äußerst honorige Stellung als *Rat* [des] *Römische*[n] *Keyser*[s] mit der als *Rat* eines letztlich unbedeutenden und nicht unumstrittenen Reichsfürsten von Gnaden seines kaiserlichen Gönners, Sigmund, tauschte, hatte zwei Gründe:

Erstens (und Oswald von Wolkenstein hörte immer das politische Gras wachsen!) kümmerte sich der Kaiser fortan um die Lösung der lange Zeit vernachlässigten Probleme Ungarns – aber in diesen Teil von Sigmunds Imperium, wo man die Kissen aus Sätteln macht (vgl. Kl.55,43) und wo die Herbergen von Kindergeschrei er-

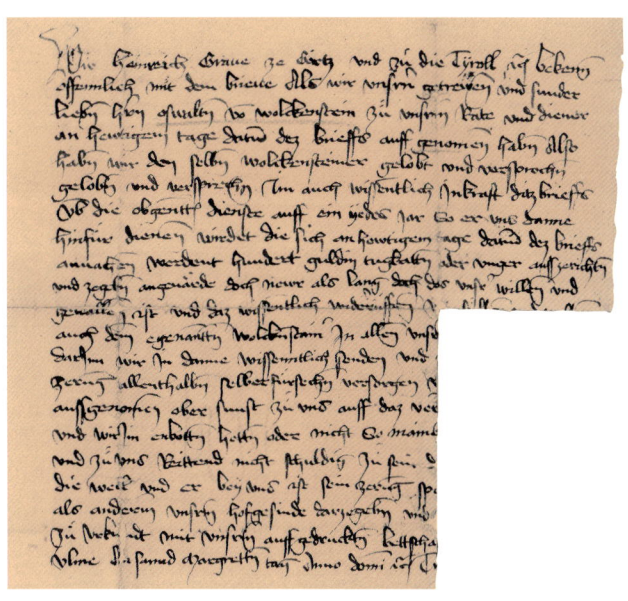

[Abb.I.220 Dienstbrief des Görzer Grafen für Oswald von Wolkenstein • 1434 • Abschrift 1. Hälfte 15. Jhdt (Kat.III.6.1)

füllt sind und überall Siebenfüßler herumkriechen (vgl. Kl.30 und 55), wollte Oswald von Wolkenstein nach seinen einschlägigen negativen Erfahrungen *nicht* mehr reiten. (NB: *Do ich gen Ungern rait: Kom ich in grosses laid;* Kl.23,82 und 84)

Zweitens: Suchte er seit längerer Zeit eine einträgliche Aufgabe ganz in seiner Nähe – und trotzdem außerhalb des Machtbereiches seines Widersachers (und Angstgegners), Herzog Friedrich IV. von Österreich – da er mit seinen inzwischen 57 Jahren auf dem vom vielen Reiten gekrümmten Buckel die Zeichen des Alters spürte (was angesichts der davon mit *toben und wüten* verbrachten 47 Jahre nachvollziehbar ist) und im Herbst diesen Jahres tatsächlich mit seiner schwächer werdenden Kondition erstmals konfrontiert wurde, weshalb er von Sept. bis zum Jahresende 1434 sogar seinen Verpflichtungen gegenüber seinem neuen Görzer Dienstherrn nicht mehr nachkommen konnte.

Vnns hat Oswalt gelúbde vnd aide getan, vnnss vnd dem reiche getrewe zu sein (1434)

III.3.24; Abb. I.221, S. 202

Ulm, 1434 Juli 22

Belehnung Oswalds von Wolkenstein mit Margarethes von Schwangau Anteil an den Schwangauischen Reichslehen

Abschrift, 1. Hälfte 15. Jhdt; Papier, 31 x 22 cm
Nürnberg, Germanisches Nationalmuseum, Historisches Archiv, Familie Wolkenstein-Rodenegg: Fasz. 11 (WA 28)
[Schwob: *Lebenszeugnisse*. Nr 255]

Die für Oswald von Wolkenstein wichtigste Trophäe – neben dem von Kaiser Sigmund für die Wolkensteiner neu eingeführten, erblichen Amt der kaiserlichen Exekutoren und Verteidiger von Neustifter Privilegien (vgl.

[Abb.I.221] BELEHNUNG OSWALDS VON WOLKENSTEIN MIT MARGARETHES VON SCHWANGAU ANTEIL AN DEN SCHWANGAUER REICHSLEHEN • 1434 • Abschrift 1. Hälfte 15. Jhdt (Kat.III.3.24)

[Abb.I.222] Johann G.F. Poppel (1807–1882): HOHENSCHWANGAU • Um 1840
Stahlstich; Druck: Kunstanstalt des Bibliographischen Instituts in Hildburghausen (Privatbesitz)

II.7.8) – war diese (leider nur in Abschrift erhaltene) Urkunde, die er dem Kaiser, untertänigst bittend, als Lehensträger seiner Ehefrau, Margarethe von Schwangau, in Ulm abringen konnte:

Wir Sigmund, von gottes gnaden Römischer kaiser [...], Bekennen vnd tuen kund [:]

Das für vnns komen ist der edel oswalt von wolckenstain, Ritter, vnnser Ratt, diennerr vnd lieber getrewer, vnd hat vnnss diemüttigklich gebetten, das wir Im als eynem lechenträger seiner elichenn hawsfrawen, Margrethen von Schwongow, dise nachgeschribenn lechen [Aufzählung von Margarethes Anteil an den Schwangauischen Reichslehen], *die von vnns vnd dem reiche zw lechen Rúeren, Inn aller der weise, als dan die von altersher an sy komen sind nach laut der brieff, die sy, Ir Brúeder vnd vetter doruber habenn, vnuerscheidenlichenn* [Oswald von Wolkenstein] *als Irem lechenträger, geruchtenn gnadigklichenn zu uerleichen.*

Des habenn wir angesechen sólh redlich vnd diemüettig bette vnd auch getrewe vnd willige diennste, die vnns vnd dem reiche der vorgenantt oswalt alczeit willigklich getan hat, vnd auch hinfúr tuen soll vnd Mag. Vnd habenn dorumb denselbenn oswalten von wolckenstain, ritter, als eynem lechenträger an der vorgenanttenn seiner elichen hawsfrawen stat, die vorgenantten lechen mit sambt allen Irenn zuegehórunng gnadiglich verlichenn [...]

Vnns hat auch der [...] *oswalt von seiner elichen hawsfrawen wegen gebandlich gelübde vnd aide getan, vnnss vnd dem reiche getrewe, gehorsam vnd gewärtig zu sein vnd zw thuen, als dann Mann Irem lechenheren von solher lechenn wegen von recht vnd gewonhait pflichtig sein zw thuen.*

Für Oswald von Wolkenstein, im 20.Jahr *diener vnd Rat* [des] *Römische*[n] *kaiser*[s], bedeutete diese Urkunde – des Kaisers kostenloses Jubiläumsgeschenk für über 19 Jahre *getrewe vnd willige diennste* des Wolkensteiners! – die absolute Krönung seiner Karriere:

Mit dieser Belehnung schaffte der einäugige, zweitgeborene Tiroler Landherr den Aufstieg zum Lehensträger des Reiches – und zum *Reichsritter*!

Wovon er seit 1400 (vgl. II.1.8) bzw. 1401 (vgl. II.3.1.1) geträumt hatte – und wozu seine mühsamen Aufstiegsversuche ab 1400 (vgl. II.2.1) letztlich auch dienten – wurde in Ulm am 22. Juli 1434 für den im 58. Lebensjahr stehenden Tiroler Landadeligen Realität. *NB: Ulmen* war *das leben, ihm freud zu geben!*

Mit zwei wichtigen Urkunden für seine Nachkommen (vgl. II.7.8 und III.3.24), mit einer wichtigen Urkunde für den Neustifter Propst (vgl. II.7.8) und mit einem Dienstbrief des Görzer Grafen (vgl. III.6.1) im Gepäck, konnte der auf dem Höhepunkt seiner ritterlichen Laufbahn stehende Reichsritter und kaiserliche *Rat* erhobenen Hauptes und mit stolzgeschwellter Brust (vgl. Abb. I.205) nach Tirol zurückkehren und sich von Ehefrau und Kindern auf Hauenstein feiern lassen.

In Rechtsgeschäften für den Görzer Grafen im Aug. und Sept. 1434 unterwegs, wurde der bisher ungewöhnlich vitale *wolkenstainer vnderwegen krangk* und war *seyder In leibs not* (1434 Sept.29; LZ 257) geraten, weshalb er weder seinen Dienstgeschäften nachkommen noch einen Gerichtstermin Mitte Nov. 1434 in Kastelruth (LZ 268) selbst wahrnehmen konnte (weshalb er einen Stellvertreter schicken mußte).

Während seiner *leibs not* stiftete er in seiner 1400 erbauten St. Christophorus-Kapelle am Kreuzgang des Brixener Domes (vgl. II.2.1; vgl. Abb. I.49 und 223) *eyn ewige[s] liecht, das man all nacht zünden sol mit andern ewigen liechten, die auch gestift sein* [vgl. II.2.2/3] *Inn dem selben münster da pey* (II.2.1), mitzubetreuen von den beiden Kaplänen seines St. Oswald-Benefiziums von 1407.

Der mit der frommen Stiftung verbundene fromme Wunsch scheint von dem Heiligen Christophorus erhört worden zu sein, denn Oswald von Wolkenstein trat am 10. Febr. 1435 in Bozen als *sprecher vnd verainer* (LZ 260) und am 9.März 1435 in Neustift als Urteilssprecher und Mitsiegler des Neustifter Propstes Ulrich II. auf (LZ 261).

Daß er im Frühsommer des Jahres 1435 wieder voll bei Kräften gewesen sein muß, erhellt aus seiner Gefangennahme und Verschleppung des bischöflichen Leibarztes, Meister Peter (vgl. III.2.6).

[Abb.I.223] SIEGEL OSWALDS VON WOLKENSTEIN • 1434 • Abhängend an Pergament-Urkunde (Kat.II.2.1) [Vgl. Abb.I.49]

III. AUFSTIEGSVERSUCHE DES ZWEITGEBORENEN

III.7 LANDESPOLITIKER 〉〉 1439 – 1445

Am 24. Juni 1439 starb Herzog Friedrich IV. von Österreich in seiner Innsbrucker Residenz, dem Neuenhof; sein Leichnam wurde in der von ihm neuerbauten Fürstengruft in Stams beigesetzt.

Oswalds von Wolkenstein Widersacher über 35 Jahre (vgl. II.4; LZ 23 vom 8. Juli 1404) – zuletzt hatte er seinen *getrewn lieben Oswalden von Wolkenstain* (III.2.6) am 24. Juni 1435 wegen dessen Fehdehandlung gegen Bischof Ulrichs II. Leibarzt gerügt und zum Gerichtstermin nach Innsbruck bestellt – hinterließ den knapp 12-jährigen Herzog Sigmund (geb. am 26. Okt. 1427 in Innsbruck).

III.7.1; Abb. I.224, S. 178 [Abb.I.174, S. 112]

Matthias Burg(k)lechner: *Des Tirolischen Adlers erster Theil.* 2. Abtheilung. Um 1608
Papier, 333 Blätter, 41,3 x 29 cm, mit farbig lavierten Tuschfederzeichnungen
Wien, Haus-, Hof- und Staatsarchiv: Cod. W 231/2

Aufgeschlagen (fol. 254 recto): Hertzog Friderich von Österreich vnd sein Junger Son Sigismundus, werden in disen Claidungen gemalter befunden in aim geschmeltzten Glasfenster in ainer Capellen inn Creitzgang im Closter Stambs.

Herzog Friedrich IV. vertraute seinen minderjährigen Sohn im Mai 1439 seinem Kanzler, dem 1437 gewählten neuen Brixener Bischof Georg I. Stubier, und seinem Hofmeister, Konrad Kraig, an.

Für den 29. Juni 1439 wurde überstürzt ein Landtag nach Hall im Inntal (unter Vorsitz des Brixener Bischofs und des Landeshauptmanns, Vogt Ulrich von Matsch) einberufen, denn die zerstrittenen leopoldinischen Habsburger, Friedrich V. und Albrecht VI., standen bereits mit Gefolge vor den Toren Innsbrucks und Halls, um die Vormundschaft über Herzog Sigmund zu beanspruchen.

Vnd bitten ew, daz Ir her komet, herczog Sigmunden zunucz

III.7.2; Abb. I.225/226, S. 204

Hall im Inntal, 1439 Juli 18

(Unterschrift; vgl. Abb.I.226:) *Von den Rett(e)n vnd lanntlewt(e)n, so yecz zu Hall vnd zu Insprukg beyeinander sind.*
(In dorso; vgl. Abb. I.225:) *Dem Edln vesten h(er)n Oswalt(e)n von wolkchenstain Ritter*

Orig.urkunde; Papier, 15 x 21 cm
Nürnberg, Germanisches Nationalmuseum, Historisches Archiv, Familie Wolkenstein-Rodenegg: Fasz. 12 (WA 33)
[Schwob: *Lebenszeugnisse*. Nr 296]

Die Entscheidung über die Vergabe der Vormundschaft oblag der *lanntschaft*, weshalb die in Hall und in Innsbruck versammelten Räte und landsässigen Adeligen die Räte, den Adel und die Vertreter von Städten und Gerichten Tirols auf einen Verhandlungstag am 25. Juli 1439 einluden, um notwendige Maßnahmen betreffend Herzog Sigmund und das *ganncz haus Österreich* zu treffen.

Daß dazu auch Oswald von Wolkenstein gebeten wurde, zeigt, daß man bei landespolitischen Grundsatzentscheidungen auf das Urteil des 62-jährigen Reichsritters allergrößten Wert legte:

> *Vnsern gruoss vnd dienst beuor, lieber her Oswald!*
> *Nach dem vnd merklich sachen yecz vor hannden sind von vnser gnedigen herrn von Österreich vnd der lanntschaft wegen als vmb die gewaltsam ains kúnfftigen herrn, Sein wir ains tags ainig worden auf den [25. Juli] vnd haben der lanntschaft verkúndet von dem Adl, den Stetten vnd gerichten, auf denselben tag herzekomen solh sachen fúr hannden ze nemen vnserm gnedigen herrn, herczog Sigmunden, dem gannczen haus Österreich, lannden vnd lewten zu nutz vnd from. Dauon so begern wir von vnser gnedigen herrschafft vnd der gannczen lanntschafft vnd bitten ew von vnsern wegen, daz Ir auf denselben tag her komet vnd bei vns in den sachen seyt vnd ew darinn nichtz irren lazzet, was das gnötig ist.*

Ergebnis der Versammlung (vom 25. bis 28. Juli 1439): Die Vormundschaft Herzog Friedrichs V. (ab 1440 Febr. 2: König Friedrich III; vgl. Abb. I.227/228) über den minderjährigen Herzog Sigmund war auf vier Jahre befristet und dessen Erziehung sollte in Tirol erfolgen.

Außerdem: Die von Herzog Friedrich IV. hinterlassenen Schätze, Urkunden und Waffen (vgl. II.4.5; Abb. I.182) durften nicht außer Landes gebracht werden und es sollte darüber ein Inventar erstellt werden.

Und: Die aus Landleuten der Grafschaft Tirol gewählten Anwälte sowie alle Amtsträger sollten dem Vormund für die Dauer von vier Jahren Gehorsam schwören, nach Ablauf von dessen Vormundschaft aber ihrer Eide entbunden werden – sobald Herzog Sigmund nach habsburgischem Hausrecht mit 16 Jahren mündig sei (›Haller Verschreibung‹).

Da Herzog Friedrich V. (geb. 1415 Sept. 21 in Innsbruck) diese sog. ›Haller Verschreibung‹ beurkundete, wurde ihm vom 29. bis 31. Juli 1439 sein Mündel, Herzog Sigmund, feierlich übergeben. Er bestätigte am 3. Aug. 1439 die Tiroler Landesfreiheiten – und am 15. Sept. 1439 dem einflußreichen Tiroler Landherr, Oswald von

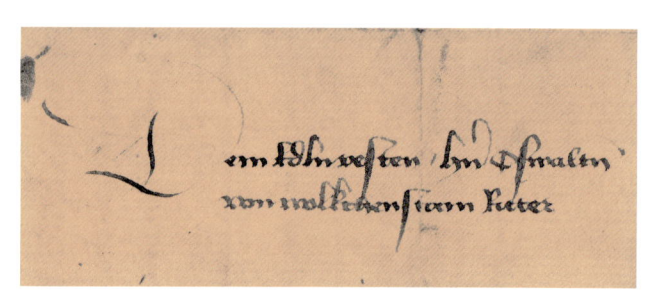

[Abb.I.225] IN DORSO-VERMERK • 1439 • Papier-Urkunde, verso (Kat. III.7.2) [Vgl. Abb.I.226]

[Abb.I.226] EINLADUNG ZUR VERSAMMLUNG DER *LANNTSCHAFT* • 1439 Papier-Urkunde (Kat.III.7.2) [Vgl. Abb.I.225]

Wolkenstein, zuliebe, daß die Bürgschaftsverschreibung von 1422 ungültig sei (vgl. III.5.5).

Nach dem Tod König Albrechts II. (1439 Okt. 27) verließ Friedrich V. Tirol, um sich mit der Nachfolge im Reich zu befassen – und nahm, entgegen der ›Haller Verschreibung‹, sowohl sein Mündel als auch die Schätze Friedrichs IV. mit sich nach Graz und nach Wiener Neustadt.

NB: Dieser Vertrauensbruch, samt widerrechtlicher Verletzung einer beurkundeten Vereinbarung mit den Tiroler Räten und mit den adeligen Landherren, sollte Oswald von Wolkenstein, den Parteigänger Herzog Sigmunds, bis zu seinem Tod 1445 beschäftigen (s.u.).

III.7.3; Abb. I.227, S. 205

Majestätssiegel Kaiser Friedrichs III. 1452
Wachs, ungefärbt; ø 13,5 cm; mit eingedrücktem Gegensiegel des Kaisers
Innsbruck, Tiroler Landesmuseum Ferdinandeum: 2/M I

Avers (Abb. I.227): Majestätssiegel mit dem thronenden Kaiser (Kaiserkrönung am 19. März 1452) unter spätgotischem Baldachin, umgeben von Wappen seiner Erblande.
Umschrift: SIGILLUM · MAIESTAT(IS) · FRIDERICI · DEI · GRA(TIA) · ROMANORU(M) · REGIS · SEMPER · AUGUSTI · DUCIS · AUSTRIE · STIRIE · KARINTHIE · ET · CARNIOLE · COMITIS · Q(UE) · TIROLIS · ETC
Revers: Doppeladler des Kaisers mit Wappen und Umschrift (wie Avers).

[Abb.I.227 Majestätssiegel Kaiser Friedrichs III. 1452 · Wachs (Kat.III.7.3) ▶

III.7.4; Abb. I.228, S. 179

Anonymus: Kaiser Friedrich III. und Eleonore von Portugal. Anfang 16. Jhdt
Öl auf Leinwand, 100 × 114 cm
Innsbruck, Prämonstratenserstift Wilten

Der am 19. März 1452 zum Kaiser gekrönte Friedrich III. (geb. am 21. Sept. 1415 in Innsbruck; † 19. Aug. 1493 in Linz) heiratete nach seiner Kaiserkrönung in Rom Eleonore (Leonora) von Portugal († 1467) und besuchte König Alfons V. von Aragon, der ihm den aragonesischen Kannenorden (vgl. Abb. I.205 und 206) mit dem Greifen verlieh, der ein Schriftband mit der Inschrift PER.BON.AMOR in seinen Klauen hält. Vorlage: Bildnisse des Malers Hans von Schwaz (1480-1529) nach verschollenen Bildnissen der Dargestellten.

Einziger Sohn: Maximilian I. (Wiener Neustadt 22. März 1459 – 12. Jan. 1519 Wels/OÖ)

II. ADEL UND ERBE VERPFLICHTEN

II.3 DAS ERBE DES ZWEITGEBORENEN

II.3.3 DER ›VILLANDERER-RITTNER ALMSTREIT‹ 〉〉〉〉〉〉〉〉〉〉〉〉〉〉〉〉〉〉〉〉〉〉〉〉〉〉〉〉 1441 – 1442

Bereits Anfang Juni 1441 (LZ 312) informierte Oswald von Wolkenstein seinen Bruder Michael über den Wiederausbruch des 500-jährigen und seit 1380 urkundlich bezeugten Almstreites zwischen Ritten und Wangen einerseits und Villanders und Barbian andererseits, weil die Rittner erneut ihr Vieh auf die durch Marksteine gekennzeichneten Mähwiesen der Villanderer getrieben hätten.

Wie Oswalds von Wolkenstein Urbar- und Zinsbücher (1427; LZ 174) bestätigen, besaß er grundherrliche Rechte auf der Villanderer Alm und hatte deshalb größtes Interesse daran, daß die abgabenpflichtigen Betriebe seiner Bauern nicht übermäßig unter der Belastung durch Rittner Sonderweiderechte (nach Schiedsspruch Herzog Leopolds III. 1380; bestätigt 1408 von Friedrich IV.) zu leiden hatten, weshalb er für seine Villanderer Bauern Partei ergriff und deren Kampf um ihre Almrechte vehement unterstützte.

Mitgeschädigter: Kaspar von Gufidaun, Pfleger in Bruneck, der aber, durch die Rittner beeinflußt, zögerte, in Koalition mit Oswald von Wolkenstein (und mit dessen Bruder Michael) einen *haimlich* vorbereiteten *krieg* gegen die Rittner zu beginnen – *wann dy den krieg anfiengen vnd triben* (LZ 312).

Wir begeren, Ir wellet vns den schaden núczleichen widerkeren

II.3.3.1; Abb. I.229, S. 207

Bruneck, 1441 Juni 26
Beschwerdebrief an die Gemeinde auf dem Ritten
Abschrift, 1. Hälfte 15. Jhdt; Papier, 9,5 x 21,5 cm
Nürnberg, Germanisches Nationalmuseum, Historisches Archiv, Familie Wolkenstein-Rodenegg: Fasz. 18 (WA 37)
[Schwob: *Lebenszeugnisse*. Nr 313]

Der ganczen gemain ab dem Ritten vnd darczu allen andern, dy mir, Oswalden von wolkenstein, Ritter, vnd mir, kasparen vonn Gufidawn, vnser vátterlich [recte: mütterliches] *erib, gelegen auf der alben villannders, lannge czeit* [sic!] *gewaltigkleich wider got* [sic!] *vnd recht genomen vnd genossen habent, nyessen vnd noch villeicht hinfúr* [sic!] *willen haben, Dasselbe zu niessen, Da got* [sic!] *vor sey!*

Entpietten wir obgenantt baid vnd begeren ernstlichen von ew, Ir wellet vns denselben schaden vergangen núczleichen widerkeren vnd hinfúr auf vnseren grúnden, wismatn vnd maderen [Mähwiesen von Höfen]*, was der zu vnserem tail, In vnser hóff vnd gútter gehóren oder gemarichstaint* [durch Marksteine gekennzeichnet] *sein, friden meiden vnd darab cheren, also das ir vns mit ewerm vich vnd auch sunst fúrbasser darauff dhainerlay scháden vns nach den vnseren mer czucziehen wellet vnd vns solhs gross gewaltz, durch ew bisher getriben, hinfúr überhebt.*

Beschách des in obgeschribner mass aber nit, vnd das [wir] *lennger von ew leyden sollten oder mússten, Súllt ir wissen, das wir es nit gern tún vnd* [aber] *alles vnser vermúgen darinn prauchen wellen, damit wir an vnserem tail, alsuerr das vnser grúnt vnd bodem berúrt, sólhs gewaltz vnd schadens hinfúr von ew* [nicht mehr] *vertragen werden.*

Vnd darumb so wellet ir vnuerczogenlichen Darob sein, vns zu baiderseytt grósser múe, sorig vnd schadens zu uertragen vnd ze vberheben.

Der Almstreit beschäftigte bereits vor diesem Beschwerdebrief den *herrn von Brichsen*, Bischof Georg I. Stubier, der angeblich *ein gút geuallen hett mitsambt vns* (LZ 312) – sowie die beiden weiteren Mitglieder des Tiroler Regentschaftsrates, den Landeshauptmann, Vogt Ulrich von Matsch, und Wolfhart Fuchs von Fuchsberg (den Burggrafen auf Tyrol), die Oswald von Wolkenstein in der Rittner Streitsache allerdings zweimal schriftlich vermahnt hatten, weshalb er den beiden ›Anwälten des Königs‹ seinen und des Gufidauners Rechtsstandpunkt darlegte:

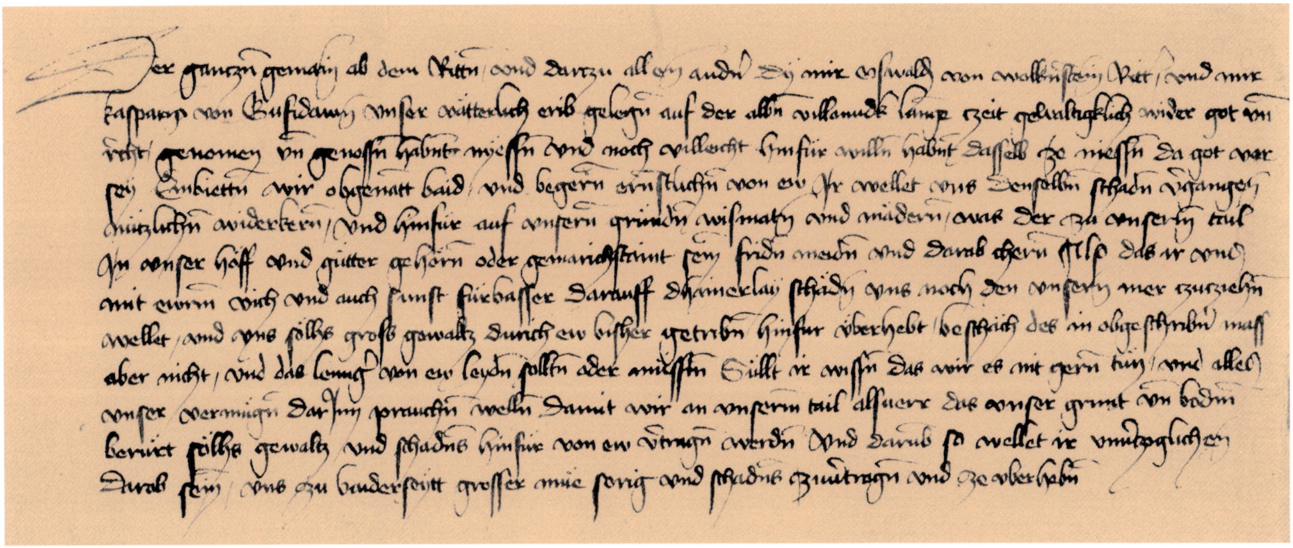

[Abb.I.229 BESCHWERDEBRIEF AN DIE GEMEINDE AUF DEM RITTEN • 1441 • Abschrift, 1. Hälfte 15. Jhdt; Papier (Kat.II.3.3.1)

Dabej ir vnd mániklich wol versteen mag [...], ob der pruch gelumphens vnd rechtens an vns oder an ln sey, wann hietten sy ln meins vatterlich erib, des sy doch selber Jechen müssen, dhainerley sprüch [rechtmäßigen Anspruch] *– den móchten sy mit ainem rechten wol gesücht haben an stetten, da das billich gewesen wár nach dem lanndsrechten!* (LZ 314)

1441 Juli 12	Vogt Ulrich von Matsch und Wolfhart Fuchs von Fuchsberg teilen *dem Edelen vnd vestten Ritter, hern Oswaltten von Wolkenstain*, schriftlich mit, *das die ab dem Ritten* bei ihnen vorgesprochen und einen Brief König Friedrichs III. präsentiert hätten, worin den Rittnern und den Villanderern untersagt wird, ohne gerichtlichen Beschluß etwas gegeneinander zu unternehmen, weshalb die beiden (Parteigänger der Rittner!) von ihm *ernstlichen* verlangen, daß er *an recht mitt den Rittnern vnd den Iren nicht*[s] *ze schaffen hab*[e] *vnd sy vnbechúmbertt lasse beleiben* (LZ 315).
1441 Juli 18	In einem aus Wien geschickten *gescháfft brieff* an den Landeshauptmann *an der Etzsch* befiehlt König Friedrich III., daß im Almstreit zwischen den Rittnern und den Villanderern so zu entscheiden sei, daß jede Partei zu ihrem Recht komme (LZ 316).
1441 Juli 25	Der Landeshauptmann fordert Oswald von Wolkenstein erneut auf, mit der *Gemainschafft ab dem Ritten in Argem noch in úbel nicht*[s] *ze schaffen* [zu] *haben* – oder er solle am 27. Aug. vor dem *hoffrecht* in Bozen erscheinen, um ihn und die Rittner *gegeneinander verhören* und ein Urteil fällen zu können. PS: *Ewr verschriben antwort lassend mich wissen bei disem botten* (LZ 318).
1441 Juli 25	Oswalds von Wolkenstein sofortige, deutlich verärgerte *antwort* an den *libe*[n] *her*[n] *hauptman*: Es kümmere ihn nicht, welche Rechte die Rittner sonst noch auf der Villanderer Alm in Anspruch nähmen – ihn interessierten lediglich die Mähwiesen seiner Bauern, auf denen die Rittner widerrechtlich gemäht, geheut und mit ihrem Vieh Schaden angerichtet hätten. Der Landeshauptmann hätte sich also die *mer worten* sparen können! NB: *Ich pin mein arm leut vnd meyn váterleich erb und wismat schuldig vnd phlichtig zw retten vnd zw schirmen als fer ich hab getun* [und] *mag* (LZ 319).
1441 Juli 26	Bischof Georg I. Stubier von Brixen verwarnt Oswald von Wolkenstein im Auftrag König Friedrichs III., die Rittner *anzegreyffen* – *So emphelhen wir ew ernstlich* [...], *daz Jr dauor seyt vnd des nicht tut noch* [anderen] *gestattet ze tun!* (LZ 320)

1441 Nach Juli 26	Oswalds von Wolkenstein Antwort auf den Brief des Brixener Bischofs (s.o.): Er möge verstehen, sofern er den Rittner *pawren widerdries getann hab*, dann mit *kainerlay sach anders, sunder allain mit der gerechtigkait* – denn die Villanderer Alm gehöre allen und folglich gelte auch das Recht daran für beide Parteien. Deshalb habe er *chain sunder krieg mit den Rittnern*, sondern vertrete nur das, *was vns allen zu versprechen stett, die zu der albem gehören*, d.h. das allen Almberechtigten zustehende Recht, weshalb er sich zu gegebener Zeit gegenüber den Rittner *pawern* vor Gericht verantworten werde.
1441 Juli 28	Bischof Georg I. von Brixen, Vogt Ulrich von Matsch, Hans von Neipperg (königlicher Rat aus Österreich), Wolfhart Fuchs von Fuchsberg *und Michael von Wolkenstein* (!) teilen *dem Edeln, vnserm getrewn vnd guten freundt, hern Oswaldten von wolkenstain*, mit, daß sie als Anwelt des Königs zwischen Vilandern ainhalben *Vnd Rittner[n] anderhalben – vnd allen den, So darunter verwandt sind – friden geschaffen haben vntz auf sandt Martinstag* [11. Nov.] *nechstkúnftigen*, dessen strikte Einhaltung befohlen wird. Zudem wird Oswald von Wolkenstein aufgefordert – als Vorleistung für die ihm versprochen *teg* (Gerichtsverhandlung) – innerhalb von acht Tagen beim Landeshauptmann in Bozen den Rittnern *solich gút [zu] bannden [zu] geben*, was er, die Seinen oder von ihm Beauftragte diesen abgenommen haben. Schlußwarnung: *Vnd dauon So tut darJnn, als Ir solh huldt* [des Königs] *maynet ze behalden Vnd vngnadt ze meyden* (LZ 323).
1441 Aug. 2	*Item Des haubtmanns geschäfft [brieff]*: Der Landeshauptmann schickt *dem edlen vessten Ritter [den] geschäfft brieff* des Königs vom 18. Juli 1441 (s. o.) zur Kenntnisnahme (*den ir wol vernemen werdet*) und zur strikten Befolgung – obwohl der König darin befohlen hatte, daß jede Partei zu ihrem Recht kommen solle und die Angelegenheit neutral, d. h. unparteiisch, zu behandeln sei (woran sich der Landeshauptmann nun wahrlich nicht gehalten hat, denn:) – *Also schaff ich noch mit ew [...], Das ir demselben geschäfft* [des Königs sowie seiner *anwälte* vom 28. Juli] *nachkomen vnd das vestigklichen halten vnd auch Dawider nicht tuend!* (LZ 324)
1441 Aug. 9	Auf Oswalds von Wolkenstein Bitte hin stellt der Brixener Bischof diesem einen Geleitbrief aus, um in persönlichen Kontakt mit den Anwälten des Königs treten zu können (LZ 326).
1441 Nach Aug. 9	Oswald von Wolkenstein versichert dem Landeshauptmann, er für sein Teil hätte den bis zum 11. Nov. gebotenen *friden [mit] der gemainschaft ab dem ritten bisher treulichen vnd vngeuarlichen gehalten* – allerdings im Gegensatz zu den Rittnern, denn *sy habent denselben friden yeczund vberfaren vnd nicht gehalden, wann sy mir vnd den meinen Jn ir wismat, máder vnd in ir gemádtz hew fräuelichen mit gewalt treiben vnd das mit iren ochsen vnd pfárden táglichen áden vnd eczen vnd beschedigen!* (LZ 327) Oswald von Wolkenstein fordert deshalb den Landeshauptmann auf, dafür zu sorgen, daß die Rittner mit solchen Fehdehandlungen unverzüglich aufhören – und er möge endlich kapieren, daß *der pruch des fridens an Jn wár vnd nicht an mir!*
1441 Aug. 12	*Ladbrieff* des Landeshauptmanns, Vogt Ulrich von Matsch, an den *edlen, vessten Ritter, herrn Oswalden von wolkenstein*: *Mir hat fúrbracht Jórg meczner, pfleger Jn Sárentein, wy das ewer dienár vir och–*

[Abb.I.230 Transport eines Ochsen • Um 1465 • Kolorierte Federzeichnung in Ulrich Richental: *Chronik des Konstanzer Konzils*. Fol. 70 recto (Kat.III.3.10)

sen aus dem gericht sárentein genomen haben. Des sich aber der [...] meczner als ain pfleger an unser gnádigisten herrschaft beswárt dunkt, wann dy zwitracht der rittner vnd villanndrer das gericht sarentein nicht berúrt, noch in den sachen verwandt sind.

Also schaff ich mit ew ernstlich von wegen [des Königs, des Herzogs zu Österreich und des Grafen zu Tirol], *Das ir dyselben vier ochsen wider in daz gericht sárentein anuercziehen antwurttet, damit durch sólhs dem [...] gericht sein ehafft nicht enczogen werde.*

Tátt Ir des nicht, So eruoder ich ew fúr mich vnd ander meins gnádigisten herren Anwált vnd lanndlewtt daher gein botzen auf das hofrecht [am 27. Aug.], *vnd emphilh ew ernstlich von wegen* [des Königs], *Das ir also dahin chómet vnd ew darumb verantwurttet. So wil ich daselbs* [des Königs] *Anwált, rát vnd lanndtlewt zu recht erchennen lassen, was ir* [dem König] *vmb solhs úberuaren schuldig vnd vellig werdet.*

Ich lasz ew wissen, das die Ochsen meiner abgesagten veind gewesen seind

II.3.3.2; Abb. I.231, S. 209

Hauenstein, 1441 August 26
(In dorso:) *Wy ma(n) dem haubtma(n) auf den ladbriff geschrib(e)n hat*
[*Die antw(ur)t darauf*]

Abschrift, 1. Hälfte 15. Jhdt; Papier, 19,2 x 22,5 cm
Nürnberg, Germanisches Nationalmuseum, Historisches Archiv, Familie Wolkenstein-Rodenegg: Fasz. 18 (WA 39)
[Schwob: *Lebenszeugnisse*. Nr 329]

Einen Tag vor dem angesetzten Hofgerichtstag in Bozen schickt Oswald von Wolkenstein *dem wolgeporen* [sic!] *herren, vogt vlreichen von Metsch, baupman* [sic!] *an der Etsch, Dy antwurtt* auf dessen *Ladbrieff* vom 12. Aug. (s.o.):

Als ir mir am nechsten [sic!] *zu geschriben habt von vier ochsen wegen, die mein knecht aus dem gericht Serntein genomen Sullen* [sic!] *haben, lasz ich ew wissen, das dieselben Ochsen meiner abgesagten veind* [den Rittnern] *gewesen seind [...]*

Darumb, wenn mir die Rittner mein verderblich lang vergangen schaeden, mir vnd meinen armen lewten widerkeren des geleichen, So will ich das vnd anders denselbigen Rittneren auch gern abtun.

Auch vernim jch, ob ich dy vier kwe [Kühe!] *nicht wider in das gericht Serntein antwort, So wellt ir* [des Königs] *Ret, anwellt mitsambt der lantschaft erkennen lasen, wes ich darumb vellig sey, als das derselb ladbrief durch mer wort* [sic!] *Innheltet, des geleichen jch vormals auch von ew schriftleich han muesen hoeren* [sic!], *vnd ich doch wider Err nie getan hab, darumb jch solich schmehe erchantnúss verdient hab* [sic!]

Vnd ob ich schon darinn verchuerczt wurd [sic!], *So zweyfell ich nicht, oder des* [Königs] *Mayestát vnd gnad sey daruber geert vnd gewirdiget* [sic!], *das er mich, noch nyemant, vmb kain erlich sach in soleich vngenad nicht enphahen well.*

Auch wisst, das ich solich schmehe erkantnussz vnuerdient vmb solich ring sach auf mir nicht geren ligen lies vnbeklagt vnd auch vnverantwort mit recht an solchen enden vnd steten, da ich das pilleich vnd ze recht tun solt nach meiner eren noturft – als das ainem frumen Ritter zu gepuert.

Oswald von Wolkenstein konterte auch mit *mer wort* auf des Landeshauptmanns letztlich hämischen *Ladbrieff*, den er als Zumutung und als Beleidigung für einen ehrbaren Ritter empfand – weshalb er der Ladung (selbstverständlich!) *nicht* Folge leistete, um nicht vor dem Bozener Hofgericht wie ein Übeltäter abgeurteilt zu werden, was schließlich *ainem frumen Ritter* nicht *zu gepuert*.

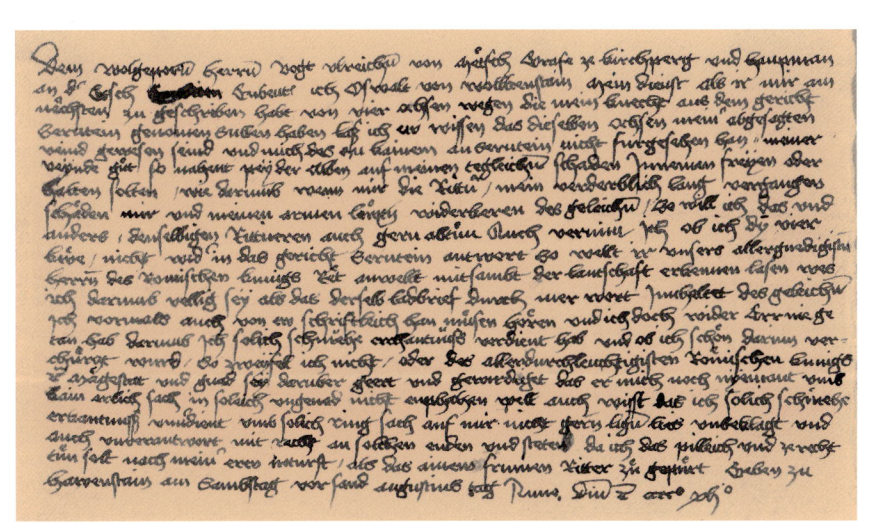

[Abb.I.231] Antwort auf den *Ladbriff* des Landeshauptmanns • 1441 Abschrift, 1. Hälfte 15. Jhdt (Kat.II.3.3.2)

| 1441
Aug. 27 | Unter dem Vorsitz Sigmunds von Niedertor findet in Bozen die Hofgerichtsverhandlung gegen den nicht erschienenen Beklagten, den *Edlen, Vesten Ritter, Herrn Oswolt von Wolkenstain* (LZ 330), statt und wird protokolliert (›Gerichtsbrief‹; s.u.).

Als Chefankläger (im ›Auftrag‹ des Königs, den er sich beschafft haben dürfte!) tritt auf: Der ganz auf Seiten der Rittner stehende Landeshauptmann, der im Beklagten schon vor diesem Hofrechtstag den tatsächlichen Auslöser der *Stózz zwischen der gemainschaft auf dem Riten vnd der gemainschaft auf Vilanders von ainer alben wegen* sah – denn die Rittner hätten den Beschwerdebrief (vgl. II.3.3.1) als Fehdeabsage interpretiert (!) und wären ›willig‹ gewesen, ganz im Gegensatz zum Beklagten, dem er *vngehorsam vnd mutwillen*, Fehdehandlungen und sogar Landfriedensbruch vorwirft, der bestraft werden müsse.

Das Urteil der Anwälte und Räte des Königs: Der Beklagte soll das auf der Alm oder in Sarnthein geraubte Vieh zurückgeben – oder es (nach Schätzung seines Wertes durch einen weiteren Rechtstag!) bezahlen. Bei Zuwiderhandlung des Beklagten würden die Anwälte den *geschädigten* Rittnern (!) Teile von Oswalds von Wolkenstein Besitz zu deren Schadloshaltung beschaffen (LZ 330).

NB: Des Beklagten bereits 1438 vorweggenommener Kommentar zur vorsätzlichen und ›mutwilligen‹ Verdrehung von Ursache und Wirkung durch seinen ihn anklagenden Landeshauptmann:

> *Das recht hat gar ain wechsin nas;*
> *es lat sich biegen als der has,*
> *so in der hund pringt in den wanck,*
> *neur hin und her stat sein gedanck.* (1438; Kl.112,123/126) |

| 1441
Nach
Aug. 27 | Oswald von Wolkenstein beschaffte sich durch Informanten *Des haubtmans klag vnd vrtail* (LZ 331). Sein schriftliches Memorandum für den Eigengebrauch: *Item Von des rechtens wegen, Das sich ze poczen verloffen hat.*

Der dort Angeklagte und Verurteilte entwirft einen Antwortbrief im Namen aller Villanderer Grundherren mit folgendem Tenor: *Das bechumert vns grunthern nicht!* Aber: *So wil ich meins tails noch gern bej meinen paulewtten belaiben vnd mit in* [ihnen] *übel mitleiden von der sach wegen, vnd darzu hellfen vnd tun* – notfalls mit 50 *gutter knecht auf mein aigen kost vnd zerung* (LZ 332), um die Fehde fortsetzen zu können. |

| 1441
Sept. 30 | Anton von Thun, dem Pfleger und Richter auf Stein am Ritten, untersagt der Brixener Bischof Georg I. Stubier weitere widerrechtliche Feindseligkeiten (wie seinen Überfallversuch mit den Rittnern; vgl. II. 3.3.3, fol. 6 recto) gegen Oswald von Wolkenstein – weil dessen Diener einen Boten mit einem an ihn gerichteten Brief des Landeshauptmanns (mit der Bitte um Rechtshilfe gegen die Villanderer und deren Sprachrohr, Oswald von Wolkenstein) an der Brücke unterhalb der Trostburg gefangen genommen, nach Hauenstein verschleppt, gefoltert, den Brief aufgebrochen und dann erst an den Thuner weitergeleitet haben:

> *Emphelen wir ew erenstlich vnd schaffen als Anwalt* [des Königs]*, daz Ir mit* [...] *Oswaldten In vnguten vnd an recht nicht zu hanndeln habt noch ze schaffen* – *hiett Ir aber dhainerlay spruch zu Im, darumb wellen wir ew genaynander tég seczen vnd verhórn vnd yettwederm tayl widerwaren lassen, was billich ist* (LZ 333). |

| 1441
Okt. 15 | *Von der vrteil wegen*: Erst sieben Wochen nach Urteilsverkündung informiert der Landeshauptmann den Beklagten offiziell über die *zuspruch vnd clag*, die er *an stat vnd von wegen des Königs am nächsturgangen hofrecht zu* [ihm] *clagt vnd volfúrt hab*[e]*, von solicher geschefft wegen*:

> *So Ich vnd ander anwelt mit ew getan haben von wegen der Rittner, dar Jnn Ir vngehorsam seyt gewesen vnd auch von wegen des vihes, So Jr denselben Rittnern* [sic!] *genomen habt, darJnn vnder andern sachen* [?] *Mit vrtail erkannt vnd begriffen ist* [:] *Daz vihe, So Jr oder die ewrn, den Rittnern* [...] *genomen habt, Solt Jr Jn wider geben, ob dasselb vih vorhanden wer. Wer aber dasselb vih nit vorhanden, So soll ich ew vnd den Rittnern, den Jr vihe genomen ist, teg* [am 30. Nov.] *setzen* (LZ 334). |

Bei diesem Gerichtstermin sollen *funff oder Syben gemayne man* den Wert (vgl. II.8.1) des Viehs bestimmen – die *Summ*, die er den Rittnern *schuldig sey nach dem landsrechten*.

1441 Okt. 30	Aus Bruneck beschwert sich Oswald von Wolkenstein bei *dem Edlen, wolgeboren* [sic!] *herrn, graff* [sic!] *vlrich von máczsch* (LZ 335), lediglich dessen *brief* (vom 15. Okt. 1441) erhalten zu haben, aber *bisher In chainer aigenschafft nye recht erfaren chund*, weshalb er *beger*[t], *durch ainen gerichts brieff* [Protokoll; s.o.; 27. Aug. 1441], *als ew das zugepúrdt aigenlichen* [sic!], *beschaiden vnd vnderweise*[t] werde – *Damit ich nicht verchúrczt werde!* (LZ 335)
1441 Nov. 7	Ebenso wie Oswald von Wolkenstein sah auch der Brixener Bischof Georg I. Stubier das Bozener Hofgerichtsurteil keinesfalls als endgültige Bereinigung des ›Villanderer-Rittner Almsteites‹ an. Er teilt deshalb *dem Edeln, Vessten, Vnserm getrewn, lieben hern, Oswaldten von Wolkenstain*, mit, daß *nachmaln* (18. Juli 1441) *der künig dem* [...] *von Metsch mit seinem brief empholhen hat, die Sach als von der alben wegen ze Tegen ze bringen, vnd darin ze hanndlen, als dasselb sein kúnigcleich schreiben ausweiset*, d.h. jede Partei, von der zwitrecht wegen, zu ihrem Recht kommen zu lassen: *Daz Rittner vnd Vilander, vnd die, so zu den Sachen gewant sind* [wie O.v.W], *in vnwillen vnd vnguten nichts solten miteinander zu schaffen haben* (LZ 337). Für den Schiedstag müsse der *Frid* (bis 11. Nov.), der ihm am 28. Juli mitgeteilt worden sei, allerdings nicht verlängert werden (und des Bischofs Geleitbrief vom 9. Aug. gelte weiterhin).
1441 Nov. 11	*Dy antwurt widerumb von dem haubtmann* (auf Oswalds von Wolkenstein Beschwerde vom 30. Okt.): *Das ich úch für mich geuordert hab an stat* [des Königs] *ze rechter zeit mit ladung* [*Ladbrieff* vom 12. Aug.], *vnd wárend ir, oder yemand von ewern wegen, da komen vnd hettend sein* [den *gerichtzbrief*] *begert, so wais ich nicht anders, man hette* [ihn] *úch geben* (LZ 338).
1442 Febr. 25	Vgl. II.3.3.3, fol. 3 recto.
1442 März 8	Der Brixener Bischof Georg I. Stubier teilt dem *Edle*[n], *veste*[n] *vnd getrew*[n], *sunder liebe*[n] *Her*[n] *Oswalt*, aus Innsbruck mit, daß er sich bei dem am 11. März in Innsbruck eintreffenden König Friedrich III. wegen seiner *sachen alczeit gern* [be]*múen werde*, weswegen er *chainerlay sorgnusz vnd entseczen* (LZ 342) haben müsse (vgl. aber unten; 18.März 1442!).
1442 März 18	Oswalds von Wolkenstein *entseczen* dürfte groß gewesen sein, als er genau 10 Tage später von König Friedrich III. aus Innsbruck die gesiegelte schriftliche Aufforderung erhielt, sich unverzüglich vor ihm in Innsbruck wegen angeblicher Beraubung der Leute auf dem Ritten zu verantworten: *Getrewr lieber. Vns haben vnser lewte auf dem Riten* [die Rittner] *fúrbracht* [:] *Wie du In ettweuil ihres gutes genomen vnd Si des entwert habest.* [Deshalb] *empfelhen wir dir vnd wellen, daz du dich von sólicher sachen wegen an verziehen zu vns* [nach Innsbruck] *fúgest. So wellen wir dich darInn auch* [wie die Rittner] *gnedigklich* [sic!] *verhóren vnd diselben sach mit vnsern Reten für vns nemen vnd darInn nach einem pillich hanndeln.* (LZ 343)
1442 März 18	Wohl in Kenntnis von Oswalds von Wolkenstein jahrzehntealtem ›biographischen Muster‹, Vorladungen grundsätzlich keine Folge zu leisten – dadurch aber seinen Gegnern Steilvorlagen für Blitzverfahren, Blitzurteile und für Eigentore zu liefern (s.o.; 27. Aug. 1441) – fordert der Brixener Bischof Georg I. Stubier seinen *getrew*[n], *sunderliebe*[n] *her*[n], *Oswaldt*, aus Innsbruck vor- und fürsorglich auf, die Ladung des ›gnädigen‹ Königs ernst zu nehmen und *desshalben wol her*[zu]*kómen – und vilander von Iren wegen* mitzubringen bzw. *Ir Sachen* (Unterlagen), denn die Rittner sind bereits in Innsbruck *vnd treiben Ir Sachen nach Irem besten*. (LZ 344)

211

1442 März 22	Der Brixener Bischof Georg I. Stubier ermahnt seinen Hochstiftsadeligen, sich unbedingt wegen seiner *Sachen vnd sunderlich* [der] *Ritnér wégen heraus* [nach Innsbruck] *zu fúgen*, um dem König seinen Standpunkt in der Streitsache mit den Rittnern *selb ze bekennen* [zu] *gebe*[n] *vnd* [seinen] *gelympf selb* [zu] *ertzele*[n] – *wan* [ihm] *das am kuntlichisten ist vnd am pessten* [wissentlich] *fürzebringen*, zumal der Bischof nicht daran zweifelt, daß *Oswaldt gnediglich werdt gehört*, und er könne dabei auch mit des Bischofs vollster Unterstützung rechnen, um endlich und einigermaßen glimpflich aus diesem unseligen Almstreit herauszukommen. Um ihm die letzte Scheu vor einer Reise nach Innsbruck zu nehmen, würde der Bischof ihm sogar einen Geleitbrief des Königs besorgen, wenn er diesen benötige. PS: *Lasset vns zestund ewrn willen widerumb wissen, damit wir vns auch darnach wissen ze richten.* (LZ 345) *NB*: Oswalds von Wolkenstein Nichterscheinen dürfte nicht nur den König, sondern v.a. den Brixener Bischof verärgert haben – doch angesichts der von Oswald von Wolkenstein dadurch aktivierten Zeitbombe – der darüber entrüsteten und aufgebrachten Rittner – verblassten solch undiplomatischen Fehlleistungen eines allzu stolzen *frumen Ritters*.
1442 Nach April 15 / Vor April 23	König Friedrich III. und der Brixener Bischof, sein oberster *Anwalt* für die Grafschaft Tirol, blieben bis ca Mitte April *hie* [in Innsbruck] *zu lande* (LZ 342) – und wohl auch die Delegation der *lewte auf dem Riten* (LZ 343), um auf Oswald von Wolkenstein und auf dessen *verhór* durch den König sowie auf das Urteil von dessen *Reten* zu warten. Enttäuscht, entrüstet und maßlos aufgebracht über Oswalds von Wolkenstein ›unritterliches‹ Verhalten, statuierten die stinkwütenden Rittner (Bauern) sofort nach Rückkehr aus Innsbruck ein Exempel: Zunächst mal am Fuße des Kastelruther Berges, im Umfeld des Familienältesten der beiden Wolkensteiner – wie einem Schreiben des aufgebrachten Erasmus Steinpeck, dem Hauptmann auf Michaels von Wolkenstein Trostburg (hier: *traspergk* genannt), an den *strengen vnd vesten ritter, hern oswalten*, [s]*einem genádigen lieben hern* (In dorso-Vermerk; LZ 347), von Mitte / Ende April 1442 zu entnehmen ist:

> *Genádiger Lieber her* [wist], *daz die nachpawr* [der Trostburg] *hewt frú czu mir schikotten vnd liessen mich wissen, wie* [ihnen] *die rittner ab hetten gesagt* [Fehde ankündigten], *vnd paten mich, daz ich die prugk* [über die Eisack bei Waidbruck] *peseczitt* [besetze]. *Da ging ich hinab zu* [ihnen und] *vnderforschett die mär, wie ez ein gestalt hiett* [was an der Botschaft dran sei].
>
> *Da sagten sy mir, wie* [ihnen] *die rittner yr oxen* [sic!] *hetten genomen heytt mitt sam dem tag* [mitten am Tag] *vnd der absag prieff* [Fehdeabsagebrief] *ist* [ihnen] *erst hernach worden, vmb die czeitt, so man erst auff stett* [bei Tagesanbruch].
>
> *Ich han auch mit dem* [Almwächter] *salnar* [Salner oder Saltner] *mundleich gerett, der ist* [ihnen] *chaum entrunnen.*
>
> *Lieber her, trachtett, daz man die pruchen* [Brücke] *besecz*[t] *nach naturff* [Bedarf], *wan ich hab chaum gesellen genug peim haus* [der Trostburg], *wir túrffen woll zu vns selben sehen.*
>
> *Wan dy paswight* [Bösewichte] *heben daz* [die Fehdehandlungen] *aber an in dem friden* [vor dem 23. April!], *daz kan der pfaff* [der Brixener Bischof?] *zu richten vnd ander mer* [des Königs Anwälte und Räte?], *die yr woll kentt* [sic!], *daz man* [den Rittnern] *gestatt alles, Daz sy anheben soleich gar vnerleich* [unehrliche] *sach, daz vor iarn vngehortt in dem lantt ist gewesen.*
>
> *Daz ewch vnd andren frumen ritter vnd knechten* [die zum Schutz ihrer Bauern verpflichteten Adeligen] *wol mag erparmen* [sic!] *solchs gewalt, daz man mitt ewren armen láutten* [Leuten] *treibt auf solchs verschreiben* [Urkunde], *daz der* [Bischof] *von prixen, der hawpman* [Landeshauptmann], *her wolfart* [Wolfhart Fuchs von Fuchsberg] *den vilandrern* [eher: Rittnern!] *getan haben. Ich kans nit genug geklagen von den pasen* [bösen] *paswichten* [Bösewichten] *yr vnerleiche tatt, die sy treyben.* (LZ 347)

Daß die Rittner wußten, daß Oswald von Wolkenstein derzeit (wegen Abwesenheit seines Bruders) der *genádige her auff traspergk* für dessen *arme*[n] *diner asem steinpeck* (Absender) war, erhellt aus des *Chuncz Widmár* Geständnissen (vgl. II.3.3.3).

Daß eine bäuerliche Gemeinde gewaltsam Fehde gegen unschuldige ›arme Leute‹ führt, hat den Burghauptmann mit Recht aus der Fassung gebracht, denn das hat es bisher im Lande noch nie gegeben. Doch diese Aktion der Rittner war nur ein erster Denkzettel, quasi das ›Vorspiel‹ des Rittner ›Bauerntheaters‹ für dessen großen und eigentlichen Auftritt auf dem Kastelruther Berg, am Fuße der Waldburg Hauenstein (s.u.).

Es darf vermutet werden, daß der Brixener Bischof deshalb am 1. Mai 1442 (!) in Bruneck dem *Edeln, Vesten, vnserm lieben getrewen heren, Oswalten von Wolkenstain,* [ein] *freyes gelait* (LZ 348) ausstellte, da dieser – zurecht (s.u.) – ab dato obiger Vorfälle um seine eigene *sicherhait* besorgt sein mußte, v.a. im Hinblick auf weitere Aktionen von *Vndertanen* des Bischofs in dessen Hochstiftsgebiet.

NB: Der verlängerte *friden* war noch nicht beendet – da begann schon auf dem Kastelruther Berg der ›Bauernkrieg‹ gegen den Landadeligen, Oswald von Wolkenstein, auf Hauenstein!

»So erschiesst oder erstecht in vnd pringt in vmb!«

II.3.3.3; Abb. I.232, S. 213

Hauenstein [1442 Vor April 23 und 1443 August 22/29]
(Fol. 6 verso:) *Dy gichtczed(e)l des widmárs vnd des kúleysen*
Unbeglaubigtes Protokoll; Papier, 3 Doppelblätter, zu einem Heft zusammengelegt, ca 22,8 x 16 cm
Nürnberg, Germanisches Nationalmuseum, Historisches Archiv, Familie Wolkenstein-Rodenegg: Fasz. 18 (WA 41)
[Schwob: *Lebenszeugnisse*. Nr 350]

Fol. 1 recto (Abb. I.232) – Fol. 3 verso (Schreiber 1):
Protokoll der beiden öffentlichen Geständnisse des von den Rittnern gedungenen Attentäters *Chuncz Widmár* bei zwei Verhören vor Zeugen auf Hauenstein (1442 Vor April 23)

Überschrift (Fol. 1 recto, oben, eingerückt; Schreiber 2):

Vermerkt, was ich, chuncz widmár, auf Hauenstain [gestrichen: *vor meiner frowen, vor den gesellen*], *vor dem Richter zu* [gestrichen: *Hawen*] *kastellrút* [wohl Niclas von Lafay], *vor* [sechs Bauern des Kastelruther Gerichtes] *vngenót vnd vnbetwungenlichen veriehen vnd gesagt han* [*vnd auch sydmalen vor andern frumen láutten mer*]*, als dann hernach geschrieben stet.*

Unfreiwillig ›freiwillig‹ gegebene Antworten (*artikel*) des *Chuncz Widmár* auf (nicht überlieferte) Fragen Oswalds von Wolkenstein oder des Richters von Kastelruth [1. Verhör]:

Item *am ersten hab ich bechant* [:] *Daz dy rittner zu poczen vor dem erhart, landrichter,* [nach dem 2. Febr. und vor dem 25. Febr. 1442] *zu mir chómen* [:] *Der mair von súffan* [Siffian; Anführer]*, der grueber, der Sygmund an der platten, der lechner, der winkler, der kúlseysen* [sengseissen *vnd zehen mer, dy sy all mit nam genant haben*]*, also daz irer wol pey*

XX waren, vnd sprachen zu mir [:] *»So, gesell, wildu solt diennen?«* Da sprach ich [:] *»Ich will nit solt diennen.«* Da sprach sy aber [:] *»Lieber, was mag es dir geschaden?«* Darnach gieng ich gein dem premstaler vnd trank j trinken weinn vnd as ain waiczen prot.
Des gieng ich also von poczen aus vnd wolt [als Wanderknecht auf Arbeitssuche] *ettwen auf ein gslos gangen sein*

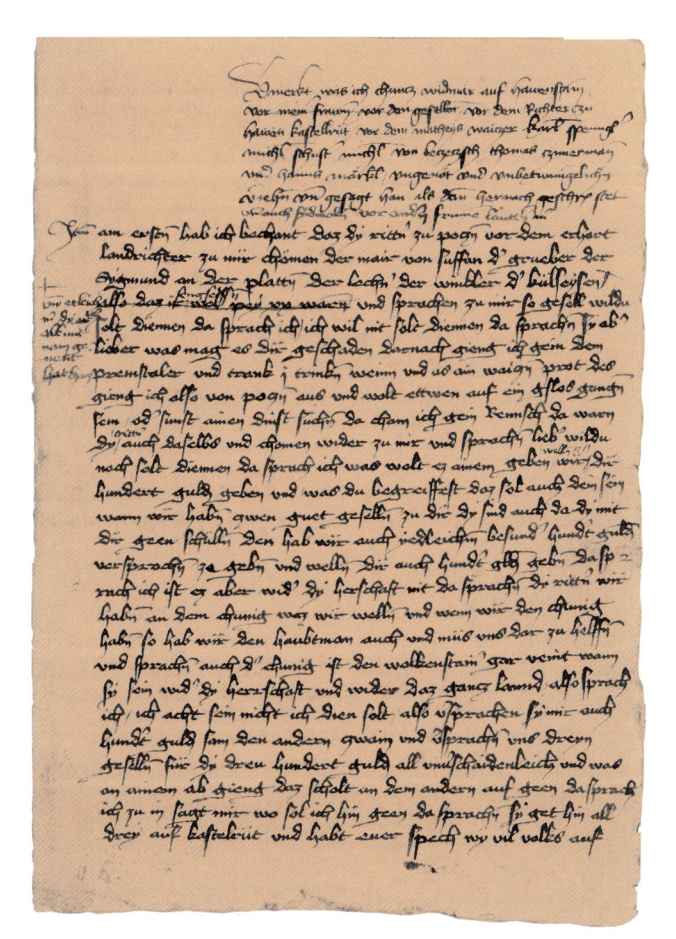

[Abb.I.232] Protokoll von *Chuncz Widmárs* Geständnissen • 1442
Unbeglaubigte Papier-Urkunde (Kat.II.3.3.3)

oder sunst ainen dinst suchen, da cham ich gein Rennsch [Rentsch], *da warn dy* [rittner] *auch daselbs vnd chomen wider zu mir vnd sprachen* [:] *»Lieber, wildu noch solt diennen?« Da sprach ich* [:] *»Was wolt ez ainem geben?« »Wir* [wellen] *dir hundert gulden geben vnd was du* [als Beute] *begreiffest, daz sol auch dein sein, wann wir haben zwen guet gesellen* [der *kúlseysen* und der *sengseissen*] *zu dir* [als Helfer]*, dy sind auch da*[bei]*, dy mit dir geen schúllen, den hab wir auch yedleichem besunder hundert gulden versprochen ze geben, vnd wellen dir auch hundert gulden geben.« Da sprach ich* [:] *»Ist ez aber wider dy herschaft nit?« Da sprachen dy rittner* [:] *»Wir haben an dem chúnig* [König Friedrich III.]*, waz wir wellen* [dessen Ladung an O.v.W. vom 18. März 1442]*, vnd wenn wir den chúnig haben* [da O.v.W. dessen Ladung nicht Folge leistete = Interpretation der Rittner und deren Alibi für ihre Fehdehandlungen!]*, so hab wir den haubtman* [Vogt Ulrich von Matsch] *auch vnd mús vns* [beide] *dar zu helffen.« Vnd sprachen auch* [:] *»Der chúnig ist den wolkenstainer*[n] *gar veint* [vgl. erste Aktion vor dem 23. April 1442]*, wann sy sein wider dy herschaft vnd wider daz gancz lannd* [sic!]*.«*

Also sprach ich [:] *»Ich acht sein nicht,* [dem] *ich dien solt.« Also versprachen sy mir auch hundert gulden, sam den andern zwain* [Helfern]*, vnd versprachen vns dreyn gesellen fúr dreu hundert gulden all vnuerschaidenleich, vnd was an ainem ab gieng, daz scholt an dem andern auf geen.*

Da sprach ich zu in [:] *»Sagt mir, wo sol ich hin geen?« Da sprachen sy* [:] *»Get hin all drey auf kastelrút vnd habt euer spech* [spioniert]*, wy vil volks* [wehrhafte Leute] *auf presels* [Prösels]*, auf hauenstain, auf trosperg* [Trostburg; vgl. erste Aktion vor dem 23. April 1442!] *vnd auf wolkenstain* [sey]*, vnd wy man sich halt auf den geslóssern vnd in dem gericht daselbs.« Vnd sprachen, wir solten vns da selbs zú dingen* [verdingen] *sam ander chnecht, vnd auf welhem haus mann ainen nit ein wolt lassen oder* [als Knecht] *auf nemen, der sol auf daz ander* [haus] *gen.*

Also sprachen sy zu mir [:] *»Gee hin auf hauenstain.« Da sprach ich zu den Rittnern* [:] *»Man lat mich* [vielleicht] *nit ein.« Da riett mir der mair von suffan* [der Anführer der Rittner] *vnd ainer in ainem lanngen part, der zinst in das spital gein poczen, ich solt sprechen, herr veit der Wolkenstainer* [Vetter des O.v.W.; † 1442 Sept. 23] *hat mich her geschikcht vnd solt mich zu herr*[n] *oswalden dingen* [als Knecht verdingen]*.*

Also giengen wir [vor dem 15. April 1442] *all drey auf den* [Kastelruther] *perg zu den geslóssern vnd solt auch den perg kastelrút helffen rauben* [vgl. erste Aktion vor dem 23. April 1442]*, wann der* [doch vom 11. Nov. 1441 bis zum 23. April 1442 verlängerte] *frid yeczund* [am 23. April 1442] *aus get* [s.u.]*.*

Item *mer han ich pechant* [:] *Wenn ich in daz haus* [Hauenstein] *chóm, so solt ich mich frúmkleich vnd erbergkleich halten vnd aigenleich auf nemen, wo mann das haus am aller leichtissten ersteigen möcht. Besunderleichen, sprachen dy rittner, bey den* [Wasser]*róren* [aus dem Wald darüber]*, da scholt ich oben* [im Wald] *schauen. Vnd wenn ich daz also auf genomen* [ausspioniert] *hiet, so solt ich vnd mein gesellen am* [15. April 1442] *gein poczen chómen wider zu* [ihnen]*, da wolten sy dann úberain werden* [beschließen]*, wie man sich* [ab dem 15. April 1442 ver]*halten solt.* [...]

Item *auch hab ich bechant* [:] *Daz der kúlseysen vnd der senngseisen daz haus hauenstain erstigen solten haben, vnd wenn sy her auf wárn chómen, so solt wir dan ein feur gemacht haben in dem haus, so wárn dan dy nachtpaurn* [der Burgfriederhöfe von Hauenstein] *zu gelauffen, vnd wenn sy herein wolten lauffen, so solt wir dan vnder daz tor gangen sein vnd solten dy nachtpaurn geirt haben, vnd solten dan dy* [weiteren] *rittner mit* [ihnen] *herein geloffen sein. Wár aber, daz sy* [die beiden Helfer] *ez* [daz haus hauenstain] *nicht ersteigen möchten, so solt ich* [ihnen] *ein warczaichen mit ainem stab zu dem walken bey der stuben hin aus geben. Vnd wann ich daz getan het, so solt ich darnach ein feur in dem haus gemacht haben, so wárn dan die nachtpaurn aber zu geloffen vnd dy rittner* [im Tumult] *mit* [den nachtpaurn] *herein.*

Item *auch han ich bechant* [:] *Daz ich vnd meinn gesellen herr*[n] *oswalden ausspechen* [bespitzeln] *solten, wo daz wár* [wo er sich aufhält]*. Vnd wenn wir daz getan hetten, so solt wir* [den Rittnern] *daz fúrsich* [extra] *ze wissen tún, so wolten sy* [die Rittner] *vns volks* [wehrhafte Rittner] *gnueg zue schikchen, da mit man* [O.v.W.] *wol gewelltigen* [überwältigen] *möcht.*
Vnd welich [diejenigen Geiselnehmer, die] *i*[h]*n also práchten* [auf den Ritten]*, den wolten sy* [die Rittner] *tausent guldein geben, vnd* [diejenigen] *solten* [O.v.W.] *fúren auf den stain auf dem ritten* [nach Stein am Ritten] *oder anders wo*[hin]*, wann wir i*[h]*n wol versorgen wellen. Vnd der Tunner* [Anton von Thun, der Pfleger auf Stein am Ritten] *wil den rittnern dy tausent gulden dar leihen als lang pis sy ez vndereinander anlegen.*

Item *auch han ich bechant* [:] *Daz wir zu den rittnern sprachen, wár aber, ob wir i*[h]*n* [O.v.W.] *nicht der von* [von Hauenstein auf den Ritten] *möchten bringen, wy wir i*[h]*m dan tún solten. Da sprach ein chúrz páur* [genant der lechner.] *»So erschiesst oder* *erstecht i*[h]*n vnd pringt i*[h]*n vmb!«* Da sprach der Mair von súffen [der Anführer der Rittner:] *»Daz sol man nicht tún, da wár vns vnser schad* [NB: Vier Ochsen!] *da mit nit abgelegt.«* [Zudem hätten sie sich mit dem toten Oswald von Wolkenstein Ärger von der ›Herrschaft‹ und von den Wolkensteinern eingehandelt und von diesen kein Lösegeld erpressen können.] *Der* [Anführer] *behúb auch den rat vnd sprach mer* [:] *»Wirt er vns ain vart oder zwo nicht, so wirt er vns aber dy ander* [die dritt]. *Vnd wenn er vns also wirt, so mús er vns sechs* [vgl. 1422 März 18; II.3.2.6] *oder zehen tausent gulden* [Lösegeld] *geben, da mit daz vns vnser schad* [vier Ochsen!] *abgelegt werde* [sein weib, sein prueder, die lassen i[h]n vmb daz gelt nicht, sy richten es wol aus]. *Des gleichen* [sulten] *sy herr*[n] *micheln, seinem prueder, auch also tún –* [da sprach aber einer der rittner zu [ihnen], genant der weiss [:] »Wolt i[h]m sein prueder nicht helffen, wer wolt i[h]m dan helffen? Daz mag [micheln] niemt verúbelt haben.«] *– vnd mit den andern gslóssern presels, traspurg* [Trostburg] *vnd mit wolkenstain, den* [sulte] *man auch also getan haben sam mann mit hauenstain getan wolt haben.«*

Item *auch han ich mer bechant* [:] *Daz dy rittner zu vns gesprochen habent, daz* [ihnen] *dy sárrentner* [Sarntaler; vgl. Kl. 85,27: Serntner!] *vnd dy meltner* [aus Mölten; vgl. Kl. 85,26: Melten!] *auf sand nesius perg* [Jenesien; vgl. Kl. 85,27: Jenesier!], *dy wellen* [ihnen gegen ihre einstigen Feinde, die Wolkensteiner] *mit vier oder mit sechs hundert chnechten* [sic!] *ze hilffen chómen* [Revanche dieser *fraidige*[n] *man,* welche die drei Wolkensteiner im Herbst 1423 *vergernen wolten,* die ihnen aber *der von kamen;* Kl. 85,27/28?].

Item *auch han ich bechant* [:] *Daz dy rittner gesprochen haben, sy wellen ein ris* [Schneise] *ob*[erhalb] *hauenstain machen vnd grosse hólczer darin herab lassen vnd* [damit] *den graben vor dem haus fúllen, vnd wenn der also gefúlt wurd, so wolten sy dan daz haus stúrmen. Wár aber, daz sy daz nicht tún móchten, solten sy ez anzuntten.*

Item *mer hab ich bechant* [:] *Daz sich her osbalt vnd herr michel vor den rittnern ir leib vnd ir guet wol fúr dúrffen ze sehen* [beschützen müssen].

Item *auch hab ich bechant* [:] *Daz dy rittner gesprochen haben* [:] *»Lieber, dy frau* [Margarethe von Schwangau] *ist yeczund in achtagen auff hauenstain geritten vnd her osbalt ist yeczund auch von Tauffers gein praunnekk* [Bruneck] *geritten.«* [...]

Item *ich han auch bechant* [:] *Daz der chúlseisen sprach* [:] *»Ist ez ein wunder, ob wir einzwainczig menschen* [auf Hauenstein] *verprannen vnd wolten das haus in einem manad* [ab dem 15. April 1442] *erstigen haben.«*

(Fol. 3 recto; Überschrift:) Vermerckcht, waz ich chúncz widmer zu der andern vart bechant hab und vergehen han, als dan her nach geschriben stet [2. Verhör, z.T. unter Folter]:

Item *mer hab ich darnach bechant* [:] *Daz vnser fúnf* [Widmár, kúlseysen, sengseissen und *dy andern zwen* [welisch] *gesellen, hanns und hainreich,* mit *welschen cappen,* Armbrust und Hellebarde] *zu brichsen* [am 25. Febr. 1442] *auf herr*[n] *oswalten haben* [vor dem obern Tor] *ge*[w]*art vnd solten i*[h]*n derschossen haben vor der stat her abercz gein chlausen* [Klausen].

Item *auch han ich bechant* [:] *Daz vnser XV sein, dy herr*[n] *osbalden vnd herr*[n] *michel ausspechen súllen, ob man sy erschiessen móchte.*

Item *auch han ich bechant* [:] *Daz dy rittner* [der mair von súffan] *habent vns hundert gulden* [Anzahlung] *geben, als sy vns* [nach dem 2. und vor dem 25. Febr. 1442] *aufgenomen* [gedungen] *haben zu dem klobenstainer* [auf dem Ritten; Versammlungsort der Rittner]. [...]

Item *so hab ich darnach an der mad* [unter Folter] *bechant* [:] *Wie das der kúlseysen hiet rat vnder sein gesellen* [...], *ob er ein insygel von* [Oswald von] *Wolkenstain mócht machen. Da mochten sy ez nit zewegen bringen.* [...]

Item *mer han ich* [an der marter] *bechant* [:] *Daz wir herr*[n] *mychel, herr*[n] *osbalden vnd seiner hausfrauen vergeben solten mit gift. Vnd der mair von suffan, der lechner, der haczscher vnd der kúlseisen, dy haben* [vns das] *geraten.* [Nachtrag fol. 5 verso: *Daz gift* [...] *schullen dy vor genanten zwen welisch gesellen chnecht hainreich vnd hanns von vinedig pracht haben in.*]

Item ich han auch [unter Folter] *bechant* [:] *Das ich fewr in dem turm in einem spanpe pettstro* [Strohbett] *gelegt het vnd gifft hab ich in dy chúchen in einen winckel gelegt.* [Aufzählung der Zeugen des 2. Verhörs.]

[Schlußbekenntnis des widmár.] *Dy ob geschriben artykel, dy hab ich an alle marter* [ausgenomen drey artikel am Schluß des 2. Verhörs] *bechant* [..] *vnd will auch darauf sterben.*

Fol. 4 recto – Fol. 5 verso: Wiederholung der Geständnisse des *Chuncz Widmár* (s.o) in Reinschrift durch Schreiber 2.

Fol. 6 recto (1443 Aug. 22/29; Schreiber 2):
Protokoll des öffentlichen Geständnisses des von den Rittnern ebenfalls gedungenen *gesellen Chuncz Kúlseysen* bei dessen öffentlichem Verhör vor Zeugen auf Hauenstein oder in Kastelruth (1443 Aug. 22/29):

Item ich, chuncz kúlseysen, han bechant [:] *Was chuncz widmár in seinem gichtczedel* [fol. 1 recto – fol. 3 verso] *bechant hat – ausgenomen daz gifft, das fewr vnd das pettschafft* [insygel] *– das ich damit vnd dabej gewesen bin, vnd auch selber gern* [sic!] *darczu gedient het.*

Item mer hab ich bechant [:] *Das* [ihn = O.v.W.] *der Tunner* [Anton von Thun; vgl. 1441 Sept. 30!] *mitsambt den Rittnern in der newenstifft* [Neustift; im Pfründnerhaus?] *vber fallen wolt haben vnd het sich auch darauf gesammbt* [vereinigt]. *Des ist der schuster, den der Tonnder erslagen hat, ein auspeher bej tag vnd nacht gewesen. Vnd was der selb Tunner, auch dy Rittner, herrn Oswalden schaden hetten zuczihen bej tag oder bej nacht, oder noch getún möchten, Des wáren sy willig. Vnd bedarff sich herr Oswald vor* [ihnen] *wol ze hútten. Das nim ich auf mein hinefart, so dann mein arme sel varen sol.* [Aufzählung der Zeugen, darunter *der richter von kastelrut, maister peter, der arczt* (vgl. III.2.6), *der purgermaister an meran*.]

Durch die noch während des gebotenen *fridens* durch die erhitzten und hochmütigen Rittner losgetretenen Fehdehandlungen vorgewarnt, dürfte der listenreiche Tiroler Odysseus namens Oswald von Wolkenstein seine Familie und seine Diener sowie Knechte – laut *Chuncz Widmár* die 21 Bewohner Hauensteins – sofort zu höchster Alarmbereitschaft vergattert haben.

Da *Chunz Widmár* und seine vier Helfer (laut Protokoll) zwischen Anfang Febr. und 15. April 1442 ihren Spionageauftrag am und auf dem Kastelruther Berg zu erfüllen hatten – und *Chunz Widmár* bei seiner Vernehmung davon sprach, daß *der frid yeczund zu sand jorgen tag* [23. April] *aus get* – darf wohl davon ausgegangen werden, daß er noch *vor* dem 23. April (und *nach* dem 15. April) von Oswald von Wolkenstein oder den Hauensteiner Mitbewohnern als Falschspieler und als bezahlter Spitzel der Rittner enttarnt werden konnte. (*NB:* Das Feuer in einem Strohbett im Turm und/oder das Gift in der Küche dürften dazu beigetragen haben, daß der Verdacht sofort auf ihn als den neuen und noch unbekannten Knecht fiel.)

Oswald von Wolkenstein hatte nun *den* Beweis, daß die Rittner nicht nur nach seinen *gründen, wismatn vnd maderen* auf der Villanderer Alm – *gewaltigkleich wider got vnd recht* – trachteten, sondern sogar nach seinem Leben und dem seiner Mitbewohner auf Hauenstein sowie nach dem Leben seines Bruders Michael.

II.3.3.4; Abb. I.233, S. 180

Brandbolzen. Österreich, 15. Jhdt

Dünne Eisenspitze mit Widerhaken, eingelassen in Holzschaft mit Resten der hölzernen Fiederung; nahe der Spitze der in ein Leinensäckchen eingebundene Brandsatz; 52,5 x 4 x 4 cm
Wien, Kunsthistorisches Museum, Hofjagd- und Rüstkammer: A 33 a

Belagerungsgeschoß (für Armbrust) zum Entzünden von Dächern etc.

II.3.3.5; Abb. I.234, S. 181

Handgranaten. Bodenfund Passau, 15. Jhdt

Gebrannter Ton; Höhe 9 cm; ø 12 cm
Passau, Oberhausmuseum: 6424 b

Die Tongefäße wurden mit Schießpulver gefüllt, mit einer Lunte versehen, angezündet und entweder von Hand geworfen oder mit einer Wurfmaschine in Richtung des Gegners geschleudert.

Vor Erfindung des Schießpulvers wurden sie mit gebranntem Kalk gefüllt und in Mengen gegen den Feind geworfen, um ihm die Sicht zu nehmen.

II.3.3.6; Abb. I.235; S. 180

Hakenbüchsenlauf. Mitte bis 2. Hälfte 15. Jhdt

Eisen; Länge 57,5 cm, Kaliber 2,5 cm; mit schräg eingekerbtem Bandornament auf dem sich verjüngenden Rohrlauf, das in ein Achteck mit halbrund eingefeilten Vorderkanten übergeht; Oberseite neben der Kimme: Wappenzeichen mit doppeltem Kreuz.
Passau, Oberhausmuseum: 2104 g

Älteste Form einer Handfeuerwaffe, die wegen des starken Rückstoßes aufgelegt werden mußte, wobei der Haken den Rückstoß aufzufangen hatte – weshalb Hakenbüchsen nur bei Belagerungen eingesetzt werden konnten.

II.3.3.7; Ohne Abb.

Hakenbüchsenlauf. Mitte bis 2. Hälfte 15. Jhdt

Eisen; Länge 48,5 cm, Kaliber 2,5 cm (ohne Wappenzeichen von II.3.3.6)
Passau, Oberhausmuseum: 2104 b

Der erst anslag brif

II.3.3.8; Abb. I.236, S. 217

[Hauenstein, 1442 Vor / Nach April 23]

(In dorso:) *Der erst anslag brif*

Konzept; Papier, ca 30,5 x 22,5 cm (zerfranste Ränder, stark beschädigt, durch Faltung gebrochen, z.T. geklebt)
Nürnberg, Germanisches Nationalmuseum, Historisches Archiv, Familie Wolkenstein-Rodenegg: Fasz. 19
[Schwob: *Lebenszeugnisse*. Nr 351]

Empörte und zugleich triumphierende spontane schriftliche Reaktion Oswalds von Wolkenstein auf *Chuncz Widmárs* Geständnisse (vgl. II.3.3.3) – die als *anslag brif* in Brixen öffentlich ausgehängt wurde:

> *Allen herrn, rittern vnd chnechten, purgern, gemain, reichen vnd armen* [:] *Tun ich oswalt von wolkenstain zu wissen, dye dysy gschrift an sehen, hórn* [sic!] *oder lesen* [:]
>
> *Das grozz mórtt* [sic!]*, so dan etleich über mich in ainer gutten stallung vnd friden* [bis 23. April 1442]*, auch über mein Prueder, herr*[n] *michel, pósleichen an gelegt haben, als das ein posswicht, den ich in meiner Fankchnús yectz etwelang gehabt han vnd noch hab, genant chúncz widmár, dem merren tail an alle martter vergehen vnd bechant hat vnd noch tutt* [Datierung: Zwischen 1. und 2. Verhör] *vor pider láutten, vnd dem ich sein leben bis her dar auf gefrist vnd gefreit han, von wegen ob yndert chainer vnder den, darauf*

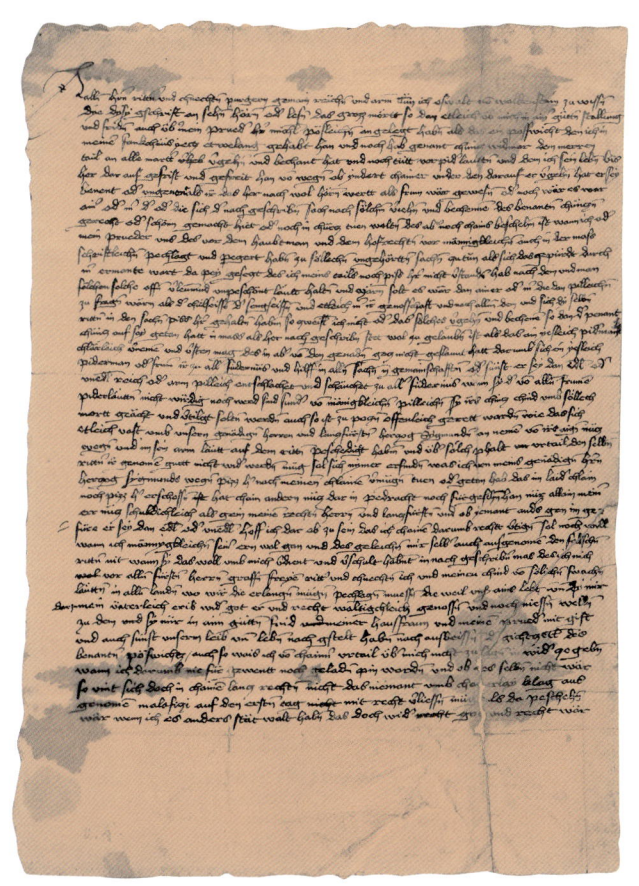

[Abb.I.236 *Der erst Anslag Brif* • 1442 • Konzept (Kat.II.3.3.8)]

er vergehen hat, er sey benent oder vngenent, als ir das her nach wol hóren werttt, als frum wár gewesen oder noch wár, es war ainer oder mer, der oder die sich der nach geschriben sach nach sólchem veriehen vnd bechennen des benanten chúnczen gerecht oder schónn gemacht hiet, oder noch in chúrcz tuen wolten, des aber noch chains beschehen ist.

Wann ich oder mein prueder [wer nun?] *des* [den Vorgang II.3.3.3] *vor dem haubtman* [Vogt Ulrich von Matsch] *vnd dem hofrechten vor mánnigkleichen auch in der mass schriftleichen pechlagt vnd pegert haben zu sóllechen vngehórtten sachen zu tun, als sich das gepúrdt durch mer ermante wort da pey gesecst, des ich meins tails noch piss herr nicht verstanden hab nach dem, vnd man sólchen solche offen verleumund vnpeschónt láutt halten vnd Máren solt, es wár dan ainer oder mer, die dan pilleichen zu Fragen wárn.*

Als der chúlseissen, der sengseissen vnd etleich mer ir genosschaft vnd nach allem dem, vnd sich dy selben rittner in den sachen piss herr gehalten haben, so zweifel ich nicht, das sólches vergehen vnd bechenen, so dan der penant chúncz auf sey getan hatt, in mass, als her nach geschriben stet, wol zu gelauben ist, als das ain yesleich piderman chlárleich vernemen vnd versten mag, des i[h]*n aber von den genaden gocz nicht geslannt hatt, darumb sich ein yesleich piderman oder frumer ir zu aller fúdernús vnd hilff in allen sachen in gemainschafften oder sunst, er sey dan edel oder vnedel, reich oder arm, pilleich entschlachet vnd scháuchet zu aller fúdernús, wann sy der von allen frumen piderláutten nicht wirdig noch werd sind, sunder von mánigkleichen pilleichen sy irs chincz chind vmb sóllech mortt geácht vnd vertilgt solten werden.*

Auch so ist zu poczen offenleich gerett worden, wie das sich etleich [er und sein Bruder!] *vast vmb vnsern genádigen herren vnd lanczfúrsten, herczog Sygmunden, an nemen von irs aigen núcz wegen, vnd i*[h]*m sein arm láutt auf dem ritten peschediget habe*[n]*, vnd úber sólch phabt vrtail den selben rittner*[n] *ir genomen guett nicht wider werden múg, sol sich nymer erfinden.*

Was ich von meins genádigen herrn, herczog sygmunds, wegen pizz her nach meinen chlainen vermúgen tuen oder getan hab, das i[h]*m laider chlain noch pizz her erschossen ist, hat chain andern núcz dar in pedracht noch fúr gesehen, han* [ich] *núr allain meiner err núcz schuldichleich als gein meinem rechten herren vnd lanczfúrsten* [getan].

Vnd ob yemant anders gen i[h]*m gefúre, er sey dan edel oder vnedel, hoff ich dar ob zu sein, das ich chainen darumb rechttvertigen sol noch will, wann ich mánnygkleichen seiner ern wol gan, vnd des geleichen mir selber auch.*
Ausgenomen den falschen rittner[n] *nit, wann sy das woll vmb mich verdient vnd verschult habent in nach geschribner mas, des ich mich* [wol] *vor allen fúrsten, herren, graffen, Freyen, rittern vnd chnechten, ich vnd meinen chind, von sólichen swachen láutten in allen landen, wo wir die erlangen múgen, pechlagen muessen, die weil vnser ains lebt.*

Vnd dy mir [darzu] *mein váterleich erib wider got, er vnd recht waltigchleich genossen vnd noch niessen wellen zu dem,* [vnd] *sy mir in aim gútten frid* [vnd] *meiner hausfraun vnd meinem prueder mit gift vnd auch sunst vnserm leib vnd leben nach gstelt haben, nach aus*[w]*eissen der gichtczetel des benanten póswichtz.*

Auch so wais ich von chainne[m] *vrtail über mich nicht zu sagen* [sic!]*, in* [ihnen] *wider ze geben, wann ich darumb nie fúr gewentt noch geladen pin worden* [sic!]*, vnd ob des selben nicht wár, so vint sich doch in chainem lanczrechten nicht, das niemant vmb chainerlay klag, ausgenomen maloficzi* [Malefizverbrecher]*, auf den ersten tag* [nicht] *mit recht verliessen múg* [verurteilt werden dürfe]*, als da peschehen wár, wenn ich es anders stát wolt haben, das doch wider got vnd recht wár.*

Das mein schreiben als ain getichtte sach sey – wie wol ich súnst tichtten chann

II.3.3.9; Abb. I.237, S. 219

[Hauenstein, 1442 Mai]
Konzept für zweiten *anslag brif*

Papier, 30,5 x 22 cm (am mittleren Querbug geklebt)
Nürnberg, Germanisches Nationalmuseum, Historisches Archiv, Familie Wolkenstein-Rodenegg: Fasz. 18 (WA 43)
[Schwob: *Lebenszeugnisse.* Nr 352]

Es nimmt nicht Wunder, daß Oswald von Wolkenstein mächtig aufgebracht und entrüstet reagierte, als er erfahren mußte, daß der Landeshauptmann, Vogt Ulrich von Matsch, seinen in Brixen öffentlich ausgehängten *anslag brif* (vgl. II.3.3.8), samt Geständnis des *Chuncz Widmár* (vgl. II.3.3.3), kurzerhand abgerissen und beschlagnahmt hatte.

Der inzwischen 65-jährige *Oswolt von Wolkenstain, ritter*, sah als geborener Stier zwiefach rot und schleuderte seine Worte in seinem zweiten *anslag brif* wie Wurfgeschosse gegen seine beiden Feinde: Gegen den voreingenommenen Landeshauptmann und gegen die *fraidigen* Rittner:

Ich Oswolt von Wolkenstain, ritter, Tuen aller manygkleich zú bechenen, dy disse gegenwurtige zedell lessen oder hóren [sic!] wellen [:]

Das ich ain schrifft [vgl. II.3.3.8] *von einer beklagnús wegen aines grossen mortcz, so dan in ainem gueten frid vber mich angeleggt ist worden, als das ein posswicht, den ich in meiner fanknús hann, den meraren taill vor piderlewten an alle martter veriehen vnd bechant hatt, mit sambt der gichtt zedell* [vgl. II.3.3.3] *des selben poswichtcz, genant chúncz Widmár, zú brichsen in der statt offenleichen hab lassen anslachenn, Das mir* [diese] *der hawbtman ab gerissen vnd zú seinen handen genommen hatt.*

Vnd soll darauf gerett seyn worden vor mánikleichen, als ich dann vernommen hab, wie das mein schreiben [der erst anslag brif] *als ain getichtte sach* [sic!] *sey, das sich mit warhait nymer eruinden soll.*

Anders [:] *Der penant poswicht hat das also bechant vnd veriehen. Vnd wer des nicht gelawben wolt oder will, der mag i[h]n noch hewpeytag dar vm hóren, wann er sein noch an láugen ist* [...]

Vnd darumb so wolt ich geren, das mich ain yeder des vertrúeg, des er von mir auch geren vertragen vnd über hebt wolt sein, vnd liess mich vngeherolltt, wann ich dy rittner vnd alle, die in [ihnen] *woll wellen, ee gen hell mit ein ander faren liescz, dem swarczen teufel hinten in sein swarcz arsloch* [hinein], *ee das ich an sách vngehortt ain sollich gedtichtt von in* [ihnen] *erdencken oder auff richten wollt – wie wol ich súnst tichtten chann – des sy sich noch pis her nye schón gemacht habent, als sich das gepúrtt.* [...]

Auch vernym ich von der vrtaill wegen, die zu boczen über mich von der selben Ritner wegen gesprochen ist worden, [...] *als ob ich ein poswicht oder ein merder* [Mörder wäre].

Auch so hór ich lantmar weis, wie das sich der haubtman, vnder andern vill wortten, meins vngelimphens in dy lantschafft zu bringen, dy er pilleich vnder wegen lies – wan ich mich hie, auch in andern landen, ob gott will, für ainen frumen, pider Ritter in sollecher mas erchennen hab lassen vor fürsten, hern, rittern vnd chnechten.

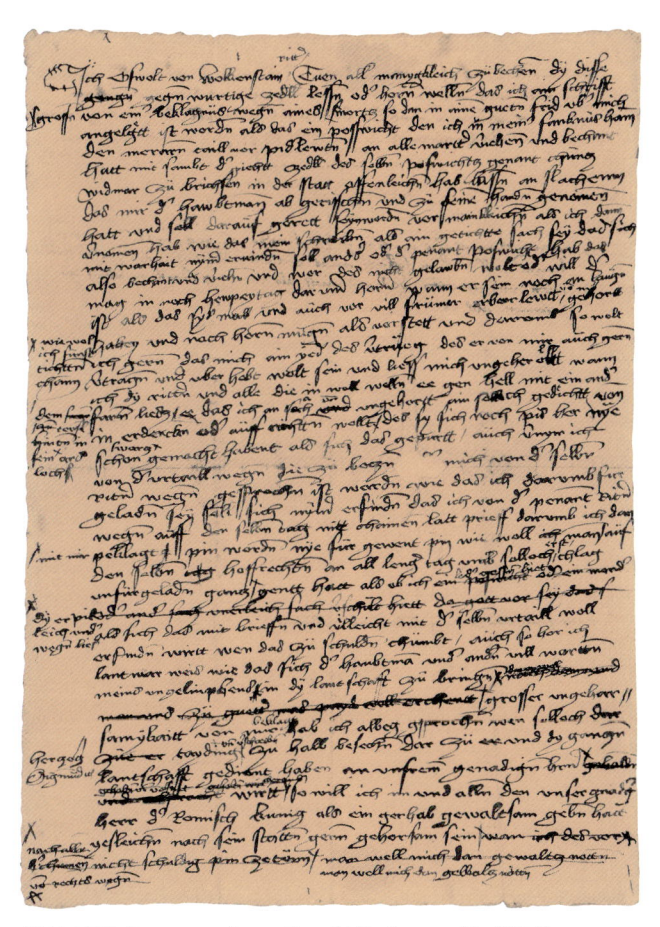

[Abb.I.237] DER ZWEITE *ANSLAG BRIF* • 1442 • Konzept (Kat.II.3.3.9)

Um darüberhinaus seinen Standpunkt als Landespolitiker allen kund tun zu können, verweist er in der Vormundschaftsfrage (vgl. III.7.2) auf die *tayding vnd* [das] *verschreiben zu hall* (1439 Juli; vgl. III.7.2), zu denen *er gedient habe* für Herzog Sigmund – und die der *Rómisch künig als ein gerhab gewaltsam geben hatt* und deshalb auch gegenüber Herzog Sigmund und der Landschaft einhalten müsse. Solange das nicht geschehe: *So wais ich wol recht zu tun, des ich mich an alln stetten an gotwil mit ern verantwurtten wil.*

Wie der Landeshauptmann es verantworten konnte, Oswalds von Wolkenstein zweiten *anslag brif* ebenfalls, durch seinen *schreiber, den Jorgen* (LZ 357 vom 21. Juni 1442), entfernen zu lassen, wissen wir nicht, aber laut *gemain red ze brichsen* wurde dessen Mißachtung von Oswalds von Wolkenstein veröffentlichter Meinung mißbilligt.

III. AUFSTIEGSVERSUCHE DES ZWEITGEBORENEN

III.7 LANDESPOLITIKER 》》》 1439 – 1445

Während seines Aufenthaltes in Innsbruck (1442 März 11 bis April 15) stellte König Friedrich III. durch Verleihung von Pfandschaften und Burghuten an königstreue Tiroler Landherren – darunter Oswalds von Wolkenstein Widersacher Anton von Thun (s.o.; II.3.3.3) und Wolfhart Fuchs von Fuchsberg – die Weichen für seine insgeheim geplante (widerrechtliche) Verlängerung der ›Haller Verschreibung‹ (1439 Juli 25; Dauer bis 1443 Juli 25).

NB: Diejenigen Tiroler Landherren, die sich – wie die Wolkensteiner (s.o.; II.3.3.9) – für den Regierungsantritt Herzog Sigmunds nach Auslaufen des Vormundschaftsvertrages (am 25. Juli 1443) stark machten, gehörten als adelige Opponenten gegen König Friedrichs III. Landespolitik dadurch zu den Benachteiligten seiner Ämtervergabe und mußten sich ab Sommer 1442 vor den Parteigängern des Königs vorsehen, selbst beim Versenden einer *gehaim potschaft* (LZ 357) untereinander.

Oswald von Wolkenstein gehörte zu einem kleinen Kreis – bestehend u.a. aus Joachim von Montani, Hauptmann von Telvana, Heinrich von Königsberg und Sigmund von Stetten – die sich für Herzog Sigmund aktiv einsetzen wollten und sich dabei gegenseitiges Vertrauen zusicherten (LZ 369).

Daß Oswalds von Wolkenstein Bruder Michael offiziell nicht zu diesem gegen den König gerichteten Verschwörerkreis gehörte, hing mit dessen stark nachlassenden Kräften zusammen – die aber spontan aktiviert wurden, als der Landeshauptmann, ein eiskalt berechnender Machtmensch, Anfang Dez. 1442 zwei Abgesandte beauftragt hatte, die im Todesfalle Michaels an den Landesfürsten heimfallenden Lehen *schon jetzt* einzufordern!

Dermaßen von einem Anwalt des Königs provoziert, gehörte das folgende Schreiben des Mitte Jan. 1443 verstorbenen Michael von Wolkenstein, gemeinsam mit seinem Bruder Oswald verfaßt, zu dessen letzten aktiven Einmischungen in die Landespolitik.

Herczog Sigmund hatt vns ermantt vnd beffolchen mit grosszer begier

III.7.5; Abb. I.238; S. 221

[Trostburg, 1442 Nach Dez. 12 / 1443 Vor Mitte Jan.]
›Vermerk‹ Michaels und Oswalds von Wolkenstein

Abschrift, 1. Hälfte 15. Jhdt; Papier, 21 x 22 cm
Nürnberg, Germanisches Nationalmuseum, Historisches Archiv, Familie Wolkenstein-Rodenegg: Fasz. 12 (WA 45)
[Schwob: *Lebenszeugnisse*. Nr 385]

Anlaß: Verhandlungen der Anwälte des Königs und der Landstände (*lanndschafft*) mit König Friedrich III. in Innsbruck (1442 Dez. 12 bis 25) – sowie Geheimkontakte Herzog Sigmunds (aus Graz) zu seinen Anhängern, dem Verschwörerkreis um Oswald von Wolkenstein, mit brieflichen Klagen und Beschwerden (ab Sommer 1442): Er werde von seinem Vormund streng gehalten und bedrängt; er müsse fern von seinen Landsleuten leben – *ellendigkleich vnd Jamerleich, In seinen nott vnd ellend* (III.7.5).

Da Michael und Oswald von Wolkenstein es ihrem *gnädige[n] herr[n] vnd lanczfürst* schuldig [waren, etwas] *ze tun mit allen vermúgen*, damit er *von vns als den sein[en] nicht verlassen werd*, richteten sie als ihren *tayll* das vorliegende, politisch höchst brisante ›Memorandum‹ an die Regentschaftsregierung und an die Ständevertreter Tirols, diese damit beschwörend, den König zu ermahnen, daß der vertragswidrig außer Landes gebrachte Herzog Sigmund sofort in sein Land zurückkehre, um zu verhindern, daß sein Vetter, Friedrich III., *sein gerhab*, das Land Tirol dem Reich einverleibe.

Dieser ›Vermerk‹ diente *her[n] michels vnd her[n] oswalcz gegen[w]urtige[m] diener, niklas von Lafay*, als eine Art von ›Gedächtnishilfe‹ für dessen mündlichen Vortrag vor dem *bischoff*, vor dem *habtman*, vor dem *frewntsperger* und vor der *ganczen lantschaft, edell vnd vnedell*.

Das Motiv der Wolkensteiner, als *potten vnd schuldigen helffer [ihrem] naturleichen herrn vnd lanczfürsten* beizustehen, legten sie, höchst diplomatisch, Herzog Sigmund selbst in den Mund – womit sie jedoch öffentlich machen mußten, daß zwischen ihnen und ihm Kontakte bestanden und noch bestehen:

Item von ersten, [weil] *Sigmund [...] nicht von den lantt, weder mitt leib vnd mitt guett, geführt sollt werden, dez aber nicht beschen ist.*

Nu[n] hatt vns [sic!] *der vor genantt, vnser gnädiger herr, herczog sigmund, ermantt vnd beffolchen* [sic!] *mit grosszer*

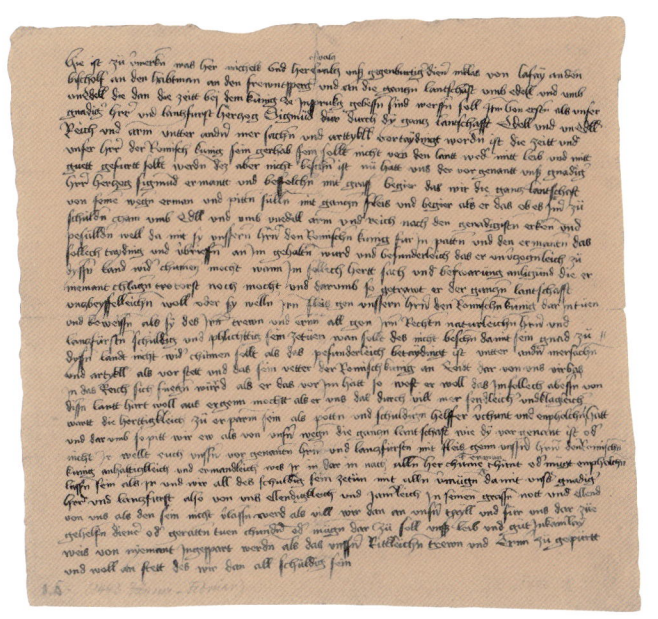

[Abb.I.238] ›Vermerk‹ Michaels und Oswalds von Wolkenstein • 1442/43
Abschrift, 1. Hälfte 15. Jhdt (Kat.III.7.5)

begier, das wir die gancz lantschaft von seinen wegen erman[en] vnd pitten sullen mit ganczen fleis vnd begier [...], da mit sy vnsseren hern, den Römischen kúnig, fúr I[h]n patten vnd ermanten, das solech tayding vnd verbrieffen [Haller Verschreibung] *an I[h]m gehalten wúrd vnd besunderleich, das er vnverczogenleich zu dyssen land wider chumen mócht, wann I[h]m solech hertt sach* [sic!] *vnd beswárung anligund* [sind], *die er niemant chlagen torst noch mocht – vnd darvmb so getrawt er der ganczen lantschafft vncz[w]eyffelleichen woll,* [damit] *sy wellen Iren fleis gen* [den König] *dar In tuen vnd beweissen, als sy des Iren trewn vnd erenn all gen Iren naturleichen herrn vnd lanczfúrsten schuldig vnd phlichttig sein ze tuen.* [...]

Herzog Sigmund wünschte dem schwerkranken Michael von Wolkenstein noch am 2. Jan. 1443 rasche Genesung, um für sein Land weiterhin segensreich wirken zu können – doch er starb ca Mitte Jan., weshalb sich der Herzog am 30. Jan. 1443 an das neue Familienoberhaupt, Oswald von Wolkenstein, seinen *dienár*, alleine wandte, indem er seinen eigenen Diener, den *sachsen*, mit einem Empfehlungsschreiben in der Tasche, von Graz nach Tirol schickte: Zwecks einer hochwichtigen und deshalb mit Oswald von Wolkenstein streng vertraulich zu führenden Unterredung.

Oswald von Wolkenstein und die kleine Gruppe der Sigmund-Sympathisanten erwarteten Anfang Juli 1443 mit Ungeduld das Auslaufen des Vormundschaftsvertrages (am 25. Juli 1443) und damit die Ankunft ihres *lanczfürsten* in *dysse*[m] *land* – aber trotz Volljährigkeit und trotz ›Haller Verschreibung‹ wurde er von König Friedrich III. gezwungen, für weitere sechs Jahre auf seine Regentschaft zugunsten seines Vormundes zu verzichten.

Diese im Okt. 1443 bei den Tiroler Landständen eingetroffene Nachricht mobilisierte den Widerstand der Tiroler Anhänger Herzog Sigmunds, die daraufhin den Notstand ausriefen und allseits kund taten, daß sie den erneut vertragsbrüchigen König keinesfalls als Landesherrn anerkennen werden.

Oswald von Wolkenstein nahm deshalb am 2. Nov. 1443, über Graf Heinrich von Görz, mit dessen Verwandtem, dem Grafen Ulrich d.J. von Cilli (vgl. III.7.7) – einem erklärten Feind der Habsburger – Geheimkontakte auf und wandte sich am 3. Nov. 1443, zusammen mit seinem Neffen Theobald und mit dem harten Kern der Tiroler Anti-Friedrich-Liga, an alle Stände Tirols, um ihre Kampfbereitschaft gegen den unrechtmäßigen neuen Landesfürsten zu signalisieren.

Am 3. Nov. 1443 verlangte auch der Meraner Landtag – mit allem Nachdruck – vom König die Herausgabe von Herzog Sigmund und beschloß die Sperrung der landesfürstlichen Einnahmen. Königstreue Amtleute wurden aufgefordert, sich diesem Votum des Landtags anzuschließen und dem vertragsbrüchigen König künftig ihre bisherige Gefolgschaft aufzukündigen.

Da der Meraner Landtag nach dieser Resolution mit dem Widerstand des Hochstiftes Trient, königstreuer Amtleute und Vertrauensmänner – und mit dem Einmarsch königlicher Truppen nach Tirol – rechnen mußte, wurden von dessen ›Ausschuß‹ in Brixen (dem auch Oswald von Wolkenstein angehörte) ab Ende Nov. / Anfang Dez. 1443 Maßnahmen zur Landesverteidigung getroffen.

Oswald von Wolkenstein, dem ›Verweser am Eysack und im Pusterthale‹, fiel dabei die Aufgabe zu, die strategisch wichtige Mühlbacher Klause (als mögliches Einfallstor für die Truppen des Königs) zu überwachen und (ab Febr. 1444) mit Hilfe des Hauptmanns, Erhart Zollner, abzusichern.

Der am 4. Jan. 1441 zum neuen Bischof von Brixen gewählte Johann Röttel aus Hallein erneuerte – da er vom König nicht bestätigt wurde – sofort das Bündnis seines Vorgängers, Georg I. Stubier († 1443 Dez. 15), mit der *lantschafft* (Tiroler Ständevertretung) und unterstützte deren Kampf gegen den vertragsbrüchigen König. Zusammen mit dem inzwischen zum Frontwechsel bereiten Hauptmann an der Etsch, Vogt Ulrich von Matsch, und mit dem ›gesworen Rat‹ zu Meran (gebildet aus den obersten ›Verwesern‹ des Landes, darunter Oswald von Wolkenstein) gehörte er zur Spitze der *lantschafft*.

Vil sóldner nemet, die klawsen ze versorgen, und erwelt ainen hauptmann

III.7.6; Abb. I.239, S. 222

Meran, 1444 Januar 20

(In dorso:) *Dem Edeln vesten herr(e)n, Oswalten von Wolkenstain, Ritter, vnser(e)m guten frúndt vnd h(er)ren*

Orig.urkunde; Papier, 37,7 x 28,7 cm
Nürnberg, Germanisches Nationalmuseum, Historisches Archiv, Familie Wolkenstein-Rodenegg: Fasz. 10 (WA 47)
[Schwob: *Lebenszeugnisse.* Nr 441]

Richter, Búrgermaister vnd Ratt der Statt Meran, mitsampt dem zu-Sacz der ganczen lantschafft (Absender), forderten Oswald von Wolkenstein als ›Verweser am Eysack und im Pusterthale‹ auf, weil:

Als Ir vns Jeczo geschriben hab[t], *wie Anthoni thunner* [Anton von Thun; s.o., II.3.3.3] *seinen knecht, Hannsen von Schaitten, mit aine*[m] *vrlob brief zu dem kúnig geschickt hab* [um sein Dienstverhältnis mit dem König zu kündigen, da er jetzt auf Sigmunds Seite steht], *Den Ir* [deshalb] *durch die klawsen* [Mühlbacher Klause] *haben lass*[t], *Auf das Ir aigenlich erfaren hab*[t], *wie das I*[h]*m sein* [bisheriger] *herr* [der König] *ettlich brief von Triendt* [das seit 1. Jan. 1443 belagert wird] *vnd sunst vber das gebirg vor hin gen Brawnegken* [Bruneck] *gesant, die der benant Hanns dafunden hab.* [...] *Bedenckt Vns geratten sein* [:] *Hietten Ir Solich gewisse kuntschafft von des thunners* [Loyalität] *wegen, daran ettwas lág, Das Ir derselben kuntschafft nach komet. Vnd was Ir nach verhórung der kuntschafft darausz erfart, wolle*[t] *Ir vns zuschreiben.*

Dann von der zwayer Búrger wegen von Triend, die zu dem kúnig geritten sein [:] *Darauf haben wir schreiben lassen, damit das alle páss vnd Strassen durch das land gen Triendt beseczt werden* [...]

Dann von der sóldner wegen ist vnser mainung, das Ir auf [von] *den gerichten* [zu] *ewr verwesung* [der Mühlbacher Klause] *So vil nemet* [an Soldaten], *die klawsen* [ausreichend] *ze versorgen. Vnd das sych die* [sóldner] *ye ze vierczehen tagen ab wechselten, Damit die klawsen versorgt werd vnd nicht so grosse Costung* [sic!] *Darauf gee.*

Wann wir Jecz mit allen gerichten, mit grossem volk, gen triend, mit lieb vnd guten, ziehen [zur Verstärkung der Belagerer], *Vnd grosse vnMuss haben tag vnd nacht.* [...] *Vnd wann vns gelt* [für den Sold der *sóldner*] *wirt, wollen wir euch auch* [etwas] *zusenden. Vnd erwelt selber ainen hauptmann an die Klawsen, der euch dann dar zu nutz oder gut deucht* [O.v.W. wählte Erhart Zollner].

Die Aufforderung an Oswald von Wolkenstein, die Mühlbacher Klause ausreichend mit bewaffneten Söldnern aus den umliegenden Gerichten zu besetzen, hing mit der Vermutung zusammen, daß der König – unterstützt von seinem Bruder Albrecht VI. sowie von den Grafen Ulrich von Cilli (vgl. III.7.7) und Heinrich von Görz – plane, mit seinen Truppen durch das Pustertal und damit durch die Mühlbacher Klause nach Tirol einzufallen.

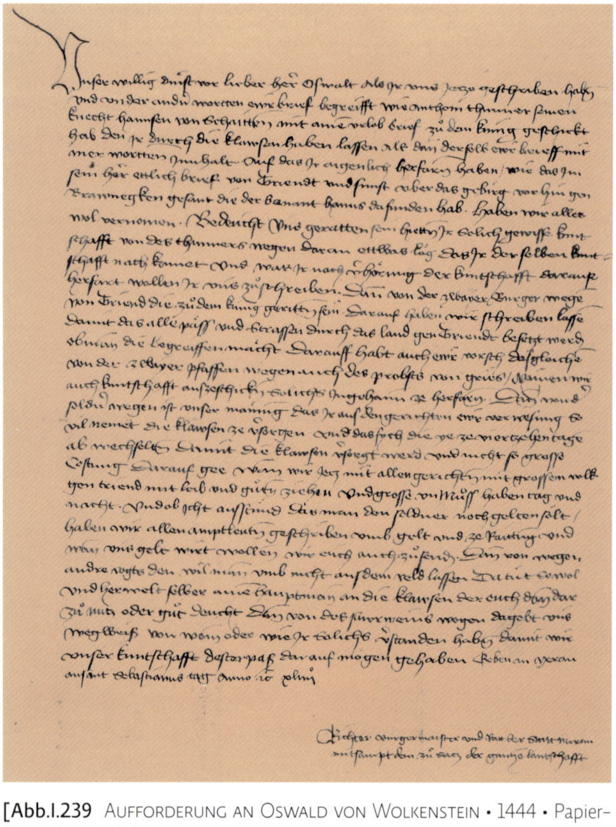

[Abb.I.239 Aufforderung an Oswald von Wolkenstein • 1444 • Papier-Urkunde (Kat.III.7.6)]

Das ir ew fúget zu vnserm herrn von zilij vnder Brawnegk

III.7.7; Abb. I.240, S. 223

Meran, 1444 Februar 7

(In dorso:) *Dem Edlen vesten Ritter, her(n) oswald(e)n von wolk(e)nstain, v(er)wesar an dem Eysack, vns(er)m gut(e)n frúnd(e)*

Orig.urkunde; Papier, 20 x 21 cm
Nürnberg, Germanisches Nationalmuseum, Historisches Archiv, Familie Wolkenstein-Rodenegg: Fasz. 10 (WA 48)
[Schwob: *Lebenszeugnisse*. Nr 450]

Vogt vlrich von mátsch, der Elter, Graue zu kirchberg, hauptmann an der Etsch, vnd wir, der Rat der Stat meran, mitsampt dem zusatz der lanndschafft (Absender), informierten Oswald von Wolkenstein über ihre Botschaft an den Grafen Ulrich von Cilli:

Als yetzund des von zilij bot her zu vns komen ist vnd vnser Botschafft [zu]*vor aus zu ew geuertigt ist [...], die ir uillicht wol vernomen habt* [:] *Nu hab wir diesen Boten vnsers herrn von zilij auch geuertigt auf solich botschaft, So wir ew zugetan haben, vnd wird darInn chainer gelait nicht begriffen, Als ir das in dieser abschrifft hie Innen uerslossen vernemen werd.*

Darauf ist vnser Rat vnd maynung [:] *Das ir, mitsambt den andern, ew fúderlich fúget zu vnserm [...] herrn von zilij, etwa ains tails des wegs als vnder Brawnegk hinab, wann zu Brawnegk nicht fúglichen ze tágen ist, vnd dem nachget, als dann uerlassen ist worden.*

Das Geheimtreffen mit dem Grafen von Cilli, eingefädelt von den Absendern dieses Briefes, sollte dazu dienen, den Cillier von seiner Unterstützung des Königs beim Einmarsch der königlichen Truppen durch das Pustertal abzubringen.

Zur Durchführung dieser heiklen Mission ließ sich Oswald von Wolkenstein zwei Geleitbriefe ausstellen – einen vom Grafen Heinrich von Görz (am 15. Febr. 1444), den anderen vom Grafen Ulrich von Cilli (am 17. Febr. 1444).

Des Cilliers damit verknüpfte Bedingung, *sofort* mit den Vertretern der Tiroler *lanndschafft* zu ihm nach Lienz zu kommen – um dadurch in die Pläne der *lanndschafft* eingeweiht werden zu können! – mußte den knapp 67-jährigen Oswald von Wolkenstein mißtrauisch machen.

Er trug deshalb der *lanndschafft* (am 17. oder 18. Febr. 1444) seine Bedenken gegen dieses *aubenteuer* vor und schlug als Kundschafter seinen (mit ihm seit Dez. 1443 verfeindeten) Neffen Theobald von Wolkenstein vor!

Die Vertreter der *lanndschafft* hielten es aber für *spotlich vnd schimphlich* für einen solch erfahrenen *frumen Ritter*, nicht durch die Lienzer Klause reiten zu wollen – und wiederholten (am 18. Febr. 1444) deshalb ihren Auftrag (vgl. III.7.7), bewilligtem ihm genügend Geld, zwei Begleitpersonen und bevollmächtigten ihn, im Namen Herzog Sigmunds und der *ganczen lanndschafft* mit dem Grafen von Cilli zu verhandeln (da ihm dies bereits von ihnen zugesagt worden sei; vgl. III.7.7).

Am 22. Febr. 1444 vertraute sich der dadurch in eine Zwickmühle geratene Oswald von Wolkenstein Erhart Zollner an, seinem *hauptmann* der Mühlbacher Klause, und erläuterte diesem seine (berechtigten) Einwände gegen die von ihm geforderte Geheimmission und die Gründe für seine strikte Weigerung, ausgerechnet zum Grafen von Cilli, dem Verbündeten des Königs, reiten zu müssen.

NB: Lieber wolle er für die *lanndschafft* oder für Herzog Sigmund nach Frankreich oder nach England reiten, als nach Lienz – zumal ja auch Graf Heinrich von Görz bereits von Lienz nach Toblach ausgewichen (und damit wohl auch von seiner Unterstützung König Friedrichs III. abgerückt sei).

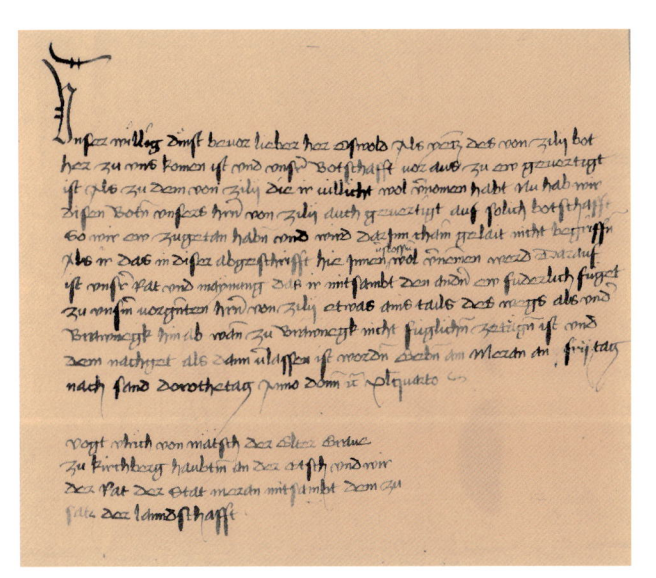

[Abb.I.240 Aufforderung zur Geheimmission • 1444 • Papier-Urkunde (Kat.III.7.7)

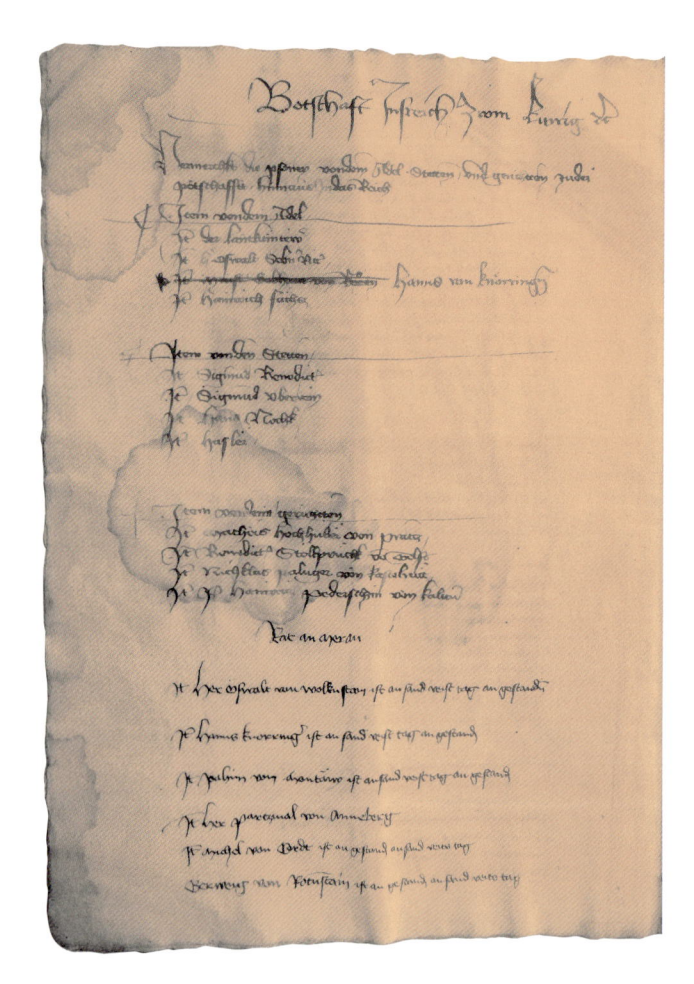

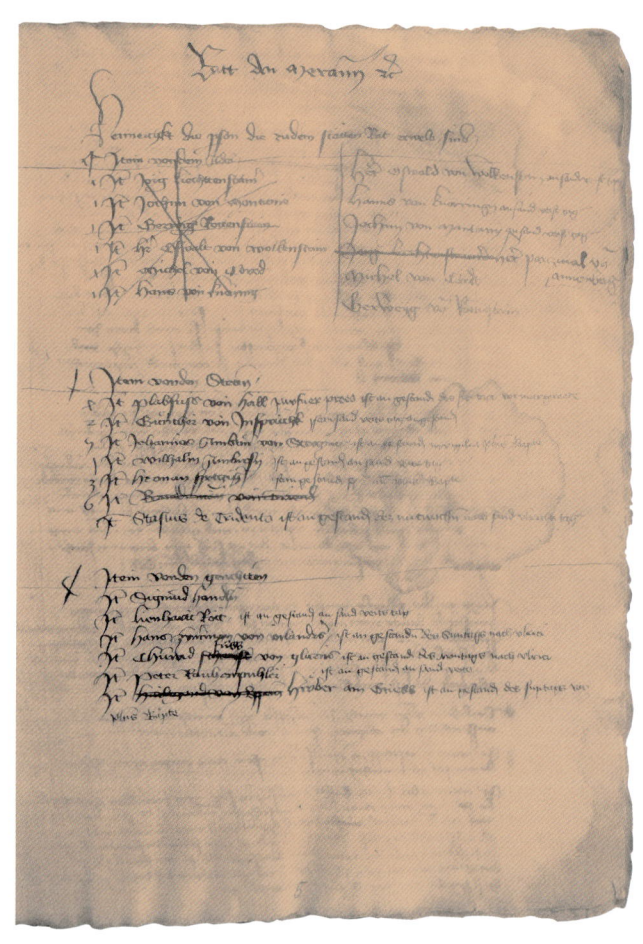

[Abb.I.241/242] LANDTAGSPROTOKOLLE • Meran, 1444 • Papier-Codex (Kat.III.7.8)

III.7.8; Abb. I.241/242, S. 224

Landtagsprotokolle. Meran, 1444

Codex; Papier, 31 Blätter, 31,7 x 22,4 cm, in drei zusammengehefteten Teilen (Heften)
Meran, Stadtarchiv: SAM_SechsAus_41

Fol. 1 recto (Abb. I.241): Rat in meran [:] Item Her Oswalt von wolknstain
Fol. 5 recto (Abb. I.242): Ratt An merann / Die person, die zu dem stätten Rat erwelt sind [:] Item her Oswalt von wolkenstain (5. Position)

Nachdem Truppen der *lanndschafft* (vgl. III.7.6) im Frühjahr 1444 im bis dahin königstreuen Bistum Trient eingerückt waren, das kapitulieren und den Huldigungseid auf Herzog Sigmund leisen mußte, gingen dessen Anhänger, darunter Oswald von Wolkenstein, davon aus, daß ›ihr‹ Herzog nun bald in Tirol eintreffen werde.

Mitte Aug. 1444 ließ *der gesworen Ratt an Meran der óbrist verweser* (II.8.2) des Landes (dem auch Oswald von Wolkenstein angehörte) die ›Haller Verschreibung‹ (vgl. III.7.2) und das Inventar der von Herzog Friedrich IV. von Österreich hinterlassenen Schatzkammer – die beiden wichtigsten Urkunden im Rechtsstreit der *lanndschafft* mit König Friedrich III. – vorsorglich von Brixen nach Meran bringen, um deren Bewachung selbst zu übernehmen, wofür Oswald von Wolkenstein einen sicheren Verwahrungsort besorgt hatte und (neben vier weiteren Vertrauenspersonen) dafür zwei Schlüssel ausgehändigt bekam (vgl. II.8.2).

KRANKHEIT · TOD IN MERAN · BESTATTUNG IN NEUSTIFT 1445

II. ADEL UND ERBE VERPFLICHTEN

II.8 KRANKHEIT · TOD IN MERAN · BESTATTUNG IN NEUSTIFT ≫≫≫≫≫≫≫≫≫≫≫≫≫≫≫≫ 1445

Der Gesundheitszustand des knapp 68-jährigen Oswald von Wolkenstein verschlechterte sich Ende Febr. / Anfang März 1445, so daß seine Ehefrau, Margarethe von Schwangau, ihren Diener Georg ermahnte, während ihrer Abwesenheit seinen Herrn auf Hauenstein gut zu verpflegen und zu pflegen.

Mit dem Frühling kehrten seine Kräfte jedoch nochmals zurück, so daß er am 16. Mai 1445 in Meran am Landtag und an den anschließenden Beratungen des *gesworen Ratts an Meran* teilnehmen konnte, wo er sich für eine harte und konsequente Politik der *lanndschafft* gegen den König stark machte (was bei immer noch königstreuen Adeligen auf heftige Kritik stieß).

Herczen liebster herr, das ir wol gieng, das wer mir ein grosse fráud

II.8.1; Abb. I.243/244, S. 225

Hauenstein, 1445 Mai 28
(In dorso; vgl. Abb.I.243): *Dem Edlen, Streng(e)n Ritt(er), her(r)n Oswalt von wolk(e)nstain, meine(m) lieb(e)n gemahel(e)n etc.*

Orig.urkunde; Papier, 22 x 22,5 cm
Nürnberg, Germanisches Nationalmuseum, Historisches Archiv, Familie Wolkenstein-Rodenegg: Fasz. 11,6 (WA 50)
[Schwob: *Lebenszeugnisse*. Nr 505]

Oswalds Ehefrau seit Mitte 1417, mit der er seit Sommer 1418 *auf hohe[m] berg under ainem dach dick hausen muß* (Kl. 104,66/67) und dessen *wandel* ihm sein *ain oug zaigt* (Kl.57,4) – *weiplicher weib mensch nie gesach* (Kl.57,17) als Regina Margarita, mit *sinkel hert, beuchlin hel, volkomen reuch, groß hindersetzt* (Kl.61,15/20) – schrieb ihrem *lieben gemahel* nach Meran einen besorgten Brief:

> *Mein Freuntlichen willigen dienst wist allczeit beuor, herczen liebster herr, das ir wol mócht vnd wol gieng, das wer mir ein grosse fráud.*
> *Vnd las euch wissen, wie etlich zu Kastelrutt geredt haben vnd euch darczu úbel geflucht haben, wie ir alle kúmernúsz vnd Irrsal, die yeczundt in dem land sey* [zu verantworten habe durch seine Landespolitik], *vnd das man* [vor] *Triendt geczogen sei* [...]. *Auch Mer haben si gesprochen, es sey nyemant als* [O.v.W] *schuldig an den sachen, das man her*[n] *Tibolten*

[Theobald von Wolkenstein] *nicht* [im Sommer 1444 als Bischof für das ganze Bistum Trient] *verschriben hab* [sondern nur für die deutsch besiedelten Gebiete], *dann ir.* [...]
Vnd [si] *hoffen, ir sult hinfúr in dem Rat nymer beleiben.* [...]
Vnd pitt euch, herczen liebster herr, ir welt euch in allen sachen fur sehen, damit das euch kayn Smachait noch schad wider var, wan ir euch dúrfft fur ze sehen.
Lieber herr, getraut dem Gufidauner nicht, wan er vnd der Tunner [Anton von Thun] *vnd her Tibolt* [Neffe Theobald von Wolkenstein] *ain ding ist.*
Auch las ich euch wissen, wie man geredt hat, ir habt leider der schintl zu vil auf dem dach [sic!]. [...]
Tut als wol, herczen liebster herr, wert ir lenger in dem Rat [zu Meran] *peleiben, So schickt nach mir. Das will ich Immer vmb euch verdienen, wann ich doch von euch nicht sein wil, es sei da oder anderswa, lieber herr.* [...]

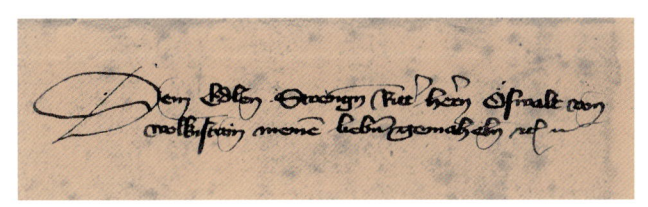

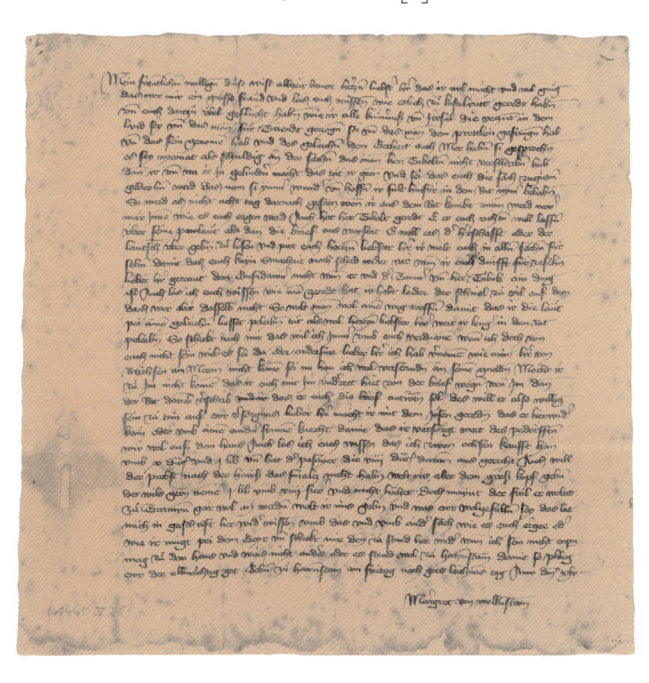

[Abb.I.243/244 BRIEF MARGARETHES VON SCHWANGAU AN IHREN GEMAHL
1445 • Papier–Urkunde, verso / recto (Kat.II.8.1) ▶

*Auf ewr versorgnus, lieber herr, möcht ir mit dem Jósen ge-
reden, das er herwider kám, oder vmb ainen andern frumen
knecht, damit das ir versorgt wert, des pedórfften wir wol auf
dem haus* [Hauenstein].
*Auch las ich euch wissen, das ich zwen ochsen aufft han
vmb X ducaten vnd j liber vnd hat der posayer* [vgl. Kl.104,11]
*die viiij ducaten daran aus gericht. Auch will der probst noch
der háwsz das smalcz nicht haben* [...]
*Vnd was ewr wolgefallen sey, das lat mich in geschrift her
wider wissen, vmb das vnd vmb ander sach, wie es euch er-
gee oder wie ir mógt* [...]. *Vnd schickt mir den* [Boten *Geyr*]
*zu stund her wider, wan ich sein nicht enpern mag zu dem
haus* [Hauenstein].
Vnd wais nicht[s] *anders* [mehr als] *es stand wol zu hawenstain.
Damit so phleg ewr der allmächig got!
Margret von wolkenstain*

Da sich der Gesundheitszustand des 68-jährigen Anfang Juni 1445 merklich verschlechterte, kam er auf Margarethes Angebot zurück und *schickt*[e] nach ihr – und
einen Boten nach Neustift, der Begräbnisstätte seiner
Vorfahren (vgl. I.3.1), um dem Neustifter Propst, Nikolaus III. Scheyber von Hall (1439-1449; vgl. II.7.4), seine
Bitte um Bestattung in Neustift zu überbringen, der am
14. Juni mit einer eidesstattlichen Zusage des Propstes
entsprochen wurde.

Oswald von Wolkenstein ließ danach einen Boten *sei-
nen versigelte*[n] *geschäfftbrieff* (II.8.6) nach Neustift bringen,
enthaltend *seine ordnung* (Anordnungen für sein Begräbnis)
und die Zusage über *fúnfczig Markch perner Meraner Múncz, so*
[er dem] *Gotshaws geschaffen vnd geordent hat* (II.8.6).

Nach seinen leidvollen Erfahrungen mit seinem sieben Jahre ungeteilten Erbe (vgl. II.3.1), hätte man erwarten dürfen, daß er angesichts seines bevorstehenden Todes nicht nur an die Organisation seines Begräbnisses,
sondern auch an die Ausfertigung seines Testamentes
(wie sein Großvater, Eckhard von Vilanders, genannt von
Trostperg; vgl. I.3.1) gedacht hätte – aber (gemäß seines
hinlänglich bekannten ›biographischen Musters‹) flüch-
tete er von der Familienpolitik – in die Landespolitik:

Am 5. Juli 1445 verfasste er gemeinsam mit seinen
engsten Parteigenossen einen ›Sendbrief‹ wegen der *lanndschafft* an Herzog Sigmund (der erst im Frühjahr 1446 aus
der Vormundschaft entlassen wurde und als neuer Lan-
desfürst in Tirol Einzug halten konnte).

Nach dem 9. Juli führte er noch Geheimverhandlun-
gen mit Bekannten des Hauptmannes des Bistums und
Schlosses Trient, Heinrich von Mörsberg, die ihm dieser
aus Trient mit sehr wichtigen Botschaften nach Meran
schickte.

Und er nahm an den Ende Juli beginnenden Beratungen des Landtages über Möglichkeiten der Verständigung
der Tiroler *lanndschafft* mit König Friedrich III. teil – allerdings nur bis zum terminus ante quem, dem 2. August
1445, denn an diesem Tag starb der 68-jährige *Obsaldus
Wolkenstainer praebendarius Novecellensis* in Meran (vgl. II.8.3).

Daß *der bitter tod* (Kl.47,39), trotz Vorwarnungen, ihn
dann doch ganz plötzlich von dem ihn in Meran *von lieber
hand* tröstenden *ausserwelte*[n] *G[RET]* schied, von dem er
schon in seiner Werbephase 1417 *ungeschaiden hie auff erd bis
in den tod* (Kl.68,26) sein wollte, erhellt aus der Tatsache,
daß der von Krankheit und v.a. von lebenslangen Tiroler
Streitereien erlöste Oswald von Wolkenstein die ihm
Mitte Aug.1444 anvertrauten beiden Schlüssel selbst gar
nicht mehr ›abgeben‹ konnte:

Nach abgang seins lebens

II.8.2; Abb. I.245, S. 227

Meran, 1445 August 2
Quittung über Rückgabe der *zwen slússel* für *Herrn
Oswalcz sáligen witib*

Orig. urkunde; Papier, 22 x 31 cm
Nürnberg, Germanisches Nationalmuseum, Historisches Archiv, Familie Wol-
kenstein-Rodenegg; Fasz. 11,7 (WA 52)
[Schwob: *Lebenszeugnisse.* Nr 513]

Vogt vlreich von mátsch [...], *Haubtman an der Etsch, vnd* [...] *der
gesworen Ratt an Meran* – *als óbrist verweser des durchleuchtigen
Hoch geboren Fúrsten vnd hern, Herczog Sigmunds, Herczog zu
Osterreich vnd grauen zu tyrol etc., vnser gnádigen lieben Hern vnd
seiner lanndtschafft, der Egenanten grafschafft* – *Bekennen also:*

*Weilendt der edel Strenng Ritter, Herr Oswalt von wolken-
stain, zwen slússel, dy zu vnsers benanten gnádigen hern,
Herczog Sigmunds etc. vnd seine lanndtschafft verschrá-
bunng* [Haller Verschreibung; vgl. III.7.2] *Vnd ander etc.
gehóren, dy selben slússel vns nach abgang seins lebens wi-
dervmb In Ratt, schón verpetschaft, geben vnd geantwurtt
sindt* [worden] *von seiner gemahel Margarethen, geboren
von Swangew* [sic!].

*Also sagen wir dye benanten Witib vnd alle ir vnd des benan-
ten Herr*[n] *Oswalcz sáligen Irs gemahels Erben Quitt, Ledig
vnd loss, getreulich vnd vngeuarlich.
Zu vrchund versigelt mit der Stat an meran In sigel vnd mein
des Hawptmans petschaft.*

KRANKHEIT · TOD IN MERAN · BESTATTUNG IN NEUSTIFT 1445

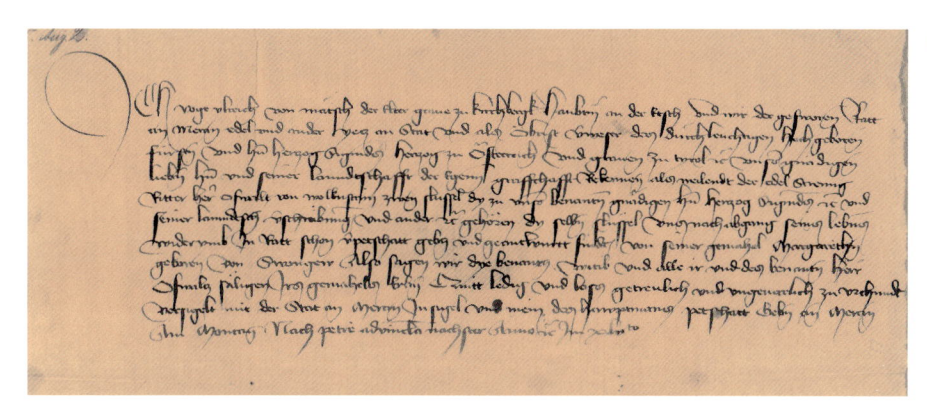

[Abb.I.245] QUITTUNG ÜBER RÜCKGABE VON OSWALDS VON WOLKENSTEIN SCHLÜSSELN · 1445
Papier-Urkunde (Kat.II.8.2)

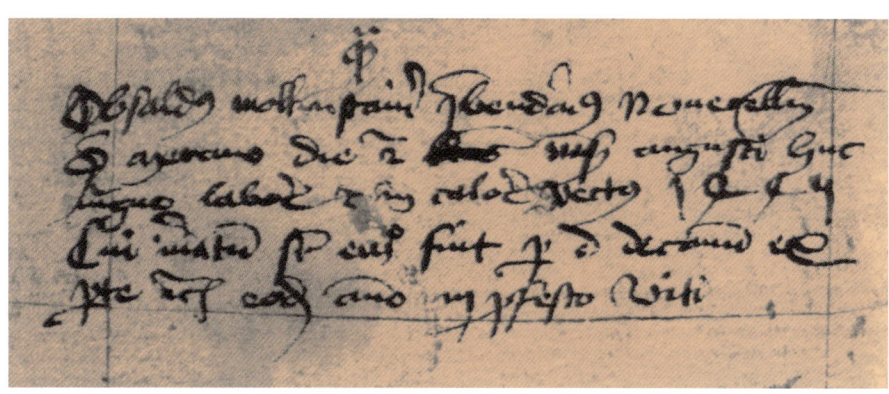

[Abb.I.246] EINTRAG: OSWALDS VON WOLKENSTEIN TOD IN MERAN UND ÜBERFÜHRUNG NACH NEUSTIFT · Nach 1445 Aug. 2 · Neustifter-Innsbrucker Spielhandschrift von 1391 (Kat.II.8.3)

Huc magno labore et in calore vectus 1445

II.8.3; Abb. I.246; S. 184 und 227

Eintrag: Oswalds von Wolkenstein Tod in Meran und seine Überführung nach Neustift im August 1445.
Neustift, 1445 Nach Aug. 2

Neustifter-Innsbrucker Spielhandschrift von 1391
Regiebuch; Papier, 60 Blätter, 27,6 x 11 cm
Innsbruck, Landes- und Universitätsbibliothek: Cod. 960

Inhalt:

Fol. 1 recto – 35 recto: Die am 26. Aug. 1391 vollendete Abschrift des deutschsprachigen Mariae Himmelfahrt-Spieles *Ludus de assumpcione beate Marie virginis*; *Fol. 35 verso – 50 recto:* Die am 1. Sept. 1391 vollendete Abschrift des deutschsprachigen ›Neustifter oder Innsbrucker Osterspieles‹ *Ludus de resurrexione domini*; *Fol. 50 verso – 59 recto:* Die am 5. Sept.1391 vollendete Abschrift des deutschsprachigen Fronleichnamsumganges *Ludus de corpore Christi*; *Fol. 59 verso – 60 recto:* Von späterer Hand eingetragene fragmentarische lat. Szene von der Zerstörung Jerusalems; Fol. 60 verso: Textzeilen, Schriftproben; unten: Die Oswald von Wolkenstein betreffende Eintragung (wohl bald nach den Ereignissen von einem versierten Schreiber notiert)

Fol. 60 verso, unten (vgl. Abb.I.246):

Obsald(us) wolkenstain(er) p(rae)benda(r)i(us) Novecellen(sis) / ø [obiit] *merano* [merani!] *die 2. m(en)s(is) augusti huc* [d.h. nach Neustift] */ m(a)gno labo(re) z* [et] *in calo(re) vect(us) 1445 / Cui iu(r)atu(m) s(upe)r ev(angel)io fuit p(er) d(ominum) decanu(m) ex / p(ar)te eccl(esiae) eod(em) an(n)o in p(ro)festo S. Viti* [Vorabend des 15. Juni 1445]

Mit großer Mühe und bei großer August-Hitze wurde der Leichnam (auf Kosten seiner Witwe und seiner Söhne) von Meran nach Neustift überführt und in der dortigen Stiftskirche – vor oder zur Rechten des Taufsteines vor dem Kreuzaltar im Langhaus – beigesetzt.

Engelhard Dietrich Freiherrn von Wolkenstein-Trostburg (1566-1647; vgl. I.3.2; Abb.I.8) verdanken wir folgenden Bericht über Oswalds von Wolkenstein Grabplatz, Grabstein und über ein Votivbild *drob an der maurn*:

Den 2. Augusti A.d. 1445 ligt begraben zu Neuen stúfft bey dem Tauffstain, der Grabstain [s.u.; II.8.4] *ein weisser Marbel, so Herrn Oswaldt mit den ain Aug begräbnus, vnd drob an der maurn Ist sein Gemäll mit 5 gewaxen Söhn und 2 Töchter, drunter der ein Canonicus* [Michael von Wolkenstein d.J.; Domherr zu Brixen, † 1457], *vnd ein Kloster Fraw, die ein Tochter* [Maria; Klarissin in Brixen, später Äbtissin in Meran, † 1497]. [Vgl. Bd II: 1608]

227

Der Grabstain, ein weisser Marbel

II.8.4; Abb. I.247, S. 183

Marx Sittich Freiherr von Wolkenstein-Trostburg (1563–1619):
Stammbaum Tyrolischer Geschlechter. Ca 1615/19
Codex; Papier, 31 x 19 cm
Innsbruck, Landes- und Universitätsbibliothek: Cod. 822

Fol. 17 recto (Abb.I.247):

Bericht über Oswalds von Wolkenstein Begräbnis in der Stiftskirche des Klosters Neustift – *vor dem Tauffstain* – und Federzeichnung nach dem Grabstein mit Allianzwappen der Wolkensteiner und der Schwangauer (d.h. es sollte auch Margarethes von Wolkenstein Grabstein nach ihrem Tod nach 1451 Mai werden, denn: *Ungeschaiden hie auff erd bis in den tod und darnach hundert tausent jar;* Kl.68,26/27) und mit einem bekrönten Spangenhelm mit Helmdecke, Helmzimier sowie mit dem 1419 verliehenen Kohlkorb.

(Variante seiner Federzeichnung nach dem Grabstein: Vgl. Abb.I.248, S. 228; Farbige Reproduktion von *Herr Oswalt v. Wolkhenstain, Ritters mit dem ain aug grabstein in münster zue Neuen Stifft* auf einem um 1615 / vor 1618 entstandenen Stammbaum; vgl. Bd II mit Abb.II.15/18; Bd I: Abb.I.249, S. 183)

NB: Sowohl der Grabstein als auch das gemalte Bildepitaph mit der Darstellung Oswalds von Wolkenstein, seiner Ehefrau Margarethe von Schwangau und ihrer fünf erwachsenen Söhne und ihrer beiden erwachsenen Töchter, sind verschollen.

[Abb.I.248] Marx Sittich Freiherr von Wolkenstein-Trostburg: OSWALDS VON WOLKENSTEIN GRABSTEIN • 1600/1619 • Federzeichnung in seiner *Chronik von Tirol* (Innsbruck, Tiroler Landesmuseum Ferdinandeum: FB Cod. 3618)

II.8.5; Abb. I.250, S. 182

Anonymus: Votivtafel des Jörg von Pottendorf. Um 1467
Öl und Tempera auf Fichtenholz, 140 x 117,5 cm
Vaduz / Wien, Sammlungen des Fürsten von und zu Liechtenstein: GE 949

Die Stiftertafel Jörgs von Pottendorf – von 1463 bis 1470 Feldhauptmann Kaiser Friedrichs III. – stammt aus der Pfarrkirche Ebenfurth in Niederösterreich.

Darstellung: Vor Maria mit dem Kind, umgeben von den Heiligen Dorothea, Barbara, Nikolaus, Ulrich, Katharina und Petrus, kniet der Stifter, Jörg von Pottendorf, mit seinen drei Ehefrauen: Den bereits verstorbenen, Amalei von Eberstorf und Ursula von Zelking, sowie der noch lebenden dritten, Elisabeth von Liechtenstein.

Vmb fúnfzig Markch, so Oswalt von wolkchenstain selig geschaffen hat

II.8.6; Abb. I.251, S. 229

Neustift, 1445 September 9
(In dorso:) *1445 Quittung über bezahlten Schuldrest des Oswald, Ritter von Wolkenstein*
Abschrift, 15. Jhdt; Papier, 21 x 31 cm
Neustift, Augustiner-Chorherrenstift, Stiftsarchiv: Lade 41
[Schwob: *Lebenszeugnisse.* Nr 516]

Daß das Begräbnis wohl erst in der zweiten August-Hälfte in Neustift stattgefunden hat, erhellt aus einem Schreiben Margarethes von Schwangau vom 3. Sept. 1445, mit dem sie ihren Diener Georg, von Neustift aus, nach Hauenstein schickte, damit er dort von einem anderen Diener die Schlüssel übernehme und ihre baldige Ankunft (nach dem 9. Sept.; vgl. II.8.6) vorbereiten kann.

Am 9. Sept. 1445 erfüllte sie in Neustift noch Oswalds von Wolkenstein letzten Willen – und bezahlte *die fúnfczig Markch perner Meraner Múncz [...], so weylent* [14. Juni 1445] *der edel vnd vest, streng Ritter, her Oswalt von wolkchenstain selig,* [dem] *Gotshaws geschaffen vnd geordent hat* [in] *seinem versigelten geschäfftbrieff.*

Einen *versigelten geschäfftbrieff,* enthaltend sein Testament, hinterließ Oswald von Wolkenstein seinen fünf Söhnen Oswald d.J. († 1498), Michael († 1457), Gotthard († 1451), Leo († nach 1467) und Friedrich († 1456) jedoch *nicht,* wie wir Michaels von Wolkenstein Aussage vom 26. Febr. 1448 entnehmen können:

Als mein vater säligen, herr Oswald vonn Wolkenstein, mit dem tod abgangen vnd mir vnd meinen brúdern Oswalden, Leo vnd Fridreichen von Wolkenstein [Gotthard fehlt!] *ain vätterlich erb an vessten, zehenden, gúttern, zinsen vnd lehen vngetailt* [sic!] *hinder sein gelassen hat.* [Schwob: *Lebenszeugnisse.* Kommentar zu Nr 36]

Oswald von Wolkenstein dem Jüngeren hinterließ er die ›unendliche Geschichte‹ mit den Bürgschaftsbriefen von 1422 und den damit verbundenen Streit mit Hans von Vilanders – der erst 20 Jahre (vgl. den geerbten 20-jährigen Erbschaftsstreit um Hauenstein) nach Oswalds von Wolkenstein d.Ä. Tod vom Familienältesten durch Bezahlung von 1000 Gulden (anstatt 6000 Gulden) an Herzog Sigmund, den ›Münzreichen‹ (!), ad acta gelegt werden konnte (*NB: Alte sünd pringt neues laid!* Kl.36,1).

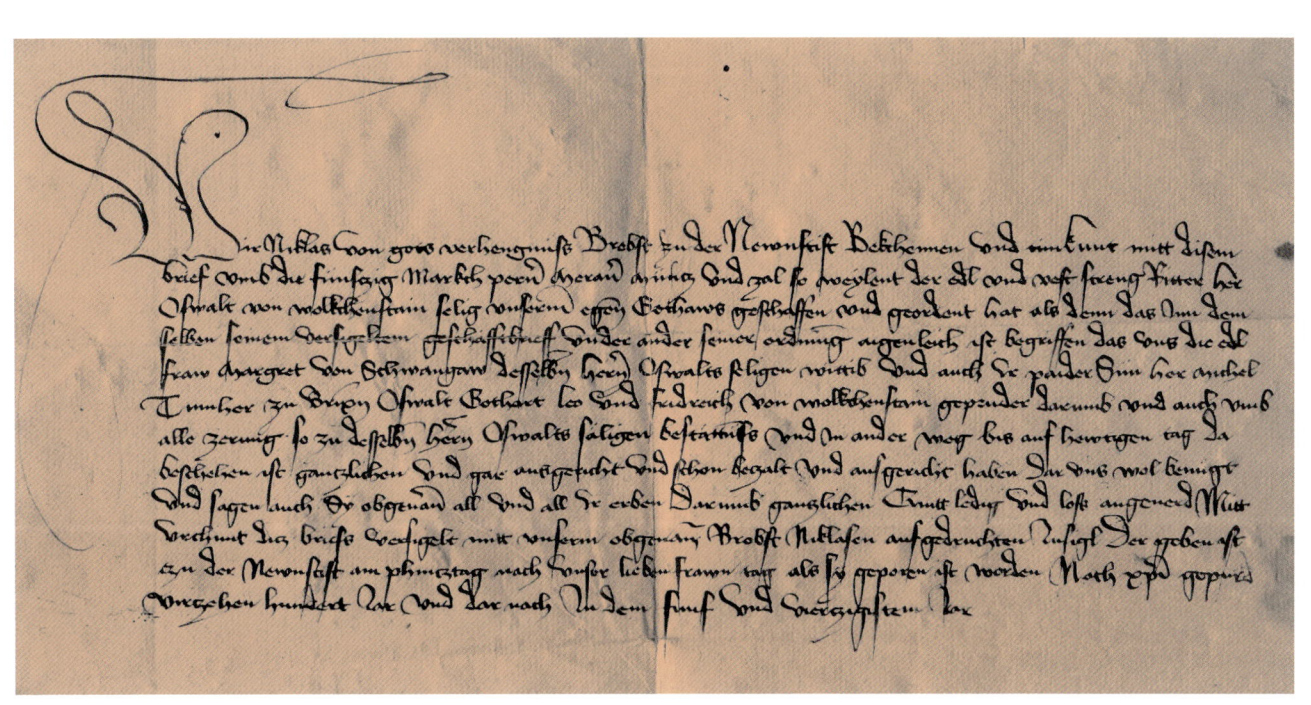

[Abb.I.251] Quittung über bezahlte Begräbniskosten • 1445 • Abschrift, 15. Jhdt (Kat.II.8.6)

Monogrammist b x g: Der Narr mit der Laute und die alte Köchin • Um 1475/1480
Kupferstich (1. Zustand: Ohne Monogramm), 9,4 x 6,7 cm (Berlin, SMB, Kupferstichkabinett: 673,1) ▶

Teil II: Ich Wolkenstein leb sicher klain vernünftiklich mit tichten, singen mangerlei ...

Hans-Dieter Mück
OSWALD VON WOLKENSTEIN 1377 – 1445
DICHTERKOMPONIST · SÄNGER · MUSIKER
DIE ÜBERLIEFERUNG SEINER LIEDER UND GEDICHTE
KATALOG DER AUSGESTELLTEN WERKE 〉〉

Oswald von Wolkenstein, der es als zweitgeborener Tiroler Landherr bis zum Diener und Rat König/Kaiser Sigmunds (ab 1415) und sogar bis zum Reichsritter (ab 1434) gebracht hatte, war in jeder Beziehung eine Ausnahmeerscheinung: Denn er war *auch* ein außerordentlich talentierter Sänger und Musiker – und ein begnadeter Dichterkomponist, der mit seinen witzig-ironischen Liedern das königliche Hofgesinde sowie Adelsfreunde in Tirol und auf seinen Reisen mit Bravour zu unterhalten verstand.

So wie er mit seinen Frommen Stiftungen in Brixen (1400 und 1407/08) schon zu Lebzeiten für seinen Nachruhm als Ritter gesorgt hatte, so wollte er auch als Dichterkomponist nach seinem Tod (1445) nicht in Vergessenheit geraten.

Der selbstbewußte ›Dilettant‹, sprich Gelegenheits- *nicht* Berufsdichter und -komponist, ließ deshalb 1425 in Wien (vgl. IV.1.1) und 1432 in Basel (vgl. IV.1.2) zwei repräsentative Pergamenthandschriften (A und B) – unter seiner Aufsicht – von versierten Text- und Notenschreibern anfertigen, die uns nicht nur seine 124 ein- und mehrstimmigen Lieder (*mit* Melodien) und seine beiden Reimpaargedichte überliefern, sondern auch die ersten authentischen Autorenbildnisse der europäischen Literatur- und Musikgeschichte enthalten.

Der Ritter mit ›halbem Gesicht‹ war für seine Zeitgenossen ein höchst auffälliger Prominenter (vgl. Abb.I.142, 147 und 172) und als Multitalent (Diplomat des Königs sowie singender und musizierender Liedermacher) von ganz besonderem öffentlichen Interesse, weshalb 24 seiner Lieder und die beiden Gedichte (d.h. knapp 21% seines Œuvres) zwischen 1423 und 1579 auch in Handschriften, Inkunabeln und Frühdrucken überliefert wurden – davon allein zehn Lieder, die in seinen beiden Liederbüchern (Hss. A und B) *nicht* enthalten sind.

IV.1 HAUPTHANDSCHRIFTEN (15. JHDT)

IV.1.1; Abb.I.252, S. 232 [Abb.II.48, S. 70]

Anonymus: *Oswald Wolknsteiner* [1425]. **21. Mai 1900**
Aquarell auf Papier, 38,6 x 28,8 cm
In: Sammelband *Portrait Sammlung*. Nr 55
Innsbruck, Tiroler Landesmuseum Ferdinandeum: FB W 5233

Rekonstruktion des stark abgeriebenen Ganzfigurenbildes (vgl. Abb. S.5) auf der Innenseite des Vorderdeckels des 1425 in Wien vollendeten ersten Liederbuches, *genannt der Wolkenstainer* (Hs. A; Pergament, 61 Blätter, 37 x 27 cm; enthaltend 107 Lieder *mit* Melodien und ein Reimpaargedicht; Nachträge bis 1436).

Darstellung: Oswald von Wolkenstein als Adeliger (mit Wappen und mit aragonesischem Ritterorden mit dem Greifen), als Sänger und Musiker (in Mi-Parti-Strumpfhosen) und als Dichterkomponist, der ein Liedblatt mit dem Incipit seines Liedes *Ain anefang an gotlich forcht* (Kl.1,1/2) hochhält, mit dem sein Liederbuch (auf Folio 1 recto, gegenüber) beginnt.

[Abb.I.252] Anonymus: OSWALD WOLKNSTEINER [1425] • 1900 • Rekonstruktion des Ganzfigurenbildes im Wiener Liederbuch (Kat.IV.1.1)

HAUPTHANDSCHRIFTEN 1425 UND 1432 · STREUÜBERLIEFERUNG 1428 – 1450

IV.1.2; Abb.I.205, S. 175 [Vgl. auch Vorzeichnung, S. 2]

Rodenegg-Innsbrucker Liederbuch. Basel, 1432 August 30

Pergament, 48 Blätter, 49 x 34 cm, und zwei Vorsatzblätter mit Brustbild in Ölmalerei mit Goldauflagen sowie Register.
Innsbruck, Universitäts- und Landesbibliothek Tirol: Ohne Inv.-Nr

Enthaltend 116 ein- und mehrstimmige Lieder (*mit* Melodien) und zwei Reimpaargedichte, entstanden zwischen 1407/08 und 1438 und zum größten Teil von Oswald Holer (vgl. IV.2.1) aus Brixen geschrieben und illuminiert.

Das Lied *Ain klugen abt* (Fol. 35 recto/verso), gerichtet gegen den Brixener Bischof Ulrich II. Putsch (vgl. III.2.5/6), wurde nach Oswalds von Wolkenstein Tod (1445) von den Nachbesitzern des Liederbuches fast vollständig getilgt, da diese ebenfalls Kleriker in Tirol waren (vgl. dazu III.2.6).

Darstellung: Oswald von Wolkenstein als Ritter und Rat König Sigmunds im 18.Jahr (Überschrift über Liedregister auf Folio 1 recto, gegenüber) in Pellanda aus Damast oder Seide und mit Ordensdekorierung: Aragonesischer Ritterorden von der Kanne, den Lilien und einem Greifen (Verleihung: Ende 1415 in Avignon) und König Sigmunds Drachenorden am Flammenkreuz (Verleihung: Ende 1430 in Nürnberg).

Das geschlossene rechte Auge (Ptosis) und Narben über dem Mund und am linken Teil der Unterlippe sowie der doppelte Kinnhöcker lassen wirklichkeitsgetreue Porträtnähe (vgl. auch Vorzeichnung, S.2) durch den unbekannten Basler Maler (vgl. III.3.18) vermuten.

IV.2 STREUÜBERLIEFERUNG (15./16. JHDT)

IV.2.1; Abb.I.253, S. 233

Sammel- und Mischhandschrift. Tirol, 1428/1433

[O.v.W.-Hs. H]
München, Bayerische Staatsbibliothek: Cgm 3897

Papier-Sammelhandschrift (339 Blätter, 28,2 x 21,2 cm); wohl im Auftrag der Starkenberger angefertigt, mit adliger Gebrauchslektüre religiöser und rechtlicher Art.
Die zum größten Teil von Oswald Holer aus Brixen – dem Schreiber des Rodenegg-Innsbrucker Liederbuches (vgl. IV.1.2) – geschriebene Handschrift enthält von dessen Hand von Oswald von Wolkenstein:
Fol. 319 recto – 320 verso (vgl. Abb. I.253):
KL° der Genner
Genner gepar christ wirdichleich (Kl. 67)
Subscriptio (fol.320 verso; vgl. Abb. I.253):
Den kalender hat von newen dingen gemacht der Edel Oswald von Wolkenstain

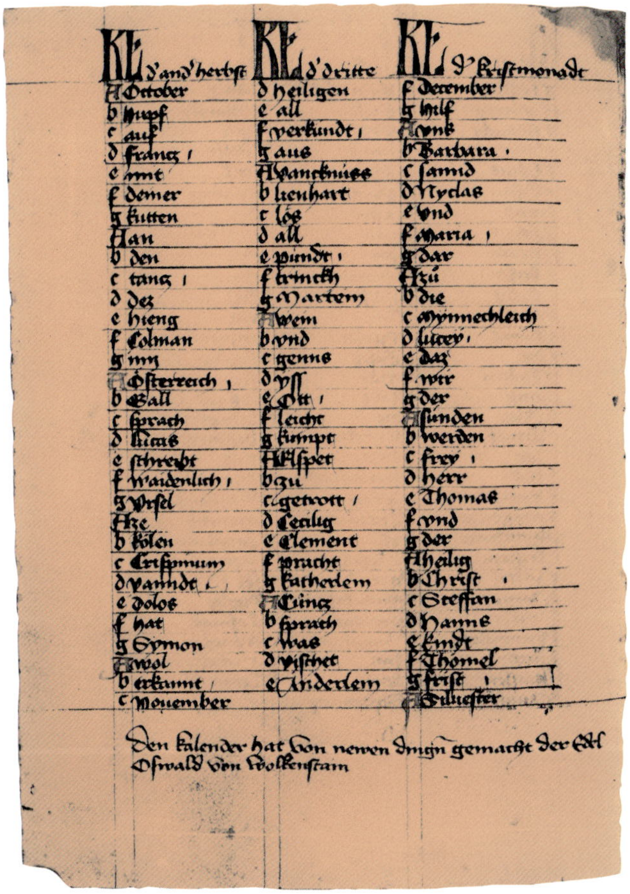

IV.2.2; Abb.I.254, S. 234

Mönch von Salzburg-Liederhandschrift B. Süddtld, um 1450

[O.v.W.-Hs. w]
München, Bayerische Staatsbibliothek: Cgm 1115

Papier-Sammelhandschrift (39 Blätter, 27,5 x 20 cm) aus zwei Teilen. Teil 2: Geistliche Lieder des Mönchs von

[Abb.I.253 KALENDERGEDICHT (CISIOJANUS) · 1428/33 · Sammel- und Mischhandschrift; Fol. 320 verso (Kat.IV.2.1)

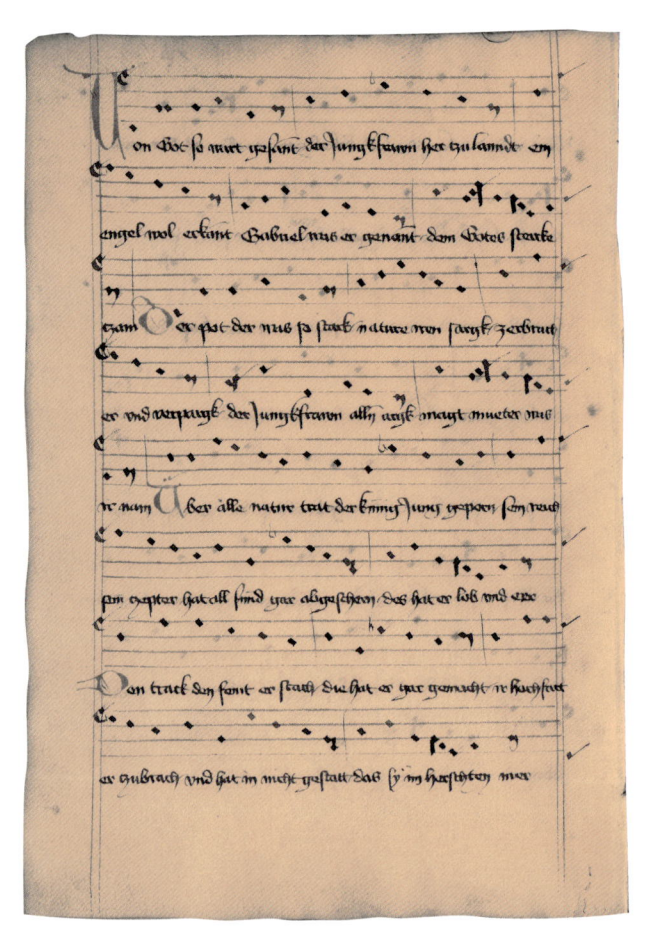

[Abb.I.254] VON GOT SO WART GESANNT • Um 1450 • Mönch von Salzburg-Liederhandschrift B; Fol. 26 verso (Kat.IV.2.2)

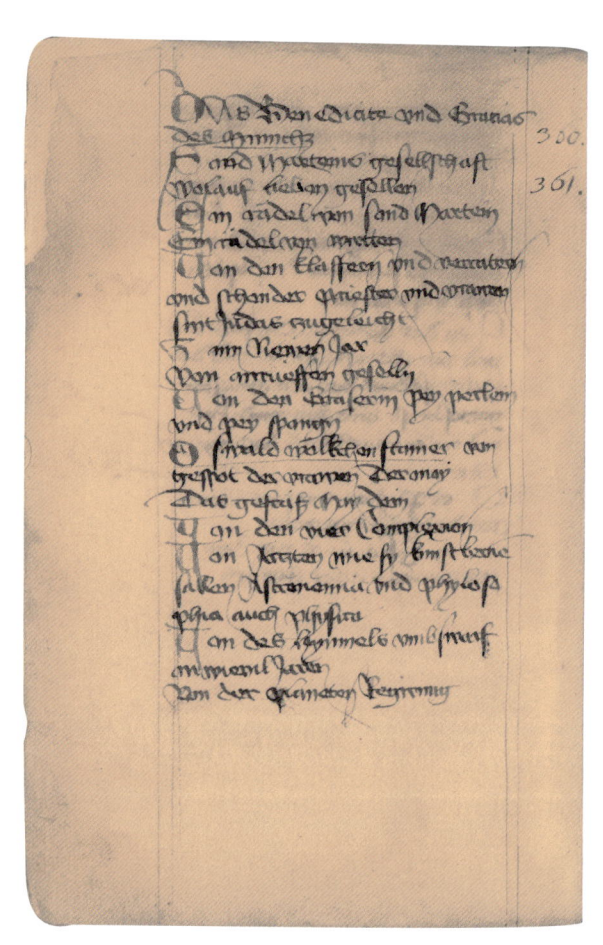

[Abb.I.255] REGISTER • 1450/61 • Mönch von Salzburg-Liederhandschrift A; Fol. 5 verso (Kat.IV.2.3)

Salzburg (*mit* Melodien) und Oswalds von Wolkenstein (*mit* Melodien):
Fol. 26 verso (vgl. Abb.I.254) – 27 verso mit Überschrift (Fol. 26 recto) *Ain ander Mittit ad virginem nach dem text*:
Von Got so wart gesannt (Kl.130)
Fol. 32 recto – 33 recto mit Überschrift *Ain ander Mundi renouacio*:
DEr werllde vernewung lawter klar (Kl.129)

IV.2.3; Abb.I.255, S. 234

Mönch von Salzburg-Liederhandschrift A. Süddtld, 1450/1461

[O.v.W-Hs. L]
München, Bayerische Staatsbibliothek: Cgm 715

Papier-Sammelhandschrift (190 Blätter, 21,8 x 14,5 cm) mit meist einstimmigen deutschsprachigen geistlichen Liedern des Mönchs von Salzburg (*mit* Melodien) und mit vier Martinsliedern.
Überlieferung von Oswalds von Wolkenstein Liedern:

Fol. 143 recto – 144 b verso mit Überschrift *Ain ander Mundi renouacio*:
DEr werlde vernewung lawter klar (Kl.129)
Fol. 150 verso – 153 verso mit Überschrift *Ain ander Mittit ad virginem*:
Von Got so wart gesannt (Kl.130)
Fol. 182 verso mit Überschrift [...] *haft ein rädel*:
Martein [...] *llso sere trag* (Kl.70, 1-6 bzw. 7)
Register:
Fol. 2 recto (Zeile 3-5):
Ein ander Mittit ad virginem [Kl.130] *hat der Oswald wolkchenstainer gemacht*
Fol. 3 recto (Zeile 9-10):
Ein ander Mundi renouacio [Kl.129] *des wolkchenstainer III ß IIII*
Fol. 5 verso (Zeile 6; vgl. Abb.I.255):
Ein rädel von wirtten (Kl.70)
Fol. 5 verso (Zeilen 14-16; vgl. Abb.I.255):
Oswald wolkchenstainer von gespot der vrawen, Der may, Das gefräß, May dein

STREUÜBERLIEFERUNG 1450

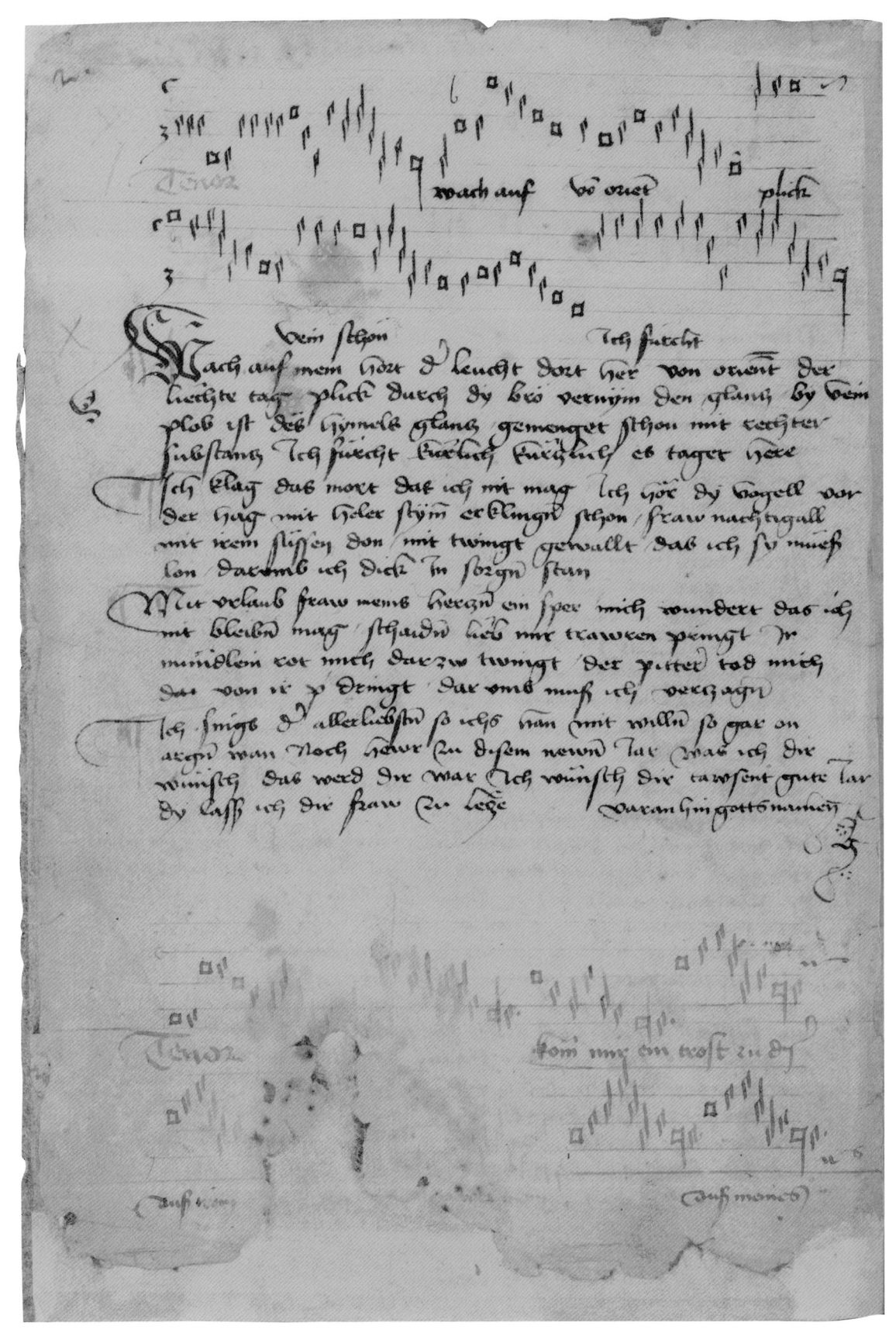

Tenor   wach auf   bö oriet   plick

         mein schon   Ich furcht
Wach auf mein hort d'leucht dort her von orient der
liechte tag plick durch dy pro vernym den glanz by dem
plab ist des hymels glanz gemenget schon mit rechter
substanz Ich furcht kurzlich kurzlich es taget hete

Ich clag das mort das ich mit mag Ich hör dy vogell vor
der hag mit heler stym erklingt schon frau nachtigall
mit irem süssen don mit twingt gewallt das ich sy muess
lon darumb ich dich in sorgn stan

Mit velaub fraw mein hertzen ein sper mich wundert das ich
mit bleiben mag schaiden lieb mir trauren pengt Ir
mündlein rot mich darzu twingt der pitter tod mich
das von ir p dringt darumb mus ich verzagn

Ich sings d' allerliebsten so ichs man mit willn so gar on
arczn man Noch heur zu disem newn Iar was ich dir
wünsch das werd dir war Ich wünsch dir tawsent gute Iar
Dy lass ich dir fraw zu lege   daran hinn gott müess

Tenor   kom mir ein trost zu dy

(auß king)   (auß manes)

[Abb.I.256 WACH AUF MEIN HORT • 1451/53 • Lochamer-Liederbuch; S.2 (Kat.IV.2.4)

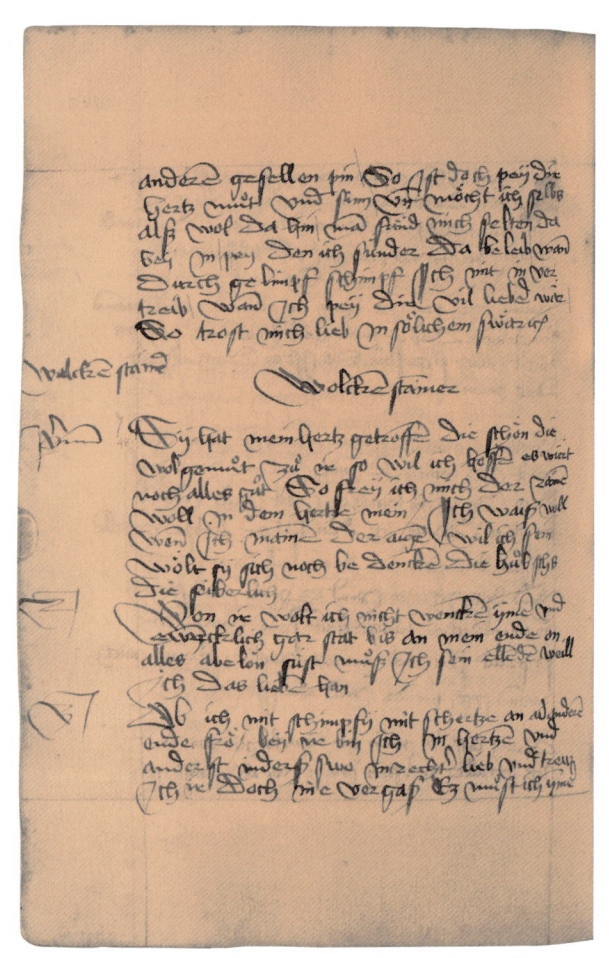

[Abb.I.257] WOLCKENSTAINNER / SY HAT MEIN HERTZ GETROFFEN
1454/78 • Augsburger Liederbuch; Fol. 119 verso (Kat.IV.2.5)

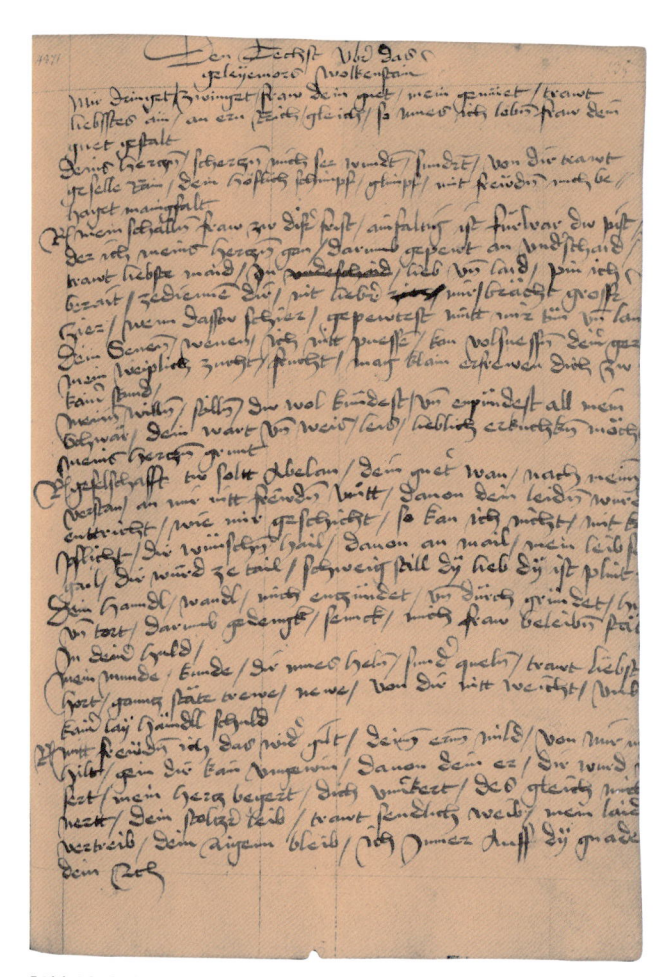

[Abb.I.258] DEN TECHST VBR DAS GELEYEMORS WOLKENSTAIN • 1461 • Lohengrin-Handschrift M; S.135 [137] (Kat.IV.2.6)

NB: Diese vier sonst nicht überlieferten Lieder fehlen leider in der Handschrift. Hermann von Sachsenheim (1366/69-1458) bestätigte aber in seiner *Mörin* (1453) des *Wolckenstainers* Autorschaft des *gefreß*.

IV.2.4; Abb.I.256, S. 235

Lochamer-Liederbuch. Raum Nürnberg, 1451/1453

[O.v.W.-Hs. J]
Berlin, Staatsbibliothek, Preuß. Kulturbesitz, Musikabteilung: Mus.ms. 40613

Benannt nach dem Besitzer: *Wolflein von Lochamer ist das gesenngk püch* (S. 37).
Papier-Sammelhandschrift (92 Seiten, 21,7 x 15,7 cm) mit Gesellschaftsliedern der ersten Hälfte des 15. Jhdts. Oswalds von Wolkenstein Lied wurde zwischen 1451/52 und Sept. 1453 vom Hauptschreiber und ersten Besitzer des Liederbuches, *frater Judocus de Winßheim*, im Raum Nürnberg eingetragen (S. 2):
Tenor und Text mit dem Incipit *Wach auf mein hort* (Kl.101)

IV.2.5; Abb.I.257, S. 236

Augsburger Liederbuch. Augsburg, 1454/1478

[O.v.W.-Hs. G]
München, Bayerische Staatsbibliothek: Cgm 379

Papier-Sammelhandschrift (225 Blätter, 21,5 x 15,1 cm) mit Liedtexten, Spruchgedichten, Minnereden, Liebesbriefen, Rätseln, erotischen Scherzen und die Stadt Augsburg betreffenden historischen Fakten.
Genannte oder erschlossene Autoren: Mönch von Salzburg, Heinrich der Teichner, Suchenwirt, Muskatblut, Peter Schmieher, Erhard Wahraus, Hans Schneider.
Überlieferung von Oswalds von Wolkenstein Liedern:
Fol. 111 recto/verso:
Wol auff wir wellen schlaffen (Kl.84)
Fol. 119 verso (vgl. Abb.I.257) – 120 recto mit Überschrift *Wolckenstainner*:
Sy hat mein hertz getroffen (Kl.128)
Fol. 120 recto/verso mit Überschrift *Walckenstainner*.

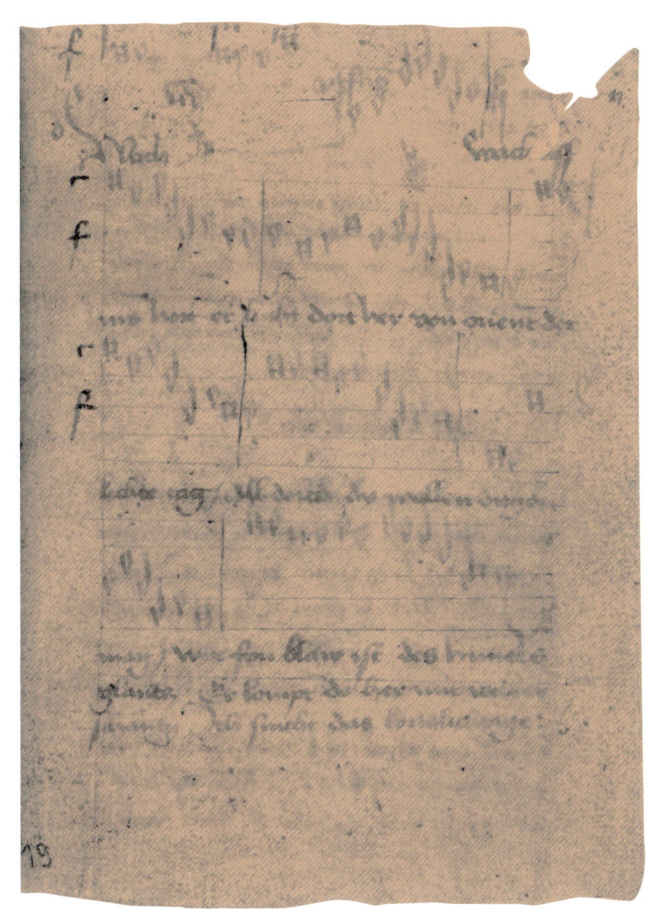

[Abb.I.259] *Wach wach uff myn Hort* • 1464/65 • Rostocker Liederbuch; Fol. 19 recto (Kat.IV.2.7)

Zu hürß So Spricht her Michel vom walckenstaine (Kl.85)
NB: Mit einer nur hier überlieferten Zusatzstrophe (vgl. S.118).

IV.2.6; Abb.I.258, S. 236

Lohengrin-Handschrift M. Schloß Kammer am Attersee, 1461
[O.v.W.-Hs. p]
München, Bayerische Staatsbibliothek: Cgm 4871

Papier-Mischhandschrift (74 Blätter, 26,7 x 20,5 cm); enthaltend den *Lohengrin*, Suchenwirts Minnerede *Dy schön abentewr* und Oswalds von Wolkenstein Lied:
S.135 (recte: 137) mit der Überschrift *Den Techst Vbr das geleyemors wolkenstain* [Kontrafaktur nach Gilles Binchois: *Je loe amours*]:
Mir dringet zwinget fraw dein guet (Kl.131)

IV.2.7; Abb.I.259, S. 237

Rostocker Liederbuch. Rostock, 1464/1465
[O.v.W.-Hs. (N)]
Rostock, Universitätsbibliothek: Mss.phil. 100/2

Papier-Sammelhandschrift (45 Blätter, 10,5/12,8 x 8/9,5 cm) mit 60 niederdt., hochdt. und dt.-lat.Liedern (31 *mit* Melodien, davon 3 zweistimmig) sowie niederdt.-lat. Minnelehre, niederdt. Reimpaarsprüche, Marienantiphone, lat. liturgische Prosa und das niederdt. Prosastück *Aflat der Kercken van Rom*.
Überlieferung von Oswalds von Wolkenstein Lied:
Fol. 19 recto (vgl. Abb.I.259) – 19 verso:
Incipit (unter Noten) *Wach wach uff myn hort* (Kl.101)

IV.2.8; Abb.I.260, S. 238

Lambacher Liederhandschrift. Lambach, 1473/1485
[O.v.W.-Hs. x]
Wien, Österreichische Nationalbibliothek: Cod. Vindob. 4696

Papier-Sammelhandschrift (230 Blätter, 21,3 x 14 cm) aus zwei Teilen.
Teil 2: Dt. Sequenzen, Hymnen und weltliche Lieder des Mönchs von Salzburg (*mit* Melodien) und geistliche Lieder Oswalds von Wolkenstein (*mit* Melodien):
Fol. 139 recto (vgl. Abb.I.260) – 142 verso mit Überschrift *Ain ander Mittit ad virginem*:
Uon Got so wart gesannt (Kl.130)
Fol. 145 verso – 149 recto mit Überschrift *Ain ander Mundi renouatio*:
DEr werlde vernewung lauter klar (Kl.129)

IV.2.9; Abb.I.261, S. 238

Liedblatt. Um 1481
[O.v.W.-Hs. q]
Papier, 17 x 20,8 cm
Nürnberg, Germanisches Nationalmuseum, Historisches Archiv, Familie Wolkenstein-Rodenegg: Fasz. 12 a

Enthält Oswalds von Wolkenstein Lied *Medlin zartt stein* (Kl.132)

IV.2.10; Abb.I.262, S. 238

Dincklage-Liederstammbuch (Osnabrückische Liederhandschrift). Westfalen, 1574/1575
[O.v.W.-Hs. u]
Berlin, Staatsbibliothek, Preußischer Kulturbesitz: Ms.germ.fol. 753

Papier-Liederstammbuch (134 Blätter, 28,5 x 20,5 cm) mit Liedtexten und Stammbucheintragungen.

[Abb.I.260] *Ain Ander Mittit Ad Virginem / Uon Got So Wart Gesannt* • 1473/1485 • Lambacher Liederhandschrift; Fol. 139 recto (Kat.IV.2.8)

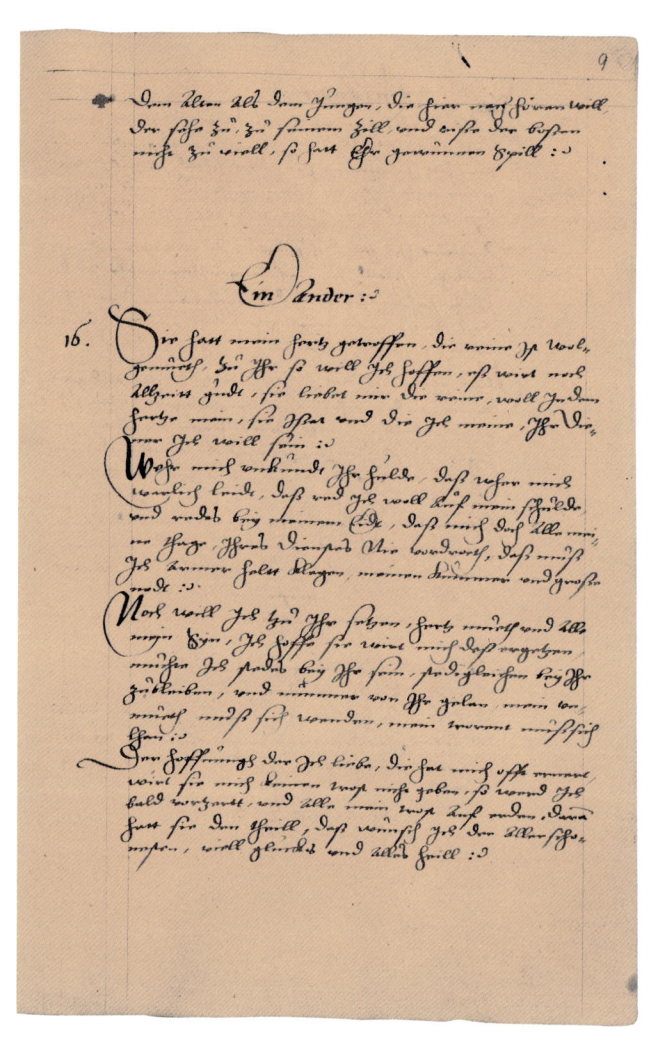

[Abb.I.262] *Ein Ander: Sie hatt mein Hertz getroffen* • 1574/1575 • Dincklage-Liederstammbuch; Fol. 9 recto (Kat.IV.2.10)

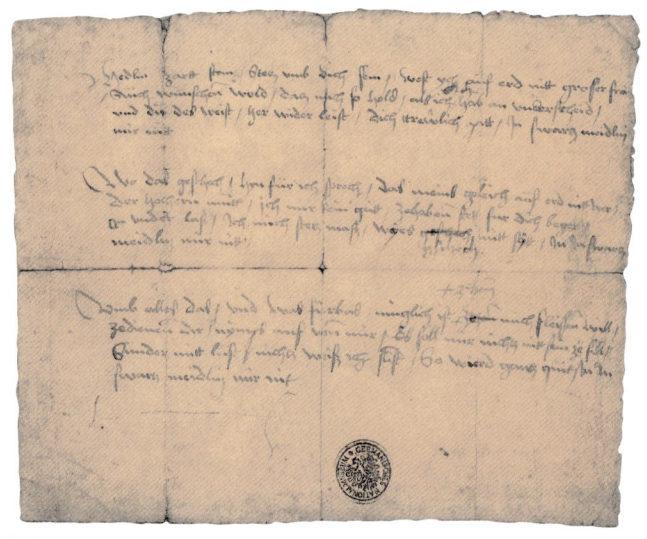

[Abb.I.261] *Medlin zartt Stein* • Um 1481 • Liedblatt (Kat.IV.2.9)

Oswalds von Wolkenstein Lied:
Fol. 9 recto (Nr 16) mit Überschrift *Ein ander: Sie hatt mein hertz getroffen* (Kl.128)

IV.2.11; Abb. I.263/264, S. 239

Wunderbarliche gedichte vnd Historien deß Edlen Ritters Neidharts Fuchß auß Meissen geborn [...], was er bey seinen zeiten mit den Bawren vnd andern mehr vollbracht vnd gestifftet hat, sehr kurtzweilig zu lesen vnd zu singen, das er auch wol der ANDER EVLENSPIEGEL genannt werden mag (Fol. 1 recto). Frankfurt am Main: Martin Lechler in Verlegung Sigmund Feirabends und Simon Hueters 1566

Neithart Fuchs-Druck z₂
[O.v.W.-Druck F 3.1]
Papier (88 Blätter, 14 x 8,5 cm) mit 29 Holzschnitten von Jost Amman und Virgil Solis.
Berlin, Staatsbibliothek, Preußischer Kulturbesitz: Yg 3851 Rara

238

[Abb.I.264] *Hienach folget, wie Neidhart bey einer schoenen Graserin in der Kasteien badet* • 1566 • Neithart Fuchs-Druck z₂; Fol. 66 verso – 67 recto (Kat.IV.2.11)

[Abb.I.263] *Hie sagt Neidhart, wie er mit seiner Frawen gen Pariss kam / Vnd jhr zween Schuch fruemmet* • 1566 • Neithart Fuchs-Druck z₂; Fol. 63 verso – 64 recto (Kat.IV.2.11) ▶

Kompilation von Liedern und Schwänken des Lieddichters Neithart (13. Jhdt) zur legendenhaften literarischen Schwankgestalt des Neithart Fuchs (frühester Druck: Augsburg 1491/1497), dem außer Liedern Neitharts auch Lieder Hesellohers, Jörg Schillers und Oswalds von Wolkenstein in den Mund gelegt wurden:
Fol. 63 verso (vgl. Abb.I.263) – 66 recto mit Überschrift *Hie sagt Neidhart, wie er mit seiner Frawen gen Pariß kam vnd jhr zween Schuch fruemmet* (Holzschnitt):
JR alten Weib nu frewet euch mit den jungen (Kl.21)
Fol. 66 verso – 67 recto (vgl. Abb.I.264) mit Überschrift

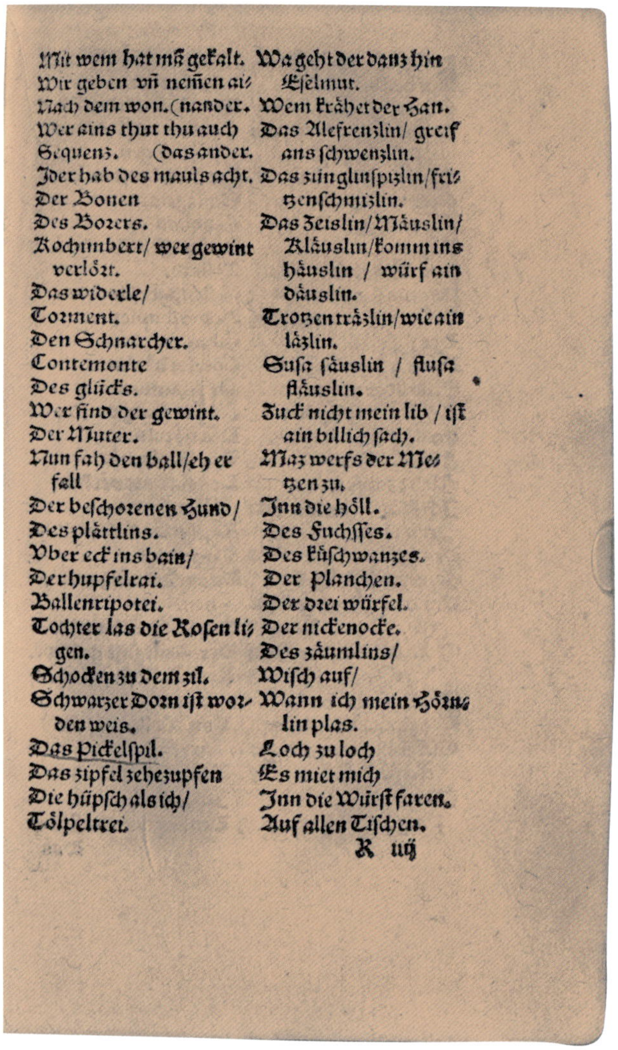

Mit wem hat mā gekalt.
Wir geben vñ nem̄en ai-
Nach dem won. (nander.
Wer ains thut thu auch
Sequenz. (das ander.
Jder hab des mauls acht.
Der Bonen
Des Borers.
Kochimbert / wer gewint
verlört.
Das widerle /
Torment.
Den Schnarcher.
Contemonte
Des glücks.
Wer find der gewint.
Der Muter.
Nun fah den ball / eh er
fall
Der beſchorenen Hund /
Des plättlins.
Vber eck ins bain /
Der hupfelrai.
Ballenripotei.
Tochter las die Roſen li-
gen.
Schocken zu dem zil.
Schwarzer Dorn iſt wor-
den weis.
Das Pickelſpil.
Das zipfel zehezupfen
Die hüpſch als ich /
Tölpeltrei.

Wa geht der danz hin
Eſelmut.
Wem krähet der Han.
Das Alefrenzlin / greif
ans ſchwenzlin.
Das zinglinſpizlin / fri-
tzenſchmizlin.
Das Zeislin / Mäuslin /
Kläuslin / komm ins
häuslin / würf ain
däuslin.
Trotzen träzlin / wie ain
läzlin.
Suſa ſäuslin / fluſa
fläuslin.
Zuck nicht mein lib / iſt
ain billich ſach.
Maz werfs der Me-
tzen zu.
Inn die höll.
Des Fuchſſes.
Des küſchwanzes.
Der Planchen.
Der drei würfel.
Der nickenocke.
Des zäumlins /
Wiſch auf /
Wann ich mein Hörn-
lin plas.
Loch zu loch
Es miet mich
Inn die Würſt faren.
Auf allen Tiſchen.
R iiij

[**Abb.I.265** Johann Fischart: *Affenteurliche vnd vngeheurliche Geschichtschrift* • 1575 • Kap.26; Fol. R iiij recto (Kat.IV.2.12)

Hienach folget, wie Neidhart bey einer schoenen Graserin in der Kasteien badet (Holzschnitt):
EJn Graserin in der Kasteien badt (Kl.76)

IV.2.12; Abb.I.265, S. 240

Johann Fischart (1546–1590): **Affenteurliche vnd Vngeheurliche Geschichtschrift** [nach Rabelais: *Gargantua*. 1534]. **Straßburg: Jobin 1575**

[O.v.W.-Druck Fischart 1575]
Papier (232 Blätter, 16 x 10 cm) mit 12 Holzschnitten von Tobias Stimmer
München, Bayerische Staatsbibliothek: P.O.gall.1769 d

Im 26. Kap., *Des Gargantua mancherlei Spil*, Fol. R iiij recto: Rezeption des Neithart Fuchs-Drucks von 1537 (Nürnberg: Georg Wachter und Kunegund Hergotin) mit Oswalds von Wolkenstein Lied Kl.21 mit vier Zusatzversen.

POSTSKRIPTUM 〉〉〉

Der *anefangk an forcht* – nach 18-jähriger Abstinenz von Oswald von Wolkenstein, *mit dem ich han mein zeit so lang vertriben* (nämlich von 1973 bis 1993) – war kein *lustlich freuden spil*, sondern es war *neur, ach, mit ungemach feur in dem tach*.

Seit 1984 hauptsächlich mit der Kunst des 19. und v.a. des 20. Jahrhunderts beschäftigt, stellte ich mich dennoch dieser Aufgabe, um einen Bogen von meiner ersten Wolkenstein-Ausstellung 1977 in Seis am Schlern (weitere Stationen: St.Ulrich in Gröden; Heidelberg; Esslingen a.N. und Innsbruck) zu dieser Landesausstellung des Jahres 2011 schlagen – und damit einen Jahresring mit dem Durchmesser von 34 Jahren schließen zu können.

Um den Abstand vom Thema, von Oswald von Wolkenstein sowie vom 14. und vom 15. Jahrhundert zu überwinden, den Sprung vom 21. ins 14. Jahrhundert zu wagen, ging ich erst mal – als Lockerungs- und Fingerübung – von der Gegenwart Jahrhundert um Jahrhundert zurück und erarbeitete die Rezeption Oswalds von Wolkenstein in den zurückliegenden 566 Jahren seit seinem Tod 1445 (Ergebnis: Das Begleitbuch zur Ausstellung Band II).

Doch dann galt es, sich dem Hauptthema selbst zu stellen – eine weit schwierigere Aufgabe, da eine repräsentative Auswahl an Lebenszeugnissen und spätmittelalterlichen Sekundärexponaten getroffen werden mußte.

Ohne ständige Ermunterungen von Ute Monika und Anton Schwob (Salzburg) – den besten Kennern von Oswalds von Wolkenstein Biographie und Bearbeitern der vorzüglich edierten und vorbildlich kommentierten *Lebenszeugnisse* (s.u.) – wäre ich als Einzelkämpfer bei der Bewältigung dieses enorm intensiven und vielgestaltigen Lebens des Tiroler Selfmademan mit meinem Einhandsegelschifflein (wegen unvermuteter, heftiger Gegenwinde) gekentert. Den Schwoben sei deshalb Dank, daß sie dem Schwaben immer wieder rettende Fässer in Form noch nicht edierter *Lebenszeugnisse* (Bd 5), kritischer Anmerkungen, Kurskorrekturen und guter Worte schickten, damit er das rettende Ufer erreichen konnte.

Die beiden Ballettstangen, die mir bei meinem Solotanz (auf dem Vulkan) festen Halt boten: Die von Ute Monika und Anton Schwob bearbeiteten *Lebenszeugnisse Oswalds von Wolkenstein* (4 Bände. Wien/ Köln/Weimar: Böhlau 1999, 2001, 2004 und 2011) sowie das 1972 von Hans Moser und Ulrich Müller hrsg. *Faksimile des Rodenegg-Innsbrucker Liederbuches*, Hs.B (Göppingen: Kümmerle 1972 [Litterae 12]). Zur Erleichterung der Les- und Verstehbarkeit der *Lebenszeugnisse* sowie der Lied- und Gedichttexte Oswalds von Wolkenstein wurden die Texte für nichtmediaevistische Leser mit moderner Interpunktion versehen – da auf Übersetzungen in die Gegenwartssprache verzichtet wurde, um die Texte (einigermaßen) authentisch präsentieren zu können.

Im Gegensatz zu Begleitband II wurde bei diesem Begleitband I zur Ausstellung ICH WOLKENSTEIN – ebenfalls selbstbewußt – auf die Lektüre von Sekundärliteratur (Ausnahme: Anton Schwobs Biographie *Oswald von Wolkenstein* von 1977) gänzlich verzichtet.

Möge mein (subjektiver) Blick auf das spätmittelalterliche Multitalent Oswald von Wolkenstein bei Nichtfachleuten (aber auch bei Fachleuten) das Interesse an weiterer Beschäftigung mit einer der schillerndsten, bis ins hohe Alter beneidenswert vitalen und auch mit Worten höchst streitbaren Figuren des Spätmittelalters anregen. Denn: »*Ja werden solcher leut von boumen nicht geboren!*« (Herzog Friedrich IV. von Österreich – laut Oswald von Wolkenstein – über seinen jahrzehntelangen Angstgegner Oswald von Wolkenstein, Frühjahr 1427).

NB: Ultimus versus est verissimus. Finis istius.   Hans-Dieter Mück (Utenbach/AP, Junius 2011)

IMPRESSUM · BEGLEITBUCH ZUR AUSSTELLUNG ›ICH WOLKENSTEIN‹ »»»»»»»»»»»»»»

Hans-Dieter Mück
Oswald von Wolkenstein 1377 – 1445
Eine Biographie nach Lebenszeugnissen und Liedtexten
Dichterkomponist · Sänger · Musiker · Die Überlieferung seiner Lieder und Gedichte
Katalog der ausgestellten Werke 2011

Im Auftrag des Veranstalters herausgegeben von Hans-Dieter Mück

Idee und Konzeption
ArtusGmbH Dr. Mück, Utenbach/AP

Wissenschaftliche Beratung
Ute Monika Schwob, Salzburg
Anton Schwob, Salzburg

Fotos
Fototheken der genannten Leihgeber
Archiv ARTeFACT, Utenbach/AP
Fotostudio Neumann, Apolda
Miriam Bahr, Eisingen
Ute Böhme, Utenbach/AP

Satzarbeiten und Scans
Miriam Bahr, Eisingen

Gestaltung
Thomas Escher, Hamburg

Gesamtherstellung
Druckhaus Gera GmbH, Gera

Copyright Text
Hans-Dieter Mück, Utenbach/AP

Copyright Abbildungen
Die genannten Fototheken, Archive und Fotografen

Verlagsanstalt Athesia AG, Bozen
ISBN 978-88-8266-812-9

SCHLOSS TIROL
CASTEL TIROLO

IMPRESSUM · AUSSTELLUNG ›ICH WOLKENSTEIN‹ »»»»»»»»»»»»»»»»»»»»»»»»»»»

Verantwortlicher Direktor
Siegfried de Rachewiltz

Wissenschaftliche Konzeption
Hans-Dieter Mück, Utenbach/AP

Ausstellungs-Team
Siegfried de Rachewiltz, Landesmuseum Schloss Tirol
Christiane Ganner, Landesmuseum Schloss Tirol
Alessandro Gatti, Bozen
Annemarie Laner, Sand in Taufers
Paula Mair, Landesmuseum Schloss Tirol
Sebastian Marseiler, Meran
Thomas Riffeser, Meran
Christian Schwienbacher, Brixen

Ausstellungsbereich ›Hauenstein‹
Konzept und Texte
Christiane Ganner, Landesmuseum Schloss Tirol
Sebastian Marseiler, Meran
Gino Bombonato, Bozen
Stefania Lorandi, Bozen

Organisation und Öffentlichkeitsarbeit
Christiane Ganner, Landesmuseum Schloss Tirol
Paula Mair, Landesmuseum Schloss Tirol

Assistenz
Monica Kostner, Landesmuseum Schloss Tirol

Stefanie Prieth, Landesmuseum Schloss Tirol
Sabine Schwienbacher, Landesmuseum Schloss Tirol
Caterina Stranieri, Landesmuseum Schloss Tirol

Künstlerische Gestaltung
Annemarie Laner, Sand in Taufers
Heinrich Schwazer, Bozen

Ausstellungsarchitektur
Christian Schwienbacher, Brixen

Grafik und Werbung
DOC
Office for communication and design
Alessandro Gatti, Bozen

Übersetzungen
Michela Caracristi, Bozen
Patrizia Mazzadi, Vicenza
Franz Viktor Spechtler, Salzburg

Aufbau und Medientechnik
Emil Wassler, Landesmuseum Schloss Tirol
Walter Hofer, Landesmuseum Schloss Tirol
Joachim Fundneider, Landesmuseum Schloss Tirol

Sekretariat
Daniela De Benedetti, Landesmuseum Schloss Tirol
Hermann Fiegl, Landesmuseum Schloss Tirol
Helene Frischmann, Landesmuseum Schloss Tirol

Druck
Serima, Brixen

Transporte
Museumspartner, Innsbruck

Versicherung
Uniqa-Kunstversicherung, Wien

Sponsoren
Moessmer-Tuchfabrik, Bruneck
Karl Pichler – Edelhölzer, Algund
FORST Spezialbierbrauerei, Meran
Serima, Brixen

Kooperationen
- Archäologische Grabung Hauenstein (Oktober 2010) in Zusammenarbeit mit dem Amt für Bodendenkmäler der Autonomen Provinz Bozen, Direktorin Catrin Marzolli. Grabungsteam: Gino Bombonato, Stefania Lorandi, Veronica Martinelli
- Diözesaninstitut für den Unterhalt des Klerus, Burg Hauenstein, Kastelruth
- Siegfried Hofer, Burg Neuhaus, Gais
- Michael Goes Enzenberg, Burg Neuhaus, Terlan
- Landesbetrieb für Forst- und Domänenverwaltung, Burg Wolkenstein, Wolkenstein
- Jakob Brandis, Fahlburg, Prissian
- Oswald von Wolkenstein-Gesellschaft e.V., Frankfurt am Main
- Andreas Cappello, Meraner Musikwochen, Meran
- Tourismusverein Tirol, Tirol
- Südtiroler Burgeninstitut, Trostburg, Waidbruck
- Margeritha Fuchs von Mannstein, Schloss Forst, Forst
- Kuratorium Schloss Prösels, Schloss Prösels, Völs am Schlern
- Franz Gottfried Thurn und Taxis, Schloss Rodeneck, Rodeneck
- Stiftung Bozner Schlösser, Schloss Runkelstein, Bozen

Danksagung
Unser Dank geht an alle Leihgeber und Autoren sowie an die im Folgenden aufgelisteten Personen und Institutionen für ihre Unterstützung:

Elmar Gobbi
Dieter Groß
Carl Philipp Hohenbühl
Ulrich Müller
Josef Nössing
Anton und Ute Schwob
Margarete Springeth
Karl Telfser
Armin Torggler
Borislav Tzikalov
Stefan Untersulzner
Hubert Walder
Christliches Museum, Eztergom
Rosgartenmuseum, Konstanz

Leihgeber
Archivio di Stato di Siena
Augustiner Chorherrenstift Neustift, Vahrn
Bayerische Staatsbibliothek, München
Bayerisches Hauptstaatsarchiv, München
Bayerisches Nationalmuseum, München
Biblioteca Civica di Padova
Deutsches Literaturarchiv, Marbach am Neckar
Diözesanarchiv, Brixen
Germanisches Nationalmuseum, Historisches Archiv, Nürnberg
Heeresgeschichtliches Museum/Militärhistorisches Institut, Wien
Herzog August Bibliothek, Wolfenbüttel
Historisches Museum, Basel
Innsbrucker Liedertafel
Kunsthistorisches Museum, Hofjagd-und Rüstkammer, Wien
Kunsthistorisches Museum, Münzkabinett, Wien
Landesarchiv, Bozen
Landesbibliothek Dr. Friedrich Teßmann, Bozen
Landesdenkmalamt, Amt für Bodendenkmäler, Bozen
Landesfürstliche Burg, Meran
Lübecker Museen, St. Annen-Museum, Lübeck
Moving-history GmbH, Meran
Museen der Stadt Regensburg, Historisches Museum
Museum für Archäologie, Lübeck
Museum Ghërdeina, St. Ulrich
Nationalbibliothek der Tschechischen Republik, Prag
Oberhausmuseum, Passau
Oberösterreichische Landesmuseen, Schlossmuseum Linz
Österreichische Nationalbibliothek, Wien
Österreichisches Archiv, Haus-, Hof- und Staatsarchiv, Wien
Österreichisches Museum für angewandte Kunst/Gegenwartskunst, Wien
Pfarre Wilten, Basilika zu unserer lieben Frau unter den vier Säulen
Prämonstratenser Chorherrenstift, Wilten
Sammlungen des Fürsten von und zu Liechtenstein, Vaduz/Wien
Staatliche Museen zu Berlin, Kupferstichkabinett
Staatsarchiv, Bozen
Staatsbibliothek zu Berlin-Preußischer Kulturbesitz
Stadtarchiv Meran
Stadtmuseum Meran
Stiftung Deutsches Historisches Museum, Berlin
Stiftung Stadtmuseum Berlin
Tiermuseum Pfeifer, Regenhütte
Tiroler Landesarchiv, Innsbruck
Tiroler Landesmuseum Ferdinandeum, Innsbruck
Ulmer Museum, Ulm
Ungarisches Nationalmuseum, Budapest
Universitäts- und Landesbibliothek Tirol, Innsbruck
Universitätsbibliothek, Rostock
Universitätsbibliothek, Salzburg
Wartburg-Stiftung, Eisenach
Private Leihgeber

Monogrammist b x g (nach Hausbuchmeister): Die Marktbauern • Nach 1470/75 • Kupferstich (2. Zustand), 8,2 x 6 cm (Berlin, SMB, Kupferstichkabinett: 4374–1877)